健康保险系列丛书

健康保险经营与管理

主 编 王 稳 范娟娟

中国财经出版传媒集团
中国财政经济出版社

图书在版编目（CIP）数据

健康保险经营与管理/王稳，范娟娟主编．—北京：中国财政经济出版社，2018.5

（健康保险系列丛书）

ISBN 978-7-5095-8185-8

Ⅰ．①健⋯　Ⅱ．①王⋯②范⋯　Ⅲ．①健康保险-经营管理-研究　Ⅳ．①F840.625

中国版本图书馆 CIP 数据核字（2018）第 066993 号

责任编辑：郁东敏　　　　　　　责任校对：徐艳丽
封面设计：李运平

中国财政经济出版社 出版

URL：http://www.cfeph.cn

E-mail：cfeph @ cfeph.cn

（版权所有　翻印必究）

社址：北京市海淀区阜成路甲 28 号　邮政编码：100142
营销中心电话：010-88191537　北京财经书店电话：64033436　84041336
中煤（北京）印务有限公司印刷　各地新华书店经销
787×1092 毫米　16 开　26.5 印张　516 000 字
2018 年 4 月第 1 版　2018 年 4 月北京第 1 次印刷
定价：76.00 元
ISBN 978-7-5095-8185-8
（图书出现印装问题，本社负责调换）
本社质量投诉电话：010-88190744
打击盗版举报热线：010-88191661　QQ：2242791300

《健康保险系列丛书》编委会

主　　任：宋福兴

副 主 任：董清秀　冯祥英　高兴华　伍立平　胡占民
　　　　　黄本尧　李晓峰　徐伟成　陈龙清

学术顾问：（按姓氏笔画为序）
　　　　　于保荣　马海涛　王　欢　王国军　王绪瑾
　　　　　王　稳　朱恒鹏　朱铭来　朱俊生　孙祁祥
　　　　　孙　洁　李　玲　李保仁　李晓林　杨燕绥
　　　　　余　晖　张　晓　卓　志　郑　伟　赵尚梅
　　　　　郝演苏　庹国柱　董朝晖　魏华林

编务统筹：蔡皖伶　范娟娟

总　序

健康是人类永恒的追求，是人民幸福的起点，党中央、国务院高度重视人民健康事业。习近平总书记在党的十九大报告中指出："人民健康是民族昌盛和国家富强的重要标志。"没有全民健康，就没有完美意义上的全面小康。发达国家的成功经验表明，没有成熟的健康保险，全民的健康权就难以得到根本保障。

目前，健康保险在中国的实践与发展中尚处于重要的探索阶段，理论体系的构建和指引尤为迫切和重要。编著《健康保险系列丛书》的初衷就是要梳理近年来我国专家学者的理论探索，系统总结行业的实践经验，提炼健康保险的经营规律，从立足本土实际、借鉴国际经验、揭示运营规律、展望发展趋势等维度，努力构建健康保险行业的知识理论体系框架，更好地为我国健康保险业的有序发展提供坚实的理论支持。这套丛书可谓是皇皇巨著，由中国人民健康保险股份有限公司组织编著，凝聚了来自保险、财政税收、公共管理、社会保障、医疗卫生等领域近40位知名专家学者的心血与智慧。

改革开放以来，特别是近十余年来，健康保险业发展迅猛，众多跨领域的专家学者进行了一系列理论研究，流派纷呈，有力地推动了行业的快速发展。但应该看到，这些研究还不成体系，还相对分散，研究的广度和深度与当前行业发展的实际需求还不相适应。历史证明，科学系统的理论指引是保险事业健康发展的根本保证。从保险业的实践来看，什么时候有正确的保险理论指导，什么时候保险业发展的形势就比较好，对经济社会发展的贡献就比较大。

当前，中国特色社会主义已进入新时代，社会主要矛盾已经转化为人民日益增长的美好生活需要和不平衡不充分的发展之间的矛盾。人民群众对美好生活的需要呈现多样化、多层次、多方面的特点，其中，健康服务正在成为人民过上美好生活的一个基本要求。习近平总书记在党的十九大报告中指出："要完善国民健康政策，为人民群众提供全方位全周期健康服务。"按照党的十九大报告新的部署，完善国民健康政策，将促进健康与经济社会建设相互协调，促进"人口红利"转向"健康红利"，全社会对健康投资和消费需求将日趋旺盛，消费结构升级将为健康服务创造广阔的发展空间，包括商业健康保险在内的健康产业进入了重要战略机遇期。专业健康保险公司要在把握重大战略机遇中实现持续快速协调发展，完成"服务国家治理体系和治理能力现代化"这一历史角色的转变，不仅需要从国内外行业自身发展实践的优势与不足中总结经验教训，更需要探究并构建科学、系统的理论体系来指引改革发展的进程。

近几年，商业健康保险发展势头强劲，专业健康保险公司在多层次医疗保障体系建设中发挥了积极的市场机制优势，在满足人民群众日益增长的健康保障需求中的作用也日渐凸显。特别是近些年，健康保险人只争朝夕，真抓实干，成绩卓著。然而在有速度、有效度发展的同时，尚未及时把积累的发展经验总结出来，更没有形成相对完善的以学术研究为先导的理论体系构建。未来，随着新医改的加速推进，商业健康保险的服务链条将逐渐延伸到社会保障、医疗卫生、保健养生等多个领域，跨行业特性使风险控制更加复杂，经营管理难度更大，市场竞争更趋激烈。如果拥有了原创性的理论研究成果，就可以获取行业的理论话语主导权，就能引领未来发展的战略制高点，就能及时应对行业中出现的新变化和新挑战，就能在激烈的市场竞争中获取其他企业难以比拟的发展优势。

习近平总书记在党的十九大报告中强调："创新是引领发展的第一动力，是建设现代化经济体系的战略支撑。"企业应该成为创新的主体，而推动创新的根本力量是人才。专业健康保险公司的快速发展，关键是要建设一支规模宏大、结构合理、素质优良的创新人才队伍，要培养一大批熟悉市场运作、具备研究能力的专业技术人才。理论知识体系的研究和构建就可以培养和集结这样一批专门人才，使他们成为健康保险事业发展中的中坚力量。

《健康保险系列丛书》就是在这样的时代与文化需求的大背景下应运而生的。全套丛书分为理论基石类、实践操作类、探索提升类三类共计十六册。其中，理论基石类五册，意在建立统一规范的工作语言环境，普及专业基础知识，分别有：《健康保险学》（西南财经大学卓志教授主编）、

《健康保险医学基础》(东南大学张晓教授主编)、《健康保险辞典》(中央财经大学郝演苏教授主编)、《健康保险与健康管理》(辛丹博士主编)、《健康保险制度与规制》(对外经济贸易大学王国军教授主编)。

实践操作类八册,重在梳理总结相对成熟的经验规律,解决目前实践中的困惑,为行业提供现实借鉴和趋势分析,分别有:《健康保险公司风险管理》和《健康保险经营管理》(对外经济贸易大学王稳教授主编)、《健康保险营销管理》(西南财经大学卓志教授主编)、《健康保险产品创新》(北京工商大学王绪瑾教授主编)、《健康保险精算》(中央财经大学李晓林教授主编)、《健康保险财务管理》(中央财经大学马海涛教授主编)、《健康保险信息技术与管理》(北京邮电大学王欢教授主编)、《健康保险客户服务》(北京大学孙祁祥教授主编)。

探索提升类三册,旨在探索未来健康保险业发展之道,分别有:《健康保险与医疗体制改革》(清华大学杨燕绥教授主编)、《健康保险与大数据应用》(北京航空航天大学赵尚梅教授主编)、《护理保险在中国的探索》(南开大学朱铭来教授主编)。

为确保丛书编著的专业性和权威性,这些专家学者搜集整理了大量资料,梳理研究了国内外最新的理论知识和实践经验,进行了多次学术研讨,反复斟酌、精益求精,在编著工作中倾注了大量心力。我们希望本丛书能为健康保险行业的从业人员、健康保险相关专业领域的研究人员提供实际操作的范本和理论参考,为健康中国战略和国家多层次医疗保障体系建设提供必要的理论建构、学术前瞻与路径导向。

前　言

纵览全球，许多国家已基本形成以政府公共健康保险计划为基础实现广覆盖、以商业健康保险为重要补充的多层次医疗保障体系。商业健康保险不是一种单纯基于市场机制发展的产业，而是内嵌于社会保障体系中至关重要的补充手段和举足轻重的支撑力量。党的十九大报告指出，中国特色社会主义进入新时代，我国社会主要矛盾已经转化为人民日益增长的美好生活需要和不平衡不充分的发展之间的矛盾。人民日益增长的美好生活，其中也意味着要有更高水平的医疗、更加完善的健康保障。近年来，我国商业健康保险产业发展势头强劲，在服务多层次医疗保障体系建设、满足人民群众日益增长的健康保障和对美好生活的需求中的重要作用日渐凸显。但客观地看，商业健康保险整体的业务规模还比较小，专业化经营还处于探索阶段，还没有积累足够的发展经验，没有形成系统化的支持行业发展的理论体系。因此，认真借鉴国外的先进经验，深入分析健康保险经营与管理的客观规律，构建健康保险经营与管理的理论框架和操作指引，具有十分重要的理论和实践意义。

当前我国保险市场发展，健康保险经营与管理的主体是多元化的，在宏观上有保险监管部门对健康保险行业的政策指导和规制，在中观上有行业的自律和监督，但健康保险公司作为健康保险市场运行的微观基础则是健康保险公司经营与管理活动的主体。因此，无论是在理论上还是在实践中，健康保险经营与管理的核心是健康保险公司的经营与管理。在担任对外经济贸易大学保险学院院长时，笔者常常觉得保险专业学生的课程体系中健康保险公司经营管理方面的知识非常重要，但相关的教材很少，安排讲课教师也是颇费周折。2013年机缘巧合到中国信保从事研究工作后，笔者在一定程度上熟悉和了解到保险公司的实际运营过程，越发感受到保险公司的经营管理本身就比较复杂，健康保险公司又因涉及保险公司、被保险人、医疗服务机构等多方主体关系，经营管理更为复杂。要编著一本好的健康保险公司经营管理教材，不仅需要一个既掌握国内外行业理论发展又熟悉实践操作的研究团队，更需要在行业领先、经营业绩突出，在践行国家"健康中国战略"中不辱使命、勇于探索的公司分享经验和智慧。我们团队有幸得到了中国人民健康保险股份有限公司规划的《健康保险系列丛书》项目的支持，特别是丛书编委会主任、中国人民健康保险股份有限公司党委书记、总裁宋福兴给予编写组热情鼓励和悉心指导，使得本书的编写工作顺利完成。

《健康保险经营与管理》全书共分十章，立足于商业健康保险的经营特征和风险复杂性，从经济学、管理学、卫生经济学等视角，分析商业健康保险经营管理面临的过度医疗、逆向选择对健康群体的挤出效应以及医疗服务市场失灵等风险特点，着力解构并阐释健康保险公司的组织形式与人力资源配置，健康保险产品管理、营销管理、核保管理和理赔管理、客户服务管理、财务管理、信息管理等，以及健康保险经营与管理的制度环境，帮助读者全面了解商业健康保险公司经营与管理的全过程。全书的特色有三方面：

一是将研究聚焦到具有现代企业制度特征的商业健康保险公司上。目前，商业健康保险的经营主体有不同的组织表现形式，如相互保险公司、互助社等等，本书重点对依据《企业法》《保险法》而建立的股份制或有限责任保险公司进行研究。现代制度经济学理论认为，企业本质上是一组契约，其中最核心的契约是有关利益相关者关于剩余控制权分配和调整的契约。企业不同股东构成以及围绕着公司产权关系配置的各利益相关主体的博弈都会对健康保险公司的经营管理产生影响。国有资产控股的健康保险公司，它的经营管理活动就要围绕国家战略的实施来具体确定，比如中国人保健康，作为有着共和国红色基因的保险公司，企业的使命一定与"健康中国战略"和"人人享有健康"的根本目标息息相关。

二是厘清健康保险公司经营与管理的关系。在现代汉语词典中，经营的含义是筹划并管理，或是计划和组织；管理的含义是负责某项工作使顺利进行，或是照管并约束。经营和管理作为健康保险公司运营的两大组成部分，相互渗透，密不可分。经营侧重对企业目标、战略、运营、风险控制、机构以及从企业外部获取资源和影响市场活动，比如营销、客户服务、社会责任等过程和操作政策的筹划和计划，追求的是符合价值创造的内在要求；而管理侧重的是控制和约束，确保企业的战略、运营和风险控制等规划顺利实施，强调对内部资源的整合和建立秩序，追求的是效率。经营是基础，管理是上层建筑，管理必须为经营服务。健康保险公司首先要研究市场和客户，探求健康保险经营的客观规律，然后通过理顺内部的管理流程为目标客户提供有针对性的产品和服务。管理跟上了，经营才可能顺利推进；反之，又会对管理水平提出更高的要求。忽视管理的经营是不能长久、不能持续的；忽视经营的管理是没有活力的，是僵化的。

三是将研究重点转向商业健康保险的风险管理功能。在传统的商业健康保险经营研究中，多侧重于商业健康保险的医疗费用补偿功能，这对于具有多重经济社会保障管理功能的健康保险而言，是远远不够的。传统商业健康保险只是将健康风险的存量在社会成员之间进行分散，却不能追本溯源地从根本上控制和减少疾病风险造成的社会经济损失；甚至由于过分强调商业健康保险经济补偿功能，还会在一定程度上放大被保险人对医疗服务的过度利用；加上疾病治疗的经济支出本身没有上限，必然会导致医疗服务利用和商业健康保险发展之间的恶性循环——商业健康保险越发展，医疗服务利用的可及性、公平性就越欠缺。发展商业健康保险，使之服务于国家社会治理能力现代化，经济补偿的基础作用固然重要，但防范或降低疾病发生的健康风险管理功能也是重中之重。只有充分发挥"健康保障+健康管理"的双翼作用，商业健康保险才能真正成为社会医疗保障体系的有机组成部分，才能真正为国民健康保驾护航。

本书的结构安排和主要写作人员如下：第一章，健康保险经营与管理导论，由范娟娟博士执笔；第二章，健康保险公司的组织与人力资源管理，由田满霞博士执笔；第三章，健康保险公司产品管理，由孙晓珂博士执笔；第四章，健康保险公司营销管理，由杨洋博士执笔；第五章，健康保险公司核保管理，由张祎桐博士执笔；第六章，健康保险公司理赔管理，由李雪博士执笔；第七章，健康保险公司客户服务管理，由赵静怡、张杨博士执笔；第八章，健康保险公司财务管理，由桑林博士执笔；第九章，健康保险公司信息管理，由郑莉莉博士执笔；第十章，健康保险公司经营管理的制度环境，由范娟娟博士、李静薇博士执笔。全书由王稳任主编，范娟娟博士任副主编。王稳负责全书的架构设计、内容安排、统稿及定稿等工作，范娟娟协助组织具体编著工作，李雪负责全书的整理和校对。为了便于读者阅读，在每一章都安排了"本章摘要""专栏""思考题"和"参考文献"等内容，并在全书最后附有"术语对照表"。

健康保险经营与管理是一个新颖而富有挑战性的研究领域，希望本书对于健康保险行业从业人员、研究人员、高校学生全面了解健康保险公司经营与管理过程中的问题、挑战、流程、机理、操作、政策、工具、评估等各个方面、各个环节都有所裨益。由于编者水平有限，书中存在的错误和不妥之处，恳请广大读者批评指正。

编者
2018年4月

目录

第一章 导论 … 1

第一节 健康保险经营与管理的国内背景 … 1
一、我国商业健康保险的发展历史 … 2
二、我国商业健康保险的发展现状 … 7
三、我国商业健康保险发展存在的主要问题 … 11

第二节 健康保险经营与管理的国际背景与经验 … 13
一、健康保险的起源和萌芽 … 13
二、现代意义的商业健康保险发展历程 … 16
三、国外主要健康保险市场发展及其经验 … 19

第三节 健康保险经营与管理的研究对象和研究框架 … 29
一、商业健康保险的内涵和功能 … 29
二、健康保险公司经营与管理的保险风险特征 … 37
三、本书的研究思路及框架 … 45

第二章 健康保险公司的组织与人力资源管理 … 48

第一节 健康保险公司的组织形式 … 48
一、现代企业制度的含义 … 49
二、保险企业的组织形式 … 49
三、健康保险公司的组织形式 … 51

第二节 健康保险公司的内部组织结构 … 59
一、企业组织理论的发展 … 60
二、健康保险公司组织结构的设计 … 61

  三、健康保险公司组织结构的主要类型　　62
  四、健康保险公司组织架构的优化　　65
 第三节　健康保险公司的人力资源管理　　66
  一、人力资源配置管理　　67
  二、健康保险公司的员工培训与职业规划　　71
  三、健康保险公司的绩效管理　　74
  四、健康保险公司的激励约束机制和薪酬管理　　77

第三章
健康保险公司产品管理　　84

 第一节　健康保险产品管理概述　　84
  一、健康保险产品概念的内涵与外延　　84
  二、健康保险产品管理循环系统　　86
 第二节　健康保险产品开发过程管理　　90
  一、健康保险产品开发原则　　90
  二、健康保险产品开发策略　　91
  三、健康保险产品开发过程　　94
 第三节　商业健康保险产品分类管理　　102
  一、医疗保险　　103
  二、疾病保险　　105
  三、护理保险　　107
  四、失能收入损失保险　　111
 第四节　健康保险产品的创新和发展　　114
  一、大病保险　　114
  二、税优健康险　　118
  三、健康管理　　121

第四章
健康保险公司营销管理　　129

 第一节　健康保险公司营销管理概述　　129
  一、健康保险营销管理的含义　　130
  二、健康保险营销管理的特点　　134
  三、健康保险营销过程中的消费者需求管理和公众教育　　136

目　录

　　第二节　健康保险公司营销策略和道德准则　　143
　　　　一、健康保险公司市场竞争策略管理　　143
　　　　二、健康保险公司品牌营销策略管理　　149
　　　　三、健康保险产品营销策略管理　　150
　　　　四、健康保险营销道德准则和社会责任策略　　154
　　第三节　健康保险公司营销渠道管理　　157
　　　　一、健康保险直接营销渠道　　157
　　　　二、健康保险间接营销渠道　　161
　　　　三、健康保险营销渠道的选择与管理　　166

第五章
健康保险公司核保管理　　173

　　第一节　健康保险公司核保管理概述　　173
　　　　一、健康保险公司核保管理的含义　　173
　　　　二、健康公司核保管理的分类　　174
　　　　三、健康保险公司核保过程中的逆向选择风险管理　　175
　　　　四、健康保险核保的历史渊源与发展　　176
　　第二节　健康保险公司核保管理的原则和流程　　177
　　　　一、健康保险公司核保的特征　　177
　　　　二、健康保险公司核保管理的原则　　179
　　　　三、健康保险公司核保流程管理　　180
　　第三节　健康保险公司核保管理的因素和程序　　188
　　　　一、健康保险公司核保的信息来源　　189
　　　　二、健康保险公司核保的影响因素分析　　192
　　　　三、健康保险公司核保的作业程序　　199
　　　　四、健康保险公司健康管理业务核保的作业程序　　200

第六章
健康保险公司理赔管理　　205

　　第一节　健康保险公司理赔管理概述　　205
　　　　一、健康保险公司理赔的概念　　205
　　　　二、健康保险公司理赔的分类管理　　206
　　　　三、健康保险公司理赔的功能和特点　　208

第二节　健康保险公司理赔管理的原则和实施　　215
　　一、健康保险公司理赔管理的基本原则　　215
　　二、我国有关健康保险公司理赔的法律规定　　220
　　三、健康保险合同约定的一些理赔适用条款　　223
　　四、健康保险公司理赔管理的实施　　226
第三节　健康保险公司理赔管理的作业流程　　234
　　一、健康保险公司理赔管理流程图　　234
　　二、健康保险公司理赔管理具体作业程序　　235

第七章
健康保险公司客户服务管理　　244

第一节　健康保险公司客户服务管理概述　　244
　　一、健康保险公司客户服务管理的内涵　　245
　　二、健康保险公司客户服务的特征　　246
　　三、健康保险公司客户服务管理的作用　　247
第二节　健康保险公司客户服务管理的理论基础　　249
　　一、客户关系管理理论　　249
　　二、客户满意度理论　　252
　　三、消费者权益保护相关理论　　254
　　四、服务利润链理论　　257
第三节　健康保险公司客户服务管理的政策依据　　259
　　一、健康保险公司客户服务管理的监管环境　　259
　　二、健康保险公司客户服务管理的相关政策法规　　260
　　三、健康保险公司客户服务管理的评价　　267
第四节　健康保险公司客户服务实施与管理　　270
　　一、回访服务　　270
　　二、保全服务　　273
　　三、续期续保服务　　278
　　四、咨询服务　　280
　　五、投诉处理服务　　281
　　六、健康管理服务　　283
　　七、政府委托业务领域客户服务　　284

第八章
健康保险公司财务管理 288

第一节 健康保险公司财务管理概述 288
一、健康保险公司财务管理的内容 288
二、健康保险公司财务管理的特征 290
三、健康保险公司财务管理的原则 292
四、传统财务管理理论在健康保险公司财务管理中的应用 293

第二节 健康保险公司的负债管理 295
一、健康保险公司负债的分类 295
二、健康保险公司负债的特殊性 296
三、健康保险公司的负债管理 297
四、健康保险公司负债管理中面临的风险 298

第三节 健康保险公司的资产管理 300
一、健康保险公司资产的分类 300
二、健康保险公司的资产管理 301
三、健康保险公司资产管理中面临的主要风险 303
四、健康保险公司资产管理的评价指标 304

第四节 健康保险公司的成本费用和利润管理 305
一、健康保险公司的收入、费用与成本 305
二、健康保险公司的成本费用控制 308
三、健康保险公司的利润管理 310
四、健康保险公司的盈利能力评价指标 312

第五节 健康保险公司的偿付能力管理 314
一、健康保险公司偿付能力的概念与内涵 314
二、健康保险公司偿付能力的影响因素 315
三、我国"偿二代"体系的建设 317
四、健康保险公司偿付能力指标体系 319

第九章
健康保险公司信息管理 326

第一节 健康保险公司信息管理概述 326
一、健康保险公司信息管理的内涵 326

二、健康保险公司信息管理的目标　　328
　　三、健康保险公司信息管理的方法及要求　　328
　　四、健康保险公司信息管理的原则和程序　　332
第二节　健康保险公司信息系统架构　　335
　　一、整体架构　　335
　　二、应用系统　　343
　　三、基础设施　　345
　　四、IT治理　　346
第三节　健康保险公司信息系统分类管理　　348
　　一、政府经办业务信息系统　　348
　　二、商业健康保险核心业务系统　　349
　　三、统一健康管理平台　　351
　　四、风险管理信息系统　　352
　　五、审计信息管理系统　　353
第四节　新技术在健康保险公司信息管理中的应用　　354
　　一、保险科技的内涵　　354
　　二、未来健康保险市场特征——基于新技术的使用　　356
　　三、未来发展趋势　　359

第十章
健康保险公司经营管理的制度环境　　364

第一节　健康保险公司经营管理的政策定位　　364
　　一、商业健康保险政策利好制度出台的背景　　365
　　二、我国商业健康保险政策的发展过程　　365
　　三、商业健康保险发展的政策定位　　368
第二节　健康保险公司经营管理的制度环境　　371
　　一、健康保险市场的制度设计目标　　371
　　二、健康保险公司经营管理法规制度的具体内容　　372
第三节　健康保险公司经营管理的监管环境　　378
　　一、健康保险公司市场行为监管　　379
　　二、健康保险公司偿付能力监管　　380
　　三、健康保险公司治理结构监管　　382
第四节　健康保险医疗服务机构的监管　　384

一、健康保险医疗服务机构的监管制度变迁　　384

二、健康保险医疗服务机构的监管要求　　387

术语对照表　　391

跋　　401

第一章

导　论

确保国民显著且公平地获得全面健康保障并大幅提高国民健康水平，已经成为当今世界各主权国家普遍认同并逐渐秉承实施的执政理念。然而，在过去的三十多年中，全球大多数国家的医药卫生费用在快速递增的同时，医药卫生服务的公平性、可及性却饱受质疑和诟病。如何在资源投入可控的前提下，实现改善医疗服务质量、增强医疗资源的公平性和可及性的目的，是世界各国医药卫生体制实践与改革的难题。在实践发展中逐渐成为医药卫生体制中有机组成部分的商业健康保险，纯粹的商业功能开始向服务国家社会治理功能方面转化，为保障国民健康发挥了积极、重要的作用。本章认真梳理总结国内外健康保险行业发展的实践和经验，深入分析健康保险的经营管理风险，研究健康保险的内在运行机理，力求归纳提炼出健康保险经营管理的特点和规律，以推动商业健康保险和社会医疗保障体系良好、有序发展。

第一节　健康保险经营与管理的国内背景

我国商业健康保险发展是伴随着我国改革开放的深化，伴随着我国保险和社会保障制度的改革而发展的，至今有近30年历史。从其发展历程看，商业健康保险发展可分为萌芽、初步发展、快速发展和专业化发展四个阶段。2014年，《国务院关于加快发展现代保险服务业的若干意见》《关于加快发展商业健康保险的若干意见》，都已明确将商业健康保险发展纳入深化医药卫生体制改革的总体部署，商业健康保险已然成为国家社会医疗保障体系中的重要有机组成部分。

一、我国商业健康保险的发展历史

(一) 萌芽阶段 (1994 年以前)

经上海市政府批准,中国人民保险公司上海分公司经办了"上海市合作社职工医疗保险",并经 1982 年的试点后于 1983 年 1 月实施,这是我国国内恢复保险业务后第一笔健康保险业务。1985 年,中国人民保险公司开始在部分地区试办附加医疗保险和母婴安康保险,当年保费收入 1 178 万元。

1987 年 1 月,中国人民保险公司上海分公司与上海市卫生局共同制定了《上海市郊区农民医疗保险》。1998 年 5 月,根据《中华人民共和国中外合资经营企业劳动管理规定》和《上海市中外合资经营企业劳动人事管理条例》,商业保险公司开始开办合资企业职工健康保险,保险责任包括门诊和住院医疗。1990 年,为了配合计划生育基本国策,中国人民保险公司上海分公司又推出人工流产安康保险,与之前的分娩节育保险、母婴安康保险共同形成计划生育系列保险。

1991 年 10 月,中国人民保险公司在国内率先开办中小学生和幼儿园儿童住院医疗保险,年底时有近 200 万中小学生、幼儿参保。到 1992 年底,累计医疗保险基金达到 2 369 万元。随后太平洋保险公司开办了大学生平安附加住院医疗保险,平安保险公司也于 1993 年推出了 24 个团体医疗保险产品,于 1994 年推出了 5 个个人医疗保险产品。

萌芽阶段健康保险主要特征如下:

一是从需求来看,这一时期,在城镇地区,国家实行公费和劳保医疗制度,基本上由国家、企业包揽职工医疗费用;在广大农村地区,农村合作医疗制度依然能够发挥一定的作用,农民的收入水平还比较低,农民购买商业健康保险的能力有限。总体而言,社会大众保险意识不强,对商业健康保险的需求不大。

二是从供给来看,这一时期的保险市场是以财产保险为主,产寿险混业经营,健康保险只是作为一种附属品来经营。这种经营结构使商业健康保险的有效供给能力非常有限。

三是从产品来看,保险公司由于经验数据匮乏、产品开发技术不成熟、风险控制经验欠缺,提供的健康保险大多是费用型医疗保险产品,保险人根据被保险人实际发生的医疗费用进行一定补偿,责任比较简单,保障水平有限,且只局限于在局部地区为团体提供医疗保障。

(二) 初步发展阶段 (1994—1998 年)

进入 20 世纪 90 年代后,人民的收入大幅度增加。在解决了基本的温饱问题后,社会大众开始追求生活质量，越来越关注身体的健康。

从社会医疗保障制度改革来看，公费和劳保医疗制度的弊端日益突出，医疗费用持续大幅上涨，国家和企业已不堪重负。为了控制医疗费用的不合理增长，减轻国家和企业的负担，各地开始探索并逐步试行新的医疗保障制度。1994年，镇江市和九江市被国务院确定为职工医疗保障制度改革的试点城市，推行社会统筹和个人账户相结合的社会医疗保险模式；1996年，试点扩大到近40个城市。传统的公费、劳保医疗制度被打破，新的社会医疗保险制度正在探索之中，为商业健康保险的发展腾出较大的空间。

从保险业内部来看，保险市场的竞争主体增多。产寿险分业经营被提上议事日程并逐步实施，平安人寿、太平洋人寿快速发展，泰康人寿、新华人寿相继成立，外资公司友邦人寿也在部分地区开展业务并引入个人营销员制度，客户在保险公司和产品方面有了更多的选择。

随着我国保险市场竞争主体的增加，各保险公司在提高服务水平的同时，也积极吸取国外经验，积极开发新产品。1995年，我国首次推出个人附加定期重大疾病保险，提供了包括癌症、脑中风、心肌梗塞、冠状动脉绕道手术、尿毒症、瘫痪和重要器官移植在内的7种重大疾病保障。从保费规模来看，重大疾病保险成为商业健康保险市场的第一大险种。

初步发展阶段健康保险主要特征如下：

一是从需求方面来看，居民的收入不断提高，购买保险的能力随之得到提高。经济成分多元化，旧的社会医疗保险体系处于改革之中，国家在政策上意识到商业保险在社会保障中的补充作用，如党的十四届三中全会通过的《中共中央关于建立社会主义市场经济体制若干问题的决定》中指出："建立多层次的社会保障体系"，"发展商业性保险业，作为社会保险的补充"。居民对健康保险的有效需求得到提高。

二是从供给方面来看，健康保险核保、理赔技术相对较弱。在这个时期，虽然各家保险公司都或多或少地经营着健康保险业务，但在健康保险的专业化经营方面仍然是一片空白，健康保险的核保、理赔基本上沿用寿险的方法。

三是从产品方面来看，出现了重大疾病保险产品，并获得很快的发展。在重大疾病保险的销售初期，各保险公司都比较谨慎，承保额度较低，核保政策较严。但是重大疾病保险的独特保障内容很快得到市场的认同，销售量直线上升，各公司也全面升级产品，扩大病种范围，变附加险为主险，将定期保障延长至终身。随着个人营销模式的推广，购买健康保险的客户不再局限于机关、企事业单位团体，重大疾病保险的出现使得更多的个人能够获得健康保险保障。

（三）快速发展阶段（1998—2004年）

1998年11月26日，全国城镇职工医疗保险制度改革会议在北京召开。12月25

日，国务院颁发了《国务院关于建立城镇职工基本医疗保险制度的决定》（国发 [1998] 44号），全面推行社会基本医疗保险制度的改革，标志着在我国实行了40多年的公费、劳保医疗保障制度即将被新的社会医疗保险制度所取代。新的社会医疗保险制度的指导思想是"低水平、广覆盖"，实行社会统筹和个人账户相结合的医疗保险模式。社会基本医疗保险的"低水平"主要表现在三个方面：一是统筹基金有起付标准（即"起付线"），"起付线"以下的医疗费用由个人自己负担；二是统筹基金有最高支付限额（即"封顶线"），超过"封顶线"的医疗费用也需由个人自己负担；三是"起付线"至"封顶线"之间的医疗费用由统筹基金和个人共同负担。一般情况下统筹基金的"起付线"为上年度当地职工年平均工资的10%，统筹基金的"封顶线"为上年度当地职工年平均工资的4倍。

社会医疗保险改革为商业健康保险提供了广阔的发展空间。由于参加社会医疗保险的员工若生病住院需要自负相当高的比例，因此一些经营效益较好的单位开始考虑建立职工补充医疗保险。同时，国家在政策上鼓励企业和个人在参加基本医疗保险的基础上投保商业保险。《国务院关于建立城镇职工基本医疗保险制度的决定》中提出："超出最高支付限额的医疗费用，可以通过商业医疗保险等途径解决。"财政部也下发了关于企业建立职工补充医疗保险的文件，企业补充医疗保险费在工资总额4%以内的部分，可从应付福利费中列支。

随着健康保险需求的增加，健康保险产品也呈多样化的发展趋势。除了先前的重大疾病保险外，定额给付型医疗保险、住院费用型医疗保险、与社会基本医疗保险制度衔接的高额医疗保险以及包括住院和门诊医疗的保障综合型医疗保险等产品纷纷出现。进入2000年后，健康保险需求急剧增加，"保证续保"、非传统门诊医疗保险产品开始出现。有的寿险公司开始推出分红型重大疾病保险；有的公司开始通过银行渠道销售健康保险产品；有的寿险公司还开始与社会医疗保险进行衔接开展补充医疗保险业务，并开拓农村健康保险市场。这一期间我国健康保险业务得以快速发展。

在经营主体上，2002年，九届全国人大常委会第三十次会议通过了关于修改《中华人民共和国保险法》的决定，规定财险公司经监管机构核定，可经营意外伤害险和短期健康险业务。根据修改后的《中华人民共和国保险法》，从2003年开始，财产保险公司也可以经营短期健康保险，这使得有资格经营健康保险的主体增加到60个以上，大部分财产保险公司逐步涉足销售短期健康保险产品。财产保险公司经营短期健康险业务，在一定程度上可以不断挖掘健康保险市场的潜力，促进健康保险市场的繁荣，同时也能更好地满足消费者的健康保障需求。在业务规模上，2003年我国健康险保费收入242亿元（按传统口径计算），占人身险保费收入的7.98%，同比增长96.91%，保持了连续快速增长的势头。

在监管方面，2003年上半年，中国保监会颁布了《人身保险新型产品精算规定》，其主要目的是统一人身保险新型产品的技术标准。《人身保险新型产品精算规定》要求："分红保险可以采取终身寿险、两全保险或年金保险的形式。保险公司不得将其他产品形式设计为分红保险。"根据这一规定，分红健康保险必须退出市场，取而代之的是非分红的健康保险。《人身保险新型产品精算规定》的出台和分红健康保险的停售对于进一步建立科学的健康保险核算基础、保护消费者利益、防范和化解健康保险经营风险有着深远的影响，表明了我国保险业对健康保险的监管和经营理念正在不断走向成熟。分红健康险停售的主要原因有四个：一是从设计原理上讲，健康保险主要的功能是保障，价值积累增值功能不强，而分红保险比较注重价值积累。二是健康保险风险大，管理复杂，加上分红的因素之后管理难度更大，不利于公司风险控制。三是部分保险公司有意识地将健康险包装为分红保险，并把"投资功能"作为卖点进行炒作，在一定程度误导了消费者的保险需求。四是分红健康险远离了健康保险的本意，停办分红健康保险有利于促进真正意义上健康保险的发展。

快速发展阶段健康保险主要特征如下：

一是与萌芽阶段和初级发展阶段相比，快速发展阶段健康保险业务增长迅速，健康保险产品更为丰富，不论是主险还是附加险、个人险还是团体险、短期险还是长期险，均得到不同程度的发展，保障更充分，形成了以寿险公司为主的健康保险市场格局。

二是商业医疗保险开始进入农村市场，并且进行了一些探索和试点，在部分领域有一定的突破，比如管理农村基本医疗保险业务。

三是出现了与基本医疗保险制度衔接的补充医疗保险产品，并很快在各地得以推广。在这一阶段，分红型健康保险被要求停售，健康保险逐步回归到健康保障的功能上来。

四是社会大众对健康保险需求很大，但保险公司的有效供给不足。2001年国务院发展研究中心市场经济研究所与中国保险学会等共同组织的"中国50城市保险市场调研"结果显示，在未来3年里，有49.9%的城市居民考虑购买商业保险，其中健康保险的预期购买率达到预期消费者总数的77%，成为未来3年里中国城市居民最希望购买的商业保险产品。

（四）专业化经营阶段（2004年至今）

2002年，中国保监会大力推广健康保险专业化经营理念。中国保监会组织行业力量，完成"中国商业医疗保险"课题研究，出版了我国第一本系统论述商业健康保险的专著，明确提出中国商业健康保险发展必须走专业化发展道路的研究结论。同年，中国保监会主办首届商业健康保险发展论坛，宣传专业化经营理念，扩大健康保险的行业影响。2004年以来，健康保险专业化经营理念被业界广泛认同，是专业化经营实质推进的时期。

2003年底，中国保监会颁布《关于加快健康保险发展的指导意见》，以正式文件形式鼓励保险公司推进健康保险专业化经营，并继续主办第二届商业健康保险发展论坛，研讨专业化经营的具体问题，深化对专业化经营理念的认识。

2004年，中国保监会批准人保健康、平安健康、昆仑健康、阳光健康和正华健康5家专业健康保险公司筹建，新公司在市场竞争中专注探索健康保险专业化经营模式，推进中国特色的健康保险专业化经营道路。

2005年，人保健康、平安健康、瑞福德健康（由阳光健康更名而来）、昆仑健康等四家专业健康保险公司顺利开业，我国健康保险专业化经营迈出实质性步伐。

2006年6月，国务院下发的《国务院关于保险业改革的若干意见》（国发〔2006〕23号）中明确提出："统筹发展城乡商业养老保险和健康保险，完善多层次社会保障体系。大力推动健康保险发展，支持相关保险机构投资医疗机构；积极探索保险机构参与新型农村合作医疗管理的有效方式，推动新型农村合作医疗的健康发展。"文件明确指出，商业保险是社会保障体系的重要组成部分，要求加强对专业健康保险公司等的扶持力度，促进商业健康保险的发展。

2006年8月，中国保监会颁布《健康保险管理办法》。这是健康保险第一部专门化监管规章，该办法统一财险公司、寿险公司、专业健康保险公司在健康保险业务经营上的监管标准，为多种主体的公平竞争提供制度保障；明确了健康保险在经营管理、产品管理、销售管理、负债管理方面的基本监管要求，规范健康保险市场，维护投保人的合法权益，促进健康保险可持续发展。同时，《健康保险管理办法》贯穿了推进健康保险专业化经营的基本思想，设定了经营健康保险的专业化条件、明确支持保险公司加强与医疗机构深层次合作、管控医疗服务质量、强化健康管理服务等发展方向。

2006年6月，国务院深化医药卫生体制改革部际协调工作小组成立，国家启动新医改方案研究。2007年7月，国务院下发了《关于开展城镇居民基本医疗保险试点的意见》。2008年10月，新医改方案征求意见稿公布。2009年3月，新医改方案颁布。新医改方案进一步明确了商业健康保险的地位，明确了基本医疗保障可以由商业保险公司经办。2012年，国家发展改革委、卫生部、财政部、人力资源和社会保障部、民政部、保监会等六部门联合发文，宣布出台《关于开展城乡居民大病保险工作的指导意见》。该指导意见首次明确提出对城乡居民罹患重大疾病发生的高额医疗费用提供保障时，要通过政府购买的方式由符合资质的保险公司提供。这是我国政府第一次从制度设计层面上明确了医保运作模式将采取政府主导、商业保险机构承办的方式，并对具体的补偿比例、基金盈亏率、承办和管理能力等都作了原则上的要求。从制度设计层面来看，打破了以往单一的政府运作模式，采取政府主导、商业保险机构承办的方式，是一次重大的制度创新，是一步转变政府职能，创新公共服务管理、提升服务效率的需要。2016年，国务院印发《"健康中国2030"规划纲要》和《"十三五"深化医药卫生体制改革规划》，鼓励商业健康保险与基本医保、大病保险等有效衔接，健全多层次医疗保障体系。

截至2017年底，商业健康保险的市场经营主体不断增加，包括人身保险公司、财产保险公司、专业健康保险公司三大类。其中，专业健康保险公司已增至7家，分别是中国人民健康保险股份有限公司（简称"人保健康"）、平安健康保险股份公司（简称"平安健康"）、昆仑健康保险股份有限公司（简称"昆仑健康"）、和谐健康保险股份有限公司（简称"和谐健康"）、太保安联健康保险股份有限公司（简称"太保安联"）、复星联合健康保险公司、瑞华健康保险股份有限公司（简称"瑞华健康"）等。

与快速发展阶段相比，专业化经营阶段健康保险业务的增长速度有所回落，但保险公司更加注重产品的内含价值，产品种类更为丰富，风险保障更为多样化，业务质量得到提高。但从另一方面来看，在面对社会大众急剧增加的健康保险服务需求，保险公司的供给能力还有很大提升空间。

二、我国商业健康保险的发展现状

（一）商业健康保险保费迅速增长

一是保费增长迅速。2010年以来，健康保险市场规模不断上升，7年间原保费收入从677.47亿元增长到4 042.49亿元，年均复合增长率34.6%。特别是2012年后，呈加速上升态势，2015年健康险原保费收入同比增长率高达51.87%，而2016年健康险原保费收入达4 042.49亿元，增长率创历史新高，达67.7%。2016年，商业健康险保费占人身险保费收入的18.18%，健康保险已成为人身险市场的重要组成部分。

二是保险深度和密度快速攀升。2012年以来，我国健康保险的保险深度总体呈上升趋势，且上升速度数倍于保险整体深度，2016年达0.54%，同比增长50.27%，而保险市场总体同比增长为仅为15.87%。从2012年开始，我国商业健康险保险密度进入较快增长阶段，五年间从2010年人均50.5元健康险保费快速增长到2016年287.54元保费，增幅高达5.7倍。

（二）商业健康保险公司理赔额快速增长

随着商业健康保险规模保费的快速增长，健康险理赔支出也相应增长。2016年，保险行业赔付支出累计约 10 512.89 亿元，同比增长 21.19%，其中，健康保险业务赔款和给付约 1 000.75 亿元，同比增长约 31.16%。

近年来各大保险公司纷纷采取各种手段有效降低业务赔付率：一是主动放弃高额赔付业务。主动放弃高风险业务，是许多保险公司的重要策略，如太保人寿、平安人寿、新华人寿等近年来在提高承保条件无望的情况下，均主动放弃了一些严重亏损业务。二是开展管理式医疗探索。针对健康险涉及第三方医疗机构，许多保险公司积极探索管理式医疗，取得了一定的效果。中国人寿在个别城市与医院合作，探索医疗费用包干制，与医院直接进行医疗费用结算；推广"医保通零距离实时赔付系统"，该系统已经在部分地市公司使用，在缩短理赔时间、加强对医疗机构的全程监控和提高客户满意度方面成效明显。人保健康通过不断探索和创新，建立了"事前健康管理、事中诊疗监控、事后赔付核查"的医疗风险控制机制，有效控制了健康险业务风险，实现了短期险业务较好的承保利润。

（三）商业健康保险产品结构状况

1992 年，健康保险产品仅有 70 余种，2003 年底已经超过 300 种。截至 2016 年 7 月 20 日，我国保险公司在售的健康保险产品共计 3 995 款，其中疾病保险 1 694 款，医疗保险 2 135 款，护理保险 129 款，失能收入损失保险 37 款，医疗保险是目前产品数量最多的险种，占比 53%。形成了保障层次丰富、保障范围广泛、保障形式多样的产品服务体系，较好地满足了民众多样化、多层次的健康保障需求。近年来，健康保险产品的开发也出现了新的趋势，主要体现如下：

一是税优健康险陆续面世。2016 年 3 月，中国保监会正式批准销售的多款税优健康险产品陆续面世。根据保监会发布《个人税收优惠型健康保险业务管理暂行办法》，个人税优健康险采取万能险方式，包括医疗保险 + 个人账户两项责任，医疗保险的保险金额不得低于 20 万元，不得因被保险人既往病史拒保，并保证续保，医疗保险简单赔付率不得低于 80%，购买个人税优健康险后，投保人可以享受每年 2 400 元予以税前扣除的福利。这是我国首次在健康险税优政策上的探索，开启了我国对保险消费实施税收优惠的新时代。

二是针对专门客户群的健康保险产品层出不穷。为了丰富健康险产品线、扩展产品内涵，保险公司除开发"大而全"的产品外，针对特定的疾病或者特殊的人群开发了不少"小而美"产品，以满足消费者多方面的需求。如新华人寿开发的"康健吉顺定期防癌疾病保险"，针对癌症提供癌症确诊保险金、癌症住院津贴保险金、癌症手术保险金、癌症放化疗保险金、肝脏移植术或造血干细胞移植术保险金、身故保险金和保费豁免多项责任。这些责任充分考虑了癌症治疗的长期性以及相应的治疗方式。如昆仑健康、泰康、太平等多家保险公司专门针对糖尿病患者开发了提供保障糖尿病并发症保险金的疾病保险，突破了传统健康险不保糖尿病人的核保规则；老年防癌保险则突破了普通重疾险的最高投保年龄，专为高年龄段老人提供癌症保障。这些产品的开发解决了以往健康险没有覆盖到的部分客户的保险保障。

三是积极探索保险保障+健康管理服务相结合的新型健康保险产品。在健康保险产品中加入健康管理服务以提升客户的健康水平。平安健康险推出的健行尊享健康保障计划，不仅提供高额医疗费用保障，还加入了"健行天下"健康促进计划，通过对健康行为和健康饮食的干预，鼓励客户持续改善健康并可享受奖励；泰康人寿推出的甜蜜人生特定疾病保险，在为糖尿病患者提供保险保障的同时，通过智能血糖仪及配套的APP血糖管理服务平台，随时监测病人血糖波动，进行药物干预、饮食干预，协助客户做好慢病管理。人保健康推与北京肿瘤医院合作开发了北肿防癌管家保险保障计划，该保险计划可为客户提供北京大学肿瘤医院门诊挂号、住院、手术预约等就医绿色通道服务，同时对于被保险人在该医院发生的合理且必需的与癌症治疗相关的医疗费用，在约定的保险金额范围内按100%的比例给付癌症医疗费用保险金，并由保险公司与医院直接结算，从而实现为客户提供从癌症预防到诊疗的保险保障及健康管理服务，为客户提供全流程的诊疗解决方案。

（四）服务全民医保体系建设

2009年，中共中央、国务院出台《关于深化医药卫生体制改革的意见》，明确了商业健康保险参与社会医疗保障体系建设的定位和职能。商业保险公司配合医疗体制改革，结合各地医保、新农合经办部门的运作要求和情况，充分发挥机制、专业、系统等方面的优势，通过搭建系统、建立网点、推动合署办公、部署系统监控、开展异地协查、研发线上服务等方式全面提升医保承办能力和服务水平，形成了中国人寿"江门模式"、平安养老险"厦门模式"、人保健康"新余模式"和"太仓模式"等服务模式。截至2015年底，目前全国各省（除西藏外）都制定了城乡居民大病保险实施办法，已分别有287个和255[①]个地级以上城市开展了城镇居民和新农合的大病保险工作。商业保险公司承办大病保险保费收入及受托管理基金258.64亿元，赔付支出为246.85亿元，赔付比例超过95%；2016年1~9月，大病保险保费收入及受托管理基金271.68亿元，已决赔付支出超过80亿元，实现了"政府不多拿一分钱、百姓不多掏一分钱，保障程度大幅提高"的效果，得到社会各界的高度评价。

（五）行业监管和自律不断强化

保险监管部门不断积极协调各方力量，力求为健康保险发展争取良好的政策环

---

① 国务院医改办专职副主任、国家卫生计生委体改司司长梁万年介绍全面实施城乡居民大病保险相关政策，并答记者问. 中国新闻网. 2015.07.24.

境，为健康保险快速发展提供了坚强的保障。在监管资源配置方面，2003年中国保监会在人身保险监管部增设了养老与健康保险处；2012年，分设健康保险处，专司健康保险的发展与监管工作。为了支持商业健康保险的发展，中国保监会和保险行业协会先后颁布了一些专门针对商业健康保险的规定。2003年，行业协会制定了《关于经营健康保险业务的自律公约》，有利于加强行业自律，促进健康保险业务的公平竞争和健康发展。2006年保监会颁布了《健康保险管理办法》，这是我国第一部规范商业健康保险的部门规章，对我国健康保险的经营管理、产品管理以及促进健康保险专业化发展、规范市场行为、保护被保险人合法权益等方面都有十分重要的意义。为进一步推动和规范健康保险发展，保监会于2017年对《健康保险管理办法》进行修改，已形成征求意见稿。2007年，保险行业协会针对重大疾病保险这一特殊健康保险险种颁布了《重大疾病保险疾病定义使用规范》，改变了保险业重疾险产品对"重大疾病"既没有统一定义，也没有核心病种的状态。

（六）商业健康保险的专业化经营效果显现

自2005年第一家专业健康保险公司成立以来，我国商业健康保险业始终以科学发展观为指导，积极探索专业化经营模式和可行性操作路径，并通过自身的实践和探索，在专业化经营方面取得了初步成效：

一是行业发展在三个方面迈上新台阶。第一，专业健康保险公司从无到有，专业化的经营主体不断增加。从2005年4月8日中国第一家专业健康保险公司人保健康成立以来，截至2016年底，共有人保健康、平安健康、昆仑健康、和谐健康、太保安联健康、复星联合健康、瑞华健康七家专业健康保险公司。第二，专业健康保险公司业务规模不断扩大。专业健康保险公司保费规模2005年只有345万元，2016年保费规模高达1 318.2亿元，其中人保健康保费规模为237.4亿元，占据绝对优势地位。第三，专业健康保险公司整体实力明显增强。专业健康保险公司业务规模占健康保险业务规模的比重不断攀升，2006年为2.7%，2008年24%，2016年达到32.6%，行业整体实力明显增强。

二是专业化经营在四个方面取得新突破。第一，专业化的产品体系逐步健全。专业健康保险公司发挥自身专业优势，开发了大量的差异化产品。如人保健康开发了第一款首年保证续保医疗保险产品、第一款具有全面保障功能的长期护理保险产品、第一款以主险形式销售的团体失能收入损失保险产品，为不同的团体量身定做从高管人员到普通员工、从健康人员到慢性病人员、从普通就医到专家诊疗等不同层次、个性化的健康保险与健康管理服务相结合的综合保障计划，提供包括健康咨询、健康维护、便利就诊、诊疗管理在内的全面健康管理服务。

第二，专业化的健康管理服务体系初见端倪。以人保健康为代表的专业健康保险公司，积极打造专业化的健康管理服务体系，并通过自身的艰难探索和实践，初步建立了专业化的健康管理服务体系。如人保健康在业内率先开发了专门的健康管理信息系统，包括医院管理、医生管理、健康服务管理、客户健康档案管理、健康咨询、健康诊疗知识库等模块；此外还推出了以"绿色通道、慢病管理、家庭医生、异地转诊"为核心的十二大类健康管理服务项目和五项单独健康管理产品，较好地体现了预防为主、行为干预和全面服务的健康管理理念。在此基础上，还建立了由全国500多家合作医院组成的服务网络，形成了由医疗专家、医生、家庭医生、健康服务专员组成的健康管理服务队伍。

第三，专业化的风险管控体系逐步形成并日趋完善。以人保健康为代表的专业健康保险公司，不断加强与其他健康险经营主体的沟通合作力度，加强外部合作，初步建立了疾病风险数据库，制定了不同于传统寿险的核保、核赔管理流程，不断创新与医疗卫生服务机构的合作方式，初步形成了事前健康管理、事中诊疗服务、事后经济补偿"三位一体"的医疗风险控制机制。在风险管控体系建设方面，人保健康在充分考虑自身实力和外部医疗卫生服务环境的情况下，通过承办政府委托业务，借助政府医保中心的管控力量，通过与定点医院结算的方式，建立与医疗卫生服务机构风险共担、利益共享的合作机制。

第四，服务多层次医疗保障体系取得新进展。专业健康保险公司，始终致力于民生保障，在承接政府委托业务方面取得了迅猛发展。参与多层次医疗保障体系的领域和范围进一步拓宽，不仅涉及传统的城镇职工大额、新农合大额、新农合基本医疗经办业务，而且还涉及城镇居民大额、公务员补充、城乡医疗救助、补充工伤、附加意外险在内等业务领域。

三、我国商业健康保险发展存在的主要问题

虽然我国商业健康保险取得了一定的成绩，但是应该看到，目前我国商业健康保险还存在专业化理念不清晰、数据管理分析能力偏低、风险控制能力薄弱、健康管理服务水平有待提高、市场竞争行为不规范等问题。

（一）专业化理念不清晰

健康保险的发展必须走专业化经营道路，已成为保险业的共识。以人保健康为代表的专业健康保险公司在实践发展中，已经逐渐清晰了盈利模式，统一了发展战略。但也存在其他保险公司，对健康保险的盈利模式还没有达成共识，在战略层面对专业化理念认识不清。有人认为目前专业化经营条件不成熟，健康保险必须依赖寿险业务才能生存；有人认为成立专业化健康保险公司或者专门健康保险管理部门就是健康保

险专业化经营。由于保险公司缺乏清晰的专业化经营理念，也就没有投入足够资源去建立专业化经营模式。

（二）数据基础建设相对滞后

经营数据缺乏是困扰我国健康保险发展的老问题，问题的核心不是保险公司缺乏数据，而是保险公司缺乏数据积累和数据分析的能力。一是没有科学的编码系统数据，数据定义不统一，无法集中、归类、分析；二是没有专业有效的信息技术系统，数据难以共享，甚至淹没在寿险等其他业务数据中，难以提取；三是缺乏严格有效的数据管理制度，数据失真、流失现象较为严重。此外，保险行业内部、保险行业和医疗、社保行业之间都没有建立起有效的数据共享机制。数据是风险管理的基础，是健康保险专业化经营的依托，没有强大有效的数据库，健康保险专业化难以取得实效。

（三）风险控制能力薄弱

由于我国医疗资源分布严重不均，保险公司与病源充足的大医院谈判能力有限，很难建立可以影响医院医疗行为和医药费用的深层次合作机制；保险公司还主要依靠报销病人的医疗单据进行理赔，没有实现对医院的直接供款，没有形成"风险共担、利益共享"的利益联系纽带，难以控制不合理医疗行为和医疗费用。我国保险公司还没有一张覆盖广、效率高、可控制的合作医院网络。近年来，个别保险公司也在尝试收购医院的股权，通过资本纽带加强对医院的控制，但效果尚不明显。

（四）健康管理服务水平有待提高

目前健康保险经营主要依赖于寿险，在产品销售、核保、健康管理、医疗服务等许多环节，还没有建立专业化的服务体系。投保人对健康越来越关心，但是保险公司的健康管理服务刚刚起步，不能满足客户不断提高的服务要求。

（五）市场竞争行为不规范

财险、寿险公司均可开办健康保险业务，大多数保险公司将健康保险业务作为"敲门砖"，采取低价竞争策略。专业健康保险公司成立时间短、实力弱，在财险和寿险公司的恶性价格竞争下，处在做业务亏本、不做业务不能发展的境地，生存和发展面临严峻挑战。

社保补充等政策性业务，属于社会敏感性强的特殊领域，政府和民众都特别关注。一些保险公司将该类业务捆绑到其他业务，导致业务处于亏损状态，甚至出现个别公司因业务亏损而单方中止履行合作协议的现象，既损害了政府信誉和参保群众利益，破坏了健康保险资源，也损害了保险行业的形象。

第二节　健康保险经营与管理的国际背景与经验

在人类社会发展史上，面对生、老、病、死、残等健康风险，人类从未停止对健康风险管理的探索。公元前2500年前的古埃及、公元前9世纪的古罗马、公元前3世纪的古希腊都出现过类似的保障形式。进入中世纪，特别是18世纪中叶工业革命的爆发给人类社会带来了翻天覆地的变化，城市化进程中的农村移民，为应对疾病与失业等困境，发展起了现代意义上的互助共济会，健康保险的形态日渐清晰。近百年来，随着经济的发展和风险管理技术的进步，健康保险逐渐形成了相对完整成熟的经营管理体系，发展成为社会医疗保障体系的重要支撑力量。

一、健康保险的起源和萌芽

单个人类个体如何应对无时不在的风险，"生存下来的策略一般都是结成大小不等的群"[1]，建立于血缘、地缘、业缘等的群体都是为了实现通过群体来应对风险从而求得生存与发展的根本目的。从这个意义来看，健康保险的原始雏形与功能早在古代社会中就已经存在。

公元前2500年前的埃及，泥瓦匠们就组织了互助组织，每个参加者缴付一定数量的互助会费，为其成员的疾病和殡葬提供资金。公元前9世纪的古罗马也出现了类似团体，其中影响最大和流传最广的是古罗马被称为"格雷基亚"的互助共济组织。该组织由罗马教皇哈德连（又译哈德良）发起，他向加入者收取100泽司（Sestercess，古罗马的青铜货币）和一瓶敬神明的清酒作为加入费，哈德连向入会者颁发会员证，随后，入会者每月要再缴纳5阿司（As，古罗马的青铜货币）的会费。该团体会员死亡时，"格雷基亚"向会员家属支付400泽司的葬祭费。为维系"格雷基亚"的持续有效运转，哈德连还制定了一些具体细致的规则，这些规则被刻在大理石石碑上。19世纪，这块石碑在距离罗马19英里的拉努维乌姆（Lanuvium）被发现，成为古罗马互助共济古老起源的一个有力佐证。此外，古罗马还有葬礼合作社（Collegium Funeraticium）和穷人团（Collygium Tenuiorum）。匈牙利学者A. Varadi把葬礼合作社和穷人团解释为成古罗马的人寿保险和健康保险[2]。

---

[1] 郑也夫. 信任论［M］. 中国广播电视出版社，2001.
[2] A. Varadi. Preliminary Data of Life and Health Insurance in the Roman Law (the Collegium Funeraticium and the Collegium Tenuiorum), in Orv Hetil, 2007.

公元前 3 世纪左右的古希腊，也存在这样的互助共济组织。它们被称作 Thiases，有时候也被称为 Evanes。Thiases 源于 Thiazo，意为"领唱或领舞"；Evanes 从 Evanos 而来，意为筹集捐献和募捐，同时也代表钱，在这个意义上等同于 Evanizomai，意为"我恳求得到救济"。这些社团结成了亲密关系和美好的友谊，无可避免地，人之本性促使他们向那些可能经历疾病的人提供帮助。在古代的许多重要城市都有大量这样的组织，在罗德岛有"阳光之友"（Companions of Sun）、"巴克斯之子"（the Sons of Bacchus）等等，在雅典则有 Heroists、Oregons 和 Thiasotes。[①]

到了中世纪，在意大利的罗马、希腊、现在的埃及、德国和英国，都建立了各种形态的行会，有工匠行会、商人行会、村落行会、宗教行会和社交行会等，它们为了维护同业者的利益而组成各种组织，合作共济的范围逐渐从死亡延伸到疾病、伤残、衰老、丧失家畜、房屋损坏等等。俄国著名理论家克鲁泡特金（Pyotr Alexeyevich Kropotkin, 1902）在其名著《互助论》中描述到："在中世纪，每个人都属于一个行会和兄弟会，两个'兄弟'有轮流照顾一个生病的'兄弟'的义务。"[②] 行会的活动成为现代寿险、健康险、财产保险的萌芽。

进入 17 世纪，快速的工业增长、产业结构的巨大变化，不仅给人们的思想与社会生活带来巨大改变，也给劳动者带来了前所未有的问题和风险。无论生活在乡村还是城镇，疾病与死亡等都是人们生活中的重大风险。但比较而言，乡村居民在生病与失业时尽管也会遭受痛苦，但还可获得朋友、特别是家庭成员的陪伴。城市生活则与传统的农村生活不同，那些迁到城镇中的移民，在面临疾病与失业等困境时，却无法享有在故乡时原有的亲朋网络的帮助和支持。在这样的背景下，17 世纪末的英国出现了友谊会。

18 世纪、19 世纪是友谊会运动发展的黄金时期。二十世纪二三十年代友谊会逐渐衰落，到 21 世纪初友谊会已为数不多。有资料显示友谊会这种曾兴盛于几个世纪之前的互助形式可能缘起古罗马时期，它的出现可能是古代互助形式的一种复兴。阿奇博尔德·赫瓦特（Archibald Hewat）在《友谊会》一书中表示，从遥远的古代追溯友谊会的历史毫无疑问是十分有趣并具有指导意义的。他指出，类似友谊会这种组织可以追溯到亚当时期的宗教团体中去，经由古代行会和同业公会的转变直到我们现在的友谊会[③]。友谊会在福利保健方面的开创性作用是不可忽视的。实际上，友谊会通过互助形式为其成员提供了福利国家所能提供的所有医疗保健等福利，早于国家供给

---

① Abb Landis. Friendly Societies and Fraternal Orders, Nes York: The Fraternal Monitor Co. Rohester, 1900.
② 克鲁泡特金（P. Kropotkin）. 互助论 [M]. 商务印书, 1963.
③ Archibald Hewat. On Friendly Society: Being A Paper Read Before the Insurance and Acruarial Society of Glasgow. London: Charles & Edwin Layton, 1886.

第一章
导　论

至少 100 年时间①。英国社会活动家普莱斯博士（1771）在《观察》（Observation）中谈道："当下层平民由于意外、疾病或者年老而丧失生存能力时，他们会成为重点同情的对象，这就促使在他们之中结成有益的社团，从而保证他们能够依靠每周筹集的一点微薄资金相互救助。"② 1697 年，英国学者丹尼尔·笛福在《论开发》③ 中概括了 17 世纪友谊会并列举了当时仍然存在的友谊会，其中还包括一个女性友谊会。虽然笛福描述的是大城市里的友谊会，但很快这样的组织就在别的其他地方如巴斯（Bath）建立起来的，到 18 世纪中叶友谊会已经遍布全国各地。

1793 年，英国通过了《罗斯法案》（Sir George Rose's Act）。该法案将友谊会定义为"通过成员的自愿零散捐赠，在患病、年老和无保障时进行共同救助和维持的社团"，即以成员持续向社团缴纳会费取得的成员身份为前提，友谊会在其成员生病、遭遇事故或年迈虚弱之时，会从共同基金中为其发放疾病津贴；当其成员本人及其家人生病时，友谊会的签约医生会为其提供价廉质高的医疗照顾和药品，甚至为其成员提供孕期补贴等④。该法案颁布后的几年里，涌现出大量的友谊会。根据科洪爵士（Sir P. Colquhoun）1796 年的估计，在伦敦地区的友谊会数量是 600 个，成员达到 7 万人；1801 年，尹登爵士（Sir F. M. Eden）认为整个大英帝国的友谊会有 7 200 个，人数超过 60 万⑤。

1875 年，英国皇家调查委员会基于当时友谊会的蓬勃发展，在全国范围内展开了一场大规模的调查，并把调查结果刊发成册，与当时数个与友谊会相关的法令条文一起，组成 1875 年《友谊会法案》。该法案对友谊会进行了更加详细的划分和定义，其中，第 8 条定义友谊会为：无论有无外部捐赠帮助，由成员自愿捐资成立的，为他们自身、配偶、孩子、父亲、母亲、兄弟姐妹、侄子或侄女（外甥或外甥女）在患病或其他困顿（无论身体还是精神上）期间，或者在他们年老（50 岁以后）、寡居时，或他们去世后留下的孤儿们在未成年时提供救济或维护的社团。⑥ 任何年轻的、健康的工人都可以加入，不论职业和出身。职业通常不是成为友谊会会员的门槛，但年龄却是一个限制因素。大部分友谊会规定的年龄上限是 40 岁，那些身患明显疾病的或残疾的人会自动被排除出友谊会。

---

① Evelyn Lord. Weighed in the Balance and Found Wanting: Female Friendly Societies, Self Help and Economic Virtue in the East Midlands in the Eighteenth and Nineteenth Centuries.
② Archibald Hewat. On friendly Society: Being a Paper Read Before the Insurance and Acruarial Society of Glasgow, London: Charles & Edwin Layton, 1886.
③ Essay Upon Several Projects: or, Effectual Ways for Advancing the Interest of the Nation.
④ 闵凡祥. 18、19 世纪英国"友谊会"运动论述 [J]. 史学月刊, 2006（08）.
⑤ Abb Landis. Friendly Societies and Fraternal Orders, Nes York: The Fraternal Monitor Co. Rohester, 1900.
⑥ W. A. Holdsworth. The Friendly Society Act 1875 With Explanatory Introduction and Notes; An Appendix, Containing the Clauses of other Acts Affecting Friendly Societies, London: G, Routledge and Sons, 1875.

二、现代意义的商业健康保险发展历程

现代意义上的商业健康保险始于19世纪的英国；美国保险业虽然起步较晚，但发展迅速；1883年，德国俾斯麦政府社会医疗保险制度的确立，健康保险作为国家强制性社会医疗保障的补充逐渐扩展到其他欧洲发达国家。

早期商业健康保险的险种主要是意外伤害保险和疾病保险，多以个人保单的形式销售。19世纪中叶，以蒸汽机车为标志的英国工业革命使生产力水平得到极大提高，但频繁发生的运输事故严重影响了铁路部门的运输效率。为此，英国铁路运输部门于1848年成立"伦敦铁路旅客保险公司"（Railroad Passengers Assurance Company of London），为旅客在铁路运输期间发生的严重伤残和意外伤害提供保险金给付，这是健康保险历史上第一张具有现代意义的保险单[1]。随后，英国和美国等的保险公司也相继开展了类似业务。

1849年，美国马萨诸塞波士顿健康保险公司签发了第一张疾病保险单，不仅补偿医疗费用，而且也对失能进行补助[2]。同时期，美国Fidelity人寿与意外保险公司办理一种意外身故与疾病结合的保单，保障15种指定疾病，对罹患疾病所产生的医疗费用予与保险金给付。1890年，Travelers保险公司提供给消防员的疾病保障，成为美国第一份团体健康保险合同。1893年，法律意外伤害保险公司推出了"意外伤害事故和特殊疾病保险"，除了提供通常的意外伤害给付以外，还加上疾病给付，对象是因患特殊疾病招致伤残的被保险人，因患慢性疾病致残者则不在被保险人范围内。1899年，安泰人寿保险公司（Aetna Life Insurance Company）开始对除了肺结核、性病、精神失常和与酒精毒品相关的病症之外的所有疾病提供残疾保险[3]。1911年，在纽约的伦敦保证和意外保险公司（London Guarantee and Accident Company）为美国蒙哥马利·伍德公司（Montgomery Ward and Company）的雇员提供了一份丧失工作能力导致收入下降的保险，成为美国第一份团体失能收入损失保险[4]。

随着医疗费用的快速上涨，综合医疗保险很快应运而生。1915年，英国的伤害保险给付已经包括了住院、内外科治疗和看护费用。1920年开始出现团体伤害与疾病保险[5]。1929年，美国达拉斯市的贝勒大学（Baylor University）医院为其1 500位

---

[1][2] John A. Boni, Elizabeth M. Denning, Marilyn Finley, Terry R. Lowe Bernard E. Peskowitz. The Health Insurance Primer, HIAA, 1999.

[3] 詹姆斯·亨德森著，向运华 等译. 健康经济学 [M]. 人民邮电出版社，2008.

[4] 陈文辉. 团体保险发展研究 [M]. 中央编译出版社，2004.

[5] John A. Boni, Elizabeth M. Denning, Marilyn Finley, Terry R. Lowe Bernard E. Peskowitz. The Health Insurance Primer, HIAA, 1999.

大学教师购买了团体住院医疗费用保险。1938 年，美国第一份团体外科费用保险计划问世，受到消费者的普遍青睐，团体健康保险在美国被迅速推广开来，至第二次世界大战末期，保费总额已达 7 000 万美元。

进入 20 世纪 30 年代后，由于经济衰退、保险欺诈、险种设计缺陷等，加上早期健康保险核保信息缺乏、保费不足和承保风险过高等因素，许多保险公司在财务上发生了严重困难，纷纷退出了健康保险领域，蓝色计划（Blue Plans）在美国应运而生。蓝色计划由两个独立的计划组成：一是美国医院协会（American Hospital Association，AHA）发起实施的蓝十字（Blue Cross）计划，负责住院费用保险；另一是美国医生协会（American Medical Association，AMA）发起组织的蓝盾计划（Blue Shield），负责门诊和其他诊疗费用保险。

蓝色计划为非营利性机构，能享受政府的免税政策，不受州政府关于最低偿付能力、责任准备金等保险监管制度的约束。由医疗协会组织实施其保险计划，不采用传统的经验定价模式（Experience Rating），而是对投保人采取社区定价模式（Community Rating），即投保人交付的保险费与其健康状况和就医经历没有直接联系。投保人在交付保险费后可到指定或推荐的医院和诊所就医，就医时只需支付小额挂号费，医疗费用则由医疗服务机构和保险计划直接结算。

第二次世界大战后，经济进入繁荣期，健康保险外部环境得到改善。自 20 世纪 50 年代中期起，商业保险公司针对重大疾病的高额医药费用开发了大病医疗保险（Major Medical Coverage）①。此类保险一般有较高的免赔额和一定比例的共保金额，超过部分由保险人支付。后来又规定了自付金额的上限，超出上限的部分由保险人全部支付。到 20 世纪 60 年代早期，大部分的商业健康保险产品都包括了住院费用、手术费用和医生费用三种基本保障。

1982 年，南非的 Crusader 寿险公司首次推出了作为主险销售的重大疾病保险，对心肌梗塞、脑中风、癌症和冠状动脉绕道手术（国内多称"冠状动脉搭桥术"）等致死率高、治疗费用大、治疗周期长的重大疾病提供定额给付，揭开了商业健康保险产品和经营模式创新的序幕。

直到 20 世纪 80 年代早期，商业健康保险公司一般采用传统的按服务计费的管理模式（Fee - for - Service Policies），即以实报实销的付费方式（Cost - Based Reimbursement）向医疗服务提供者（医生或医院等）支付医疗费用。由于医疗服务提供者不承担任何风险，往往不会主动控制和节约医疗费用，甚至出于盈利目的而提供不必要的医疗服务，造成医疗服务费用的急速上涨。随之，管理型健康保险模式（Managed Care Policies）应运而生并得到迅速发展。目前，管理型医疗保健所覆盖的

---

① 詹姆斯·亨德森著，向运华 等译. 健康经济学［M］. 人民邮电出版社，2008.

内容已从传统的一般住院和门诊服务，扩展到了理疗、精神治疗、眼科、牙科、推拿等专科治疗，管理制度和方法也日臻成熟，在控制医疗服务费用及保障被保险人得到妥善医疗服务等方面取得了明显的成效。

专栏 1.1

美国健康保险发展渊源

时间	事件
1798	国会建立美国海运医院为海员提供服务，通过强制性扣薪向符合条件的海员提供预付医疗
1847	波士顿的马萨诸塞健康保险公司成立，签发了第一张疾病险保单
1849	纽约州通过第一个通用保险法
1850	马萨诸塞的富兰克林健康保险公司注册成立，签发了第一张个人意外保险单
1870	煤矿、伐木、铁路等几个行业的公司为员工设计开发涵盖医疗服务的保险计划
1890	诞生了第一张为特定疾病造成的残疾提供经济补偿的保险单
1899	安泰人寿保险公司提供对大部分疾病造成残疾的保险
1910	蒙哥马利·沃德公司向雇员提供保险计划，被认为是第一张团体健康保险保单
20世纪20年代	个别医院在个人预付基础上，开始提供医院费用补偿
1929	第一个健康维护组织，罗斯-卢斯诊所，建立于洛杉矶
1929	贝勒医院，在预先规定的月成本下，为一些达拉斯教师提供住所膳食和特别辅助服务，被认为是蓝十字组织的先驱
1932	第一个城市范围内的蓝十字计划由萨克拉门托的一些医院开始提供
1935	社会保障法第一次向各州提供补助用于公共卫生活动
1937	蓝十字委员会成立
1939	第一个蓝盾计划（外科手术医疗）产生，名为加利福尼亚医生服务组织
20世纪40年代	第二次世界大战期间，由于工资的冻结，团体健康保险成为雇员与雇主集体谈判的一项重要内容
1949	大病医疗费用的受益计划由互助组织引入，用以补充基础医疗费用
1956	残疾保险加入到社会保障体系
1959	大陆意外保险公司签发了第一个综合性团体牙科保险计划
1964	处方药物的费用补偿计划被引入
1966	老年医疗保险计划和穷人医疗救助计划通过立法

续表

时间	事件
1972	医疗保险的对象范围扩展至残疾人和晚期肾病病人
1973	国会通过了健康维护组织法
1974	退休雇员收入保障法通过雇员受益计划的管制供给条款－鼓励公司自我保险
1988	医疗保险重病保障范围法案通过
1989	医疗保险重病保障范围法案废除
1996	国会通过了健康保险和轻便责任法案
1997	州立儿童健康保险计划

资料来源：Source Book of Health Insurance Data, 1990, Health Insurance Association of America.

三、国外主要健康保险市场发展及其经验

商业健康保险相比人寿保险和财产保险起步较晚，但在第二次世界大战后得到了迅猛发展，地位和作用也越来越重要。但从各国实践来看，商业健康保险又有各自特点。在多数发达国家，商业健康保险已内嵌于特定的医疗保障体系之中，经营受国家社会医疗保障体系影响很大；而在发展中国家，商业健康保险更多带有舶来品的色彩。对比发达国家和主要发展中国家的医疗保障模式，按照保障主体和保障程度，可主要分为三种模式：政府经办型医疗保障模式、政府主导型医疗保障模式和政府补充型医疗保障模式。

（一）发达国家商业健康保险的发展情况

根据世界经合组织（OECD）定义，商业健康保险可以归结为四种形态：基本型、重复型、费用补充型和项目补充型（见表1.1）。

表1.1　　　　　　　主要发达国家商业健康保险的四种主要形态

类型	定义	典型特征	主要国家
基本型 （Primary PHI）	将商业健康保险作为获得基本健康保障的途径	在一些不存在政府税收或社会保险筹资的医疗保障计划国家，个人通过购买商业健康保险来获得医疗保障；或者在有政府税优或社会保险支持医疗保障的国家中，个人可以退出公共部分的保障选择商业健康保险以取得医疗保障	美国、德国

续表

类型	定义	典型特征	主要国家
重复型（Duplicate PHI）	在全民医疗的保障范畴内提供内容相重叠但水平更高的保障	私人部门与公共部门保障相重复：商业健康保险的投保人不能免除对全民医疗的统筹责任	英国、澳大利亚
费用补充型（Complementary PHI）	对政府医疗或社会保险中需要个人自付或共付的部分进行补偿	以医疗费用中未能被社会保险或政府医疗报销的部分为补偿对象	法国
项目补充型（Supplementary PHI）	对政府医疗或社会保险不予以保障的项目进行补偿	以医疗项目中未能被社会保险或政府医疗包括或包括不全的部分为补偿对象	加拿大

1. 美国

美国是实施商业健康保险体制的代表性国家，由商业保险公司把"分散疾病风险"作为商品提供给社会，商业保险公司负责筹集资金、向符合赔付条件的被保险人提供就医的补偿或者直接向医疗机构购买医疗服务，被保险人受保障程度与缴费成正比关系。目前，美国商业健康保险市场已成为当今世界规模最大、最发达的市场。全美有近85%的人口参加了各种形式的医疗保险，其中近70%的人口参加了商业健康保险。商业健康保险在美国社会经济生活中占有极其重要的地位。美国医疗体系的主要保障项目见表1.2。

表1.2 　　　　　　　　　美国医疗体系的主要保障项目

项目	覆盖人群或具体的保障项目	覆盖水平（2008年）
老年医疗保障计划（Medicare）	覆盖65岁及以上人群，65岁以下但有长期失能的人群，以及晚期肾脏疾病患者	占总人口的14.3%
贫困医疗救助计划（Medicaid）	覆盖两个社会保障福利项目——为有未成年儿童的家庭提供的资助项目（Aid to Family with Dependent Children，AFDC）和补充保障金项目（Supplemental Security Income，SSI）	占总人口的14.1%
州立儿童健康保险计划（SCHIP）	为标定的低收入儿童（Targeted Low-Income Children，TLIC）提供医疗保险	
军人保健计划	军人健康和医疗项目（Civilian Health and Medical Program of the Uniformed Services，CHAMPUS），主要为现役军人及家庭提供健康保健；退伍军人部主办健康和医疗项目（Department of Veterans Affairs，VA），主要为退伍和残疾军人提供服务	占总人口的3.8%

续表

项目	覆盖人群或具体的保障项目	覆盖水平（2008年）
私人健康保险	由雇主或工会提供，或由个人从私营保险公司购买的保险，提供者包括蓝十字（Blue Cross）和蓝盾（Blue Shield）、各种管理保健组织（Health Management Organizations，HMO）以及其他健康保险公司等	占总人口的66.7%。其中总人口的58.5%由雇主或工会提供私人健康保险，另外有总人口的8.9%由个人购买商业健康保险（二者之间有重叠）

资料来源：U. S. Census Bureau, Housing and Household Economic Statistics Division, at http://www.census.gov/hhes/www/hlthins/hlthin08/hkthfigs08.html.

在美国，一般由雇主为雇员购买商业健康保险。美国商业健康保险大约90%是由雇主为雇员购买的，这也是美国商业健康保险的一大特点。第二次世界大战期间，政府实现工资和价格管制，由于健康保险保健属于非工资福利，当时不受政府管制，雇主便利用它作为福利来吸引雇员，在工资上涨停滞时期，雇员也很看重这种小额福利，加之其不算在工资收入内，不用交税，健康保险就成为雇员主要争取的福利。战后，最高法院规定健康保险是雇员合法的福利保障。联邦政府税法也规定雇主为雇员支付的保险金可以免税。

> **专栏1.2**
>
> **美国社会医疗保障体系的形式**
>
> 美国的社会医疗保障体系主要包括三种形式。一是老年医疗保障制度，即通常所说的Medicare，是根据1965年制定的《老年健康保险法》对65岁以上的老年人以及因残疾、慢性肾炎等而接受社会福利部门救济者提供健康保险，由国家卫生和人类服务部（Department of Health and Human Service）直属的社会保障总署直接管理，经费由中央财政开支，病人个人负担较少。二是医疗救助制度，即通常所谓的Medicare，根据《美国安全法》规定，对低收入人群、失业人群、残疾人群提供各种程度不等的部分免费医疗服务，其划定的"贫困线"标准，各州不一，根据本州经济情况确定。三是少数民族免费医疗，仅对印第安人和阿拉斯加州的少数民族提供，由国家卫生和人类服务部印第安人卫生服务办公室直接管理。

2. 德国

德国采取的是政府主导型医疗保障模式，政府通过立法强制实行社会缴费方式，采用国家、企业、个人分担机制，建立起社会医疗保障制度。在这种模式下，政府起到主导和引导的作用，为全体国民提供基本医疗保险服务，个人可按照本人意愿，选择商业健康保险作为补充。除德国外，法国、荷兰、瑞士、韩国、中国、泰国、埃及等国家也采用这种模式。

德国的健康保险市场非常发达，有350余家健康保险公司，基本实现了国民健康保险全覆盖，仅有0.5%的人口没有参加任何形式的健康保险。近300家公司经营法定健康保险（Statutory Health Insurance，SHI），基本上都是非营利性公司，覆盖了德国大约90%的人口，年保费收入大约为1 500亿欧元，享受一定的税收优惠；50余家商业健康险公司，包括股份制保险公司和相互保险公司，为全国10%左右人口提供商业健康保险，年保费收入约为250亿欧元。目前，全德国市场规模排名前五位的商业健康险公司分别是：德意志疾病保险公司（Deutsche Krankenversicherung）、得贝卡疾病保险公司（Debeka Krankenversicherung）、安联疾病保险公司（Allianz Krankenversicherung）、西格纳疾病保险公司（Signal Krankenversicherung）、蔡因塔尔疾病保险公司（Central Krankenversicherung）。

按照德国联邦法律规定，税前收入低于一定限额（该限额标准每年由政府根据平均收入进行调整）的人口必须参加法定健康保险，包括有报酬的人员和失业者、领退休金者、农民、学生、艺术家、残疾人等特定群体。法定健康保险强制参保人员的无工作配偶及其子女自动参加，且不需要缴纳额外费用。但有两类人群没有法定义务参加法定健康保险，可以自行选择购买商业健康保险。一是国家公务员，公务员及家属发生医疗费用后，政府承担50%，其余50%可以通过商业健康保险等方式解决；二是自雇佣人员（包括企业家）以及工薪劳动者中收入高于所规定数额的人。

经营法定健康保险的健康保险公司和商业健康保险公司在经营理念和经营原则上有很大不同。前者是在公法（Public Law）框架下成立的；使用法定的统一条款；其经营遵循社会公平的原则，保费的收取只与参保对象的收入水平有关，不考虑个体的风险因素；在法定健康保险体系中没有用于未来医疗支付的准备金。商业健康保险公司则是在私法（Private Law）的框架下成立的；其条款设计因人而异，满足个体差异化的需求；保费的计量与收取充分考虑被保险人的风险因素；积聚了大量的老年医疗准备金。

在德国，商业健康保险的经营模式分为两种：一种是从美国引入的管理式医疗，具体运营方式与美国相似；另一种是传统的费用报销型。传统费用报销模式，采取的是后付制方式，保险公司在被保险人接受医疗服务后支付医疗费用。这种方式容易导致主动权掌握在医疗机构手中，增加了医疗费用支出。为了控制医疗服务费用，商业保险公司采取了多种方法。比如，规定承保的最高限额，超过此限额保险人概不负责；按比例负担治疗费用，即保险人、投保人按一定的比例承担医疗费用；由行业自律组织制定医疗费用支付条例，明确了各病种的支付标准。例如，规定每一病种相应的点值（比如说阑尾手术 100 点），每一点值的费用额度每年都由商业健康险保险人协会与相应的协会如医生协会、牙医协会谈判确定，比如每个点值在某个年份定为 0.8 欧元。

在德国，商业健康保险市场上产品种类繁多，主要健康保险产品有全保类、定额类、补充附加类、标准类、大学生疾病险、疾病贷款偿还险等种类。全保类主要是针对法定保险非强制性人员设计的，它按照商业健康保险产品设计开发规律根据被保险人需求设计产品，理论上，可以涵盖所有医疗保障需求。定额类保险主要是针对政府雇员开发的产品，其目的在于补充政府雇员实际医疗费用和法定保险报销额度之间的差额。补充附加类的产品主要是针对法定保险投保人设计的，目的在于为投保人提供法定保险之外的费用保险，如主任医师诊治、住院治疗中的单人病房、镶牙等项目。标准类是 1994 年由商业健康保险协会统一设计的产品，主要针对 65 岁以上、连续 10 年购买商业健康保险产品且目前无法承担商业健康保险保费的人群。该产品保费低于法定健康保险保费，保障范围基本与法定健康保险一致。大学生商业健康险是针对在校大学生设计的，其待遇项目视所交保费而定。通常情况下，由其供养的配偶和子女也可以随其加入共同保险。疾病贷款偿还险是疾病收入津贴险的一种，主要是针对因病失去工作能力而无法偿还分期付款这类人员设计的。

为保护投保方的利益，德国商业健康保险产品都是保证续保产品，即保险公司一旦承保，就不得解约，解约权属于投保人，投保人可以自由退保或在同一公司转而买其他的保单。但如果投保人退保，之前所缴纳的老年疾病风险储备金不允许取出或转到其他保险公司，对投保时间很长的中老年人来说，投保将造成较大损失。

3. 英国

英国是典型的实行国家医疗保障制度的国家，政府建立了一套基本的、以税收为主要筹资来源的社会医疗保障制度，国民享有统一的社会医疗保险服务，一切医疗保障需求由政府机构组织和提供。在这种模式下，国家限定了医疗保障提供的范围和种类，并负责该制度的运行和监督管理。除英国外，加拿大、西班牙、意大利、澳大利亚等国家也采取这种医疗模式。

英国的医疗保障体系以国民健康服务体系（NHS）为主，商业健康保险为辅。英国国民健康服务系统于 1948 年建立，是英国社会福利制度中最重要的组成部分，由政府通过国家税收形式筹集医疗保障资金，以此向国民提供免费或者低收费的医疗服务。自创建以来，国民健康服务体系最大限度地履行了"满足每位公民的医疗卫生服务需求"的设立宗旨，向全体国民免费或接近免费地提供了从出生至死亡全过程的医疗卫生服务。

经过近 70 年的运行，国民健康服务体系在实施过程中也暴露出很多问题，比如服务质量差、医生队伍积极性低落、患者候诊时间长等，公众针对国民健康服务体系的批评也越来越多。国民健康服务体系庞大的医疗服务队伍,以及不断增加的费用支出,给政府背上了沉重的财政负担,迫使政府需要寻求另外的服务供给模式。从20世纪80年代开始,英国的五届政府①均针对国民健康服务体系开展了不同程度的改革,鼓励私人部门参与国民健康服务体系的运行,希望通过公私合作方式提高国民健康服务体系的公正性、可及性和高效性。1998年,英国《福利制度改革绿皮书》提出了未来福利国家的8个主要原则,其中第二个原则即"公共部门与私人企业合作,使更多人受益"。20世纪90年代英国曾经将养老金和儿童补贴等事务通过建立独立机构的方式经办,但实践证明其行政费用加大,效率却没有提高。20世纪90年代末期,又将国民年金等福利待遇的支付工作收归社会保障部,通过直接购买服务的方式管理②。

目前,英国商业健康保险覆盖人群已达11%,并保持着年平均5%~7%的增长。英国商业健康保险包括个人和团体两类。商业健康保险公司按风险评估与个人签订保险单、按团体费率与团体签订保险单。超过2/3的商业健康保险是由雇主为雇员购买的团体保险。

英国的商业健康保险种类主要有三种:一是普通的商业健康保险,保险公司一般负责为投保患者支付在私人医院诊断、手术及住院的费用。该类保险可以保证投保患者减少排队、较快地进行手术,但一般只保可治愈的疾病,艾滋病和精神疾病往往不在保障范围内。二是重大疾病保险,一般包括癌症、心脏病、中风、大的器官移植手术或者永久性残疾等。三是永久性或长期医疗保险,这类保险负责为患者支付全部或部分的私人护理费用。

根据所提供服务覆盖范围的不同程度,英国的商业健康保险产品可以划分为三种类型:综合性保单(Comprehensive Policies)、标准保单(Standard Policies)和限制性保单(Budget Policies)。综合性保单的价格最高,可提供广泛的医疗保障,在一般的核心医疗保障之外,还提供门诊服务以及其他医疗服务。标准保单在核心医疗保障外只提供较少的服务,一般不提供精神疾病、孕期和产期的并发症、眼科及个人急救等方面的保障,可能还会添加对医院选择和费用方面的限制,但比较便宜。限制性保单最便宜,但医疗保障范围也相较最窄,附加限制条件也会更多。

---

① 撒切尔政府、梅杰政府、布莱尔政府、布朗政府、卡梅伦政府。如,现任英国首相卡梅伦在上任后不足一年的时间内,就启动了新一轮的改革,称国民健康服务体系改革势在必行,本届政府推行的改革,重在许可、鼓励、支持私人部门更多参与国民健康服务体系的运行体系。

② 杨燕绥. 政府与社会保障——关于政府社会保障责任的思考[M]. 中国劳动社会保障出版社,2007.

> **专栏 1.3**
>
> ### 英国国民健康服务系统
>
> 早在1911年，英国就通过《全国保险法》，对健康保险及失业保险作了法律规定，并正式建立全科医师（General practitioner, GP）的制度，作为国家卫生服务的初级保健基础。1944年颁布国家卫生服务法令白皮书；1946年经英国皇室同意于1948年7月5日正式颁布英国《国家卫生服务法》（The National Health Service Act），建立起由政府提供卫生服务经费、国家统一管理卫生保健体系的国家卫生服务制度，为全体国民提供医疗服务。1948年起首先在英格兰地区成立医院管理委员会，对英格兰的14个大区的330多个教学医院或大区医院进行分组管理，全科医师则由134个执行委员会进行管理，形成了初级卫生保健服务（全科医师提供）、地方服务（即由政府提供的社区服务）和医院服务（专科医疗服务）的三级服务体制。根据《国家卫生服务法》规定，所有医疗机构均实行国有化，这些医疗机构的医务人员均为国家工作人员。1964年颁布《卫生保健法》，规定凡英国居民均可享受国民健康服务系统提供的服务。
>
> 自创建以来，国民健康服务体系最大限度地履行了"满足每位公民的医疗卫生服务需求"的设立宗旨。目前，除了某些如眼科、牙科以及处方诊断等特定服务外，国民健康服务体系向超过6 000万[1]常住居民提供了免费[2]的医疗卫生服务。据英国卫生部统计，平均每36小时，就有100万病人接受来自国民健康服务体系的医疗卫生服务，即平均1分钟国民健康服务体系就要为463名患者提供医疗卫生服务；每周大约有70万人会接受国民健康服务体系提供的牙科服务，3 000人会接受国民健康服务体系提供的心脏手术；每个全科医生平均每周要为140位患者提供诊疗服务。
>
> 一般说，医院对急性病的服务是较好的，不仅免缴医药费还免费供应伙食，但对慢性病以及疝修补术、白内障摘除术、扁桃体切除术等住院就要等很长时间，45%的病人要等1个月以上，6%的病人要等1年之久。
>
> 1948年颁布的《国家卫生服务法》，国民健康服务体系的运行费用基本来自国民税收。设立初始，国民健康服务体系预算为4.37亿英镑[3]，至2008~2009

---

[1] 2008年统计数据，英国人口为60 943 912人。

[2] 对于来自非英国所谓的"医疗互惠国"的人民，国民健康服务体系医疗服务适用对象只限在英国修习课程6个月以上的学生及其眷属；至于居住不满6个月者，则须自费就医或购买医疗保险，但在紧急情况下须看急诊时，则为免费。

[3] 相当于2010年的9亿英镑。

> 财政年度，这一预算已增长了 10 倍①，达 100 亿英镑。而在国民健康服务体系预算中，有 60% 用于支付雇员工资，20% 用于支付基础设施建设、设备采购、培训以及医疗设备、给养、清洁等，用于支付药品和其他医药器械花费仅占 20%。目前，国民健康服务体系的雇员超过 170 万人，有近一半的雇员具备临床资格，其中包括 12 万名住院医生（Hospital Doctors）、4 万名全科医生（General Practitioners，GPs）、40 万名护士和 2.5 万名（救护车）救护人员。英格兰②的国民健康服务体系是整个体系最大的部分，截至 2010 年，其雇员超过了 130 万人，为当地 5 100 万常住人口提供医疗卫生服务；苏格兰、威尔士和北爱尔兰国民健康服务体系的雇员也分别达到了 16.5 万人、9 万人和 6.7 万人。目前，国民健康服务体系已经成为全球最为庞大的医药卫生服务体系。

（二）发展中国家的商业健康保险

在发展中国家，商业健康保险的市场规模相对较小，其保费规模仅占全球商业健康保险市场的 10% 左右，但这些国家的人口却占到了世界总人口的 85%。对于同处于"发展"阶段的中国来说，这些国家的经验具有十分重要的借鉴意义。商业健康进入发展中国家主要源于两个浪潮：一是 20 世纪 80~90 年代，受新自由主义思潮的影响，拉丁美洲和东欧地区的政府积极引进商业健康保险来改组医疗体系，并将其作为医疗部分市场化的一个标志；二是 21 世纪初期，随着中东及东亚地区经济的蓬勃发展，人们的医疗需求更加多样化，商业健康保险适应需求取得了快速发展③。

1. 拉丁美洲和加勒比地区

在新自由主义思潮的影响下，拉丁美洲地区于 20 世纪 90 年代开始大规模引进商业健康保险，商业健康保险的保费规模和覆盖人群增长迅速，商业健康保险筹资占卫生总费用的比重甚至超过了 OECD 国家的平均水平。

巴西是拉丁美洲最重要的保险市场。巴西健康保险的市场度较高，经营健康保险的主体既包括专业的健康保险公司，也有医疗机构直接管理的医疗计划，后者的经营模式类似于美国的管理式医疗。商业健康保险大约覆盖了巴西 25%~30% 的人口，多数是工业和服务业等传统行业的雇员，通过所在的公司享有健康保障，也有些家庭或个人直接签约获得私人医疗服务。

阿根廷的商业健康保险体系与巴西类似，其私人医疗体系主要是通过商业保险公

---

① 以 2010 年为基期价格计算。
② 国民健康服务体系在运行管理上分属英格兰、北爱尔、苏格拉和威尔士四个构成国，各构成国独立管理国民健康服务体系的运行。
③ 孙祁祥、郑伟. 商业健康保险与中国医改 [M]. 经济科学出版社，2001.

司和私立医院之间的合同实现。一般有经济基础的个体会选择私立医疗机构。而墨西哥通过 2000~2003 年一系列医疗改革建立了大众健康保险（Popular Health Insurance），基本实现了公共保险的全民覆盖。目前的商业健康保险主要是大额医疗费用保险。

拉丁美洲许多国家在 20 世纪 80 年代至 90 年代推进医疗筹资市场化为导向的医疗改革，大规模引入外资，但改革效果不尽如人意。在智利，公共保险和私人保险形成了两个体系，在公营健康保险机构（FOIVASA）中，每个人都交纳 7% 的健康保险税，获得相同的一揽子最低医疗服务。商业健康保险的保障水平取决于交纳保险费的多少，缴纳的保险费越多，获得的保障程度越高。这使得商业保险可以把那些收入较高、健康状况较好的人从公营保险体系中剥离出来，成为自己的保障对象，而把最需要健康保险保障的那部分人，特别是低收入的穷人排除在商业健康保险之外。由于每个个体都必须拥有保险，这些人最后进入公共保险，使得公共保险中一方面保障人群的支付能力差，另一方面医疗支出高，导致保障程度越来越差。这进一步使得大量收入高而身体健康状况好的人离开公共健康保险机构，形成恶性循环，最终导致投保人自动分成了两类：收入低、风险高的人留在公营保险体制内；而收入高、风险低的投保人则转向商业健康保险体系。

目前拉丁美洲国家商业健康保险部门的医疗保险费用仍在不断增长。虽然受到美国商业健康保险产业的影响，许多拉丁美洲国家从引入商业健康保险伊始就采取了"健康保健"模式，因为从理论上来说，这种模式有助于控制费用，但是在拉丁美洲国家，控制费用的效果却遭到了怀疑。

2. 东欧地区

东欧在从计划经济向市场经济转型过程中，卫生部门的变革程度远小于其他部门。虽然东欧各国取消了社会主义制度下全民享有卫生保健的体制，但是基本医疗服务的覆盖率仍然接近全体人口。

很多国家在开放市场的时候，商业健康保险并没有引来很多投资者，或者投资者很快就退出了。比如在哈萨克斯坦，很多保险公司都在进入商业健康保险业务不久后退出了，因为政府缺乏对其偿付能力的有效监管出现了无序竞争。阿尔巴尼亚在 1994 年就开放了商业健康保险市场，但是没有保险人进入，直到 1999 年才有一家专门为外籍人士提供商业健康保险的保险公司进入。这些情况都说明，商业健康保险的发展需要一定的制度基础，以保障其持续经营。在该地区的很多国家，商业保险的覆盖人群极为有限，如在阿塞拜疆，商业健康保险仅覆盖了 0.1% 的人口，保费从 600 美元到 17 000 美元不等。这种情况同样出现在白俄罗斯、爱沙尼亚、格鲁吉亚等国家。

在俄罗斯，对苏联的社会保障制度进行市场化改革是该国市场经济体制转轨的重要内容，医疗改革自然是重中之重。1991年6月，俄罗斯通过了《俄罗斯联邦公民医疗保险法》，除了强制的医疗保险外，人们还可以通过企业额外缴费和个人缴费自愿购买商业医疗保险。此后，众多商业健康保险公司纷纷成立。但俄罗斯商业健康保险主要覆盖高收入人群，提供"重复保障"——这类保障并未覆盖更多的医疗项目，只是可以使投保人获得质量更好、等待时间更短的服务。服务提供机构既可以是外资医院，也可以是公立医疗体系。究竟选择何种服务机构，取决于投保单位选择的保险额。另外，俄政府允许商业健康保险公司帮助政府管理社会保险基金。

3. 其他地区

在中东和北非地区，商业健康保险仍是新生事物，但已在一些国家逐步成为医疗筹资中不可忽略的部分。中东和北非地区的商业健康保险目前仍处在比较模糊的监管框架下，导致了严重的"撇脂"、费用激增和欺诈等现象。在黎巴嫩，商业保险将更多的资金用于高科技医疗器械检查，使得费用上涨迅速，低收入人群的医疗成本高昂又缺乏有效的保障，而预防保健则几乎完全忽视。

在东南亚地区，印度尼西亚的商业健康保险计划（JPKM）的形式同美国的健康维护组织（HMO）非常相似，于1995年正式实施。商业健康保险计划的目的是鼓励私立部门发展Bapels（HMO组织）。目前，90%的Bapels是营利性的有限责任公司。菲律宾和泰国主要是政府主办的社会医疗保险。菲律宾指定国营的菲律宾健康保险公司（The Philippine Health Insurance Corporation，PhilHealth）举办强制性社会医疗保险，同时销售个人商业健康保险。泰国推行的是全民医疗保障覆盖计划，又称"30铢计划"。该计划的参与者到定点医疗机构就诊，无论是门诊还是住院，不管实际费用高低，每诊次只需支付30铢挂号费。政府按照诊治的参保人员及规定的人均费率向医院提供补贴。"30铢计划"使泰国的医疗保障覆盖率由原来的78%提高到95%，但同时也给泰国政府带来了沉重的财政负担。

在南亚地区，印度的商业健康保险起步较早。1986年，印度国有财险公司开始为团体客户提供费用报销型的健康保险产品，但业务规模较小。2001年印度政府开放了保险业，允许私营机构经营保险业务，并成立了保险监管部门（Insurance Regulatory & Development Authority，IRDA）。根据IRDA的规定，由财险公司经营健康保险业务。近年来，为了促进健康险的发展，IRDA开始允许部分寿险公司经营健康险业务，但主要是定额给付型的健康险产品。印度商业健康保险的特色之一是采用了第三方管理机构（Third Party Administrators，TPA）。第三方管理机构建有自己的医疗服务网络，这个网络由医院、全科医生、诊断中心、药房等医疗机构组成。第三方管理机构拥有自己的医学专家、医院管理者、保险咨询师、法律专家、信息技术人员和管理咨询师。第三方管理机构凭借其医疗服务网络及专业管理力量，为保险公司提供医疗管理和理赔处理等一系列服务。

第三节 健康保险经营与管理的研究对象和研究框架

随着健康保险市场的深化发展,健康保险的内涵和外延不断拓展,其对于社会经济发展以及医疗保障服务体系建设的功能和作用越来越重要。本质上,健康保险公司是经营、管理投保人乃至社会健康风险的企业组织,当健康风险发生时,导致人的身体健康乃至生命的受损,这种损失往往难以简单用货币等计量工具来量化。因此,健康保险经营与管理的研究对象,即客观的健康风险,是比财产保险、人寿保险更复杂的保险风险。商业健康保险风险贯穿于公司经营管理的全过程,体现在公司运营的方方面面,本书由此展开涵盖健康保险公司组织、人力资源、产品形态、费率厘定、营销战略、核保、理赔、财务、信息系统等诸多内容的研究框架。

一、商业健康保险的内涵和功能

弗里德曼(Friedman)和萨维奇(Savage,1948)的先导性工作奠定了风险与保险的理论基础。保险是一种让风险规避者减轻或消除其所面临的风险的安排。消费者购买保险,是用更加确定的常规保险费来替代巨额损失或大额支出的不确定性。消费者可以通过牺牲一个(相对)较小的、确定的保险费来为一个相对较大的损失进行保险,从而改善他们的福利状况。就健康保险而言,拥有保险并不能保护个人不受疾病或意外事故的困扰,但它可以对疾病引起的财务风险转嫁给保险公司。由于这种风险的转移,使得健康保险对医疗行为产生了重要作用。

(一)健康保险的内涵

在《英汉保险词典》中,健康保险(Health Insurance)的含义为"对疾病或意外事故导致的人身伤亡提供"的保险[1]。美国健康保险学会(HIAA)[2]认为:"健康保险是对疾病或意外的经济补偿,也指意外伤害和健康保险或者疾病和意外伤害保险,健康保险覆盖了许多健康保健费用,包括医疗、意外伤害、外科手术和牙科等费用保险,健康保险也包括由于疾病或伤害导致的收入损失的保险。"肯尼思·布莱克(Kenneth Black)等将其定义为"为被保险人由于伤残或疾病而产生的额外支出或收

---

[1] 张拴林. 英汉保险词典(精)[M]. 中国金融出版社,2005.
[2] 张晓. 商业健康保险[M]. 中国劳动社会保障出版社,2004.

入损失提供保险保障"[①]。

中国保监会《健康保险管理办法》（2006 年）[②] 规定："健康保险是指保险公司通过疾病保险、医疗保险、失能收入损失保险和护理保险等方式对因健康原因导致的损失给付保险金的保险。"《国务院办公厅关于加快发展商业健康保险的若干意见》（国办发〔2014〕50 号）规定："商业健康保险是由商业保险机构对因健康原因和医疗行为导致的损失给付保险金的保险，主要包括医疗保险、疾病保险、失能收入损失保险、护理保险以及相关的医疗意外保险、医疗责任保险等。"2017 年，原监管机关对《健康保险管理办法》进行修订，并形成征求意见稿，规定"商业健康保险是由商业保险机构对因健康原因和医疗行为导致的损失给付保险金的保险，主要包括医疗保险、疾病保险、失能收入损失保险、护理保险以及相关的医疗意外保险、医疗责任保险等医疗执业保险"[③]。商业健康保险的保障内涵进行了扩展，与诊疗行为有关的风险保障进入健康保险保障范畴。

（二）商业健康保险的功能

目前，几乎没有一个国家的医疗保障体系只有社会医疗保险，或者只有商业健康保险。社会医疗保险由于其强制性和普及性，一般采取统一标准缴费和给付，提供基本的医疗保障，不能满足民众多样化的健康保障和服务需求。但消费者对商业健康保险的需求取决于其风险状况、风险态度、收入水平、家庭结构等因素，商业健康保险公司可以根据市场的需求，针对不同人群特点，利用市场机制提供丰富的保障产品和服务，满足不同层次的健康需求。在我国，商业健康保险在全民健康保障体系中同样发挥着越来越重要的作用。社会医疗保险同商业健康保险互相作用、互为补充，已经成为国家社会医疗保障体系中不可分割的有机组成。

作为保障健康风险的特殊保险产品，健康保险从合同层面反映了投保人与健康保险公司之间的法律合同关系。但由于健康保险所具有的转嫁健康风险损失功能，对不同的利益主体会产生不同的作用，因而也被衍生出很多不同层面、不同角度的功能。Grossman 的健康生产函数、Huebner 的生命价值学说都指出，医疗服务只是消费者用于生产健康的必要投入要素，消费者购买医疗服务的目的并不在于医疗服务购买行为本身，而是通过购买医疗服务获得满意的、更高水平的健康。这与世界卫生组织倡导的全民健康理念是一致的。全民健康覆盖目标就是在确保所有人都获得其所需要的医疗卫生服务的同时，不会面临力所不及的财务困难，即不会因病返贫、因病致贫。为实现这一社会目标，商业健康保险参与社会医疗保障体系的程度会愈加深入，商业健

[①] 布莱克. 人寿与健康保险 [M]. 经济科学出版社, 2003.
[②] 中国保监会. 健康保险管理办法, 2006 年签发.
[③] 《健康保险管理办法（征求意见稿）》, 2017 年 11 月 15 日.

康保险也就逐渐从个体的微观自愿功能，转变为参与政府治理的宏观功能，并对社会经济的发展产生很大的影响。

1. 微观层面的功能

（1）商业健康保险的风险转嫁功能

A. H. Willett（1901）[①] 最早提出，保险是在风险客观存在及发生不确定的前提下，应对不确定损失的一种经济制度安排，依赖于把多数人的个体危险转嫁给他人或团体来进行。美国学者 B. Krosta 则从保险人承保风险的角度，阐述了转嫁风险能够被承保的原因，即被保险人转嫁给保险人的仅仅是损失发生的可能性，保险人通过汇集同质的大量危险单位，进而将风险进行分摊。德国学者 A. Wagner 提出了风险分担学说，与上述两位学者的风险转嫁功能基本相近。

根据这些学说分析，商业健康保险同样具有风险转嫁功能。投保人或被保险人将自己的风险转嫁给承办健康保险业务的保险人，这是签订健康保险合同双方之间的转嫁关系。转嫁的只是可能的风险损失，而不是确定的损失。商业健康保险公司并不真正地承接转嫁的风险损失，只是通过将损失在投保人之间的均摊，将风险再次转嫁给具有同质风险的投保人。美国经济学家 Folland[②] 提出了健康保险杠杆理论，认为商业健康保险的价值，在于可以借助杠杆作用实现用 1 美元购买 100 美元甚至更多的医疗服务的目的，即被保险人通过支付少量的健康保险保费从而获得了未来较大的不确定的医疗费用支出的保障，本质上就是风险的转移。

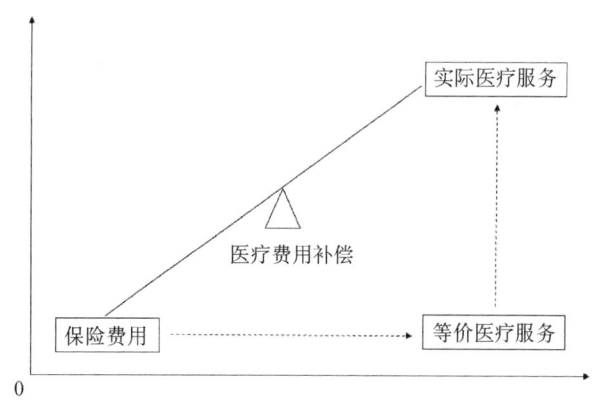

图 1.1　商业健康保险的杠杆作用机理

商业健康保险，尽管从经济上能够缓解投保人的经济损失，但作为无法简单用货币衡量经济价值的人，健康保险的风险转嫁功能存在一定的局限性甚至负面性。如果

[①] A. H. Willett. The Economic Theory of Risk and Insurance，[M]. New York：Columbia University Press，1901.

[②] Folland，S，et al. The Economics of Health and Health Care (6th Edition)，Prentice Hall，2010.

完全追求商业健康保险的风险转嫁功能,就会造成健康风险转嫁的两种极端走向:或者寻求全额健康保险,以彻底将健康风险转嫁出去;或者导致健康保险需求严重消减。前者,因为疾病风险的损失没有上限,全额健康保险的预期在现实中是无法实现的。后者,消费者因健康保险无法解决全部风险损失,在健康风险损失波动性较大的情况下,仍然需要面对新的不确定性费用支付,最终会倾向于将健康风险全部自留。这在现实中已经有一定程度的体现,会成为影响健康保险逆向选择的一个原因。如,当商业健康保险产品设计中存在起付线约束时,疾病风险较低的消费者群体更容易消减对商业健康保险的需求。

(2) 商业健康保险的工作锁定功能

保险的工作锁定(Job Lock)功能,又称保险锁定效应(Effect of Job Lock),是指保险对就业单位变动具有一定的抑制作用。亚当·斯密《国民财富的性质和原因的研究》中曾分析到:"如果他能够刺激他们的利己心,并告诉他们,为他做事,是对他们自己有利的,他要达到的目的就容易多了。"[1] 基于劳动者经济利益最大化的理性追求,获得保险的雇员往往不愿离开提供保险的当前就业岗位。由于健康保险能够有效规避疾病风险带来经济损失,而且当前的商业健康保险费用,主要是由雇主和雇员共同分担的,这就相当于被保险人从雇主那里获得了相当于一半保险费用的福利。在不考虑其他非经济因素的情况下,只有当新创造的就业岗位收入能够提供大于保险福利和转变工作岗位的成本时,员工才会进行新的就业选择。

20世纪90年代国外学者就发现雇主提供健康保险对劳动力的工作流动性具有显著的锁定效应。Madrian(1994)[2] 发现,购买了雇主提供的健康保险的工人其工作流动性比没有购买的人下降了25%左右。Andeson(1997)[3] 运用美国青年追踪调查数据(NLSY)发现,健康保险会阻碍已拥有健康保险的劳动力的流动。Stroupe、Kinney和Kniesner(2001)[4] 发现,患有慢性疾病的劳动者由于对健康保险的依赖,受到的锁定效应更大,其工作转换率较其他人降低了40%。

健康保险的工作锁定效应,在不同保险模式下具体表现也不同,主要原因在于更换工作后在健康保险方面的福利损失。对于用人单位而言,如果提供了相对更高的健康保险福利,则对员工形成了经济吸引力,从而降低了员工的流动动机;对缺乏转移续接机制的社会医疗保险模式,改变工作单位还意味着部分医疗福利待遇的损失,相

---

[1] 亚当·斯密. 国民财富的性质和原因的研究(上卷)[M]. 商务印书馆, 2011: 13-14.

[2] Madrian B C. Employment – Based Health Insurance and Job Mobility: Is There Evidence of Job – Lock? [J]. Quarterly Journal of Economics, 1994, 109 (1): 27-54.

[3] P. M. Anderson. The Effect of Employer – provided Health Insurance on Job Mobility: Job – Lock or Job – Push? [Z]. NBER Working Papers, 1997.

[4] Stroupe K T, Kinney E D, Kniesner J J. Chronic Illness and Health Insurance – related Job Lock. [J]. Journal of Policy Analysis & Management, 2001, 20 (3): 525-44.

比可以迁移续接的保险模式，这种情况下，更不容易变更工作单位。这在 Gruber 和 Madrian（2002）[①] 的研究中也得到了一定程度验证。他们发现，具有可迁移功能的健康保险保单，会提高雇员工作的流动性。此外，健康保险的工作锁定效应，也会在一定程度上受员工个体情况影响。Gilleskie 和 Luta（2002）[②] 发现，健康保险的工作锁定效应对已婚男性并不显著，对未婚男性的锁定效应为 10%～15%。Bansak 和 Raphael（2008）[③] 发现，对那些配偶没有获得雇主提供的健康保险的男性员工而言，健康保险的锁定效应更加明显。

（3）商业健康保险的工作激励功能

美国心理学家赫茨伯格（Fredrick Herzberg，1959）提出了双因素理论，又称激励保健理论（Hygiene – Motivational Factors），将工作动机的影响因素分为保健因素和激励因素。赫茨伯格认为，不是所有需要得到满足就能激励起人们的积极性，只有那些被称为激励因素的需要得到满足才能调动人们的积极性。只有当健康保险成为工作福利的重要组成部分，健康保险才能成为增强雇员归属感和激励工作效率的工具。

在大部分雇主都提供健康保险的情况下，健康保险对青壮年雇员显然缺乏工作锁定作用，除非为他们提供高于其他组织的健康保险。如果健康保险仅有工作锁定效应的话，显然不利于组织中人力资源的优化，只会留下对健康保险高度敏感的高风险人群，但在实践中却不是这样。健康保险的另一个重要功能即工作激励功能。健康保险的投入不仅能够保障劳动者的身体与智力健康，还可以在一个团体中促使被保险人形成团队集体意识以及地位上的平等感知，这些都有助于形成内在的工作激励功能。这在没有全民医疗保障体系的美国就非常突出[④]。

2. 宏观层面的功能

世界卫生组织通过 2012 年 1 月《全民健康覆盖曼谷声明》、2012 年 4 月《全民健康覆盖墨西哥城政治宣言》以及《卫生部门的资金效益、可持续性和问责制问题突尼斯宣言》，不断强化和宣传了全面健康覆盖的理念。2012 年 12 月 12 日召开的联合国大会上，成员国一致通过联合国决议，敦促各国政府努力向全体国民提供负担得起的高质量卫生保健服务，呼吁各成员国多管齐下处理好健康问题相关的社会、环境和经济决定因素，以减少医疗保健领域中的不公平现象，促进社会经济的可持续发展。2013 年 2 月，在瑞士日内瓦的世界卫生组织总部，世界卫生组织和世界银行联

[①] Gruber J, Madrian B.. Health Insurance, Labor Supply, and Job Mobility: A Critical Review of the Literature [J]. Social Science Electronic Publishing, 2002.

[②] Gilleskie D B, Lutz B F.. The Impact of Employer – Provided Health Insurance on Dynamic Employment Transitions [J]. Journal of Human Resources, 2002, 37 (1): 129 – 162.

[③] Bansak C, Raphael S.. The State Children's Health Insurance Program and Job Mobility: Identifying Job Lock among Working Parents in Near – Poor Households [J]. Industrial & Labor Relations Review, 2008, 61 (4): 564 – 579.

[④] 吴传俭. 健康保险行为异象与合约激励机制研究 [M]. 财经科学出版社，2016.

合召开了全民健康覆盖部长级会议,提出"所有的人都获得所需要的、高质量的卫生服务,而不必担心陷入经济困难"①。在全民覆盖理念下,健康保险应该充分利用灵活的市场机制发挥更有效的核心作用,应该承担更大的社会治理责任。

全民健康覆盖理念提供了更加公平的医疗服务利用理念,这种公平就是个人获得自己需要的高质量必要医疗服务,提高疾病治愈程度或健康恢复程度,而不是数量上同等的医疗服务。事实上,医疗服务的利用在符合常规性医疗技术的同时,不同的个体之间疾病特征或治疗需求的差异比较大,在实际接受医疗服务过程中,很容易造成医疗服务的供给不足或过度消费,从而造成有限的稀缺医疗服务资源的浪费。这就需要商业健康保险发挥灵活的市场机制作用,服务社会医疗保障体系建设,促进国民公平、高效地获取可及的医药卫生服务,也进一步凸显了商业健康保险在宏观层面的社会管理功能。

(1) 商业健康保险的社会稳定器功能

商业健康保险的社会稳定器功能,就是利用健康保险将社会成员因疾病风险引起的、对大额医疗费用的不确定支付,通过缴纳相对稳定的、额度较小的保险费进行转嫁,进而摆脱疾病风险可能造成的经济灾难。也就是,健康保险通过较小额度的保险费支付,平抑了健康风险给社会成员可能带来的灾难性影响,进而能够使社会成员保持财务的稳定性,财务的稳定性必然有助于社会的稳定。

洛桑学派的利昂·瓦尔拉斯(1874)认识到风险和保险在经济决策中的重要性,并利用保险能够平抑不确定支付的功能,把保险作为消除经济活动中的不确定手段,从而提出了不考虑风险波动的一般均衡,即瓦尔拉斯均衡。健康保险的社会稳定器功能,首先是能够将疾病造成的损失风险转嫁出去,进而可以最大限度地避免因为医疗救治费用而陷入经济贫困。其次,健康保险有助于改善医疗服务的可及性,因而有助于更好地恢复健康,免于因病致残问题。

但美国经济学家Folland② 研究发现,商业健康保险社会稳定器的功能主要体现在杠杆作用上,实际上是通过健康保险的杠杆作用发挥收入替代效应。商业健康保险公司通过更加精准的大数法则运用,使被保险人可以以较小的健康保险保费获得更大收入下的医疗服务支付能力,但这也有一定的局限性。对于财富不足和资本化价值能力不强的低收入者特别是年青群体来讲,健康保险是其唯一能够通过自身财富购买高额医疗服务的手段。但随着被保险人年龄的增长,生命价值开始折旧,加上健康保险保费的逐渐增加,所能够购买高质量医疗服务的投入与生命价值保障的比值越来越小,健康保险的医疗服务杠杆功能开始逐渐弱化,导致高风险的低收入老年人群缺乏

---

① 吴传俭. 健康保险行为异象与合约激励机制研究 [M]. 财经科学出版社, 2016.
② Folland S, Goodman A C, Stano M.. The Economics of Health and Health Care [J]. Bmj British Medical Journal, 2001, 306 (6889): 1358 – 1359.

健康保险的购买能力。一旦健康保险杠杆化,将会不断拉动医疗费用过快上涨(见图1.2)。

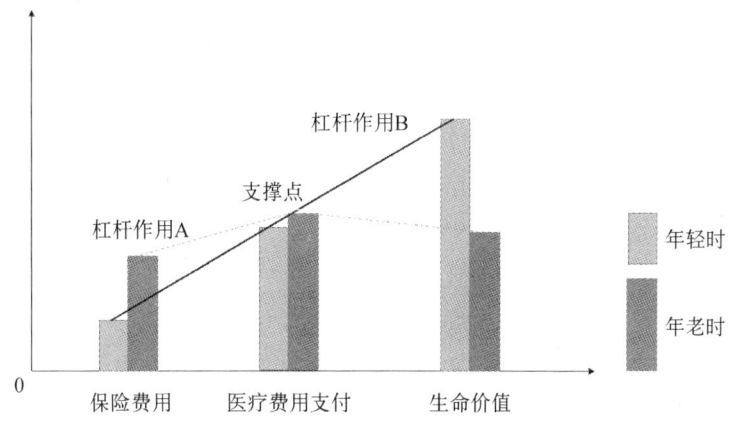

图 1.2　商业健康保险杠杆作用的衰退趋势

(2) 商业健康保险的经济助推器功能

美国经济学家 Huebner[①] 在 1924 年提出生命价值学说,并在其 1927 年出版的《寿险经济学》(Life Insurance Economics) 中进行了翔实的阐述。Huebner 的研究重点聚焦在人类的财富结构和生命价值的来源上,通过阐述资本化价值的重要性强调了健康保险的重要性以及与寿险的作用。Huebner 将生命价值定义为:"源于人们经济劳动力的收入能力的资本化价值,也就是人的性格、健康状况、教育程度、培训以及阅历、个性、勤奋、创造力以及实现理想的驱动力。"[②] Huebner 认为,生命价值在全生命周期范围内比财产性物质价值更重要,因为所有的财富价值追本溯源都来自于生命价值,而不是物质价值的结果。

Grossman 在生命价值学说的基础上逐渐发展了人力资本理论,人们开始认识到对健康的投入也是生产力产出。人力资本在生产函数中是国民经济发展的核心要素,劳动力的数量和质量决定了劳动产出的数量和产出效率,而人是容易遭受疾病风险冲击的,作为生产函数的重要因素,对国民经济的不确定性也会产生影响。社会成员因为疾病得不到及时有效地治疗,不仅会导致患者家庭陷入经济灾难,而且还会引发一系列社会问题。相反,如果疾病得到及时治疗,人们的健康水平得以改善,那么从政府层面就可以获得社会经济生产所需要的健康劳动力,推动社会经济的发展和提高劳动生产效率。自此,健康保险的经济推动器功能才得到广泛的认同和提升,健康保险逐渐成为政府和企业提高劳动生产效率的重要手段。

---

① Huebner S S.. Life Insurance: A Text Book. Charleston: Nabu Press (Reprinted). tichu shengming ji, 1927.
② Huebner S S.. Life Insurance: Economics [M]. 中国金融出版社, 1997.

在宏观经济层面,健康保险对劳动力的生产效率和劳动规模都有显著的推动作用。首先,健康保险的基本功能是筹集医疗服务资金,劳动力通过健康保险,提高了医疗服务的可及性和利用水平,这将能够在最大程度上使劳动力免于疾病对健康的损害,能够提高劳动者的生产效率。其次,劳动者的健康水平会影响劳动者实际的就业年龄,健康促进期望寿命的增加,不仅仅是劳动年龄的增加,更会使那些按照特定标准退出"劳动年龄"的人员减少而增加实际的劳动力供给,整个社会劳动力资源数量因此增加,必然能够提高宏观经济的总产出规模。

(3) 商业健康保险的国家社会治理功能

《关于加快发展现代保险服务业的若干意见》(简称"新国十条")中,提出"保险业服务于国家社会治理体系和治理能力现代化的功能认知",是对保险功能定位的战略性升华。基于保险业这一功能,健康保险将承担起社会风险治理功能及促进国民健康的社会治理职能。

首先,由事后的经济补偿功能转变为健康风险全过程管理。传统的商业健康保险在经营中,侧重于对医疗费用的经济补偿,不能从根本上控制和减少疾病风险造成的经济、社会等各方面损失。甚至由于商业健康保险经济补偿因素的存在,还会在一定程度上放大被保险人对医疗服务的过度利用,影响医疗服务利用的可及性、公平性。因此,商业健康保险的经济补偿的基础作用固然重要,但是使之服务于国家社会治理能力现代化,防范或降低疾病发生的健康风险管理功能更为重要。只有充分发挥"健康保障+健康管理"的双翼作用,不仅提供包括各类医疗、疾病保险、失能收入损失保险、护理保险等健康保险产品,还要提供包括疾病预防、健康维护、慢病管理等健康管理服务,商业健康保险才能真正成为社会医疗保障体系的有机组成。

其次,促进医药卫生资源的合理配置和利用。商业健康保险的经营特点决定了商业保险公司与医疗服务提供者存在着天然的密切联系。在发达国家,保险公司往往是医疗服务的主要购买者,这使得商业健康保险可以成为医疗卫生系统重要的外部管理手段和筹资渠道,也因此能够促进医疗资源的合理配置,提高医疗费用控制的效果,改善医疗服务质量。在我国,商业健康保险公司还远没发挥上述资源配置引导功能,但在经营过程中,也可以通过机制设计引导客户就诊分流,提高医疗资源的合理利用率;通过就诊指导、诊疗管理改善医疗服务质量,减少不合理医疗服务行为发生概率;还可以利用参股、合资等资本手段约束部分医疗机构行为等。随着我国医药卫生体制的进一步改革,商业健康保险公司在促进医药卫生资源合理配置和利用上将发挥越来越大的作用。

再次,拓宽健康保障资金的来源。随着医学的发展和进步,医疗费用上涨逐渐成为世界各国健康保障体系共同面临的困境,成为各国最重要、最紧迫的政策问题之一。虽然发达国家采取的医疗保障模式各不相同,但都不是运用单一的机制来筹措医疗保障费用。即使在英国国家保障制度下（国民健康服务体系），政府也不断出台政策，鼓励通过私人投保商业健康保险，拓宽健康保障资金的筹资渠道。商业健康保险参与国家健康保障体系建设，能够在社会健康保险由政府、单位和个人三方按比例缴纳保险费的基础上，增加商业保险公司健康保险资金的筹资渠道，在一定程度上减轻政府的财政压力。

最后，提高社会医疗保障体系运行效率。在市场竞争的环境下，商业健康保险公司受市场这只"看不见的手"的作用，必须保持相对较高的运行效率和效能，也因此具备了相对专业的技术平台和管理手段。除了对自己经营的健康风险业务进行高效的管理外，商业健康保险公司还可以借助自身的专业技术、人才和管理优势，为政府、企业、团体以及其他经营商业健康保险业务的保险公司，提供医疗保障基金管理、健康风险管理等相关服务，这将在一定程度上提升整个国家社会医疗保障体系的运行效率。国外实践已经证明，商业健康保险采用灵活高效的运行机制，能够提高社会医疗保障基金的利用效益。如，美国政府将 Medicare 与 Medicaid（均为政府举办的社保项目）的管理和赔付工作委托给蓝十字公司承担，大大降低了政府的管理成本。

二、健康保险公司经营与管理的保险风险特征

1963 年，美国经济学家肯尼思·阿罗（Kenneth J. Arrow）发表了《医疗保健的不确定性以及福利经济学》[①]。在这篇文章中，阿罗将不确定性融入经济学模型，得以说明医疗保险市场的关键因素是需求方与供给方之间的信息差异，开启了卫生经济学的研究序幕，也为商业健康保险的研究，特别是健康保险经营与管理的研究对象和范围奠定了理论基石。

（一）健康保险经营风险的复杂性

健康保险保障的对象是人，健康风险对人们的影响，不仅仅是为了转嫁风险造成的经济损失，还可能会损害身体健康造成无法修复的暂时残疾、永久残疾，甚至失去生命。这种损失往往难以简单用货币等计量工具来量化。因此，健康保险经营面临比财产保险、人寿保险更为复杂的情况，这种复杂性表现在四方面：一是导致健康风险发生的原因是多方面的。具体讲，有自然界因素导致的，比如自然灾害；有人类自身活动导致的，比如交通事故；有疾病导致的，甚至就是年老体衰导致的。二是健康保险事故的频发性。健康保险事故不像寿险事故，存在多次发生性。三是损失的多样

---

① Arrow, K, J.. Uncertainty and the Welfare Economics of Medical Care [J]. American Economic Review, 1963, 53 (5), 941–973.

性。四是损失难以用货币来衡量。

(二) 健康保险风险的几种主要类型

商业健康保险风险贯穿于公司经营管理的全过程、各环节，体现在公司运营的方方面面，如公司组织架构、人力资源配置、产品形态设计、费率厘定、营销战略、核保、理赔、财务、信息系统等。

1. 组织的风险

健康保险的经营实际上就是健康保险风险管理过程，需要依靠特定的组织体系来实现。公司除了构建发展战略和对应的产品体系外，还必须有一个专业化的组织架构来实现经营目标。专业化的组织不仅能够保障供公司正常的经营活动，而且是保险公司进行市场竞争和有效控制风险的有力武器。目前国内商业健康保险公司的组织风险主要体现在组织架构和专业人员两方面。一是组织架构没有完全适应健康保险业务发展现状；二是专业人才匮乏。商业健康保险是一项专业性很强的业务，但就目前行业实际情况来看，既懂保险又懂医疗的复合型人才相对较少，很大程度上影响了各类业务的经营质量。

2. 产品定价风险

商业健康保险的定价基础及风险预测管理不同于寿险。寿险的定价基础是生命表，而健康保险的定价基础主要是疾病发生率和疾病平均费用支出额，即疾病损失率。健康保险所保障的疾病风险，是多发、不确定和易变的，需要专业的技术和手段进行预测和管理。由于疾病种类繁多、医疗手段多样，各地甚至各种人群的疾病发生情况不同，各医疗服务提供机构的医疗费用水平迥异，健康保险的风险测算和风险管理的难度远远超过普通寿险。同时，疾病的发生和发展，易受多种因素影响，如社会、经济、文化、心理、个人行为、生物遗传、卫生保健水平及医疗服务水平等。因此，在厘定健康保险产品费率时不仅需要应用大量基础数据和精算手段，还需要考虑是否可以运用比较有效的疾病风险管理手段，并对客户生活习惯、就诊习惯等采取专业干预措施，以保证业务风险与预定水平基本持平。但目前，国内商业健康保险公司缺乏经验数据，卫生部门、社会医疗保险机构等公开的资料和数据相对较少，很大程度上影响了产品定价和保险责任设计的科学性和合理性。

3. 核保风险

商业健康保险核保主要考虑的是疾病发生率和疾病损失率，而非死亡率，许多疾病可能对死亡的影响不大，但会较大幅度提高医疗费用支出。在商业健康保险核保实务中，核保人员必须非常熟悉与疾病发生和疾病损失率有关的各种危险因素，这些危险因素和与死亡率相关的危险因素有相似之处，也存在许多不同。同时，保险公司可以参考的商业健康保险的经营数据有限，给健康保险核保带来较大难度。

商业健康保险业务的逆选择问题远比人寿保险突出。健康保险是非死亡型险种，作为给付条件的保险事故的发生对被保险人生命的威胁不如一般寿险高，加之其受益人为被保险人本人，对保险事故责任范围的界定容易存在差异。相比健康人群，已患病或患病风险高的人更有主观动力投保商业健康保险。

商业健康保险的核保环节比寿险多。商业健康保险团体业务的比例较大，团体之间千差万别，因此，团体健康保险大多无共同的保险保额、免赔额、免责期等限制性规定，需要核保人员根据社会健康保险和团体的实际情况确定，由此也增加了商业健康保险核保环节的风险度。

4. 理赔风险

一般情况下，寿险和意外伤害保险的理赔事故在被保险人死亡或残疾时发生，保险事故发生对被保险人造成的损害极大，发生频率较低，界定证明比较客观，不易欺诈骗保，可在一定程度上避免逆选择和道德风险。而商业健康保险的理赔事故则发生在被保险人患有承保范围内的疾病、因治疗疾病、意外伤害而发生的医疗费用花费，或因疾病、伤残失去工作能力等而需要得到经济上的补偿，发生频率较高，被保险人道德风险较高。商业健康保险被保险人的出险状态主要由医疗服务提供者认定，保险公司通过与医疗服务提供者建立利益关系的方式，防止被保险人通过医疗服务提供者骗保的难度较高。医疗服务提供者作为健康保险业务中的第三方，直接影响保险人的赔付支出。相比寿险，商业健康保险的经营还面临着难以对医疗行为进行有效控制而引发的财务风险。

商业健康保险，尤其是健康保险构成环节较多，包括被保险人门诊治疗、住院医疗、医生开药方出具相关证明、被保险人持单索赔等，每个环节都有可能出现道德风险，管理难度很大。

5. 服务管理风险

商业健康保险的短期险所占比例较高，客户回访、保单管理、理赔等服务的频次很高，要求提供及时、准确、便捷的服务。同时，保险公司为降低被保险人疾病发生率，降低医疗赔付水平，向客户提供的预防保健、健康教育、诊疗管理等附加值服务种类很多，涉及服务资源的整合、服务平台的建立、客户服务需求的分析、服务的提供、服务效果评价等各个环节，管理要求和管理都比较高。

（三）健康保险经营与管理风险的特征

与寿险业务经营主要涉及保险公司、被保险人不同，商业健康保险经营中涉及四组重要主体关系。一是健康保险公司与被保险人之间的关系，被保险人发生合同约定的医药卫生服务等与健康相关的费用支出，健康保险公司予以相应的经济保障；二是医疗服务机构与被保险人之间的关系，医疗服务机构针对被保险人的健康状况提供相应的医药卫生服务，则被保险人直接支付相应服务费用或将费用直接转移给健康保险公司进行支付；三是健康保险公司与医疗服务机构之间的关系，医疗服务机构因提供相应医药卫生服务而获得的收入，最终通过健康保险合同转移给保险公司；四是健康保险公司、医疗服务机构、被保险人三方主体与政府相关部门之间的关系，缺乏政府规制，缺少消费者保险教育，在商业健康保险公司承担第三方付费的情况下，将会在医药卫生服务过程中诱发更多的道德风险。这四组关系，相互作用，彼此影响，贯穿在商业健康保险的整个经营管理过程中，使得健康保险经营与管理的保险风险具有不同的特征（见图1.3）。

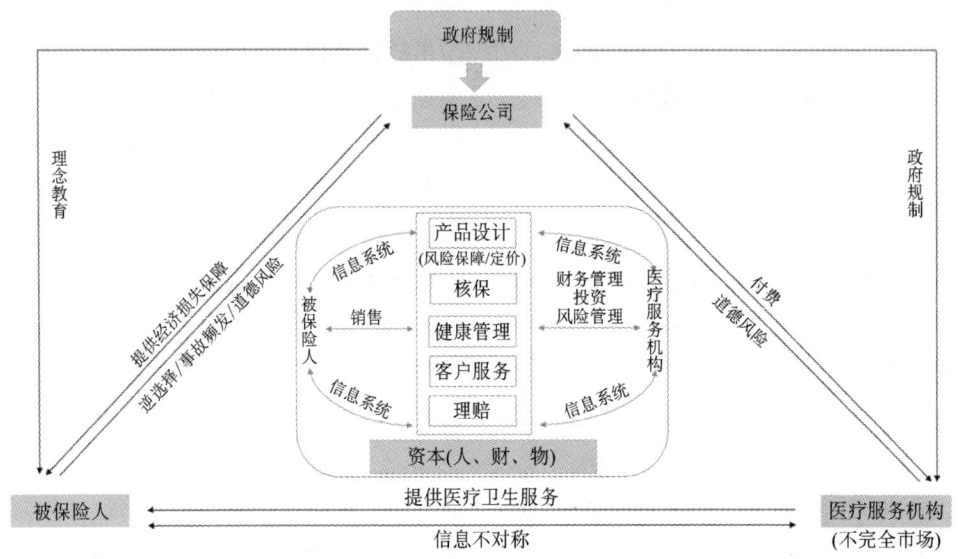

图1.3　商业健康保险经营管理面临的风险

1. 过度医药卫生服务的风险特征

医药卫生服务不同于一般的商品劳务，作为科学性与艺术性共存的实践学科，医药卫生服务有极为明显的不确定性特点。一是医疗卫生服务需求的不确定性。消费者很难确定未来某段时间内的健康状态和医疗卫生服务需要，除了很小比例可以被定义为预防性医疗外，医疗卫生服务需求通常在意外受伤或疾病发作之后才出现，消费者个人很难估计疾病的发作，也因此很难知道自己的医疗卫生服务需求。二是医疗卫生服务供给的不确定性。医疗卫生服务供给方也存在着不确定性，任何给定的医疗情况都可以用若干个备选的治疗方法去处理，治疗结果与治疗行为之间也不总是存在非常清楚的路径联系。这种不确定性，加上医学知识的复杂性和专业性，致使商业健康保险经营中不得不面临各方因素导致的过度医疗问题。

（1）被保险人的道德风险引发的过度医疗

人的健康和生命是无法用金钱和价格衡量的，当疾病影响健康甚至危及生命的时候，人们往往不会太过考虑医疗服务的价格因素，加上医疗服务很难提前预知需求并加以储备，导致绝大多数医疗服务都是被动发生的，但这并不代表医疗服务价格不会在医疗服务行为中起作用。

在传统市场，个人花自己钱购买商品或服务，从而使商品和服务的有效供应达到顶点，相应地，价格则反映了消费者对产品和服务购买愿望和购买能力之间的互动。但在商业健康保险市场上，被保险人购买医药卫生服务花的不是自己的钱。由于商业健康保险公司第三方付费的杠杆作用，造成了购买医疗服务成本很小的错觉，医疗服务需求因此缺少了相应的成本约束①。商业健康保险在现实中提高了社会的预期医疗费用支出。兰德公司及其他人的研究显示，1974~1982 年，兰德公司引导了最广泛的针对健康保险的可控试验（见表1.3）。结果表明有健康保险的个人比没有健康保险的人使用了更多的医疗服务，原因是健康保险降低了个人直接支付的医疗费用，由此增加了医疗使用。

表 1.3　　　　　　兰德公司对健康保险的可控试验结果

兰德健康保险试验中共付保险对每年平均医疗服务利用影响的总结

保险计划	利用的可能性（%）	住院一次及以上（%）	总费用（1991 年美元）
免费	86.8	10.3	982
	(0.8)	(0.5)	(50.7)
家庭付费	78.8	8.4	831
	(1.4)	(0.6)	(69.2)
25%	77.2	7.2	884
	(2.3)	(0.8)	(189.1)
50%	67.7	7.9	679
	(1.8)	(0.6)	(58.7)
95%个人起付线	72.3	9.6	797
	(1.5)	(0.6)	(60.3)

注意：括号内是标准误差。医疗服务不包括牙科和精神治疗的门诊服务。

资料来源：Reprinted by Permission of the Publisher from Free For All: Lessons from the RAND Health Insurance Experiment by Joseph P. Newhouse, Cambridge, MA: Harvard University Press, Copyright © 1993 by the RAND Corporation.

理解医疗服务使用增多的原因并不难。所有的合同都包含对未来行为的预期，当合同中一方无法监督另一方的行为时，道德风险问题就产生了。因为私人行动是不被

---

① 詹姆斯·亨德森 著，向运华 等译. 健康经济学 [M]. 人民邮电出版社，2008.

人所看到的，在条款达成一致协议之后，一方或双方都可能会产生契约后机会主义行为①。

道德风险的存在影响了商业健康保险合同功能的发挥，会导致消费者在接受治疗时产生不同的行为表现。没有商业健康保险的病人会关注诊疗服务的费用、诊疗的必要性以及可替代性等问题，医生也会考虑这些因素。而有商业健康保险的人认为医疗服务是廉价的，在降低医疗成本、提高使用频率的同时，还会倾向于寻求比正常需求更多的服务，病人和他的医生会更在意各项医疗服务的好处、是否产生并发症以及完成整个检查诊治过程所需要的时间，而诊疗费用问题很少进入患者和医生的讨论范围。健康保险使得人们倾向于用急诊医疗代替预防性医疗、专科治疗代替基础性治疗、住院治疗代替居家治疗，这在某种程度上扭曲了医疗市场（Weisbrod，1991），导致了过度医疗问题的出现。

（2）供给诱导医疗消费行为

供给诱导需求，是指医药卫生服务机构拥有并且利用他们的信息优势去影响需求以谋取利益。医生是病人的代理人。在医学上，病人对有关诊断和治疗的各种选择相对无知。由于搜集并理解医学信息的困难性，他们愿意信任自己的医生，并将大部分医疗决策权授予给医生，为自己做出选择。在一个医生和患者拥有同等充分信息，或者医生总是像一个善意代理人一样只关注患者福利的世界里，供给诱导需求不会发生。但是医生还是医疗服务提供者，虽然绝大部分医疗支出没有用在对医生服务的支付上，但是医生却决定了绝大多数的总支出，行医者既是医疗提供者又是病人代理人的双重身份在这里就成为令人尴尬的问题。当委托人和代理人的利益出现分歧时，医生可能会成为有瑕疵的代理人，他们将自己的利益凌驾于病人的利益之上。换句话，他们有能力影响病人对他们自己提供服务的需求。

大量的经济文献展开了对医生委托代理关系（Principal – agent Relationship）的考察。研究结果表明，医生作为患者的建议者和服务提供者的双重身份使供给诱导需求成为可能。供给诱导需求的起源可以追溯到谢恩和罗默（Shain & Roemer，1959、1961），他们发现短期普通医院的每千人床位数和每千人住院天数之间的正相关关系，而这种正相关关系在州与州之间是通行的，对北部边远的农村地区也是适用的，只要有病床就会有人来用病床②。这一观察被称为罗默法则或罗默影响。罗默法则被认为也适用于医生服务。一个潜在的原因是，患者对医生依赖的代理问题赋予了医生一定的自由决定权。引致需求假设认为，医生不愿收入下降，从而会推荐额外的步骤，实施更多的医疗行为，以及安排更多的复诊。理论上，面对同一病症不同的治疗选择，

---

① 约瑟夫·E. 斯蒂格利茨 等著，黄险峰 等译. 经济学（第四版）[M]. 中国人民大学出版社，1996.
② 罗默（Roemer，1961），在一项实验报告中提到："一个国家医院床位的突然增加，在其他因素不变的情况下，会导致利用率的急剧上升。"

疗效和成本左右着医生。如果两种治疗是同效的，医生可以选择便宜的一种而为病人节省开支，或者选择较贵的一种为自己增加收入。当病人对搜集和处理信息产生困难时，医生能够引致需求的能力提高了。

但在现实中，引致需求的潜能在根本上是有限的，病人最终会察觉这一持续的过度治疗，如果他们对这些行为是持反对态度的话，就会更换医疗提供者。重要的问题不是医生是否有引致需求的能力，而是他们是否真正实施了需求的引导。乌韦·莱因哈特（Uwe Reinhardt，1989）断言："医生诱导需求这一问题直指当今卫生政策的要害，那就是，对于卫生保健内部的资源配置的足够控制力是来自需求方还是来自对提供方的管制。"

2. 逆向选择挤出健康群体的风险特征

在商业健康保险市场上，仍然存在柠檬效应。从经济学角度而言，健康保险是对不可预期的围绕健康的损失或支出重新分配的融资活动。它将潜在的损失转移到一个保险集合体中，然后将预期损失的成本转移给所有参与者。商业健康保险机制能够成功运行，是因为每个被保险人都愿意以一个相对少的固定开支即保险费，来代替相对大的不确定的"健康"损失。如果被保险人比保险公司更清楚地知道未来的"健康"损失，当所交保费超过预期损失时，被保险人必然会选择退出。当然，在现实中，很少有人精确地知道自己的未来支出水平，但即使在不那么极端的情景中，商业健康保险经营中逆向选择仍会出现。

舍曼[①]借鉴阿克洛夫（Akerlof，1970）对二手车市场的分析方法，设计了一个例子来证明信息不对称可能导致商业健康保险市场的不良运行甚至完全消失（见图1.4）。横轴是一个包含 n 个潜在被保险人人群的预期卫生支出水平。假定他们有相同的人口统计特征，并且他们的预期卫生支出水平的范围是从 0 美元至 M 美元。纵轴代表一个固定分布下的概率（每个支出水平的概率是 $1/n$）。保险人至少要做到收支平衡，也就是说从每个被保险人处获得的保险费必须能补偿被保险人群的平均支出和其他费用（经营费用、资本成本等）。信息的不对称经常会在这里出现，因为潜在的被保险人掌握他们下一期卫生支出的信息比保险公司多，而保险公司只知道全部被保险人支出的整体分布。根据阿克洛夫（Akerlof，1970）的分析，假定保险公司定价为0，所有的潜在保险需求者都会对这个价格的保险项目产生需求；当保险公司在预期平均支出为 $1/2M$ 美元时，至少会需要一个达到 $1/2M$ 美元的保险费；而当保险公司报出一个更高的价格时，所有预期支出水平低于 $1/2M$ 美元的潜在保险需求者都会选择自我保险，因为这个保费高于他们的私人预期支出。当这些比较健康的人群离开市

---

① 舍曼·富兰德（Sherman Folland），艾伦·C. 古德曼（Allen C, Goodman）. 卫生经济学（第三版）[M]. 中国人民大学出版社，1996.

场后,剩余的被保险人,也就是那些预期支出从 1/2M 美元至 M 美元的人的平均预期支出水平将上升到 3/4M 美元。因此,健康风险高的消费者倾向于驱逐健康风险低的消费者,致使一个本来可以对某些卫生保健风险进行保险的有效市场无法存在。

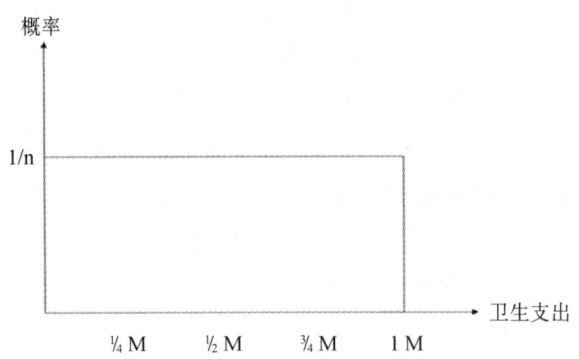

图 1.4　支出的相同概率(期望的卫生支出水平)

资料来源:舍曼·富兰德(Sherman Folland),艾伦·C. 古德曼(Allen C, Goodman). 卫生经济学(第三版)[M]. 中国人民大学出版社,1996.

3. 医疗服务市场失灵的风险特征

在一个由市场驱动的经济中,商业健康保险的目标与其他产业目标应当是一致的,即在使被保险人的选择和价值最大化的同时,有效分配医药卫生资源。这一目标的实现在很大程度上依赖于一个完全竞争的医疗服务市场。竞争不仅导致经济效率,还能提供一个满足被保险人需要、具有各种选择的自动装置。在一个没有严重缺陷的医疗服务市场中,不需要政府的指导或监督也能实现那些令人满意的社会目标,这是对商业健康保险的最大期许。

完全竞争模式的特点是:有很多买方和卖方,标准化的产品,流动的资源,充分的信息。这些特征保证风险调整过的回报率与经济的正常回报率相等,即价格与生产的最低平均成本相等,同时还保证对买卖双方都有益的交易能够进行。在医疗市场上,很多时候都违反了完全竞争的假设。虽然垄断很少出现,但是医疗提供者的数量远远达不到完全竞争的理想状态,医疗市场的情况更为复杂。

比如,资源的自由流动。竞争市场的一个显著特征是供应商能轻易进入和退出市场。但在医疗市场上,进入壁垒很高,行医执照和行医证书就是最常见的限制进入医疗行业的条件。制定这个门槛的目的是为了保护消费者,避免不具备相应医疗服务能力者提供服务。但任何市场限制都有一个无意的结果,即抵消竞争[①]。医疗市场进入壁垒限制了医疗资源的流动,造成医疗市场的不完全竞争。竞争的削弱导致市场力量

---

① 詹姆斯·亨德森 著,向运华 等译. 健康经济学[M]. 人民邮电出版社,2008.

的出现，市场力量又导致市场失灵。

再如，信息的不充分，这在医疗市场十分严重。大多数病人对医疗交易任何一方面的具体信息知之甚少。通常他们知悉自身的症状，但很少会了解造成病况的根本原因，也很难了解治疗时间、费用及方式，多数患者只能完全依赖医方来告知病情或诊疗情况。除此之外，患者对不同医疗服务提供者之间的价格和质量的差异也知之甚少，无法对医疗提供者的价格和质量的差别进行评判。理论上讲，医生完全有可能为某一特定水平的服务向患者收取比现行市价更高的费用，或者在统一特定价格下提供较低水平的服务。这些因素，都加剧了患者获取全面信息的难度，多数情况下，患者唯一可做的就是等待康复。医疗市场信息的不完全性加剧了医疗市场的失灵，这使得医疗市场不能自发地提供最优的社会医疗服务（Pauly，1988）[①]。

三、本书的研究思路及框架

本书将详细分析健康保险经营与管理的国内外发展背景，立足商业健康保险公司的经营与管理特点，在深入研究商业健康保险经营管理面临的风险复杂性，容易产生过度医药卫生服务、逆向选择对健康群体的挤出效应以及医疗服务市场失灵等保险风险特征的基础上，围绕上述风险在健康保险经营管理过程中的具体体现，如产品、营销、核保、理赔等直接与消费者有关的环节以及贯穿甚至是支撑整个经营管理全过程的组织机构、财务、信息技术等关键内容，构建本书的逻辑和研究框架，帮助读者全面了解和把握商业健康保险经营与管理的全过程及其客观规律。

本书共分为十章。

第一章是健康保险经营与管理导论，综述国内外健康保险发展实践背景，重点分析健康保险的风险特点及缘起，从健康保险公司经营过程中的相关关系入手搭建全书逻辑和研究框架。

第二章是健康保险公司的组织与人力资源管理，基于企业组织理论和机制设计理论，从组织、岗位、人力资源配置三个层面对健康保险公司的组织设计和结构的创新进行分析讨论。

第三章是健康保险公司产品管理，从保障内容和精算管理角度对健康保险产品线管理进行分析，详细阐述了四种传统健康保险、健康管理，以及两种创新产品——大病保险和税优健康险的相关内容和创新管理。

第四章是健康保险公司营销管理，从规范健康保险营销过程的角度，阐述健康保

---

① 马克·保利（Mark V. Pauly）的《道德风险经济学》，发表在《美国经济评论》（American Economic Review），阐述了健康保险对医疗卫生服务使用和成本影响。

险的营销策略、营销渠道和营销道德准则及在营销管理中的重要作用。

第五章是健康保险公司核保管理，阐述了健康保险核保概念和原理，在此基础上重点介绍健康保险核保的程序和实施，并概述了健康保险核保在实践中的操作方法和应用。

第六章是健康保险公司理赔管理，对理赔的概念、特点和功能进行概述，并阐述理赔应遵循的基本原则和法律基础，以及健康保险理赔的具体实施流程，介绍了不同健康险业务类别的理赔实施重点。

第七章是健康保险公司客户服务管理，对健康保险客户服务进行概述，从客户满意度出发阐述健康保险客户服务的理论基础，梳理健康保险客户服务的政策支持，最后介绍健康保险客户服务的具体实施。

第八章是健康保险公司财务管理，通过对健康险公司财务评价和经营效益的分析，分析健康保险公司财务管理过程的全貌，为公司的经营决策提供重要的财务信息。

第九章是健康保险公司信息管理，基于信息管理技术基础，分析健康保险公司信息管理技术的主要架构，探索健康保险公司信息系统主要核心系统，研究健康保险公司新技术的使用。

第十章是健康保险经营与管理的制度环境，梳理新医改以来党和国家引导商业健康保险发展的政策文件，从保险市场的监管、对保险公司经营的监管、对医疗机构的监管等角度对商业健康保险的制度环境进行概述。

思考题

1. 请从微观层面，简述健康保险的功能。
2. 请从宏观层面，简述健康保险的功能。
3. 请简述中国商业健康保险存在的问题。
4. 请简述商业健康保险经营面临的风险。
5. 请简述商业健康经营与管理的保险风险特征。

参考文献

[1] 陈文辉. 团体保险发展研究 [M]. 中央编译出版社, 2004.

[2] 肯尼思·布莱克 著, 孙祁祥 等译. 人寿与健康保险 [M]. 经济科学出版社, 2003.

[3] 舍曼·富兰德 (Sherman Folland), 艾伦·C. 古德曼 (Allen C, Goodman). 卫生经济学 (第三版) [M]. 中国人民大学出版社, 1996.

[4] 孙祁祥, 郑伟. 商业健康保险与中国医改 [M]. 经济科学出版社, 2001.

[5] 吴传俭. 健康保险行为异象与合约激励机制研究 [M]. 财经科学出版社, 2016.

[6] 闵凡祥. 18、19 世纪英国"友谊会"运动论述 [J]. 史学月刊, 2006.

[7] 杨燕绥. 政府与社会保障——关于政府社会保障责任的思考 [M]. 中国劳动社会保障出版社, 2007.

[8] 约瑟夫·E. 斯蒂格利茨 等著, 黄险峰 等译. 经济学 (第四版) [M]. 中国人民大学出版社, 1996.

[9] 詹姆斯·亨德森 著, 向运华 等译. 健康经济学 (第2版) [M]. 人民邮电出版社, 2008.

[10] 张晓. 商业健康保险 [M]. 中国劳动社会保障出版社, 2001.

[11] 郑也夫. 信任论 [M]. 中国广播电视出版社, 2001.

[12] Arrow, K, J.. Uncertainty and the Welfare Economics of Medical Care [J]. American Economic Review, 1963, 53 (5): 941 – 73.

[13] A. H. Willett.. The Economic Theory of Risk and Insurance [M]. New York: Columbia University Press, 1901.

[14] Madrian, Brigitte C.. Employment – Based Health Insurance and Job Mobility: Is There Evidence of Job Lock? [J]. Quarterly Journal of Economics, 1994, Vol. 109, No. 1: 27 – 54.

[15] Stroupe, Kevin T., Eleanor D. Kinney, Thomas J. Kniesner. Chronic Illness and Health Insurance – Related Job Lock [J]. Journal of Policy Analysis and Management, 2001, Vol. 20, No. 3: 525 – 544.

[16] Gruber, Jonathan, Brigitte C. Madrian. Health Insurance, Labor Supply, and Job Mobility: A Critical Review of the Lierature [J]. NBER Working Papers, 2002.

第二章

健康保险公司的组织与人力资源管理

经典制度经济学理论认为,健康保险公司是经营风险并以盈利为目的的企业组织。一方面,作为企业组织会随着社会、经济、文化、政治等外部环境的变化不断进行组织变革与创新,寻求最佳的整体组织形式和内部治理结构来保持活力和竞争力;另一方面,作为具有盈利目的的经济组织,通过对组织范围内的人、财、物、信息等资源的合理配置,提高资源生产效率,实现盈利和企业价值。从管理学角度出发,任何组织都是由独立的个体"人"构成,人是组织的主要构成要素,在组织的良好运转中,人力资源对其他资源的配置有着关键的制约作用。健康保险公司的人力资源管理应与企业组织的战略目标、运营目标、风险管理目标相一致,不断提升组织的人力资源开发与生产效率,支持健康保险公司的高效运转和可持续发展。

第一节 健康保险公司的组织形式

健康保险公司的组织形态,其发展和演化的路径,因受到不同的发展模式、生产力水平、市场经济运行、法律制度、产权制度、卫生制度及社会医疗保险体制等的影响,而呈现不同的特色。由于不同国家的健康保险公司经营与管理有着各自独特的特点,健康保险公司制度的变迁、企业组织变革和创新、公司的治理机制和内部管理架构等组织方式也是极为不同的。因此,探索建立适合中国国情和健康保险市场发展阶段的商业健康保险公司的组织形式,对于提高企业的资源配置效率、促进健康险公司长期可持续发展具有十分重要的作用。

一、现代企业制度的含义

一般地,现代企业制度是指现代意义上的英美法系企业制度,具备产权清晰界定、股权高度分散、两权分离、以独立董事为重点的治理结构等一系列特征。企业作为一个专业化的生产组织,根据产权结构的形态确定企业内部的组织形式或制度以及内部分工方式;同时,作为层级制的组织,其运营依靠权威进行协调管理和生产。

在现代市场经济运行中,存在着三种基本的企业制度:业主制(Proprietorship,也是 Single Proprietorship,即个体业主制)、合伙制(Partnership)和公司制(Corporation,也可以译为法人制)。其中业主制企业和合伙制企业古已有之,存续几千年,而公司制企业则产生在 16、17 世纪之交,迄今只有 400 年左右的历史,至于形成现代企业制度,即公司发展为现代企业制度,则是 20 世纪末以后的事情①。

在现代企业制度中,区别于业主制和合伙制,公司制企业作为一个法人团体,实现了法人人格与股东个人人格相分离,公司产权关系的分立和制衡,法人财产权和经营权的分离,股东所有权与控制权的分离,控股权与监督权的制衡,因此在当代社会经济的发展中,公司制企业成为规模最大的一种企业组织实体。对于保险业来说,公司制也是最普遍的商业保险企业制度。

因各国法律和文化传统的不同,公司制企业的类型亦有较大差异。大陆法系国家主要为无限公司、有限公司、两合公司、股份有限公司及股份两合公司等。英美法系国家为私人公司(Private Corporation)、公共公司(Public Corporation)、封闭型公司、开放型公司、保证公司、有限公司等。《中华人民共和国公司法》(2014 年 3 月 1 日起实施)第二条:"本法所称公司是指依照本法在中国境内设立的有限责任公司和股份有限公司。"

二、保险企业的组织形式

从世界保险市场的发展来看,随着社会经济制度和政治制度的发展变化呈现多元化的形态,保险公司的组织形式除了常见的股份制保险公司(Stock Insurance Company)和相互保险公司(Mutual Insurance Company)外,还有相互制(Unincorparated)、互助社(Fraternal Benefit Societies)、合作制保险人(Cooperative Insurer)、劳合社(Lloy's Association)、互惠社(Reciprocals)、非营利性服务计划(Nonprofit Service

---

① 吴敬琏. 什么是现代企业制度 [M]. 改革,1994.

Plans)、健康维护组织（Health Maintenance Organization）等①。此外，还有特殊的保险公司组织形式如专业自保公司（Captive Insurance Company）、保险金融集团等。

在一国或地区的保险市场上，保险人采取何种组织形式进行经营，所在国或区都有不同的法律法规的规定。美国规定的保险组织形式，主要有股份有限公司和相互保险公司两种形式；日本规定的保险组织形式，主要有股份有限公司、相互保险公司和保险互济合作社三种形式；英国较为特殊，除股份有限公司和相互保险社以外，还允许个人保险组织形式经营保险，即"劳合社"采用个人保险组织形式；我国台湾地区的保险组织形式有股份有限公司和保险合作社两种②。

中国保险市场的发展起步晚，同时保险市场的经营主体随着经济体制改革而不断变化。1980 年中国人民财产公司复业，财产保险全面恢复，随后人寿保险业务也全面恢复，直到 1988 年，国内保险企业组织形式只有国有独资一种经营方式。1988 年，第一家股份制保险公司平安保险公司成立，中国保险市场出现了国有保险公司与股份制保险公司并存的格局。1995 年颁布的第一部《保险法》，第六十九条规定"保险公司应当采取下列组织形式：（一）股份有限公司；（二）国有独资公司"。在 2002 年对《保险法》进行修订中，第七十条仍坚持了此规定。2003 年，中国人寿保险公司、中国人民财产保险公司、中国再保险公司，三家国有独资保险企业进行了股份制改革，自此国内保险市场的企业组织结构演变为以股份制保险公司为主要组织形式。2005 年 1 月，阳光农业相互保险公司开业，农业保险领域率先出现相互保险公司。2009 年及之后的《保险法》修订中，只对保险公司的设立条件提出了相应的要求，不再对保险经营组织形式做出规定。2013 年，中石油专属财产保险股份有限公司成立，自保公司这一组织形式也开始出现。2015 年 1 月 23 日，中国保监会印发《相互保险组织监管试行办法》，对我国相互保险组织的发展做出规范性的指引。2016 年 6 月，中国保险监督管理委员会批准设立三家相互保险社：信美人寿相互保险社、众惠财产相互保险社、汇友建工财产相互保险社，标志着保险经营主体创新的新一轮探索。2017 年 2 月中远海运财产保险自保有限公司开业，这是国内第六家自保公司（其他五家是中石油专属财产保险股份有限公司、中国铁路财产保险自保有限公司、中石化保险有限公司、中广核保险有限公司、中海石油保险有限公司）。

回顾保险企业组织形式的发展史，可以看到最早的保险企业是相互制形态，随后出现了众多的组织形式。尽管目前股份制保险公司是主流的组织形式，但一些其他的组织形式仍然具有强大生命力，比如劳合社以及相互制保险公司。2014 年，全球相互保险保费收入 1.3 万亿美元，占全球保险市场份额的 27.1%，覆盖人群超过 9 亿

---

① 魏华林，潘国臣. 论我国保险企业组织形式的多元化 [J]. 武汉大学学报（人文科学版），2004，57(5)：592–597.

② 魏华林，林宝清. 保险学. 第 2 版 [M]. 高等教育出版社，2006.

人。我国保险市场更多表现为寡头垄断模式,随着保险监管制度的变化以及进入壁垒的降低,市场逐渐向垄断竞争型转化。在寡头垄断市场结构中,保险企业的经营行为具有一定的垄断性,但市场竞争主体的不断进入又增强了一定的竞争性①。

保险市场是所有实现保险商品让渡的交换关系的总和。在保险市场上,交易的对象是保险人为消费者提供的保险保障。在保险企业的生产和交易费用给定的情况下,可以提供更多保障服务的组织形式就是有效的组织形式,也就是说,在提供保险保障服务的各种组织制度中,交易费用更低的制度就是更好的制度②。因此,保险企业组织形式的变革,只有当能够降低交易成本时才会发生。奥利佛·威廉姆森关于交易成本经济学的研究中,认为交易成本既包括契约形式下的交易成本(如起草契约的成本、对契约关系调整和解决纠纷的成本),又包括等级制度管理下的交易成本③。

三、健康保险公司的组织形式

在世界保险发展史上,健康保险公司组织形式的演变和发展与保险企业组织形式演化大致保持一致的脉络。美国、英国、德国等发达国家的保险市场,商业健康保险公司的组织形式主要有股份制保险公司和相互保险公司。值得注意的是,一些大型健康保险公司都呈现了业务多元化、产业链条不断延伸的集团化发展趋势。此外,随着健康保险费用的上涨,许多雇主向雇员提供保健组织计划、自选医疗服务机构计划等,而雇员会选择参加一个或者多个健康管理组织。

中国保险监督管理委员会在 2017 年 11 月 15 日下发了《健康保险管理办法(征求意见稿)》对健康保险业务的经营主体及业务范围做出了规定,其中第八条规定:"依法成立的人寿保险公司、健康保险公司、养老保险公司,经中国保监会批准,可以经营健康保险业务。前款规定以外的保险公司,经中国保监会批准,可以经营短期健康保险业务。"截至 2017 年底,专业化健康保险公司共有 7 家股份制公司,分别是中国人民健康保险股份有限公司、平安健康保险股份有限公司、和谐健康保险股份有限公司、昆仑健康保险股份有限公司、太保安联健康保险股份有限公司、复星联合健康保险股份有限公司、瑞华健康保险股份有限公司(在筹)。

(一)健康保险股份有限公司

健康保险股份有限公司是由一定数目以上的股东发起组织的,采取发起设立或者募集设立的方式发行股票,募集资本,股东以其认购的股份承担有限责任。《中华人

---

① 张艳辉. 中国保险业产业组织研究 [D]. 上海财经大学, 2003.
② 江生忠. 保险企业组织形式研究 [M]. 中国财政经济出版社, 2008.
③ 孙耀君. 交易成本经济学及其借鉴意义 [J]. 外国经济与管理, 1988 (1): 2-6.

民共和国公司法》第四章"股份有限公司的设立和组织机构"对股份有限公司的相关设立条件进行了明确规定。

健康保险股份有限公司特点主要有：

第一，发行股票筹集经营需要的大量资本。出资人众多，筹资范围宽，时间较短，经营资本充足。股份可转让，资本流动性较强，便于引入战略投资者。

第二，所有权和风险分散。股东以认购的股份承担有限责任，从而使得所有权分散，经营风险也分散。

第三，健全的治理结构。股东大会、董事会、监事会以及职业化的经营管理团队组成了完善的公司治理结构。

第四，所有权与经营权分离。公司以盈利为目标，所有权与经营权的分离，有助于完善经营管理，提高保险服务质量和保险经营效益。

专栏 2.1

中国人民健康保险股份有限公司

中国人民健康保险公司（简称"中国人保健康"）成立于 2005 年 4 月 8 日，系国务院同意、中国保监会批准设立的国内第一家专业健康保险公司，由"世界 500 强"企业中国人民保险集团公司（PICC）联合欧洲最大的健康保险公司——德国健康保险公司（DKV）发起设立，目前公司注册资本金 85.68 亿元，是中国内地资本实力最为雄厚的专业健康保险公司。主要股东有人保集团（69.3239%）、人保财险（24.7262%）、DKV 德国健康保险股份有限公司（2.2174%）、人保投控（1.3983%）、首都机场集团公司（2.3342%）。公司有着完善治理结构：以股东大会为最高权力机构；以董事会为决策系统；以监事会为监察系统；以总裁室为首的行政管理人员为执行系统。董事会和监事会向股东大会负责；总经理向董事会负责；监事会对董事会和高级管理层进行监督。

资料来源：人保健康公司官网：http://www.picchealth.com/tabid/2092/Default.aspx。

（二）健康保险相互制保险公司

相互保险公司由保单持有人所有，其目的是为其成员提供保险。通常，相互保险公司是法人组织。它的主要特点有：

第一，相互保险公司的投保人具有双重身份。保单持有人叫会员，既是公司的所有人又是公司的客户，既是投保人或被保险人又是保险人。会员关系和保险关系结合在一起，随着保险关系的终止，会员关系也消失。

第二，相互保险公司没有股本和收益分配。所有的资金在偿付了经营成本之后都以红利的形式还给保单持有人。没有预付资本作为经营不利时偿付能力的担保，因此需要积累盈余以预防不利事件①。

第三，缴费方式有纯追缴型和预交保费。纯追缴型是损失在发生时，每一个成员分担一定比例损失额。因其缺点较多，这种形式比较少。预交保费亦是通过保费收入积累保障基金，如果最初保费不够支付开支，则增收保险费或降低保险金额，减少公积金等办法；如果有盈余，超过损失的保费收入以红利形式返还保单持有人。

第四，内部治理结构一般是以会员代表大会、董事会和监事会为代表的高级管理团队三个层次。会员大会为最高决策机构，会员大会选举产生的董事会是公司的业务执行机构，会员大会选出的监事会及其安排到各个部门分支机构的监督人员构成监督层。

健康保险股份有限公司与相互制健康保险公司的差异比较主要见表2.1：

表2.1　　　　　　　　　　　股份公司与相互公司的差异

项目	保险股份公司	相互保险公司
法律上的性质	营利法人	不以公益为目的的中性法人
企业主体	股东	社员＝投保人
经营资金	股东支出的股本（自有资本、净值）	社员支出的基金及出资人支出的基金
决策机关	股东大会	社员大会或社员代表大会
损益归属	股东	社员
保险关系	基于保险合同而取得	与社员关系同时基于保险合同而取得

资料来源：江生忠. 保险企业组织形式研究［M］. 中国财政经济出版社，2008.

随着保险市场环境的变化，传统相互保险公司的缺点也越来越明显，近年来世界主要相互保险公司向保险股份有限公司转化的趋势在明显增强。主要影响因素有：首先，股份制保险公司可以通过发行股票获得额外资本；而相互保险公司无法获得股权资本，只能从内部通过利润积累资本，即使通过从属贷款也是有限的，这就使其无法进入资本市场增强资本实力而限制了规模发展。其次，保险股份有限公司可以通过设计控股公司式的结构，简化收购整合过程；而相互保险公司，保单持有人拥有公司，其他任何企业都必须作为其附属公司，对兼并收购的进行有较多限制。

---

① 埃米特·J. 沃恩，特丽莎·M. 沃恩，沃恩等. 危险原理与保险［M］. 中国人民大学出版社，2002.

> **专栏 2.2**
>
> **日本生命保险相互会社**
>
> 创建于 1889 年的日本生命保险相互会社（以下简称"日本生命"），迄今已拥有一百多年的历史。在创建初期，日本生命根据日本最早的死亡统计，成功地编制了保险费率表，并在日本最早实施了当时在人寿保险中尚未普及的"投保人分红"。作为日本及全球最大的寿险公司之一，日本生命始终领导着日本寿险事业发展潮流。截至 2015 年 3 月末，公司的资产总额已达 62.3 万亿日元（折合人民币约为 32 728 亿元），保费收入 5.3 万亿日元（折合人民币约为 2 804 亿元），投保客户约 1 157 万名，员工约 7 万名。同时，日本生命还是日本证券市场的最大机构投资者之一。
>
> 资料来源：孙立娟，李莹蕾. 日本相互保险公司的发展演变及其原因分析 [J]. 现代日本经济，2013（2）：47-58；长生人寿保险股份有限公司官网 http://www.gwcslife.com/main/zjwm/gdjs/index.html.

（三）健康管理组织

美国商业健康保险市场的经营主体呈多元化倾向，国内大约有 1 000 家商业保险公司提供健康保险，基本都是股份有限公司（Stock Insurance Company）或相互保险公司（Mutual Insurance Company），包括寿险公司、健康保险公司甚至财产险公司，主要针对团体和个人提供医疗费用和失能收入损失保险。同时，美国的非营利性组织机构，即健康管理组织也非常发达，主要包括蓝十字和蓝盾计划、保健管理组织等[①]。

全美各州都有蓝十字计划组织（Blue Cross）和蓝盾计划组织（Blue Shield），由当地董事会来管理，董事会成员主要代表医疗专业人士和消费者利益。一般情况下，蓝十字计划与蓝盾计划互相协调，前者提供住院费用保障，后者主要对医生进行的手术和门诊服务提供预付费用。各州的蓝十字计划与蓝盾计划都是相互独立的，但同时又是国家蓝十字协会和蓝盾计划协会的成员，全国协会统一对蓝色计划的合同内容进行定义。蓝色计划最显著的优势就是可以获得税收方面的优惠，基本可以免除各州的地方性税收，并且享受优惠的联邦政府税收政策。各州的蓝色计划共同构建了全美最大的医疗保险体系，曾一度是美国最大的医疗费用补偿保险提供商。但目前的趋势是，各州政府希望对蓝色计划征收与商业保险公司一样的税率。

---

① 肯尼思·布莱克 著，孙祁祥 等译. 人寿与健康保险 [M]. 经济科学出版社，2003.

保健管理组织主要包括健康维护组织（Health Maintenance Organizations，HMOs）、优先服务提供商组织（Preferred Provider Organizations，PPOs）、专有服务提供商组织（Exclusive Provide Organizations，EPOs）、自选医疗服务机构计划（又译作服务点计划，Point-Of-Service Plans，POS）。

健康维护组织承担保健服务的融资责任，负责向特定人群提供全面的保健服务，并就此收取固定的预付费。与传统的医疗健康保险计划不同，健康维护组织强调预防性药物以及通过做日常检查和诊断的方式来进行早期治疗，以降低成本。与健康维护组织签订保险合同后，被保险人会得到一张印有社会保障号的卡。当被保险人生病需要医疗诊治的时候，出示此卡后，不再支付额外的任何费用，或仅支付很低的自付金额。健康维护组织实行定点医师或医院制度，被保险人只能到指定的与健康维护组织签约的医院或医生处就诊。如果必须去健康维护组织外的医生处就诊，需要经过健康维护组织的批准，经同意后自负部分费用（如50%）；若未获健康维护组织同意，费用则需全部自负。健康维护组织实行转诊制，即被保险人要先选择一位医生作为他的"初级保健医生"（PCP），被保险人患病时必须先咨询他的初级保健医生，普通疾病将在这里得到治疗；如果病情比较复杂，初级保健医生会将他转给健康维护组织认可的专科医生，再进行针对性的专业治疗。

目前健康维护组织有五种公认模式，分别是职员模式（Staff Model）、团体模式（Group Model）、网络模式（Network Model）、个人实践协会（Individual Practice Association，IPA）、直接签约模式（Direct Contract Model），各模式的差异主要在于健康维护组织与医生之间建立关系的不同。在美国，绝大部分医生与医院之间不是雇佣关系，而是协作关系。私人诊所通常没有复杂的检查仪器和手术设备，医生会推荐患者到协作医院检查或手术。医生和医院之间也不存在费用问题，绝大多数医生和医院都是向病人的保险公司收取费用[①]。

职员模式下，为健康维护组织成员服务的医务人员是该组织的雇员，拥有固定的基本薪金，并可根据服务表现和完成的服务数量获得额外的奖励。团体模式下，健康维护组织与一个提供广泛专业医疗服务的团体签订合同，该团体（非健康维护组织）雇佣的医务人员为健康维护组织的成员提供医疗服务。网络模式下，健康维护组织与一个以上的医疗团体签订医疗服务合同，这些医疗团体可以是提供广泛专业医疗服务的团体，也可以是提供诸如家庭护理、内科、儿科、妇产科等基本医疗服务的小团体。个人实践协会模式下，社区独立行医的医生组织个人实践协会，健康维护组织与一个或多个个人实践协会签订合同，由个人实践协会为健康维护组织的成员提供医疗服务。直接签约模式下，健康维护组织与单个医生之间建立合同关系。

---

① 杨丽明. 美国医生与医院是协作关系. 中国青年报, 2011.

优先服务提供商组织是由医疗服务提供商组成的组织，它们与雇主、保险公司、联合信托基金等签订合同，以优惠的、经协商确定的价格向其被保成员提供医疗保健服务。与健康维护组织不同，优先服务提供商组织所提供的各项医疗服务会有一个统一的价格，优先服务提供商组织的成员享有同等的价格服务；同时，允许成员在组织外自行选择医生，但成员自己需要承担更多的成本。比如，成员如果使用优先服务提供商组织的医生，需要支付20%左右的费用，但使用优先服务提供商组织外的医生，则需支付40%左右的费用。

专有服务提供商组织在组织形式和目的上同优先服务提供商组织很相似，唯一不同的是不允许组织成员选择专有服务提供商组织外的医生。

自选医疗服务机构计划，是一个混合模式计划，结合了健康维护组织和优先服务提供商组织的特征。自选医疗服务机构计划拥有自己的医疗服务网络。与健康维护组织一样，自选医疗服务机构计划为每位成员指定了一个医生守门人，由其来批准网络内的医疗服务。与优先服务提供商组织一样，参保人如果使用网络内的医疗服务提供者时，保险程度会比较高（成员直接付款会比较少）；而当选择非网络提供者时，保障程度会比较低（直接支付会比较高）。

专栏2.3

美国管理式医疗的几种模式和案例

1. 凯撒医疗集团：保险+医疗服务

凯撒医疗集团：美国最大的健康维护组织，也是健康维护组织的鼻祖，从一家初级医疗保健集团逐渐发展为该类型组织的全球典范。

该集团的管理模式如下：医疗保险与医疗服务相统一，注重"预防为主、防治结合"，在疾病预防控制、健康管理和降低医疗成本方面优势明显，同时偏重医疗服务的供给成本、医疗机构的运行成本和效率。以医护人员为管理单位，将健康管理和诊疗融为一体，并与政府建立了良好合作关系。

2. 美国联合健康：保险+健康管理+PBM

美国联合健康集团（以下简称"联合健康"）成立于1974年，业务遍及美洲、中东、非洲、欧洲和亚太地区的50多个国家，在健康保险、健康信息技术、健康管理等方面处于业界领先地位。

联合健康主要分为健康保险和健康管理产业链两个业务板块。健康管理产业链作为健康保险业务的延伸，主要由健康管理公司（Optum Health）、健康信息技术服务公司（Optum Insight）及药品福利管理公司（Optum RX）三家子公司组成。其中，Optum Health是一家为团体客户提供健康管理服务的公司，主要面向联合健康保险板块的团体客户，提供个性化的服务并收取相应的管理费用，服务内容涵盖日常保健、慢性病管理、情绪管理等诸多领域。Optum Insight 是一家专注于医疗行业内信息系统研发和运维的信息技术公司，为医院、商业健康保险公司、政府医疗保健计划等行业主体提供信息系统、数据管理和咨询服务。它不仅可以为医院设计临床诊疗路径，也可以帮助保险公司设计核心业务、财务系统，还能通过历史数据分析帮助政府优化医保方案，提升政府公共服务的效率和质量。Optum RX 是联合健康旗下的药品福利管理公司（PBM），是介于保险机构、药品供应商、医院、药房之间的管理协调机构。OptumRX 拥有了一个覆盖6.6万所药店和两个邮局系统的药品配送体系，以及一套连接医院、药房和保险公司的后台支持系统。对于集团，其价值在于一方面满足客户便利化的购药需求，另一方面帮助患者对医疗费用（特别是药品费用）进行有效管理。

协同效应的充分发挥是联合健康在产业链布局方面最突出的特点。一方面，联合健康旗下保险公司为 Optum 品牌三家公司提供了稳定的业务来源；另一方面，Optum 品牌在健康管理、系统建设和药品服务领域的专业化发展也为联合健康旗下保险公司的发展起到了巨大的推进作用。Optum 不仅可以提升保险公司的服务能力，成为保险公司的业务助推器；更可以协助保险公司加强医疗行为监控，有效降低赔付成本，成为保险主业的控费系统。

3. Oscar Health：保险 + 互联网 + 健康管理

Oscar Health 成立于 2013 年，是新兴的个人健康管理公司和保险公司。与大型保险公司错位竞争，Oscar Health 主要面向小企业主、小公司、自由职业者等群体。

与传统的健康险公司相比，其特点是：利用互联网优势提高健康险用户透明度、看病效率、用户体验，促使保险公司从单纯的"理赔者"变成一个用户通过互联网进行健康管理、寻医问药的门户。医疗服务网络建设上采取租赁和窄网络策略。在医疗服务网络的建设方面，公司通过租用其他小型医疗服务网络的方式快速扩张，而非自建。在医疗服务网络的选择上，与大型保险公司追求医疗服务网络的大而全相比，Oscar Health 采取小而专的医疗服务供方合作。

Oscar Health 的主要业务模块如下：

（1）快速核保：个人远程提供简单信息即可获得公司产品和价格。
（2）移动医疗：24 小时电话医生和远程就诊。
（3）医疗服务：基于租赁和窄网络的医疗服务，成本低，灵活多样。
（4）健康管理：为会员免费提供可穿戴设备，进行锻炼帮助和健康跟踪。

4. ESI：美国最大的 PBM 公司

ESI（Express Scripts，美国快捷药方公司）总部位于密苏里州圣路易斯市，是美国最大的药品福利管理公司 PBM 公司。目前 ESI 已成为 PBM 领域全面服务体系的典型代表，服务体系包括：协助制定药品福利计划、处理药品赔付申请、审查处方药以发现并防止药物的相互干扰作用、制定鼓励使用低成本的通用名药和品牌药的计划、开展药品邮购服务、对病人进行健康管理。ESI 四大核心业务板块为：

（1）医药福利管理：为政府部门、企业雇主、商业保险公司等，提供雇员医药福利管理服务，包括福利计划设计、费用审核、理赔和支付、药品报销目录管理、临床路径管理、费用支付模式管理等。

（2）高科技信息技术服务：提供医师在线上查询药品相关资讯（包括副作用、相似药物及药物使用说明等）的系统。而 DrugDigest.com 为普通老百姓会员提供上网查询一般药物、维生素及草药等相关健康资讯。

（3）药品流通管理：提供药品供应链管理，包括采购、库房管理、配送等，还有邮购和网上药房，病人用药问讯支持、特药批发、特药药房、医生试验样品等。

（4）医疗服务管理和疾病管理：包括医生评价、医生用药模式分析和对比、药品费用的节省建议、医生简介卡和教育资料等；针对患者的健康管理沟通交流、疾病预防、改变病人习惯行为的教育等；还有面向医生和病人的福利管理问讯服务。

资料来源：《商业险打通互联网医疗商业模式闭环》报告，方正证券 2016 发布。

（四）健康保险公司的集团化趋势

当前在世界范围内，一些经营成熟稳健、具有一定影响力的健康保险公司，随着健康保险产业链的不断拓展和延伸，经营与管理活动也实现了向医疗服务和健康管理等相关产业链的拓展和延伸，在组织形式上表现为集团化经营，不仅提供保险服务，而且成立或参股营运医疗、健康管理公司，不仅增加多重的利润来源，也增强了客户的黏性，对客户风险的管理实现动态化服务。

专栏 2.4

联合健康和 DKV 健康保险的集团化趋势

美国联合健康集团 UNG（United Health Group），通过旗下 6 家公司联合健康保险（United Healthcare）、Ovations、Americhoice、Uniprise、Specialized Care

Service 和 Ingenix 提供两大核心业务，即健康保险业务和健康管理产业链。

德国 DKV 健康保险通过健康保险，为个人和团体客户提供了覆盖生命周期的健康管理，包括医疗、康复、慢病追踪、保健和健身、护理和养老。围绕健康形成完整的产业链，DKV 拥有包括医院、养老院、牙科诊所、护理服务、保健、医疗数据采集和评估、资产管理及保险经纪等营业机构。

表 2.2　　　　　　　　　　　DKV 主要子公司/联营公司

名称	业务性质	持股比例
goMedus	普通门诊	100%
goDentis	牙科诊所	100%
Sana	医院集团	21.70%
DKV 健康服务	疾病预防和保健服务	100%
miCura	居家养老护理	100%
DKV – Residences	养老院	100%
DKV – 贝塔资产管理有限公司	资产管理	100%
Gemeda	医疗数据采集和评估	100%

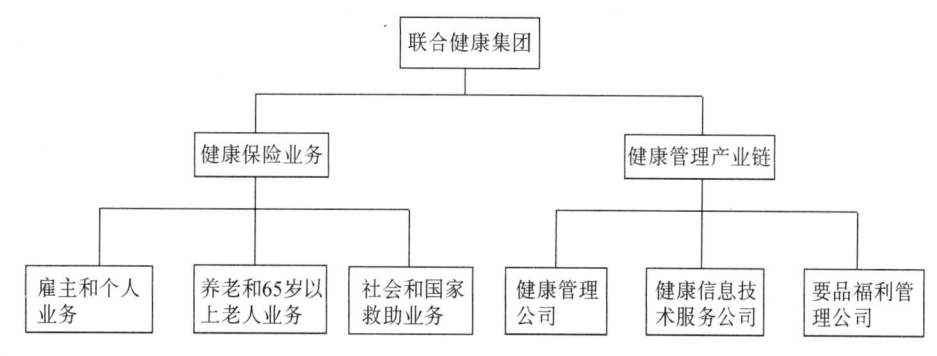

图 2.1　联合健康集团组织体系

资料来源：邓黎. DKV 发展经验及启示 [J]. 中国保险, 2015 (9): 61-64; https://xueqiu.com/S/UNH.

第二节　健康保险公司的内部组织结构

企业内部组织架构亦即组织结构，是一个组织内各构成要素及各要素间确立关系的形式，即组织内部的构成要素及要素间的关系。企业的组织结构形式没有所谓最好的、普遍适用的形式。最佳的组织结构设计应根据企业的生存和发展环境的变化，以及组织的愿景和目标而采用的有效形式。在健康保险市场的专业化经营中，健康保险公司内部组织管理的根本目标，是通过对组织结构合理优化实现组织的高效率运行，使得内外部资源和信息有序流动，从而提升管理效率和保持组织的生命力。

一、企业组织理论的发展

企业组织理论发展经历了传统组织理论、行为组织理论和现代组织理论三个阶段。企业组织环境的变化使得组织理论的研究对象从封闭系统到开放系统，决策机制从集权到相对分权，信息结构从层次化到网络化，组织动力从被动到主动。

（一）传统组织理论

19世纪末到20世纪初，工业革命之后生产机械化，此时市场消费需求巨大，产品供不应求，处于典型的卖方市场，因此企业不用过多地考虑外部环境和需求变化，企业组织被认为是一个封闭系统，学者们对组织更多的研究是基于提高内部工作效率，形成传统组织理论。如：泰罗的"科学管理"理论、法约尔的古典组织理论和韦伯的行政组织理论。传统组织理论认为，企业组织的决策权是高度集中化，信息结构层次化，信息传递渠道单一化，用经济利益维护组织运营，用报酬作为基本和全部动力方法的组织模式，这是一种经济型集权式等级制结构模式[1]。

（二）行为组织理论

20世纪30~60年代，管理学家和经营管理者发现按照传统组织理论，由于忽略了人的心理和行为因素，已经无法实现工作效率的提升和工作目标的和谐，从而开始考察和研究个人行为的差异、组织运行模式对组织成员的影响等。梅奥和罗特利斯伯格提出著名的"霍桑试验"，强调人是"社会人"，不仅仅有物质需求，还有社会心理和精神需求；承认非正式组织的存在，从增加激励性的角度出发，应该让更多的组织成员参与管理和决策。这一时期管理组织模式可以概括为社会性的集权制等级结构。

（三）现代组织理论

20世纪60年代以来，在系统方法和权变观基础上逐步发展形成了现代组织理论，认为企业组织是开放系统。代表人物有巴纳德、西蒙、钱德勒、劳伦斯等。巴纳德在组织结构发展规律的阐述中，强调信息的支配作用，指出组织管理的权威分为职

---

[1] 孙平. 管理组织理论比较与发展探索 [J]. 南开经济研究, 1996 (3): 25-29.

位权威和领导权威。西蒙所推崇的管理组织的决策结构特征是,组织的决策权高度集中,按职能适当分配,而不是沿层次分配以形成一种扁平的决策结构①。德鲁克为代表的经验学派推崇以目标管理体系为决策基础的分权等级式决策结构即事业部制。

二、健康保险公司组织结构的设计

健康保险公司的组织结构设计,一方面要考虑组织内部的职能分工与实现组织总体目标的协调,即表现为部门构成、岗位设置、权责关系、业务流程、管理流程及内部协调与控制;另一方面,要考虑科技的发展、外在市场环境的改变带来的组织适应力和竞争力提升的需求,这表现为健康保险公司产业链条的延伸及新业务市场的开拓带来的组织结构调整。影响健康保险公司组织结构设计的因素众多,比如行业的特点、生产方式的特点、公司规模和发展阶段、市场需求变化、管理者的水平、法律和行政上的要求与限制等。经营者要将影响组织结构的因素综合嵌入健康保险业务经营管理活动中,设计组织结构的基本构成单位并搭建相应的管理架构。为了确保组织结构的合理性,组织架构的设计要考虑以下几个方面:

(一) 公司战略

著名的企业史学家艾尔弗雷德·D. 钱德勒(Alfred D. Chandler)在其著作《战略与结构》一书中,对美国杜邦公司、标准石油公司等70家大企业发展历史进行剖析,指出"公司的战略必将决定其结构"。从国内外健康保险的发展历史来看,健康保险公司企业的发展战略大体经历了水平一体化(包括产品数量和经营地区的扩展)到垂直一体化(向健康产业链条的延伸),再到多元化经营战略(涉足医疗管理领域经营)。在此过程中,为适应健康保险公司的战略发展需求,其组织结构也需要进行变化和调整。因此,健康保险公司的组织结构设计要以公司的发展战略为前提。

健康保险公司的战略目标中,会有相对偏重的目标,比如成本优先的战略,在组织结构上就需要突出较高的集权、较好的资源共享、标准化的作业流程等。采用差异化战略,则组织结构可相对灵活、权力相对分散、横向协调力好,侧重反应力和创新力。健康保险公司要依据自身的资源、竞争优势,以战略为前提对组织结构进行设计并进行动态的调整。

(二) 业务主导的专业化

健康保险公司的经营活动是组织结构的基础。健康保险公司作为特殊风险的经营

---

① 孙平. 管理组织理论比较与发展探索 [J]. 南开经济研究, 1996 (3): 25-29.

者，通过疾病保险、医疗保险、失能收入损失保险和护理保险等方式对因健康原因导致的损失给付保险金，其业务涉及产品开发、市场营销、承保、客户服务、再保险、理赔、投资等。如何在组织结构的设计中，充分满足专业化要求，同时带来生产效率的提升和成本的下降，是需要特别关注的。比如，健康保险理赔核保以及健康管理业务，就需要聘任具有医疗知识背景的医疗保健专家并设置相应的岗位；产品合同的审查和执行及其他合规要求需要相应的法律背景人员并设置相应岗位；产品开发人员的精算技术要求，也需要设置相关的专业化工作岗位。

（三）客户为基础的部门化

健康保险市场的发展处在不断变化中，市场竞争主体增多、消费者购买行为变化、信息技术广泛应用、社会经济环境变化等，这些都对健康保险公司的经营管理活动有着重要的影响。健康保险的被保险人从单纯的产品导向购买者，逐渐转向具有较高主动购买意愿、对产品有一定的比较能力、注重优质服务的客户群体。同时，由于健康保险公司积极参与和承办政府社会补充医疗保险业务，不断开拓公司团体业务，政府和企业客户的需求变化对健康保险公司产生越来越重要的影响。健康保险公司的组织结构设计，要强调以"客户为中心"，考虑个人客户、政府客户、企业客户的需求和服务要求，对基于产品线的组织结构进行改变，比如在组织结构中设置团险事业部、个险事业部、社保委托事业部等，以提高客户性组织结构的反应力。

（四）管理的集权与分权

健康保险公司组织架构的设计以促进企业各部门执行力，发挥资源配置效率为目的。控制跨度（Span of Control）即管理人员有效监督、管理其直接下属的人数是有限的，这在很大程度上影响着组织的设置层次和人员配置。健康保险公司业务部门可分为三类：业务开发和客户拓展的前台部门、对前台进行业务支持的运营管理中台和为公司整体提供服务支持的后台部门。对前台部门管理权力要相对授权；中台部门则集中管理，体现出"分权式管理，集中式支持"。健康保险公司组织结构的设计中要对集权和分权进行适当衡量，才能发挥分权的灵活性和快速反应，并确保集权的权威性。

三、健康保险公司组织结构的主要类型

在企业组织结构发展演变中，企业的内部组织结构从传统组织结构类型不断向现代组织结构类型转化，并随着影响组织结构的因素日趋复杂和多元化，呈现了组织结构边界模糊，扁平化、柔性化、网络化的发展趋势。企业内部组织结构的典型形式

有：职能式结构、事业部结构、矩阵式结构、直线式结构、扁平结构、虚拟企业组织、集团化组织结构等。这些组织结构的形式从简单到复杂,各具优缺点。

在保险行业的发展中,发达国家保险公司普遍采用了事业部制,也有一些公司在集团层面引入了矩阵式组织结构。如根据产品类型、客户类型和渠道类型设置事业部,跨国经营的保险公司则在集团层面设置地区事业部。英国经营健康保险的四大公司之一英杰华(Aviva)在集团层面设置了英国事业部、欧洲事业部、国际事业部。多年来,国内保险公司总体上以职能式组织结构形式为主,但是在行业和公司的发展过程中,为了提高竞争力,越来越多的公司进行管理创新,开始采用事业部制或矩阵式的组织结构。目前,国内专业健康保险公司采取的主要组织结构为直线职能制和矩阵式。

(一) 直线职能制的组织结构

直线职能制的组织结构是以直线制为基础,在各级行政领导下,设置相关职能部门。具体来说,健康保险公司将管理机构和人员分为两类:一类是直线领导机构和人员,按线性关系对各级组织行使指挥权;另一类是职能机构和人员,按专业化原则从事组织的各项职能管理工作(见图2.2)。

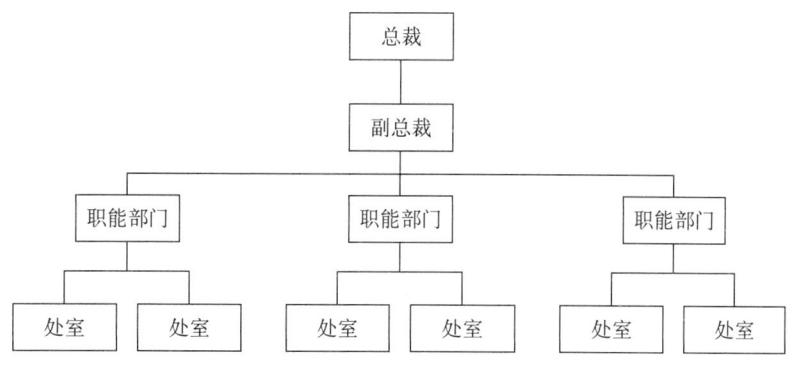

图 2.2 直线—职能制

直线职能制的组织结构适合保险公司复杂且相对稳定的业务模式,在实际的运行中有着相应的优缺点。

优点主要有:首先,保留了直线制组织集权特征,即权力集中,领导权威程度高,控制力和决策力强。组织成员的职责分工明确,纪律严明。其次,体现了职能部门化的特点,按照保险业务的特点依据产品设计、生产、销售、客户服务等不同活动划分,体现了价值链逻辑;部门职能清晰明确,有利于部门内部效率提升;符合专业化分工,有利于专业人才培养以及专业技能的提升。

缺点主要有:第一,各职能部门容易忽略公司总体目标和长远战略,而侧重本部门的利益,比如销售重在业绩,核保重在风控。第二,在高度集权下,增加了高层管理者的协调工作量,不能很好地发挥中层管理者的积极性,部门横向协调难度增加。第三,适应市场环境变化的能力较差,灵敏度欠缺,如产品开发部严重依赖销售部门的市场反馈信息,远离市场使得产品缺乏竞争力。

(二)矩阵式的组织结构

矩阵式组织结构是对事业部和职能性组织结构的整合与创新。它是在垂直的直线职能型组织结构基础上,增加一种横向的领导和沟通系统,通过公司内部的横向和纵向联系,实现信息和资源在两个条线的同时流动,部门之间相互协调和监督,更好地实现公司的总体目标和战略(见图2.3)。

健康保险公司矩阵式组织结构中,要将产品的销售渠道和职能部门结合,实现在纵向条线管理与横向职能管理的双向沟通。其主要优势:首先,纵向上实现了渠道业务条线内围绕保险产品进行的开发、销售、核保、保全、理赔等全流程的协调和融合,提高了对市场的反应力,要求渠道管理人员有更高综合素质和技能。其次,横向上,设置各专业技术委员会,加大了专业技术人员横向沟通和培养,对不同渠道的特点有了更为全面的认识,有利于形成专业技术的规范化。最后,纵向和横向上的集权和分权的适度融合,有利于提高整体的运营效率,更方便衡量不同渠道的经营状况,提升公司的竞争力。需要注意的是,矩阵式组织结构对于集权和分权的把握程度较为困难,渠道内部职能的健全也可能形成资源和人力的浪费以及渠道与渠道之间的发展冲突,员工容易陷入双重职权和领导,不易明确责任,影响员工积极性的发挥。

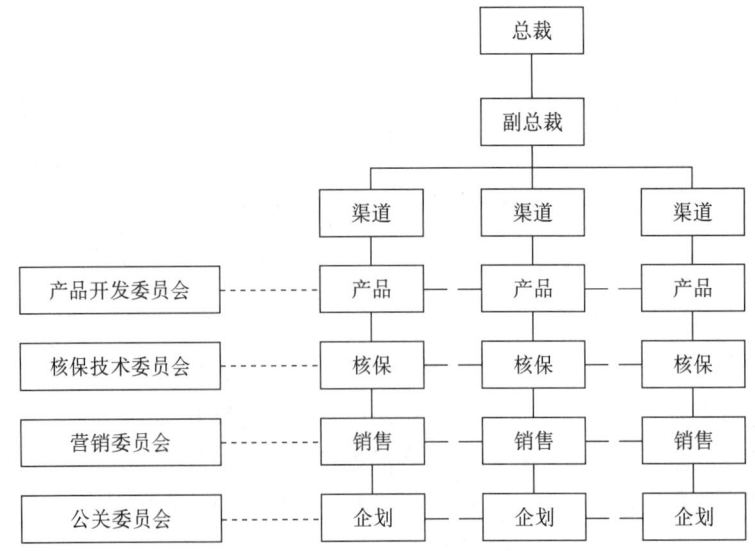

图2.3 矩阵式

四、健康保险公司组织架构的优化

健康保险公司组织结构没有标准化的模式，其创新和优化是与公司的发展阶段相适应的，每一次优化都是对管理效率和竞争力优势的追求，当然也会遇到组织结构调整的阻力，所以内部组织结构的变革是一个不断进行的动态过程。2014年颁布的《国务院办公厅关于加快发展商业健康保险的若干意见》，鼓励健康保险公司开发多元化的健康保险产品，以满足消费者的多样化需求。2017年9月，中国保监会在外资保险公司座谈会上表示中国保险业将进一步加大对外开放力度，鼓励外资进入健康、养老、巨灾保险等专业业务领域。健康保险公司必须根据这些政策环境、市场竞争环境和业务环境的重大发展变化，不断对组织结构进行变革和优化，建立适合自身特点的组织结构。其着力点主要有：

一是信息技术。信息技术的发展对健康保险公司的经营产生着深远的影响，基于信息技术的应用而完善企业内部的组织结构，可以使得健康保险公司提高数字化和信息化管理效率，增强市场反应力和敏感性，降低经营成本。从销售到运营支持，从产品开发到风险控制一系列的业务活动，都要求健康保险公司在组织结构的创新中要相应体现电子化和网络信息化的变革要求，以更好地发挥组织机构信息化的优势。

二是新业务领域。健康保险公司已经从单纯的健康风险经营者，逐步介入医疗和健康产业链，将健康管理全面嵌入客户服务活动，把健康风险管理的事后理赔前置到事前的预防阶段。实质是对健康保险公司的经营领域拓展和产业链的延伸，这种经营变革也应反映到组织结构中。典型的表现之一是在现有的组织结构中，增加设置健康管理部，体现"健康保险+健康管理"的融合，将健康板块作为了提升公司战略的重要组成部分。

三是服务外包。健康保险公司应当全面评估自己的资源状况和业务优势。为有效降低成本、保持较强的竞争力，可以适度将不具备竞争优势的经营活动外包给效率更高的第三方公司，从比较竞争优势角度出发调整公司的组织架构，减少劣势部门或资源的投入，从跨行业或公司的合作中获取比较优势和利益。比如健康保险公司与第三方商业管理机构签署协议，搭建健康管理的服务网络，包括药品、绿色通道、健康体检等多层次健康管理服务。

> **专栏 2.5**
>
> **国内健康保险公司组织结构**
>
> 通过查阅国内6家健康保险公司在官方网站公开信息披露项下有关公司治理结构的信息，分析结果如下：

第一，6家健康保险公司组织结构中在股东大会、董事会、监事会、高级管理层的机构设置上均比较完善。

第二，在专业技术委员会的设置上则有所不同，如人保健康设置了高级专业技术职务；和谐健康保险、复星联合健康保险分别设置了战略与投资、提名与薪酬、风险管理与审计等3个或4个专业委员会；平安健康设置了审计与风险管理委员会和产品委员会；太保安联健康设置了经营委员会；昆仑健康则没有相关设置。

第三，在部门设置上，既有体现健康保险业务流程的运营管理部、客户服务部、精算部、产品部等，也区分了业务渠道的团险部、银保部、个人渠道等。

第四，6家健康保险公司均针对健康管理业务和信息技术的应用设置了相关部门，如：健康管理部、电子商务部、网络销售部等。

6家健康保险公司在股东会、董事会、监事会和高级管理层的设置上趋于一致，具体部门设置上略有不同但基本范围相似。显著的差别主要体现在矩阵式组织结构中关于专业技术委员会的设置。

资料来源：http：//www.picchealth.com/tabid/2092/Default.aspx；http：//health.cpic.com.cn/jkx/；http：//new.kunlunhealth.com/templet/default/xxpl2.jsp? id = 2556；https：//health.pingan.com/gongkaixinxipilu/gongsigaikuang.shtm；http：//www.fosun‑uhi.com/PublicInformation；http：//www.hexiehealth.com/gkxx/jbxx/gszl/index.htm。

第三节 健康保险公司的人力资源管理

马克思认为，劳动力是生产过程中活的要素，是推动经济发展和社会进步的能动因素。现代西方管理理论则强调劳动力的资本属性，称之为人力资本或人力资源（Human Resource）。彼得·德鲁克在其1954年出版的《管理的实践》一书认为，人力资源拥有其他资源所没有的素质，即"协调能力、融合能力、判断力和想象力"。健康保险公司的人力资源管理是企业管理的核心内容，健康保险公司通过对人力资源进行选拔、培训、晋升、考核、激励等一系列活动，发挥员工的工作主动性和积极性，为企业创造持续的竞争优势和价值。

一、人力资源配置管理

在健康保险公司人力资源管理过程中,首要的问题是人力资源的配置,在遵循一定原则的前提下,采取有效的配置方法,将人力资源合理地调配到组织结构中,在相应的工作岗位上人尽其才,才能实现人力资源配置目标,提高劳动生产率,推动公司整体协调发展,提升公司的管理水平和实力。

(一)人力资源配置的目标和原则

健康保险公司不仅需要根据健康保险市场的发展情况、公司的战略和业务目标、组织结构的岗位和职责要求,确定人力资源配置的目标,而且需要遵循相关的原则,实现人力资源的有效配置。

1. 人力资源配置的目标

人力资源配置管理首先要设定人力资源的配置目标,以目标为导向对人力资源进行有效配置,并对配置的效果进行检验,进而还可以再次对人力资源配置进行优化,形成良性循环。人力资源配置的目标要有数量的量化目标,也要有质量的定性目标。

(1)量化目标。健康保险公司每一个管理和业务流程的完成,都需要一定数量的人员来完成相应的工作,要对"岗位—职级"进行规划和相应的计划,明确所需人力资源的数量和质量要求。一方面,对可以量化的岗位指标,如工作总量、平均工资、岗位贡献度、晋升时间、领导打分等进行赋值量化权重,设定有关指标,比如,部门所需人员数量、评优过程中各岗位占比、年度工资增长比值等等。另一方面,对人力资源管理的关键指标设定数量目标,如员工离职率、岗位与业务增长的匹配率、本科学历人员占比等。人力资源部门要对关键指标进行监测,及时对人力资源配置现状进行评估,并发现问题,进行完善。

(2)质量目标。健康保险公司是知识密集型企业,人才的素质和能力是企业竞争制胜的关键。人力资源配置中不但有数量目标还要在员工综合素质的提升上设定相应的质量目标,建立相应的培训、薪酬和绩效考核指标来检验和反馈人力资源配置的效果。主要包括但不限于人力资源部门制定员工培训提升计划,引进急需专业技术人员等。比如为了更好地使得新进员工快速适应公司的发展,对新进员工进行涵盖银行、保险、法律、客服、运营、风险等各经营环节的新员工培训,以此强化提升新员工的工作质量和效率。

2. 人力资源配置的原则

健康保险公司人力资源配置的根本要求是要做到人尽其才,要使企业形成员工想干事、能干事、干成事的良好氛围,以提高员工的爱岗敬业精神和工作的主动性和创造性。具体说来，要坚持有以下三项原则：

（1）个人与岗位匹配原则。健康保险业务是风险密集、信息密集和知识密集型的业务，因此在经营管理过程中对各个岗位的人才有着特殊的专业和知识背景要求，比如产品开发人员的精算背景、核保与理赔人员的医学知识积累、营销人员和管理人员对健康保险行业的熟悉和掌握程度等。因此，在进行人员选拔和配置时，要对人员的年龄、学历、专业、职称、性别等做出岗位适用性分析，实现人员与岗位良性匹配。

（2）整体结构优化合理原则。健康保险公司要有效配置人力资源，需要基于组织架构的结构和运作效率要求，对人力资源结构进行整体优化，不仅需要部门内人员年龄、学历、专业、工作经验等结构合理；还要做到部门与部门之间人员供求、组成的结构合理。如公司在信息化建设的不同阶段中，信息技术人员配比变化、业务增长带来的客户数量与健康管家数量的配比变化、销售规模与核保核赔部门的人员构成等。总之，人力资源的整体配置要使得企业各个部门可以顺畅地完成其岗位和职责要求，完成公司的经营管理目标。

（3）合理使用、提高效率原则。健康保险公司的人力资源管理部门要针对本公司的发展目标，制定相应的人员培训、绩效管理、员工激励等管理制度，促进员工个人发展需求与公司发展目标的相结合，提高员工认同和忠诚度，降低离职率，提升员工的工作效率。比如定期的员工座谈、员工职业生涯规划、内部竞聘等活动都有助于人力资源的合理配置，可以有效提高公司经营管理效率。

（二）人力资源配置规划和招聘

健康保险公司的人力资源配置管理是一个动态过程，通过对整个生产管理流程进行工作任务的分解和分析，为每个环节、每个岗位寻找和匹配对应的人员，实现劳动者与生产经营活动在时间和空间上的有效结合，发挥要素配置效率。

1. 人力资源工作分析

人力资源工作分析是人力资源规划管理的前提，是指通过对信息的收集、分析、处理、加工，最终形成工作说明书。人力资源工作分析由工作描述和工作规范两个部分组成，是人力资源管理系统运行的基础性文本[①]。围绕健康保险公司的经营和管理活动，一方面在组织结构图与职位图上要明确设立各部门及职位，明晰各部门和各职位之间的职权和隶属关系；另一方面要进行工作分析，即员工在岗位要完成的具体工作职责和承担的责任义务，形成工作岗位说明书。主要的工作分析方法有：职能工作分析法、任务清单分析系统法、职位分析问卷法、工作要素法等。

---

① 陈国海. 人力资源管理概论［M］. 高等教育出版社，2009.

2. 人力资源规划

在实际的健康保险公司人力资源规划中，该项工作既包括长期的人力资源发展规划，也包括短期的具体人力资源计划。其基本的要求是，在对可能的人力资源需求和供给预判的基础上，增加或减少相应的人力资源，主要是实现数量和结构的匹配，保证人力供需的平衡。按人力资源规划的时间范围可以分为短期规划（1~2年）、中期规划（3~5年）、长期规划（6~10年）。按照人力资源内容又可以划分为如表2.3所示的九种类型①：

表2.3 人力资源规划

计划项目	主要内容	预算内容
总体规划	总体目标和配套政策	预算总额
配备计划	中长期人员分布状况	变化而引起的费用变化
退休解聘计划	退休人员及其岗位情况	变化而引起的费用变化
补充更新计划	现有人力缺口情况	招募费用
使用计划	晋升、轮岗等政策和安排	薪酬、福利支出的变化
培训和开发计划	培训时间、人员、内容等	培训投入及脱产损失
职业计划	骨干人员使用培养方案	包含于培训与开发中
绩效与薪酬福利计划	考核方法、薪酬结构、工资总额、福利项目等	薪酬福利变动额
劳动关系计划	减少劳资纠纷、改善关系	诉讼费用及可能的赔偿

3. 人力资源招聘

健康保险公司的人力招聘是人力资源配置管理最重要的环节，控制着人力资源的入口，影响着公司人力资源的结构和效率。"招"指要能吸引求职者来应聘，有足够的蓄水池；"聘"指要能从应聘者中筛选出适合岗位要求，适合公司的发展需要的新员工。招聘流程包括：招聘准备；确定招聘策略；人员招聘；人员甄选；人员录用；招聘评估。人力资源招聘必须要保证有足够的应聘人员，才可能有更高概率选拔出优秀人才，故招聘渠道将影响人力资源储备库的基数，而选用什么样的方式来甄选人员则影响着能否选拔到合适的优秀人员。因此，招聘渠道和甄选办法是影响人力资源招聘工作的两个关键问题。

（1）招聘渠道。

首先，外部引进。健康保险公司通过对所需人员的综合分析，可以采取外部招聘

---

① 陈国海．人力资源管理概论［M］．高等教育出版社，2009．

的方式扩大人力储备的来源,有针对性地优化人员结构,建立人才储备。主要包括校园招聘、社会招聘、网络招聘、猎头推荐、媒体招聘等。另外,可对所需重点人才制定专门的优才计划,比如精算人员、信息系统开发人员、高级管理者等。校园招聘也可与国内外高校进行专业人才的合作培养,选拔所需专业的优秀应届毕业生,可以对人力资源结构的知识、年龄等方面进行较为充分的调整。

其次,内部调整。健康保险公司岗位与人员的配置是动态的优化过程,涵盖公司内部人员的竞聘、转岗、轮岗、晋升、离职、辞退、退休等。人力资源部门对人事档案要做定期的梳理,结合各职能部门提出的人力需求,在内部实施二次人力资源配置调整,包括完善内部人员岗位变迁的程序,亦可与外部专业咨询机构合作为员工职业生涯规划提供支持。通过人力资源的内部优化更有助于节约人员配置成本,整合资源,充分发现和挖掘人才。

(2)甄选办法。

在人员招聘和选拔中,要坚持成本可控的原则,根据健康保险公司岗位的工作特点选取不同的甄选方法。主要的甄选方法有笔试、面试、心理测试、综合评价等。笔试具有客观公正、效率高的优点,但缺乏对应聘者思想、态度、表达能力等的考察。面试提供给应聘者和企业双向交流机会,方式也非常的多元化,比如非结构、结构化、情景面试、小组面试、行为面试等。

(三)营销人员的配置管理

在健康保险公司人力资源配置管理过程中,有一类特殊的专业营销队伍的配置管理问题。营销人员是公司与客户之间关系的桥梁。健康保险公司开辟市场,扩大市场份额,提升影响力是建立在营销人员对于健康保险产品的成功营销基础之上。加强营销人员管理,保护好客户的合法利益,同时维护好公司及营销人员利益,对于维护保险市场秩序、促进公司发展和行业发展十分重要。

1. 营销人员管理的相关法律规章制度

为了规范保险的销售行为,维护消费者合法权益,促进市场健康发展,中国保监会在 2013 年 1 月下发了《保险销售人员从业监管办法》(保监会令 2013 年第 2 号),对保险销售从业人员施行统一监督管理,并对保险销售人员从业制定了相应的管理规范。2015 年 4 月 24 日,第十二届全国人民代表大会常务委员会第十四次会议《关于修改中华人民共和国计量法等五部法律的决定》,其中对《中华人民共和国保险法》做出修改,将第一百一十一条修改为:"保险公司从事保险销售的人员应当品行良好,具有保险销售所需的专业能力。保险销售人员的行为规范和管理办法,由国务院保险监督管理机构规定。"据此,中国保监会要求保险公司、保险中介规范从业人员准入管理,认真对从业人员进行甄选,加强专业培训,确保从业人员品行良好,具有相应的专业能力;对于把关不严,造成客户投诉率、保单退保率等风险指标异常的机构,保监局应采取相关监管措施。2017年6月28日,中国保监会印发了《保险销售行为可回溯管理暂行办法》,进一步规范了销售行为。

2. 营销人员的岗位设置和管理

营销人员的岗位设置和管理,首先要考虑营销活动管理的特点,纵向上岗位设置和管理可分为营销管理支持岗位和直接销售岗位。其次,健康保险公司营销渠道是多元化的,可分为:个人营销渠道、团体客户营销渠道、银行保险渠道、政府委托业务渠道、电话营销渠道、互联网营销渠道、中介代理营销渠道等,不同的营销渠道具有不同的特点和人力配置要求,可以按照不同渠道进行岗位设置和管理。最后,营销序列岗位的设置要有差异化,根据对渠道业务产能的分析,设置不同的岗位,并在业务发展的基础上,调整岗位数量。

需要注意的是,个人代理人营销体系引入后,一直是健康保险市场上营销渠道的重要主体,虽然随着电子和互联网技术的发展,营销渠道呈现多元化趋势,但是由于健康保险产品的特殊性以及较大程度的非标准化,在一定时期内,个人代理人渠道仍然需要重点关注。健康保险公司应建立个险营销员管理办法,对个人代理人渠道进行针对性的管理和发展。

二、健康保险公司的员工培训与职业规划

相对于物质资源和要素,人力资源突出特点是具有意识和能动性,在生产活动中处于主体地位,即可以对自身的行为做出选择,又能够在激励的基础上自我开发,释放潜力。因此,人力资源管理的另一个重要维度则是人力资源开发和激励,主要包括员工培训、职业规划、绩效管理和薪酬管理。当人力资源进入到健康保险公司后,对员工知识和技能进行系统的训练和提升,并对工作成效建立多维度的评价体系和激励体系,对于提高人力资本的价值和效率具有重要作用。

(一) 员工培训

健康保险公司新员工入职后,一般都会拿到员工手册,通过入职教育使其逐渐认可公司,熟悉工作环境并了解诸如工作时间、管理规定等方面信息。完成新员工入职后,还需要对其进行培训。培训是指为使新员工或已经在职的员工获得完成工作所需的知识和技能而采用的方法和程序[1]。

培训的内容有入职培训、晋升培训、绩效改善培训、转岗培训、专业资格培训

---

[1] 加里·德斯勒 著,刘昕 等译. 人力资源管理基础[M]. 中国人民大学出版社,2014.

等。培训的方式有在职培训、非正式的学习、远程视频会议学习、计算机辅助学习、虚拟课堂、模拟式培训等。培训的对象有：普通员工、管理人员、专业技术人员、营销人员等。任何一个培训项目的目的是通过传授知识、提高素质、增加工作技能来达到提升公司未来绩效，人力资源部门要对培训建立完整的流程以及效果评价。

在保险公司的培训体系中，对营销团队进行的专业化培训是非常重要且独特的部分。健康保险公司的产品为保险合同，其销售实质上是让客户对合同文本所包含的保险责任、保险利益等有正确的认知和理解，因而营销培训是一项必要而长久的工程。

营销人员的培训要实现制度化和体系化（见图2.4）。首先，培训内容要覆盖产品、公司、行业、销售技巧、客户需求分析、法律规定等，要开发相应的课程帮助营销人员建立保险和销售的知识储备。其次，培训频率上，要不定期和定期相结合。根据营销人员在营销活动中遇到的问题，可日常化的以会代训进行培训支持；同时也要定期对营销队伍进行强化培训，巩固各项技能同时解决新的共性问题。再者，培训对象上要区分不同渠道和不同职级，比如新人培训、主管培训、电话营销培训、团体业务培训，使得培训内容更为具有针对性。最后，在信息时代，互联网与保险深化融合，对于营销人员的培训中，要加大互联网知识及互联网工具使用的培训，比如APP、微信投保端、移动行销支持系统等。

（二）员工职业规划

健康保险公司员工的职业规划管理，是指对员工各阶段的工作、职务和职业晋升路径进行设计和规划。健康保险公司进行人力资源职业规划管理的前提假设是，企业有义务最大限度地利用员工的能力，并为其提供一个发挥个人最大潜力、不断成长并实现职业成就的机会。因此，员工职业规划的意义在于，员工从职业中获得个人所需的价值，企业由于员工的努力和贡献获得发展和壮大。

企业的人力资源部门，首先要帮助员工进行较为明确的自我评估和定位并制定职业规划目标；其次要在公司内部设计出员工职业规划的发展模式，比如纵向上的管理职级的晋升，横向上的专业技术职务的评聘；最后人力资源部门应该重视人力资源可持续规划工作，以保证重要岗位有一批优秀的人才能够继任，并可对关键员工制定更高目标或建立职位轮岗制度等，避免关键岗位出现空缺而临时抱佛脚。

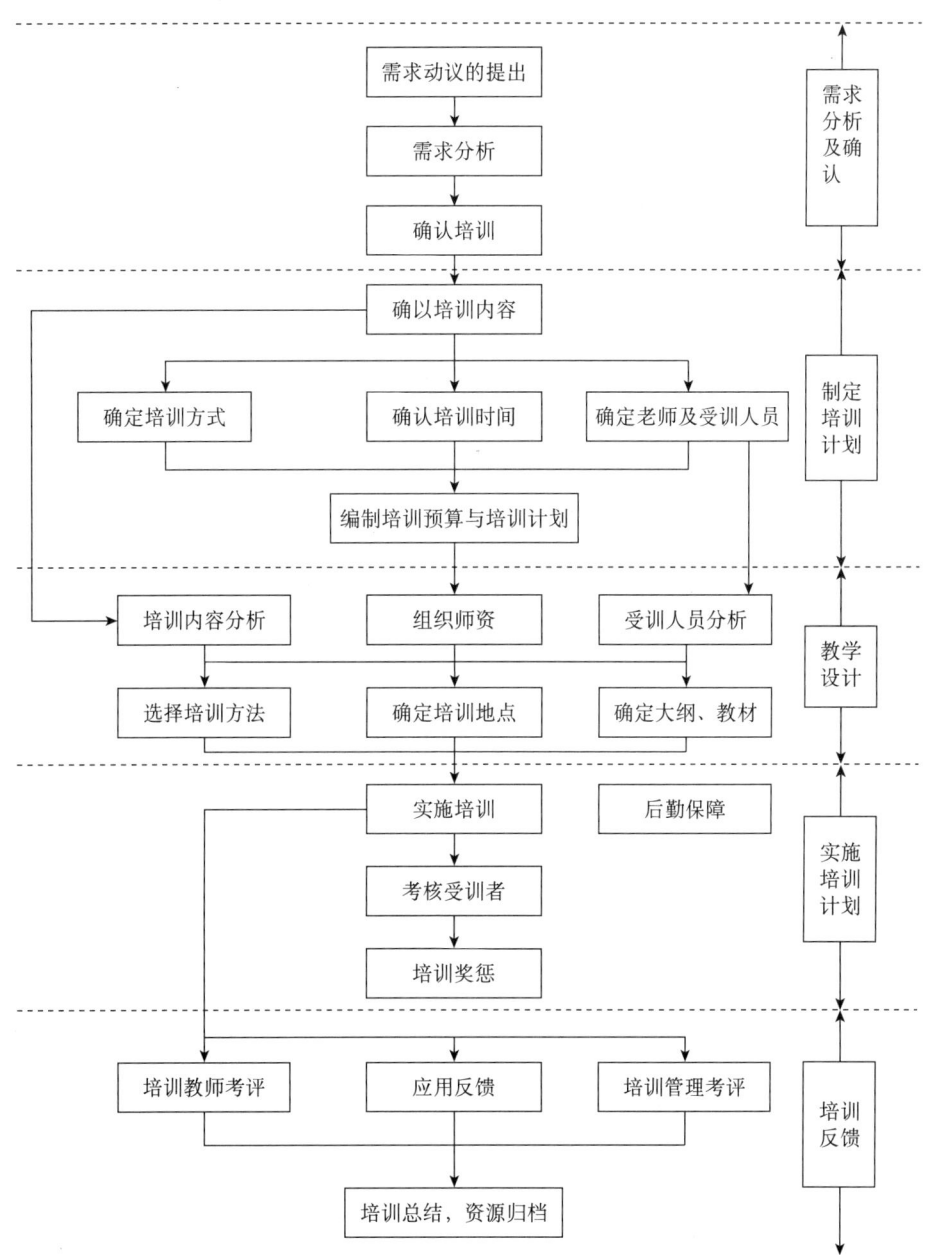

图 2.4　员工培训流程体系图

专栏 2.6

职业生涯理论

约翰·霍兰德，美国霍普金斯大学心理学教授和著名职业指导专家，1959

年提出广泛社会影响的"人业互择"理论。根据对职业性向测试的研究，即劳动者的心理素质和对职业的选择倾向，发现6种基本的人格类型或性向，在此基础上将相应的职业划分为6种类型，即现实型、研究型、社会型、传统型（常规型）、事业型、艺术型。埃德加·H. 施恩（Edgar. H. Schein），美国麻省理工学院斯隆商学院、美国著名的职业指导专家教授，1978年提出了职业锚理论。职业锚（Career Anchor），是指影响一个人职业选择的至关重要的东西或价值观。主要包括五种类型：自主型职业锚、创业型职业锚、管理能力型职业锚、技术职能型职业锚、安全型职业锚。20世纪90年代施恩先生将职业锚类型增加到八种，新增加了三种类型，即安全稳定型、生活型、服务型职业锚。

资料来源：加里·德斯勒. 人力资源管理：第六版［M］. 中国人民大学出版社 Prentice Hall 出版公司，2002.

三、健康保险公司的绩效管理

健康保险公司人力资源的开发使用中，为了充分调动和激发员工的积极性和主动性，需要设定科学合理的绩效管理体系，对员工行为做出客观、公正、综合的评价，进而推动组织经营和管理目标的实现。

（一）绩效及其特征

绩效，原意是指表现和成绩。伯纳丁（H. J. Bernadin, 1984）定义绩效为"是对在特定的时间内，由特定的工作职能或活动所创造的产出的记录或工作的结果"。Compbell（1990）定义绩效为"绩效是行为的同义词，它是人们实际的行为的表现，而且能观察得到的"，绩效包括了与组织目标有关的而且能够根据个人能力进行评估的行为或行动。健康保险公司的绩效，可以概括为行为与结果的统一，即健康保险公司员工在一定时期内工作过程中表现出来的工作业绩、能力、态度以及产生的结果。

绩效具有四个显著的特征：

第一，多因性。即对绩效产生影响的因素是多元化的。如影响健康保险公司员工绩效的因素有：个人技能、心理等主观因素以及工作环境、规章制度等客观因素。

第二，多维性。绩效是通过员工多方面的工作指标来表现的，主要有出勤、服务意识、创新意识、技术级别等多方面的情况和表现。

第三，动态性。绩效在不同时期不同情况下会有差异。由于各种主观和客观因素的变化，绩效水平呈现波动性，有好有坏。因此，在对员工绩效进行管理时，要选择合理的时间界限。

第四,差异性。绩效在不同人员、不同岗位、不同地区会有所不同。健康保险公司业务因不同客户渠道和不同地区而出现变化,对相应人员的绩效管理就需要差异化的指标,公司中不同的岗位职责也要求采取不同的绩效管理指标。

(二) 绩效管理

绩效管理是在20世纪70年代提出的,其思想始于绩效评估,在绩效评估思想上不断拓展其管理功能,立足于现代公司组织特点和管理需要,形成以定量评估理论为核心的绩效管理体系。健康保险公司的绩效管理是根据公司的战略发展目标和核心价值理念,通过组织结构设计和评估,将各个员工和管理者的实际工作贡献,按照一定的程序与方法,进行客观衡量和有效管理的持续循环过程。

健康保险公司绩效管理应该是一个完整的系统,其目的是实现促成员工的成长和事业以及企业绩效的持续改进的双赢。绩效管理系统主要分为四个环节:指导与计划、管理与支持、考查与评估、发展与激励。

1. 指导与计划

指导与计划即确定绩效目标与评价绩效的标准。每一个绩效管理周期的初期,管理者与员工在充分沟通的基础上,确定员工或部门的绩效目标,包括结果目标(什么样的结果)和行为目标(怎么样做),对应地要给出绩效评价的指标体系。绩效目标要满足SMART原则——具体(Specific)、可衡量(Measurable)、可达到(Attainable)、相关性(Relevant)、时间性(Time Based)。同时,绩效目标的设定也要根据不同职能部门和岗位,采取不同关键指标:财务类、销售类、营运类、战略类等。如健康保险公司的具体绩效目标有:保费增长率、首年标准保费增长率、理赔率、退保率、新产品利润占总利润比例等。

表2.4 绩效目标与评估标准样表

	目标内容	评估标准	权重
绩效目标	客户满意度	客户满意度比上季度提高5%	0.3
	销售收入及增长率	销售收入完成X万元	0.2
	人均净利润	人均净利润达处XX万元	0.2
	产品销售成本	成本率控制在X%至X%范围内	0.1
绩效改进目标	市场占有率	XX产品市场占有率提高至X%	0.1
	营销队伍建设	人均销售额提高至X万元	0.1

2. 管理与支持

管理与支持即对员工的绩效进行监督和管理,提供反馈和支持,排除阻碍绩效目标完成的障碍。健康保险的管理者要在绩效目标的达成过程中,对员工进行正式或非正式的辅导，既有对主要成绩的认可，也要提出问题，提供相应的支持，帮助其修正和改进，适时调整绩效目标。作为管理者，要采取有效的方式记录员工绩效的相关数据和信息，如定期的工作汇报会议、工作调研等。

3. 考察与评估

考察与评估即按照绩效目标和考核标准，对员工绩效进行客观衡量和科学评估。健康保险公司的人力资源部门要在公司阶段性工作结束时，比如半年、一年等，依照绩效考核标准，对阶段性工作进行客观公正的考核。在开展绩效考核时，要收集信息，对标绩效目标确定绩效考核结果。绩效考核可以采取量化、定性评价（包括自我、同级、上级）、信息反馈等相结合的方式。对绩效的考核结果要进行分析，制定考核结果的等级。绩效考核的方法有：民意测验法、绩效比较法、关键事件法、行为锚定等级法、评价尺度法、要素评定法、平衡记分卡法等。业绩评价样表见表2.5。

表 2.5　　　　　　　　健康保险公司部门业绩评价样表

部门 贡献度	得分
人事行政部	
团险销售部	
个险销售部	
银保销售部	
运营中信	
健康管理中信	

注：90≤得分＜100：能紧密围绕公司战略，工作目标清晰，部门工作计划全面严禁、措施得当，创造力和执行力强。年度工作成绩突出，做出重要贡献。80≤得分＜90：能围绕公司战略，工作目标清晰，部门工作计划全面，措施有效，年度工作成绩良好，做出较大贡献。70≤得分＜80：工作目标基本清晰，部门工作有计划，年度工作成绩一般，发挥了基本职能部门作用。60≤得分＜70：有工作目标，部门工作有计划，但针对性不强，效果不明显。年度工作成绩不佳，未做出应有的贡献。0≤得分＜60：工作目标模糊，部门工作缺乏计划，措施不当，难以落实，年度工作成绩差，阻碍公司发展。

4. 发展与激励

发展与激励即根据绩效考核的结果，对不同表现的员工相应的奖励、培训和再安置。健康保险公司的绩效考核结果具有非常有用的价值，要将绩效考核的结果运用如下方面，作为相关工作的重要依据，包括：人才评价和制定员工合理的职业生涯，薪酬调整和奖金发放，精神荣誉激励，岗位调整和人事任免以及绩效管理体系完善等，以充分挖掘人才的价值，提高人力资源配置的合理性和效率。

> **专栏 2.7**
>
> **关键绩效指标（Key Performance Indicators，KPI）**
>
> 关键绩效指标，是通过对组织内部某一流程的输入端、输出端的关键参数进行设置、取样、计算、分析，衡量流程绩效的一种目标式量化管理指标，是把企业的战略目标分解为可运作的愿景和目标的工具，是企业绩效管理系统的基础。关键绩效指标起源于英国。英国有关研究机构制定了关键绩效指标，目的在于鼓励业主、承包商、供应商等工程项目参与方准确地评价自己的绩效表现，以便采取准确的措施，建立持续改进的文化氛围。
>
> 资料来源：古银华，王会齐，张亚茜. 关键绩效指标（KPI）方法文献综述及有关问题的探讨［J］. 内江科技，2008.

四、健康保险公司的激励约束机制和薪酬管理

在现代保险市场发展过程中，依据《公司法》和《保险法》设立的具有现代企业制度性质的健康保险公司，从公司的角度看，存在两类代理问题：一是大股东对小股东的代理问题或损害问题；二是高级管理人员对股东的代理问题或损害问题，比如高级管理人员违纪违规、高级管理人员履职不规范等等。因此，如何有效地对高级管理层进行激励和约束成为人力资源管理的难题。同时，健康保险公司的专业技术人员和营销人员的激励约束机制和薪酬管理也是影响企业发展的关键。

（一）高级管理层的激励约束机制

在股份制健康保险公司中，由于利益相关者的多元化和产权的分离，形成了股东会、董事会、监事会、高级管理层等的分权制衡机制，以及所有权、占有权、收益权、使用权的不同权力因素结构，导致公司内部治理结构的多元冲突。威廉姆斯与克莱因的资产专用理论、阿尔钦与德姆塞斯的团体生产理论、威尔森与斯宾塞的委托代理理论等，从不同视角研究了公司的激励约束机制设计问题，认为有效的激励约束制度，不仅可以实现股东利益最大化，也可以实现高级管理层的个人效用最大化，从而有效解决高级管理人员对股东的代理问题或损害问题。

1. 激励机制

对健康保险公司高级管理层的激励，核心是将管理层对个人利益的追求转化为对企业整体经营利润最大化的追求。合理的激励机制对高级管理层产生强大的正向激励作用，促使其努力完成本职工作。

激励一般包括物资激励和非物资激励。所谓物资激励，就是为高级管理者设计一个多元化的薪酬结构，包括年薪、在职消费、津贴福利、股票期权类奖励等，相对固定的薪水和奖金是短期物资激励，而股票期权则是长期的物资激励方法。非物资激励是从社会学、政治学和心理学的角度出发，关注高级管理层对自身职业、行业地位、社会地位、精神追求等方面的需求，主要是职位激励和行业名誉。职位激励和行业名誉会激发高级管理层更努力地履职，实现公司股东价值最大化的目标。

专栏 2.8

管理层股票期权（Executive Stock Option）

管理层股票期权，是 20 世纪 80 年代中后期出现的一种对企业高级管理人员进行激励 - 约束的制度和方式。其最初出现的目的并不是为了激励约束。当时一个名叫菲泽尔的公司，为了避免公司经营者的现金报酬被高税率"吃掉"，推出首个股票期权计划。其后，因股票期权不仅可以吸引和留住企业所需的人才，还可以激励经营者努力为公司创造利润，这一制度随着股票市场的发展而迅速发展。获得股票期权的管理层人员可以在规定的时间后按照既定的价格（称为期权的行权价格）从企业处购买本企业的股票，获得股票市场价格与行权价格之间的差价收益。当股票市场价格大于行权价格时，称为期权处于实值（in the money），当股票市场价格小于行权价格时，称为期权处于虚值（out of money）。

资料来源：钱志军，李进一. 对我国实行股票期权制的思考［J］. 经济师，2002（5）：122 - 123.

---

2. 约束机制

对于健康保险公司高级管理层的约束，在重视依靠内部监督约束机制的基础上，核心是建立一个有效竞争的经理人市场，同时要强化法律约束、道德约束、监管约束等外部约束手段。在保险市场发展的现阶段，监管机构要从维护行业发展、促进公平竞争、维护市场环境的角度，加强对健康保险公司管理层的合规指引和监督，引导健康保险公司建立规范的高级管理层约束机制。

近年来，中国保监会在完善薪酬激励机制、规范控股股东行为、推进高管审计、启动公司治理现场检查、优化公司治理评价机制、规范保险公司分支机构准入等方面进行了出台了一系列监管指引。2017 年 12 月 26 日，中国保监会发布了《保险机构独立董事管理办法（征求意见稿）》，对独立董事的"独立性"和"重要性"进行了更为细致的要求；要求保险公司着力解决未建立独立董事制度、独立董事长期未达约定人数、滥用通讯表决方式等问题。保监会也正在研究起草《保险机构董事、监事、高级管理人员履职监督评价办法》，以"责任到人"为导向，建立履职监督评价体系，开发履职评价系统，强化对"董监高"的市场约束。

（二）专业技术人才的激励约束机制

通常，专业技术人员是指掌握某一特殊领域的知识、理论和操作技能技巧并从事相关专门性工作或职业，按照法律或合同获得相应劳动经济利益的人。健康保险公司的专业技术人才，主要是指从事核保、核赔、精算、法律、风险管理、投资管理、信息技术等工作的专业人员。

由于保险公司经营管理的复杂性，发达国家非常重视保险专业技术人员的培训和激励，并成立了一些影响力广泛的协会或学会组织，持续地对保险行业人员进行专业培养和资格认证。比如精算人才培养和认证体系有北美保险精算师、英国保险精算师、日本保险精算师等相关的培养和认证。又如保险职业教育团体有英国皇家特许保险学会（Chartered Insurance Institute，CII）、美国寿险管理学会（Life Office Management Associate，LOMA）等。

中国保险监督管理委员在相关文件中就保险公司涉及专业技术人员制定过有关的规范，如《保险公司财务负责人任职资格管理规定》《保险机构信息化监管规定（征求意见稿）》分别就财务负责人以及信息技术人员等提出了专门要求。在我国健康保险公司经营管理实践中，按照相关监管要求和公司业务的实际需求，大都设置了精算、信息技术、财务、核保、核赔、投资管理、风险管理等不同的专业技术岗位。

健康保险公司的专业技术人才是健康保险公司业务发展的中坚力量，要充分认识专业技术人员的内在价值，建立有效的激励约束机制，创造学习型的团队组织，激发相应岗位的技术专业人才刻苦钻研、乐于奉献的精神。专业技术人员的激励机制和措施，可从企业文化、工作环境、薪酬、晋升、培训、职业生涯规划等方面进行设计。对专业技术人员的激励还有一项重要的事项，即授权，授予其与工作范围和任务相匹配的业务决策权力，尊重专业技术人员的技能和经验在经营管理上的作用，充分发挥专业人才的优势，提高健康保险公司的产品开发、核保、核赔、信息技术、风险管理等能力。

（三）健康保险公司员工和营销人员的薪酬管理

健康保险公司的高级管理人员和专业技术人才的薪酬管理体系，其基本的功能是建立激励约束机制，解决公司治理结构中的委托代理难题，确保高级管理人员的经营管理行为符合股东利益最大化的要求，因此高级管理人员的薪酬体系常常由董事会来管理。在健康保险公司的层级组织中，作为重要的利益相关者，员工和营销人员的薪酬管理对于激发其工作的积极性和效率具有至关重要的作用，员工的薪酬管理由人力资源部门来管理。

在现代市场经济条件下，员工的"薪酬"（Compensation）是员工付出劳动之后的补偿和回报，是企业和员工的一种交换关系，这种交换关系不仅反映了员工作为被雇佣者获得相应的人力资本报酬的正当性，也反映了员工作为最为重要的利益相关者分享企业经营成果的必然性。

薪酬在历史上也经历了一系列形式和内容上的变化，由最初单一的工资为主的构成发展到基本工资、奖金、津贴、福利、股权等的构成。健康保险公司要对薪酬水平、薪酬构成、薪酬支付、薪酬调整进行安排，按照补偿性、公平性、激励性、竞争性、透明性、合法性的原则建立完整的薪酬管理体系。薪酬的核心构成分为：基本工资、奖金和福利。在薪酬总额相同的情况下，薪酬结构不同，支付方式不同，则会产生不同的效果，要实现薪酬激励的最大化的目标，就要注意薪酬管理的策略。薪酬组成中基本薪酬层面、奖金层面、福利层面所解决的问题和实现的目标是有不同的侧重点。比如基本薪酬更为体现内外的公平性，实现员工基本劳动的合法合理的货币对价；奖金则更为体现激励和竞争性，侧重对高效率的褒奖和公司经营成果的分享；员工福利则又表现的多为非现金收入和非劳动收入。在薪酬的计酬和支付方式上可以有不同尝试，比如加入对团队成绩的奖励计算，公司为员工家属提供的节日礼物等。薪酬水平需在保证薪酬稳定和公司盈利能力协同的前提下，随企业和市场变化做出适应性调整，以体现公司经营的整体战略目标为导向，建立员工和公司的协同发展的机制，增强公司的竞争力和可持续发展能力。

根据保险市场整体的竞争环境和竞争态势，健康保险营销人员的薪酬管理具有一定的特殊性。主要原因是，营销人员的流动性要比其他岗位高，营销人员的流失往往带来的是客户的流失，因此公平合理又具有竞争力的考核与薪酬管理体系是稳定营销团队的关键环节。营销人员的薪酬体系必须以销售业绩为导向，分类制定详细的营销人员待遇、晋级和福利规划。按照与公司劳动关系的不同，营销人员可分为非个人代理人序列和个人代理人序列。

（1）非个人代理人序列。非个人代理人序列的营销人员主要承担的是营销管理和支持的职能。对于考核的定量指标有：首年保费规模、13个月继续率、市场份额、人均营销成本、新增客户量、实际完成保费率等；考核的定性指标有客户满意度、培训满意度、合理化建议、市场影响力等。在薪酬体系上以岗位工资与绩效工资相结合，岗位工资依据职级、岗位贡献度、人员综合素养等制定；而绩效工资的权重要比其他非营销人员相对高并具有弹性。此外，要提倡团队薪酬导向，避免过于强调个人绩效，充分体现出营销团队为公司创造主要经济效益的重要性。

（2）个人代理人序列。个人代理人主要是与健康保险公司签订个人代理人合同，在公司的支持下进行保险产品销售和保险代理人队伍发展的人员。总体施行的是佣金制。个人代理人的报酬体系依据相应的销售业务人员职级制来确定，对于每一个职级都设置了维持和晋升的销售业绩标准，或者团队人力考核标准，在此基础上对应地设置收入标准。如中国人民健康保险股份有限公司，对个人营销员职业发展规划主要有：业务序列的客户代表、客户顾问、资深客户顾问、客户经理、资深客户经理、客户总监、资深客户总监的业务职级；主管系列的营业主任、资深营业主任、营业区经理、资深营业区经理。

思考题

1. 请简述健康保险公司的主要组织形式及其特点。
2. 请比较直线型组织架构与矩阵式组织架构的优缺点有哪些？
3. 健康保险公司人力资源配置管理原则和目标分别是什么？
4. 请简述绩效管理的流程。
5. 请简述健康保险公司专业技术人才的重要性。
6. 请谈谈对健康保险公司营销人员薪酬管理的认识。

参考文献

[1] 埃米特·J. 沃恩，特丽莎·M. 沃恩，沃恩等. 危险原理与保险 [M]. 中国人民大学出版社，2002.

[2] 彼得·德鲁克. 管理的实践：珍藏版 [M]. 机械工业出版社，2009.

[3] D. 法尼 著，张庆洪、陆新 译. 保险企业管理学 [J]. 2002.

[4] 邓大松，向运华. 保险经营管理学 [M]. 中国金融出版社，2011.

[5] 段求平. 中外保险公司组织结构设计初探 [J]. 国际金融研究，2007（7）：66-71.

[6] 付亚和，许玉林. 绩效考核与绩效管理 [M]. 电子工业出版社，2009.

[7] 郭颂平，粟榆. 中外保险营销制度的比较 [J]. 南方金融，1999（12）：34-36.

[8] 郭宪勇. 中资保险公司组织架构模式及其创新 [J]. 保险研究，2003（8）：30-31.

[9] 黄占辉，王汉亮. 健康保险学 [M]. 北京大学出版社，2006.

［10］江生忠．保险经营管理学［M］．中国金融出版社，2001．

［11］江生忠．保险企业组织形式研究［M］．中国财政经济出版社，2008．

［12］卡斯特，罗森茨韦克 著，傅严 译．组织与管理［M］．中国社会科学出版社，2000．

［13］理查德·威廉姆斯，组织绩效管理［M］．清华大学出版社，2002．

［14］李艺，钟柏昌．绩效结构理论述评［J］．技术与创新管理，2009，30（3）：299－301．

［15］李征途，王旭辉．专业健康保险公司组织架构探析［J］．保险研究，2008（7）：79－80．

［16］刘亚非．论保险专业人才价值的有形化［J］．保险职业学院学报，2000（5）：35－35．

［17］迈尔斯．知识管理与组织设计［M］．珠海出版社，1998．

［18］邱国栋．当代企业组织研究［M］．经济科学出版社，2003．

［19］钱德勒．战略与结构［M］．云南人民出版社，2002．

［20］苏恒轩．基于核心竞争力构建为目标的保险企业组织结构创新［J］．保险研究，2009（6）：82－89．

［21］孙立娟，汪哲侃．精算思想的演进与精算理论发展综述［J］．统计与信息论坛，2013，28（1）：95－103．

［22］孙祁祥．商业健康保险与中国医改［M］．经济科学出版社，2010．

［23］吴敬琏．什么是现代企业制度［J］．改革，1994（01）：17－34．

［24］吴易风．产权理论：马克思和科斯的比较［J］．中国社会科学，2007（2）：4－18．

［25］魏华林，潘国臣．论我国保险企业组织形式的多元化［J］．武汉大学学报（人文科学版），2004，57（5）：592－597．

［26］肖鸣政．试论人力资源配置及其作用与模式［J］．中国地质大学学报（社会科学版），2001，1（4）：26－29．

［27］许飞琼．中国保险业人才战略：现状、目标与关键措施［J］．保险研究，2011（12）：108－112．

［28］谢卫红．组织结构理论述评［J］．华南理工大学学报（社会科学版），2002，4（4）：49－52．

［29］许玉林．组织设计与管理［M］．复旦大学出版社，2010．

［30］赵海鸥．留住保险公司的核心财富 保险专业技术人才流失问题透视［J］．上海保险，2005（9）：41－43．

［31］周颖洁，张长立．试析西方组织理论演变的历史逻辑［J］．现代管理科

学,2007(5):68-69.

[32] 张双. 绩效管理理论溯源 [J]. 商场现代化, 2007 (1): 184-185.

[33] 周延礼. 首届中国保险业人才发展高峰会暨中国保险行业协会人力资源发展专委会、教育培训专委会2015年年会. http://xw.sinoins.com/2015-10/29/content_173071.htm.

[34] 中国人民保险(集团)公司. 中国人民保险(集团)公司专业技术人员管理办法.

[35] 中国保险监督管理委员会. 保险销售行为可回溯管理暂行办法(保监发〔2017〕年54号).

[36] 中国保险监督管理委员会. 保险从业人员销售监管办法(保监会令2013年第2号).

[37] Ferris G. R., Rosen S. D., Barnum D.. Handbook of human resource management / [M] // Handbook of human resource management. Blackwell, 1995.

第三章

健康保险公司产品管理

自2006年中国保监会颁布了《健康保险管理办法》以来，健康保险市场飞速发展，经营主体逐渐多元化，竞争日趋激烈。保险产品是保险公司生存的基础和前提，健康保险产品管理在健康保险公司经营管理过程中的地位和作用越来越重要，已经成为健康保险公司发展和壮大的核心竞争力之一。健康保险公司产品管理就是通过不断开发满足市场需求的新产品，有效管理健康保险风险，实现公司战略目标、运营目标和财务目标。健康保险公司必须不断探索有效的健康产品管理模式，以提高自主创新能力和自身经营实力。

第一节 健康保险产品管理概述

随着健康保险市场规模的快速增长和结构的不断变化，营销手段的多样化、产品价格的低廉化等传统因素已不再是健康保险公司的竞争优势，唯有高质量的保险产品，才能帮助公司在激烈的市场竞争中获得立足之地。

一、健康保险产品概念的内涵与外延

现代营销学之父菲利普·科特勒定义产品为："能够提供给市场，引起人们注

意，供人取得、使用或消费，并能满足某种欲望和需要的任何东西。"[①] 产品是一个整体的概念，包括有形的实物、无形的服务、场所、组织、思想等或它们的组合。消费者购买产品，不仅得到产品实物，还通过产品的购买获得效用满足。从这个角度看，保险产品就是保险公司提供给市场的，能够引起人们注意，供人们选择购买，并能满足人们转移风险、补偿损失等需要的产品。

保险产品是一个整体的概念，包括核心产品（Core Product）、形式产品（Formal Product）和外延产品（Extensional Product）三个层次。核心产品，指产品能满足消费者欲望或需求的属性，是消费者通过购买商品所获得的效用或利益。对保险产品来说，其核心价值是经济补偿，当被保险人发生保险责任范围内的事故时，保险人按照法律和合同对被保险人进行损失补偿。如当消费者想要规避各种可保风险所致的财产损失时，可通过购买财产保险满足需求；当消费者既想得到人身保障又想进行投资时，可购买合适的人身保险。保险产品的本质是保险人为被保险人提供经济保障的经济关系，是一种承诺和服务，保险产品的承保范围和保障程度是其核心产品的体现。形式产品，即核心产品借以实现的形式，保险产品的形式产品表现为由各种条款组成的保险合同。为更好地满足市场需求，保险公司应首先从人们购买产品所追求的利益（核心产品）出发，再寻找该利益得以实现的形式，设计保险合同条款（形式产品）。外延产品，指消费者在购买有形产品时获得的各种附加服务和利益的总和，保险产品的外延产品包括售前和售后服务、促销赠品等。

健康保险是一种特殊的保险产品，其本质是将个人面临的健康风险转移至群体的财务分担和保障机制。个体事先支付转移风险的成本（即保险费），以获得健康保障，当遭受健康事故时，可获得经济补偿或救治服务[②]。同样，健康保险产品是由三个层次组成的。健康保险产品的核心功能，是指健康保险产品对因健康原因导致的损失给付保险金，提供健康保障，实现经济补偿。健康保险的核心产品是消费者购买产品的动力和目的，也是消费者追求的核心利益。健康保险产品的形式产品即保险合同，包括保险人、保险标的、保险责任和责任免除、保险责任等待期、保险期限、保险费、保险金赔偿等条款。这是健康保险产品的具体形式，也是消费者购买产品的依据。健康保险产品的外延产品是消费者在签订合同前及合同生效后，健康保险公司提供的所有服务。除了咨询、顾问等传统服务外，健康保险外延产品还包括体检、健康评估、药品配送等健康管理服务。外延产品是保险公司形象和声誉的体现，是将来保险市场竞争的关键所在，能大大提高产品的吸引力。

---

① 盛和泰. 保险产品创新 [M]. 中国金融出版社，2005.
② 陈滔. 健康保险精算 [M]. 中国统计出版社，2007.

二、健康保险产品管理循环系统

如图 3.1 所示,健康保险产品的管理是一个系统的循环过程,包括需求分析、产品开发和后续管理三个阶段,且各阶段有一定的重叠。相对于其他保险产品来说,健康保险的风险影响因素繁多,损失发生频率高,损失程度难以准确估计,且涉及医学专业知识,保险产品更加复杂。为最大限度地控制风险,并保证其科学性,健康保险产品管理必须按照一定的步骤和阶段进行,通过回答每一阶段产生的问题,形成最终的产品管理过程。需要强调的是,健康保险产品管理是一个循环系统,因此,产品管理需要通过多次循环过程才能达到最终的目标。

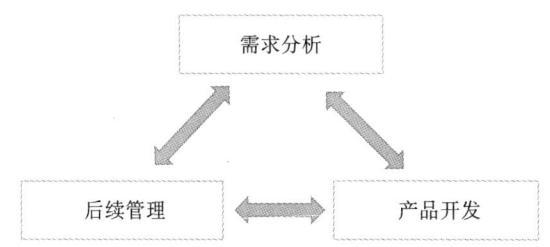

图 3.1　保险产品管理循环系统

(一) 需求分析

分析市场需求是健康保险产品管理循环系统的起点,并推动产品开发工作。健康保险公司通过充分分析潜在市场需求,形成新险种构想,并对其进行可行性评估,以筛选出切实可行的构思方案,确定保险产品的核心功能。

1. 识别潜在市场需求

健康保险公司有多种识别潜在市场需求的途径。首先,健康保险公司可通过分析外部经营环境,发现新的机会。政策法规的变化、经济水平的提高、科学技术的进步及社会结构的改变,都会影响健康保险市场的产品供需关系及变化趋势,可能给健康保险公司带来潜在市场需求。如,老龄化进程的加快和家庭结构的改变使得人们对长期护理保险的需求大大增加,公司可通过细分市场,开发出满足不同核心需求的护理保险。另外,健康保险公司可直接对客户进行调查,收集客户的诉求和建设性意见,了解客户最关心的健康风险,识别潜在客户需求。最后,由于保险产品的易模仿性,健康保险公司还可借鉴从客户、保险经纪人等渠道得到的竞争对手保险产品信息,或者在国外的健康保险产品中得到启发,对于不能满足市场需求的现有产品进行改进。

2. 形成新险种的构思

通过外部途径识别到潜在市场需求,可以形成能够满足该需求的新险种构思。除此之外，公司内部也是产生新险种构思的重要方面。据调查，新险种构思中有60%来自于客户、竞争对手和情报资料，40%来自于本公司的高层管理者和市场调研人员。①

公司员工是新险种构思的主要来源，健康保险公司应鼓励公司所有员工参与产品创新。公司的高层管理者能接触到行业最新的发展消息，对当前的市场形势等有自己独特的见解；市场调研人员专门从事产品开发工作，经验丰富，他们可以提出全面的新险种构思。而公司内的其余人员，无论是精算、财务人员，还是核保、理赔人员，都贴近健康保险市场，有可能从自己实际工作中遇到的问题出发，提出可行的产品构想。公司可以制定激励机制，奖励为新产品开发提供好创意的员工。此外，新产品构想的来源还有很多，如科研机构的研究、医疗机构的经验等。

3. 可行性评估

新险种构思多种多样，但并不是每一个构想都切实可行，必须进行筛选。对于每一个新险种构想，健康保险公司必须分析当前这个构想没能得以实现的原因，可能是满足这种产品的成本过高、风险过大或过于复杂，也有可能是潜在市场过小。同时，健康保险公司还应分析自身的资源和技术管理水平等，明确自身是否可以实现这类构想。在筛选过程中，健康保险公司要避免两种情况：一是低估新产品构想的潜在价值，丧失险种开发机会；二是高估新产品构想的发展前途，造成不良经营后果。新产品构想的可行性分析主要从以下四个方面进行。

（1）财务可行性。新险种必须能够满足公司的财务要求，如果一个产品的保费不能弥补成本，即使能更好地满足市场需求，也没有发展前途。财务可行性分析即对新险种的成本和利润进行分析。一般情况下，精算部、营销部和财务部共同分析得到新险种的成本，再根据销售量的预测，计算利润指标，从而确定该产品在经济上是否可行。如公司通过估计医疗保险的损失分布，并考虑医疗费用上涨的情况，确定定价是否充足。一些情况下，健康保险公司销售的产品不能立即带来利润，如为抢占市场而低价销售的情况，这时保险公司要关注产品组合的盈利能力，并留意非获利产品的销售情况，以免产生不必要的损失。

（2）可负担性。成功的保险产品必须是消费者可以负担得起的。与其他可保风险相比，健康风险更为复杂，发生频率高，损失也难以估计，这使得健康保险产品的赔付成本往往较高，保费也较高。新产品构想的保险责任范围、保险金赔偿和给付方法等，决定新险种的成本和价格。如果价格过高，潜在市场的消费者无法接受，那这种新产品构想就是不可行的。

（3）及时性。许多健康保险产品开发的良机只能维持很短的时间。如果不能及

---

① 郭颂平，赵春梅. 保险营销学［M］. 中国金融出版社，2012.

时推出新险种，就有可能失去先发优势，降低公司的经济效益。如澳大利亚政府为提高拥有私人健康保险的人口比例，对收入在一定水平之上且在限期内没有加入私人健康保险的居民收取额外税费，这就迫使保险公司必须在处罚性税收实施之前开发出税收有效的健康保险产品。① 新产品的开发过程庞大而复杂，公司能否及时开发出新产品，将直接影响新产品的经济效益。

（4）市场占有性。新的保险产品应具有较高的市场潜力，且能较快形成市场规模。如果新产品的目标市场是已经成熟的市场，新产品就只能通过取代市场上已有的产品获取占有率，若现有产品没有明显的弱点，新产品切入市场就比较困难；反之，如果新产品的目标市场是一个成长中的市场，如护理保险市场和失能收入损失保险市场，现有产品不能充分满足市场需求，新产品就有可能实现较高的销售量，形成较大的市场规模。

（二）产品开发

在充分明确新险种的构思后，就进入产品开发阶段。保险产品开发即保险产品的生产制造，是健康保险产品管理的核心阶段，保险公司根据目标市场上消费者转移风险、补偿损失等需求，依据保险产品的开发流程和设计原理，进行市场调查，并组织各部门研究和设计新产品、改进和更新现有产品的一系列过程。这部分内容主要在以下章节展开。

（三）后续管理

当产品上市推广后，对其市场表现进行跟踪监控、经验分析是不可缺少的环节，这是公司经营管理、风险管理和财务管理的需要。值得注意的是，产品的后续管理主要依靠信息系统收集的数据，如果公司能在产品销售之前就建立信息监控体系，就可以节约大量时间和精力。

公司对新产品上市的监控和经验分析，一般在产品投放市场后每三个月进行一次。当产品上市满一年后，公司可以每年对其评估一次。监控和评估的内容是多方面的：一是收集新产品的业务数据，包括销售量、保费收入、发生的赔款和综合费用等。二是要把实际数据与销售计划进行比较。如果没有达到预期目标，需找到原因。如销售量不如意有可能因为销售人员对产品的认识不够全面，也可能因为产品本身存在问题。三是产品开发小组要决定采取的行动。如通过与核保部门交流，修改保险合同中的条款；通过与销售部门交流，制定相应的销售激励制度。

除了将预期结果与实际结果进行比较，以修正模型、假设条件及更好地了解影响

---

① 贝利斯. 精算管理控制系统［M］. 中国人民大学出版社，2006.

产品市场表现的主要因素外，产品后续管理能为健康保险公司带来很多其他益处。首先，每次实际经验分析，都能够给公司提供新数据，这是下次设定假设的重要依据，通过长时期的积累，就可以得到大量数据和较高的可信度。此外，经验数据分析（尤其是利源分析）还能为管理层提供重要的信息，以便其改变行为和策略，适应不断变化的市场环境。最后，产品后续管理通过经验分析，向股东、市场研究人员及媒体等提供信息，能提升公司信息披露程度，提高公司公众形象。

专栏 3.1

经验分析的步骤

1. 设定目标——不同的信息获取者可能有不同的目的，在进行分析之前，必须确保能满足这些目的。
2. 收集数据——如果某项分析是第一次进行或者分析范围被扩展或修改，那么必须明确所需要的数据。
3. 评估数据质量——识别数据中潜在的错误，并确定近似值的影响。
4. 验证数据——应该对数据进行验证，最好用来自于其他方面的数据。
5. 执行分析——包括合理、详细地记录分析过程。
6. 结果检验。
7. 报告结果——记录分析的结果、解释结果和结果中揭示的其他问题。

检验结果是经验分析的关键阶段，即需要将结果和其他的相关信息进行比较，如行业调查研究、其他内部分析——年度持续率及月失效数据以及任何公开分析的数据等等。如果它们之间存在无法解释的显著差异，必须仔细考虑可能存在的错误。另外，对异常结果揭示的其他问题也必须认真考虑。

最后，还需要分析实际经验偏离预期经验后产生的财务后果，这是经验分析的最后一步。只计算出实际结果与预期结果的比率是不够的，还要确定观察期内这些差异对利润的影响。一般来说，如果以保额为分析单位，而不是以保单份数为分析单位，那么将实际财务结果和预期财务结果进行比较，自然就得到了财务影响的具体描述。

资料来源：克莱尔·贝利斯等. 精算管理控制系统 [M]. 中国人民大学出版社，2006.

第二节 健康保险产品开发过程管理

健康保险产品开发是健康保险产品管理的核心阶段,直接决定健康保险公司自主创新能力的高低。保险产品开发是一个系统而又充满风险的过程,必须遵循一定的原则和策略,综合考虑经济、政策和监管环境,根据自身的战略目标和核心资源,结合市场要求,确定合适的产品开发策略。同时,保险产品开发是由多个流程环节组成的有机过程,包括产品设计、鉴定报批与产品上市等环节,要保证各流程各环节之间的有机联系及其有效衔接,以提高保险资源的利用效率,更好地满足市场需求,实现效益最大化。

一、健康保险产品开发原则

消费者希望通过购买保险产品防范、分散和转嫁健康风险,而健康保险公司希望通过销售健康产品获得保费收入,实现公司的经济效益和社会效益。因此,健康保险公司产品管理必须兼顾公司和社会公众的利益,在健康保险产品开发过程中,应遵循三项原则。

(一)市场需求导向原则

以市场需求为导向是健康保险产品生命力的重要保证。公司应站在投保人和被保险人的角度,确定新产品的承保范围和保障程度。这也是市场规律的客观要求。需要注意的是,健康保险需求是动态的,社会的发展、人口老龄化的加快、疾病谱的变化及人们健康保险意识的增强等,使得人们对健康保险的需求也不断变化。健康保险公司必须抓住时机,开发丰富多样的健康保险产品,满足人们的多样化需求,进而扩大市场规模,加快公司发展。

(二)效益性原则

效益既包括公司的自身经济效益,也包括社会效益。商业健康保险公司的经营以经济效益为目的,费率决定了保险公司的经营效果。保险产品的费率应能补偿公司的赔付成本和费用。如果费率偏低,即使产品销量较高,也会给公司带来巨大损失,增加偿付能力风险,影响公司稳定经营;反之,如果费率过高,虽然能增加保险公司的当前利润,但会损害消费者利益,削弱产品的市场竞争力。因此,公司在产品开发中必须综合考虑市场状况、客户特征等因素，遵守等价交换原则，合理定价，保证价格对供需双方的公平性，使产品既能满足客户需求，也能防范经营风险，以给公司带来合理的商业利润，给股东创造价值。此外，商业健康保险是社会医疗保险的补充，能够满足民众多样化的健康需求，在全民保障体系中有不可或缺的地位，对社会稳定有重要意义。为充分发挥健康保险社会稳定器和经济助推器的作用，健康保险公司有责任、有义务承担社会责任，以促进社会和谐稳定发展。因此，健康保险产品的开发要处理好社会效益和自身经济效益的关系，协调好当前利益和长远利益的平衡，实现双赢。

（三）合规性原则

健康保险产品的开发必须符合国家的相关法律法规，遵守社会公共道德规范，保护消费者的自身利益不受侵害，不损害社会公共利益。合法性原则主要体现在保险合同条款设计、合同签订、审批、理赔等程序上。

专栏 3.2

人身保险公司开发设计保险产品时应当遵循的原则

1. 以消费者的需求为中心，发展有利于保障和改进民生的人身保险产品。

2. 以我国国情和行业发展为实际考量，发展符合自身规律，符合国家发展战略导向的人身保险产品。

3. 以保险基本原理为根本，借鉴国际经验，发展保障功能突出，符合损失分担、风险同质和大数法则的人身保险产品。

资料来源：中国保险监督管理委员会．中国保监会关于规范人身保险公司产品开发设计行为的通知，2017.

二、健康保险产品开发策略

健康保险产品开发策略（Health Insurance Product Development Strategy）是健康保险公司开发产品的具体方法和途径。健康保险公司综合考虑经济、政策和监管环境，根据自身的战略目标和核心资源，结合市场要求，确定合适的产品开发策略，以获得较大的市场份额。健康保险公司产品开发策略主要包括技术策略、组合策略和时间策略。

(一) 健康保险产品开发的技术策略 (Technology Strategy)

1. 创新策略 (Innovation Strategy)

创新策略是指健康保险公司以市场需求为导向，开发出全新的险种。例如，2013 年太平财险和瑞尔齿科联手推出高端齿科医疗保险产品——瑞尔齿科保险，客户可在瑞尔的全国诊所和医院免费享受不限次数的牙齿保健治疗。该产品是国内首款类似产品，填补了行业空白。保险公司开发的创新型保险产品若能及早进入细分市场，就可取得领先优势，建立保险产品条款标准，给后进入的保险公司设置较高的进入壁垒，获取丰厚利润。但是，由于创新产品本身就不成熟，又面临着市场、技术等的不确定性，产品的盈利性需要较长时间的检验，健康保险公司将承担较大风险，必须具有较强的经营实力作为支撑。

2. 改进策略 (Improvement Strategy)

改进策略指健康保险公司对现有的健康保险产品进行优化，扬长补短，提高产品的吸引力。例如，2015 年阳光人寿和拜尔齿科联合推出了拜尔齿科保险，保障范围与瑞尔齿科保险类似，但保险费便宜 100 元。与创新策略相比，该策略投入低，公司承担的风险小，被大多数健康保险公司青睐。但是该策略开发的保险产品同质性较高，容易被其余公司模仿，难以满足人们的多样化需求。面临我国健康保险市场中产品趋同、险种单一的问题，改进策略对公司的核心竞争优势帮助较小。

3. 引进策略 (Introduction Strategy)

引进策略指健康保险公司直接从别的公司引入已有险种。这种策略操作简单，风险较小，为许多公司采用。例如，中国平安参照日本一家保险公司率先在国内推出保障癌症风险的保险——"平安康乐"保险。我国商业健康保险公司还处于初级发展阶段，产品开发经验不足，随着保险市场全球化发展，国内健康保险公司可采用引进策略，积极借鉴、吸收国外健康保险市场上现有的、影响力较大的险种，学习条款设计、保险营销等方面的先进技术，促进自身的快速发展。

(二) 健康保险产品开发的组合策略 (Product-mix Strategy)

不同的健康保险产品在设计时就被赋予了不同的核心价值，以满足人们不同的利益需求。随着经济社会环境的变化，人们的健康保障需求越来越广，单一的健康保险产品已经难以满足消费者需要，健康保险产品组合受到更大欢迎。

1. 健康保险产品组合的概念

健康保险产品组合 (Health Insurance Product-mix) 指健康保险公司遵循实用性和适用性的原则，根据市场需求及公司自身情况，将现有的保险产品按照各自特征有机搭配在一起，以形成各具特色的产品组合方案，更好地满足市场需求，实现效益最大化。

健康保险产品组合包括组合宽度（Product – mix Width）、组合深度（Product – mix Depth）和组合关联度（Product – mix Consistency）三个因素。健康保险产品组合宽度指组合中包含的产品线数量。产品线指能够满足同类需求的产品，如疾病保险和护理保险是两条不同的产品线。组合的产品线越多，其广度越充分，越能满足客户的多样化需求，有利于公司的稳健经营。反之，如果产品组合的产品线过少，就可能导致保险公司的承保风险过于集中，面临较大的经营风险。健康保险产品组合深度指产品线所包含的产品项目数量。产品项目即某一险种系列中的每一个具体产品，如疾病保险线中的防癌疾病险、男性疾病险、少儿疾病险等。健康保险产品组合关联度指产品组合中，各保险产品在适用范围、营销渠道等方面的紧密相关程度。如一家健康保险公司开发的数百种健康保险产品，其目标市场、销售渠道和设计原理等方面都紧密相关，则说明该公司的产品组合密度较大。

健康保险产品的组合需要考虑消费者的需求层次。从家庭责任的角度，要明确目标客户群体在家庭中的经济能力和责任角色；从年龄的角度，要考虑不同年龄段人们的收入水平和健康状况。通过发掘消费者深层次的保障需求，组合策略要实现产品组合保障程度由低水平向高水平的循序渐进。另外，条款功能也是影响产品组合的重要因素，不同的健康保险条款保险责任范围不同，通过组合策略开发的产品应既能拓展保障范围，又能突出主条款的功能。

2. 健康保险产品组合策略

（1）扩大产品组合策略（Expansion of Product – mix）。

第一种策略是扩大健康保险产品组合的宽度，即增加产品组合的产品线（险种），以满足人们不断扩大的健康保险需求，开拓新市场。如将重大疾病保险与护理保险组合。

第二种策略是扩大健康保险产品组合的深度，即增加某产品线（险种）的产品项目，扩大保障范围，满足人们对同一健康保险产品的深层次不同需求。如医疗保险产品的保险责任中，除一般住院津贴保险金外，增加重症监护病房津贴保险金和癌症住院津贴保险金。

第三种策略是扩大健康保险产品的关联度，即在健康保险产品组合中增加其他与健康险种的适用对象、销售渠道等密切相关的保险产品，以在满足人们对某一健康保险产品的需求，也能满足人们对其他保险产品的需求，如医疗保险和意外伤害保险的组合。

（2）缩减产品组合策略（Deletion of Product – mix）。缩减产品组合策略指公司缩减产品组合的宽度和深度，即减少产品组合中竞争力低、不受消费者欢迎的健康保险险种，以提高产品的吸引力。如在面对年轻的客户群体时，减少产品组合中的护理保险。

(三) 健康保险产品开发的组织策略

健康保险产品的开发是一个复杂的过程，需要各方面人力、物力和财力的共同协作，需要公司自身的经营实力作支撑。健康保险公司应根据自身实际情况选择不同的组织策略。

1. 自主开发策略

自主开发策略即保险公司组织协调公司内的各部门和人员开发产品，包括精算部、核保部、销售市场部、财务部和合规部等。产品开发投入大，风险高，实力雄厚的健康保险公司可采用自主开发策略。

2. 联合开发策略

联合开发策略即健康保险公司与其他公司、机构合作，共同开发设计保险产品。当前，互联网和大数据技术正对健康保险市场产生深刻影响，联合开发策略对健康保险公司来说有着特别的意义。健康保险产品可以与可穿戴设备结合，利用大数据提高产品的科学性，这必须依靠保险公司与其他技术公司的合作才能完成。另外，健康保险公司和医疗机构的合作，能充分利用医疗数据，准确估计疾病发生率和医疗费用，提高定价的合理性和产品质量。

三、健康保险产品开发过程

保险产品开发过程，包括产品设计、鉴定报批与产品上市三个环节。健康保险产品设计是通过设计出让消费者得到更周到服务的方案，提高客户满意度，以增加产品竞争力。在健康保险公司内部最终确认产品方案后，需要依据相关的法律规定向中国保监会报备。在新产品获得监管部门报备以后，公司必须制定合理的措施将产品商品化，以不断提升公司产品管理能力。

(一) 健康保险产品设计

健康保险产品由核心产品、形式产品和外延产品三个层次组成，也需要从这三个层次进行产品设计。从健康保险公司的角度看，核心产品是消费者所追求的效用或利益；从消费者的角度看，核心产品的功能是满足自身相应的需求。健康保险公司通过需求分析阶段，识别新险种的目标市场，已经确定了核心产品的功能，对新险种设计形成一个大概的轮廓。因此，核心产品设计在需求分析阶段已经完成。形式产品的设计内容如下：

1. 合同条款

健康保险产品的形式产品即保险合同,《中华人民共和国保险法》规定了保险合同的主要条款,形式产品的设计就是通过确定这些条款内容,形成满足不同消费者需要的产品。健康保险合同的条款与寿险合同有一定的相似性,但比寿险更为复杂。以下将对健康保险合同的主要条款作简要介绍。

(1) 保险合同当事人和关系人的名称和住所。保险合同上必须记录保险人、投保人、被保险人和受益人的基本情况,以便其在合同成立后行使权利和履行义务。这是适用于所有保险合同的条款。

(2) 保险标的。健康保险以人的身体健康为标的,以疾病、生育、意外事故等原因造成的医疗费用和残疾失能、死亡损失为保险事故。疾病是指由于人体内部的某种原因引起的;意外事故是外部、意想不到的偶然性因素造成的,且是意外伤害保险不承保的事故。

(3) 保险责任和除外责任。保险责任指在保险合同中明确的,对于保险标的发生约定的保险事故,保险人承担赔偿或给付责任。与其他保险相比,健康保险的保险责任广泛而复杂。一般认为,凡是寿险和意外险不承保的人身保险都属于健康保险,这足以看出健康保险保障范围之广。如医疗保险的责任范围一般包括药费、手术费、专家会诊费、诊断费、输血输氧费、化疗费、检查费、理疗费、处置费等,甚至包括住院床位费、家属陪护费等各种医疗费用项目;长期护理保险为被保险人支付因年老、疾病或意外伤害而接受长期护理发生的费用,护理项目包括疗养院护理、家庭保健、日常生活照料等。

每种保险产品的设计都明确规定保险人对被保险人的损失不承担补偿或给付责任的范围。健康保险的除外责任一般包括战争或军事行动、故意自杀或企图自杀造成的疾病、死亡和餐费,堕胎导致的疾病、残废、流程、死亡等。不同保险人提供的健康保险合同,除外责任是不同的,如有的医疗保险将与治疗无关但病人必须支出的费用作为除外责任,如假肢费和整形费,有的医疗保险却将其作为保障项目。

(4) 保险金给付。健康保险中,保险人支付的保险金有很大不确定性。保险金给付方式可分为定额给付和根据实际费用补偿两种。但定额给付与寿险也有所不同,如住院补贴保险对住院日额采用定额方式,但由于住院次数和天数的不确定性,使得保险公司总赔付额仍是不确定的。

(5) 免赔额条款。免赔额条款是健康保险的特有条款,即保险事故导致的损失中,由被保险人自己承担的部分。免赔额条款有两种方式。一是规定一个固定金额:被保险人的损失金额没有达到这个额度时,费用自付;当损失金额超过这个额度时,保险人全额赔偿。另一种方式是当损失金额超过规定的额度时,保险人只补偿超额部分。第一种方式有可能鼓励被保险人过度医疗,产生不必要的费用,实际操作中一般采用第二种方式。

（6）比例给付条款（共保条款）。比例给付条款指对于超过免赔额的损失，由保险人和被保险人按照一定的比例共同分担，保险人只按照约定的比例给予补偿，比如保险人承担80%的医疗费用，被保险人承担剩余的20%。该条款能增加被保险人费用意识，避免过度医疗行为，控制费用支出，减少保险人的赔付成本。

（7）限额给付条款。根据限额给付条款，无论被保险人在保险期限内一次患病还是多次患病，保险人只对限额内的损失予以补偿，超额部分由被保险人自付。具体实践中，有可能是针对某一类医疗服务规定限额，如手术费用给付限额；也可能是规定每日住院费用的限额；可能规定一次医疗行为的总限额；还有可能是规定被保险人的终身限额。

（8）保险期限和保证续保条款。保险期限是保险人为被保险人发生合同约定的保险事故造成的损失承担补偿或给付责任的期限。保险人为健康保险可分为长期保险和短期保险。除重大疾病保险和长期护理保险外，健康保险大多以一年期的短期保单为主，而寿险合同一般都为长期保单。这是因为寿险可以依据生命表等方法，较为准确地估计被保险人未来的死亡概率；而健康风险的影响因素多而复杂，长时期的发病率、残疾率等都难以计算，由于医疗服务成本不断上升，保险公司很难得到长期使用的费率。对于医疗保险，还有责任期限的概念。如果被保险人在保险期内患病但未在保险期内治愈，从患病之日起到不超过责任期限内发生的医疗费用也由保险人补偿。责任期限一般定为90天、180天和360天不等。

为了提高产品的竞争力，保险公司通常会在保险单中列出保证续保条款，即在前一保险期间届满后，投保人提出续保申请，保险人必须按照约定的费率和原条款继续承保。《健康保险管理办法》规定：含有保证续保条款的健康保险产品，应当明确约定保证续保条款的生效时间。含有保证续保条款的健康保险产品不得约定在续保时保险公司有减少保险责任和增加责任免除范围的权利。

专栏 3.3

医疗保险的保证续保条款

市场上医疗保险的保证续保条款分为三类：

一是首年保证续保条款，即只要被保险人通过第一年的投保审核，就享有保障续保权，保险人不能因被保险人健康状况变化拒绝或增加除外责任。

二是准保证续保条款，即保险人于被保险人投保的前三年核保，如果被保险人通过，就可在三年后申请每年保证续保，这种方法可以避免道德风险的发生。

三是每五年保证续保条款,当被保险人连续投保或续保满五年,保险人重新审核并同意续保,保证续保期间可再延续五年。

资料来源:陈滔. 健康保险 [M]. 中国财政经济出版社, 2011.

(9) 投保范围。投保范围条例规定被保险人应满足的基本条件,如年龄和健康状况。不同年龄的人身体健康状况也不同,老年人和儿童的患病率较高。由于健康保险的承保内容复杂,承保条件比较严格,如在投保疾病保险时,保险人要严格审查被保险人甚至其家人的病史,防止已患有疾病的人投保。

(10) 等待期(观察期)条款。为防止已患有疾病的人投保,维护保险人和被保险人的利益,保险合同中常常设计等待期(观察期)条款。订立保险合同后,在等待期内,被保险人因保险事故产生的损失,保险人不进行补偿。也就是说,即使已经订立了保险合同,但只有等待期过后,保险单才正式生效。如果在等待期内被保险人发生疾病,保险人可以决定是否继续承保,如果被保险人因病去世,则保险合同终止。

(11) 保险费率及支付办法。影响健康风险的原因复杂多变,不仅包括年龄增长造成人体机能的自然衰退,也包括环境污染导致的健康受损,还包括压力过大造成的精神负担等,且越来越难以预测,这使得健康保险的精算技术更加复杂,保险人支付的保险金额不仅与疾病、伤残发生率和医疗费用率有关,还与被保险人所处的地域、生活习惯等有关。健康保险费率的确定需要根据以往的经验数据和统计资料,并结合专业的医学知识完成。

保险单上还必须列明保险费的缴纳方法。如大多数医疗保险的保险期限为1年期,交费方式也多为一次性全额交纳;而重疾险的保险期限较长,交费方式有趸交、10年期缴、15年期缴等多种交费方式选择。

(12) 违约责任和争议处理。违约责任指保险合同当事人因其过错使保险合同不能履行或不能完全履行。保险合同是最大诚信合同,必须在保险单中表明违约责任条款。如当被保险人有骗保行为时,保险人可以解除保险合同。争议处理条款用来解决保险纠纷,一般采用协商、调解、仲裁和诉讼的方式。

可以看出,健康保险形式产品的设计就是将保险合同的主要内容条款进行不同组合的过程。保险单常用的设计方法有两种:一是组合法。在充分考虑市场供需关系的前提下,将保险条款进行不同的排列组合,设计不同的保险单以满足市场需要,如在长期护理保险中附加意外险。二是工程法。通过分析健康保险市场上已有的保险产品,总结其市场表现,将各个险种的长处结合在一起,设计新的保单。如万能型的护理保险,兼具储蓄和保障功能。

2. 产品定价

条款的确定是产品定义和定价的过程,关键在于控制风险。健康保险的本质是将个人面临的健康风险转移至群体共同承担,这就需要依赖于精算技术,准确估计风险转移成本,以确定合理的健康保险费率。

健康保险精算技术是以应用数学和数理统计学为基础,用于对健康保险业务经营和健康保险计划管理活动的各个环节进行数量分析并解决相关实际问题。[①] 精算技术作为产品开发中的决定性因素,将直接决定产品的竞争力和公司经营目标的实现。与其他人身风险相比,健康风险的原因复杂多变并且损失频率更高,损失程度很难准确估计,再加上健康保险经营过程中产生的逆向选择和道德风险,使得健康保险的精算技术更加复杂,精算假设也需要不断调整。虽然我国的健康保险专业精算人才较为稀缺,数据基础也比较薄弱,但随着健康保险市场及大数据等技术的发展,精算水平也在不断提升。下面简单介绍健康保险精算定价内容。

(1) 定价基础。健康保险产品的定价依据是平衡原理,即收支相抵,在整个保险期间内,健康保险公司的保险费收入应当与各类赔付及费用支出的总额现值相等。

①短期健康保险。对于一组保险期限为 1 年的短期健康保险,S 表示保险人一年内的保险金给付总额,N 为索赔次数,X 为索赔金额:

$$S = \sum_{i=1}^{N} X_i$$

式中:X_i 表示第 i 次的索赔金额。

影响索赔次数和索赔金额的因素并不相同,可以将上式表示为如下形式:

$s(x, y) = f(x)r(y)$

式中:$f(x)$ 为期望赔付额;$r(y)$ 为期望索赔频率;$s(x, y)$ 表示净索赔成本,即纯保费。但实际赔付和期望赔付可能有误差,所以应在期望赔付额的基础上增加一定的安全附件,得到风险保费 $p(x, y)$:

$p(x, y) = (1 + \gamma)s(x, y)$

γ 即为安全附件率。用 t 表示附件费用率,可得到毛保费 $G(x, y)$ 的基本表达式,即平衡原理公式:

$G(x, y) = (1 + t)p(x, y)$

②长期健康保险。长期健康保险需要考虑货币的时间价值,以投保时为计算时点,则平衡原理表达为:

保费现值 = 预期赔付现值 + 预期费用成本现值 - 预期投资收益现值

可以看出,某类健康保险产品的价格由赔付成本及分摊到该业务上的经营费用决

---

① 陈滔. 健康保险 [M]. 中国财政经济出版社,2011.

定。赔付成本取决于疾病发生率、平均索赔金额、死亡率、退保率及利率等因素的影响；经营费用成本由佣金、核保费用、管理费用、理赔费用及税金等因素决定。因此，在定价时，必须在可靠的数据基础上，对各类影响因素做出科学假定。

（2）定价方法。

①短期健康保险。短期健康保险的定价方法包括纯费率法和损失率法两种。纯费率法表示为：

$$G = \frac{P + F}{1 - V - Q}$$

式中：G 为毛保费，P 为纯保费（或风险保费），F 为固定费用成本，V 为可变费用因子（与保费直接相关的费用因子），Q 为利润因子。在计算 P 时，可以先依据影响保险金赔付的因素（如年龄、性别、职业等）来区分被保险人，再根据险种的类别计算；也可以分别估计健康保险事故的发生频率和保险金平均给付金额，相乘得到结果。

损失率是实际赔付金额与已赚保费的比例。损失率法即根据以往相似或相同业务的经营情况，设定可以接受的损失率，对当前保费率进行调整。

保险费率 =（经验损失率/目标损失率）× 当前保险费率

其中：

经验损失率 = 经验损失/满期保费

②长期健康保险。短期健康保险的保险期限只有 1 年，被保险人在续保时，费率会随年龄的增加而增加，而对于长期健康保险产品，保险期限往往超过 1 年延续到被保险人退休或直至终身，且每年保险费率相同。因此，在定价过程中，除了货币时间价值外，还应考虑随着年龄增长的健康保险风险成本，如疾病发生率的上升和医疗费用的上涨。目前，长期健康保险定价在国际上有多种方法应用，如曼彻斯特公会法（Manchester Unity Method）和减量表法（Decrement Tables Method）等，在此不再展开。

专栏 3.4

精算师在产品开发管理中的作用

大体来说，精算师在产品开发管理中的工作包括以下几项：

1. 完整的产品开发流程包括产品形态的设计、保险费率和业务规模的初步拟定、相关资料的准备和产品的售后跟踪分析。

2. 在保险费率拟定方面，精算师的作用是根据不同产品的特点，通过对被保险人的风险分类，对保险产品盈利能力及可能的销售情况进行评估，并结合公司的年度经营目标和中长期规划，确定合理的保险费率。

3. 不同的保险产品承担的保险责任是不同的，保障类产品的死亡责任较为显著，而储蓄类产品的投资风险则影响较大。精算师应分析新产品的负债特征，对一些影响较大的风险点确定一套控制办法，例如保险金额最高限额的确定：再保自留额的确定等，都可以采用专门的精算理论和技术来解决。

4. 新产品的销售会对保险公司增加额外的资本需求，精算师应在评估不同性质、不同期限产品组合带来的整体风险基础上，结合公司现有的资本水平和偿付能力水平，确定适当的业务发展模式。

5. 在产品正式销售之前，精算师应确定合理的核保规则。利润标准体的判断标准，次标准体的加费比例等。

6. 产品投入市场后，精算师应分析产品的现金流状况，与投资部门一起制定合理的资产配置策略，保证资产与负债的匹配。

7. 对于已推出的产品，精算师还应进行后续评估，建立合理的跟踪评价指标体系，对风险发生率、利润与预期的比较、利源分析、产品线比重、市场份额和竞争性等进行全方位评估，并决定是否对现有产品的费率进行调整，或者停止销售。

资料来源：《精算管理》编写组. 精算管理［M］. 中国财政经济出版社，2010.

（二）健康保险外延产品设计

随着健康保险市场的发展，初级的价格竞争已不再是焦点，技术和服务竞争变得越来越重要。健康保险的外延产品设计是通过设计出让消费者得到更周到服务的方案，提高客户满意度，以增加产品竞争力。

1. 产品名称设计

新险种的名称是否恰当，影响险种形象和公司形象的树立。根据《人身保险公司保险条款和保险费率管理办法（2015年修订）》，人身保险的定名应当符合下列格式："保险公司名称"＋"吉庆、说明性文字"＋"险种类别"＋"（设计类型）"。"保险公司名称"可用全称或者简称，"吉庆、说明性文字"的字数不得超过10个；附加保险的定名应当在"保险公司名称"后标注"附加"字样，团体保险应当在名称中标明"团体"字样。险种名称要突出产品满足客户需求，措辞寓意美好，给消费者留下良好的第一印象，如人保守护专家住院定额个人医疗保险。另外，要注重险种名称的宣传，扩大影响力。公司可以通过新颖的方式和简明扼要的内容，向消费者宣传新产品。

2. 服务设计

当前市场上的健康保险产品内容、价格都大同小异，服务成为市场竞争的重要内容。对于健康保险产品，防范或降低疾病发生的健康管理服务可以大大提高产品的竞争力。健康管理与健康保障结合是健康保险产品未来的发展方向。这部分将在第四节展开。

（三）健康保险产品鉴定与报批

设计的新险种必须通过鉴定与检查，根本依据就是看新产品能否满足消费者所追求的效用或利益，即新险种的核心价值是否能够发挥出来，如果不能发挥就需要进一步改进和调整。可以看出，产品设计通过一个往复的过程实现，可能重复多次才能得到最终产品。健康保险公司可以请相关专家全方位评估新险种保险责任范围的合理性、保险费率的科学性、产品风险是否得到有效控制和是否合乎法律规范，并指出产品的优势和劣势，以完善产品，提高新险种的市场潜力。

在最终确认产品方案后，需要向中国保监会报备。根据《人身保险公司保险条款和保险费率管理办法（2015年修订）》第十九条，保险公司总公司负责将保险条款和保险费率报送中国保监会审批或者备案。第二十条规定，保险公司下列险种的保险条款和保险费率，应当在使用前报送中国保监会审批：关系社会公众利益的保险险种、依法实行强制保险的险种、中国保监会规定的新开发人寿保险险种、中国保监会规定的其他险种。前款规定以外的其他险种，应当报送中国保监会备案。健康保险公司应提交相应的材料进行备案。

（四）健康保险产品上市

在新险种设计出来以后，公司必须制定合理的措施将产品商品化，并对新产品的市场表现进行追踪监控。

1. 支持性工作准备

在产品上市前，公司内部应做好支持性的准备工作，主要包括信息系统的完善、产品宣传与销售方案的制定以及员工培训。新险种整合到当前的产品体系中，可能需要改进现有的信息系统，如将新产品的营销和服务电子化，需要对当前业务系统的功能或模块进行增设或改进，公司必须调整修改业务处理系统和财务管理系统。新产品业务系统的设计是一项重要的工作，并且需要一定的时间，公司越早准备越好。另外，公司应做好产品的宣传和广告工作，如产品彩页、宣传手册等，公司也可以举办一些讲座或推广会，做好产品的包装，以扩大产品影响力。而新产品营销渠道的确定和销售计划的安排，对公司实现保费目标有着决定性意义。营销部门和销售部门应下发关于产品销售的相关文件，并制定实务操作手册，完善新产品的销售方式。最后，公司应对员工进行关于新产品特征的培训工作，尤其是销售人员和客服部门的员工。公司应向销售人员阐述新产品的特色内容，并展示保单申请的过程，以提高他们的销售热情和营销技巧；客服部门员工的培训内容主要是新产品知识，如保险责任和特别条款，帮助他们做好回答消费者提问的准备。

2. 产品试销

为了控制风险，新险种设计出来以后，可以在某些试点投放，以获得客户和市场方面反馈的有价值信息。产品试销要注意选择效果明显的试点，以达到以点带面的效果。试点市场要做好反馈信息的收集工作，包括消费者对保险责任和保费的反应、保险的供需状况等，并总结有价值的信息，发现新产品可能存在的问题，如业务系统、核保理赔或者营销策略等方面的不足，并权衡决定产品是否要进行修改完善。

3. 推广上市

这是产品上市环节的最后一步，公司在做出正式推广的决策之前，必须考虑新产品的推出时机、预期目标市场和推出方法。

新产品进入市场的时机是一个关键问题。保险公司可以选择抢先进入。这时如果产品成功，公司就可确立市场领导者的地位，就能获得忠实客户和良好的声誉。但此时公司也面临着更大的风险：首先，作为领先者，市场上没有先例可循，往往面临更大的不确定性；其次，保险是极易被模仿的产品，后进入者的"免费搭车"效应将会严重损害领先者的利益。公司还可以选择平行进入市场，即当竞争对手公司同时进入，或在领先者推出新产品后，快速模仿，开发并推广类似的险种，以与对方共同承担产品初期的推广费用。保险公司还可以在竞争对手进入市场后再进入，即后期进入，公司可以先研究竞争对手的产品及其市场占有情况，取长补短，开发出更有竞争优势的险种产品，同时也省下早期的营销成本。

通过试销，保险公司已经掌握了新险种的潜在客户群，在产品推广上市时，其预期目标市场就应是最佳的潜在客户群。比如儿童重疾险的目标市场是儿童和青少年，销售渠道就可以是中、小学校及培训机构。产品推广方法即上市计划，主要涉及新险种的营销方案，在此不再赘述。

第三节 商业健康保险产品分类管理

随着经济社会的发展和人口结构的变化，医疗保障制度的问题愈加凸显，医疗费用持续上涨，政府主导的医保制度效率低下，大多数贫困人口无法享受医疗保障，提高医疗费用负担的公平性和促进医疗服务的可及性，已经成为世界各国推动医疗保障制度改革的持续动力。商业健康保险公司利用市场化的调节机制，通过开发一系列商业健康保险产品，提供专业化保障服务，能够降低医疗保障体系的运行成本，已经成为社会医疗保障体系的重要组成部分。2017年，中国保监会发布的《健康保险管理办法》（征求意见稿），明确规定商业健康保险"主要包括医疗保险、疾病保险、失能收入损失保险、护理保险以及相关的医疗意外保险、医疗责任保险等医疗执业保险"。本节主要讨论医疗保险、疾病保险、护理保险以及失能收入损失保险四类传统健康保险产品的管理。

一、医疗保险

医疗保险（Medical Insurance）又称医疗费用保险，被保险人因疾病或意外伤害发生医疗费用支出时，保险公司向被保险人提供经济补偿，承担给付责任。目前，我国已经成功建立了能够满足人们基本医疗费用补偿需求的社会医疗保障制度，但随着人们收入水平的提高和医疗费用的上升，其有限的保障能力已不能满足人们深层次的需要，商业医疗费用保险可以在更广范围、更高层次上满足人们补偿医疗费用的需求。

（一）住院医疗保险

住院医疗保险是个人业务的主要产品，为被保险人提供住院期间的医疗费用保障，包括床位费、药品费、诊疗费、手术费等。按照保险金的给付性质，住院医疗保险可分为费用补偿型及定额给付型两种形式。费用补偿型保险遵守补偿原则，保险公司根据实际发生的医疗费用，按约定给付保险金（一般按一定的比例给付），给付金额以实际发生的医疗费用为限。如果被保险人参加社保，则要在扣除社保等其他途径已经补偿的部分后，再按比例给付保险金。定额给付型保险根据被保险人的住院天数及手术项目等，保险公司按照约定的数额给付保险金，不考虑实际发生的医疗费用。被保险人不需要提供医疗费用单据，保险公司只要按照合同标准赔付即可，且与其他社保的给付不发生矛盾。

为了防范被保险人的道德风险，医疗保险多采用定额给付的形式，分项计算保障项目的赔偿责任，即使是费用补偿型保险，往往也会确定各项目的给付限额。保险公司分项计算的费用一般包括以下几种：

（1）一般住院日额保险金。被保险人因疾病住院治疗，超过免赔天数后，开始获得日额保险金，累积给付天数最多可达180天。

（2）重大疾病住院日额保险金。被保险人患有合同列明的重大疾病、经医院诊断必须住院治疗时，保险公司按照实际住院天数给付日额保险金，累计给付天数最多可达180天。

（3）其他保险金给付责任包括手术医疗保险金、器官移植保险金、康复保险金等。手术医疗保险金负责为被保险人进行各项手术所发生的医疗费用提供补偿。如果被保险人进行了器官移植手术，且属于保险人的承保责任，保险人还要给付额外的器官移植保险金。被保险人接受治疗后，经医院诊断还需要接受康复医疗服务，以最大可能地恢复正常时，保险人按合同约定支付康复保险金。需要注意的是，这三种保险责任既可作为住院医疗保险的附加险，也可作为独立的险种。

（二）门诊医疗保险

门诊医疗保险为被保险人提供门诊治疗费用保障，包括检查费、化验费、药品费等。门诊医疗行为发生频率高，费用相对较低，且道德风险大，冒名看病等现象时常发生。因此，保险公司开办门诊医疗保险的成本较高，市场上很少有个人门诊医疗保险，一般以团体保单的形式存在。

（三）特种医疗保险

特种医疗保险专门补偿被保险人因特定疾病或原因而发生的医疗费用，一般是团体保险，包括牙科保险、眼科保险和生育保险等。除了龋齿等牙科疾病治疗外，牙科保险也对牙齿常规检查、牙病预防等费用进行补偿。眼科保险保障被保险人因眼科检查和视力矫正而发生的医疗费用，如眼镜的购买。生育保险为女性提供妊娠、分娩期间的所有医疗费用保障。该产品保险期限自产妇入院开始到出院截止，若因分娩、疾病或意外伤害使得产妇或婴儿死亡，保险人给付保险金。

（四）综合医疗保险

综合性医疗保险的保险责任范围广泛，覆盖门诊、住院、牙科、生育等的医疗费用，实际上是前面几个险种的组合。因为综合性医疗保险的保障范围全面，保费也相应较高。对于不同的保险责任，其免赔额、等待期条款也不同，如门诊费用较低，等待期也较短，而住院费用较高，等待期也较长。

（五）补充医疗团体保险

补充医疗保险是相对于基本医疗保险而言的，是一个相对的概念。我国建立的由城镇职工医疗保险、城镇居民基本医疗保险、新型农村合作医疗保险构成的基本医疗保险制度，体现公平性原则，具有"广覆盖、保基本、可持续"的特点，能够提供基本的医疗保障。基本医疗保险有严格的起付线和封顶线规定，对于起付线以上和封顶线以下的部分，也只对属于基本药品目录、基本诊疗项目目录和基本服务设施目录以内的费用提供补偿。因此，个体的医疗费用负担还很重，需要不同形式的补充医疗保险为其提供保障。

补充医疗保险的保障程度与基本医疗保险形成衔接，为被保险人提供基本医疗保险保障范围外的补充,其保障内容包括四部分:一是起付线以下的费用;二是封顶线以上的费用;三是起付线以上、封顶线以下、被保险人自付的费用;四是基本医疗保险保障范围外的费用,如某些进口药品、手术器具等。

当前,我国补充医疗保险的实施形式多样,开办主体也各不相同,既有完全国家主办和经办的公务员医疗保险,也有社会保险机构主办、商业保险公司经办的企业补充医疗保险。但整体上,与基本医疗保险相比,补充医疗保险更依赖于市场,能够提供多样化的医疗费用保障,有利于社会稳定和经济发展。

二、疾病保险

根据《健康保险管理办法》(征求意见稿),疾病保险指发生保险合同约定的疾病时,为被保险人提供保障的保险。疾病保险的保险金兼有医疗费用补偿功能和收入补偿功能:既能减轻因患重大疾病而产生的高昂医疗费用所带来的负担,也能减轻因重疾或身故引起家庭收入降低所带来的负担,还能为患重疾的人提供实现正常生活的经济支持。

当前市场上的疾病保险种类十分丰富,既有保险期间为1年的短期产品,又有保障到终身的长期产品;既有面向普通被保险人的产品,也有专门针对少儿女性等特殊群体的产品;既有覆盖多病种的重疾产品,也有专门针对癌症的单病种的产品。随着人们对抵御疾病风险需求的增加和治疗费用的急速上涨,可以预见,能够满足人们各层次需求的疾病保险将会不断开发出来。在此主要介绍特种疾病产品和重大疾病产品。

(一) 特种疾病保险

市场份额最大、最常见的特种疾病保险是防癌保险。环境的恶化、生活节奏的加快,使得癌症发病率不断上升,再加上庞大的医疗费用,人们对癌症普遍是担忧、恐惧心理。防癌保险正是为患有恶性肿瘤的被保险人提供高额保险金的疾病保险。保险市场上既有个人防癌产品,也有团体防癌产品,保险期间为1年、10年、20年、30年不等,或者至被保险人60岁、70岁或80岁。防癌保险包含癌症确诊、住院津贴、医疗费用、身故等各类保险金给付责任。一般情况下,癌症确诊和身故保险金是一次性定额给付;住院津贴采取日额形式,并规定最多累积给付天数;医疗费用保险金一般按实际发生医疗费用的某个比例。另外,防癌保险对良性肿瘤和恶性肿瘤两者的保障程度也是不同的。前者所给付的保险金额一般低于后者。随着人们对女性健康问题的关注,市场上也出现了专门针对女性的防癌产品,受到消费者的欢迎。

除了防癌产品,特种疾病保险还包括白血病保险、心脏病保险等,专门为被保人患有白血病或心脏病提供高额保险金,在此不再展开。

(二) 重大疾病保险

1. 产品概述

重大疾病保险(Dread Disease Insurance),指当被保险人患有保单列明的某类重大疾病时,保险人支付定额保险金。近年来,医学的进步使得许多能够危害生命的重大疾病治愈成为可能,但各种检查治疗费用十分昂贵,远非一般家庭所能承受。在这一情况下,重大疾病保险迅速发展,成为最重要的疾病保险险种。

首先要明确重大疾病保险的承保风险。重大疾病的概念与医学技术的发展紧密相关,是一个动态变化的范畴。一般情况下,当一种疾病危机到患者生命,严重影响患者生活质量,且治疗费用极其昂贵时,在医学上可称这类疾病为重大疾病。重大疾病保险是一种保险产品,所承保的重大疾病风险应满足可保风险的要求,从这一角度,传统意义上能够承保的重大疾病应满足如下特征:(1)有清楚明确的定义,即对于某种责任是否由该疾病所致的,两名医生应能分别独立诊断且得到一致结论;(2)能够推算出该疾病的发病率,即能得到可靠的精算基础;(3)该疾病的发生是随机的,即其承保范围不应导致逆选择行为;(4)该疾病有理想的生存率。

为了更好地规范市场,中国保险行业协会与中国医师协会于 2007 年颁布了《重大疾病保险的疾病定义使用规范》,规定了成人重大疾病保险产品的保险责任中必须包含恶性肿瘤、急性心肌梗塞、脑中风后遗症、冠状动脉搭桥术、重大器官移植术或造血干细胞移植术、终末期肾病六种疾病,并对其做出详细定义,同时也给出了 19 种其他可保疾病的具体定义,在此不再展开。但随着行业的发展和市场的竞争,保险公司将越来越多的疾病纳入承保责任,使医疗保险元素与重大疾病保险相融合,产品形态更加丰富。

2. 产品类型

(1)按保险期间划分,重大疾病保险可分为定期型和终身型两类。定期重大疾病保险为被保险人在固定时间期限内提供保障,固定时间期限可以为确定的年数(如 10 年),也可按被保险人年龄确定(如保障至 80 周岁)。终身重大疾病保险为被保险人提供终身保障,保障范围一般较广,且包含身故保险金。

(2)提前给付型及额外给付型重大疾病保险。提前给付型重大疾病保险的保险责任包括重大疾病和死亡/全残,保险总金额为死亡保额,但包括重大疾病和死亡给付两部分。如果被保险人患有保单列明的重大疾病,被保险人可以提前领取一定死亡保额比例的重大疾病保险金,用于医疗费用,在被保险人身故时,其身故受益人可领取剩余比例的死亡给付。如果被保险人没有发生重大疾病,则在其身故时,其身故受益人领取全部保险金。该产品的费率由重大疾病和死亡两部分决定,费率较低,受到广泛欢迎,但是这类产品的保障程度有限:当被保险人提前领取了重大疾病保险金时,身故保额减少,而由于患有疾病,被保险人无法购买其余寿险。

额外给付型重大疾病保险一般作为寿险产品的附加险,保险责任同样包括重大疾病和死亡/全残,但该类产品中包含确定的生存期间。生存期间从被保险人身患某类重大疾病开始计算,由保险人规定这一期限。如果被保险人身患保单列明的重大疾病,并在生存期间死亡,保险人给付死亡保险金;如果被保险人身患保单列明的重大疾病保险,且存活超过生存期间,保险人给付重大疾病保险金,并在被保险人身故时给付死亡保险金;如果被保险人在保险期限内死亡,保险人直接给付死亡保险金。生存期间一般为30天、60天、90天、120天不等。该类产品与提前给付型不同,死亡保额不会因重大疾病保险金的领取而减少,保障程度高,但是费率也较高,尤其是生存期间的规定,往往招致理赔纠纷。

(3)按比例给付型和回购式选择型重大疾病保险。按比例给付型重大疾病保险产品针对保单中所列明重大疾病的特定种类设计,保险公司考虑某类重大疾病的发病率、医疗费用及死亡率等因素,确定当被保险人身患这类疾病时,可以领取的重大疾病总保险金额的比例。如被保险人患有恶性肿瘤时,保险人给付保险金额的30%,剩余保险金用于其他种类的重大疾病给付。

回购式选择型重大疾病保险规定,当被保险人身患重大疾病时,领取一定比例或数额的重大疾病保险金,死亡保险金降低同样的比例或数额,如果被保险人在某一特定时间期限后仍然存活,可按照某固定费率回购一定比例或数额的死亡保险金,提高死亡保障。这类保单的逆选择显而易见,保险人在设计产品时必须严谨慎重,以防赔付风险。

三、护理保险

根据《健康保险管理办法》(征求意见稿),护理保险是指以因保险合同约定的日常生活能力障碍引发护理需要为给付保险金条件,为被保险人的护理支出提供保障的保险。护理保险又称长期护理保险(Long Term Care Insurance),主要是为那些因年老、疾病或意外伤害而一个人无法自理,需要在家中或疗养院接受长期照顾的被保险人提供费用补偿。

近年来,对长期护理服务的需求越来越大,尤其是老年人。我国正面临着人口老龄化[①]的严峻问题,人口老龄化不仅速度快,而且基数大,预期寿命也不断延长,这使得人口抚养负担进一步加重。据统计,1990年中国100个劳动年龄人口抚养13.74

---

① 60岁以上人口占比超过10%或65岁以上人口占比超过7%。

个老年人，预计 2025 年每 100 个劳动年龄人口抚养 29.46 个老年人，2050 年这一数字将增至 48.49 人。[①] 受传统文化的影响，我国的失能老人一般在家庭由成年子女照顾。但随着生育率的降低，家庭结构日趋小型化，女性越来越多地进入劳动市场，家庭成员很难承担长期家庭护理的责任，长期护理服务需求大大提升。如何为老年人提供长期护理服务，以及如何为老年人的长期护理服务提供保障已经成为一个社会热点问题。除了老年人口，因疾病或意外伤害的中青年人，当快速发展的医学技术可以延续其生命，但无法使其恢复完全生活能力时，也有对长期护理的需求。越来越多的人已经认识到长期护理服务的高额费用，对长期护理保险的需求正在飞速增长。

（一）给付条件

一般情况下，长期护理保险的给付责任通过以下标准确定：

1. 日常活动能力丧失

日常生活活动（Activities of Daily Living，ADLs）主要包括：吃饭、洗澡、穿衣、大小便、自制能力、移动和服药。[②] 如果在没有他人的帮助下，被保险人不能完成上述活动中的某一项或几项，就称为生活能力丧失，保险人将支付长期护理保险金。但是在实务操作中，如何界定某项日常生活活动能力丧失是需要注意的问题。如当被保险人依靠轮椅可以自由行动，他是否丧失了移动能力？因此，保险公司必须准确解释日常活动能力丧失的含义，以免引起纠纷。

2. 认知能力障碍

如果被保险人因患有老年痴呆等疾病，存在认知能力障碍，虽然他们可完成多数日常活动，但确实需要长期护理服务，这种情况下保险公司可向被保险人支付保险金。

3. 医学上的必要性

判定被保险人日常活动能力丧失或存在认知能力障碍时，必须通过相应的检查，由专业的医生做出诊断，确保在医学上有必要性，对被保险人提供长期护理服务，防止被保险人为获取保险金而住进护理院的道德风险。

（二）给付类型

1. 护理给付

当被保险人满足保单的给付条件时，保险人可直接向被保险人提供长期护理服务，而不是补偿其护理费用或给付保险金。保险人提供的护理服务可分为如下三种：

[①] 李本公. 中国人口老龄化发展趋势百年预测［M］. 华龄出版社，2007.

[②] 肯尼斯·布莱克、哈罗德·斯基博 著，孙祁祥、郑伟 等译. 人寿与健康保险［M］. 经济科学出版社，2003.

一是专业看护。这是最高级别的护理服务，由护士等专业人士提供24小时看护；二是中等看护。与专业看护类似，但不需要24小时的连续看护。三是基本看护。看护人员在医生或护士的指导下，对被保险人提供日常活动的帮助。

2. 费用补偿

保险人根据被保险人接受长期护理产生的费用发票，对其提供补偿。保险人可只对被保险人在护理院等地发生的费用提供补偿，也可对所有符合给付条件的费用都进行补偿，而不论发生地在哪。

3. 固定金额给付

如果被保险人满足保单的给付条件，保险人支付约定的保险金额，不管被保险人实际发生费用的高低。

（三）给付限制

1. 给付时间限制

（1）免责期。免责期是保险合同生效但保险人不履行责任的期限。如果被保险人在免责期符合给付条件，保险公司也不予给付。免责期可以为0~365天不等，同等条件下，免责期越长，保费越低。

（2）给付期限。长期护理保险的给付期间可能为1年到5年不等，但很少有保险公司提供终身给付的保单。

2. 给付水平限制

一般情况下，长期护理保险以每天、每周或每月给付护理费用，并规定给付的最大期限。也有一些保单以总的货币金额规定最高给付限额，并列明日常生活活动，采用梯形结构计算给付数额，如所有日常活动能力丧失者给付100%的保险金，3~5项日常活动能力丧失者给付60%的保险金等。

另外，为了防止被保险人将来需要长期护理服务时，因通货膨胀而支付额外的费用，保单可含有通货膨胀保护条款，以保证给付金额随生活费用的上升而增加，但被保险人需要为此支付额外的费用。

（四）长期护理保险种类

1. 长期护理社会保险

长期护理社会保险是由政府主导设计、不以营利为目的、具有强制性的保险制度，能够为人们提供基本的长期护理保障。长期护理社会保险的运作遵循社会保险的基本原则，具有强制性、互助共济性和福利性等特点，是我国社会保障体系的重要组成部分。

我国已经初步建立了社会长期护理保险制度。2016年7月，人社部发布《关于开展长期护理保险制度试点的指导意见》，主要覆盖职工基本医疗保险参保人群，重点解决重度失能人员基本生活照料和与基本生活密切相关的医疗护理等所需费用，在全国 15 个城市开展社会长期护理保险试点工作。截止到目前，15 个城市中已有 13 个地区出台试点方案，11 个地区启动试点，上饶、成都等 9 个地区完成了招标，此外还有 30 多个非试点城市开始探索长期护理保险制度。大多数试点地区都选择了政府主导、全民参保的社会保险模式，为商业保险公司的长期护理保险发展营造了相对宽松的环境，但也对公司的承办经验、信息系统和失能鉴定服务技术提出了一定的要求。

2. 长期护理商业保险

长期护理社会保险的保障范围有限，必须依靠长期护理商业保险满足人们的护理保障需求。长期护理商业保险是由商业保险公司开发、参保人按照合同规定缴纳保费以获得保障的保险产品。长期商业保险形态丰富，按照保险责任可分为如下几类：

（1）单一护理保险：该类保险仅承担长期护理责任，当被保险人接受符合条件的护理服务时，保险人根据规定给付保险金。

（2）综合责任护理保险：在长期护理责任的基础上，增加生存和死亡给付责任，该类保险具有长期储蓄功能。

（3）失能收入损失保险的扩展：残疾者在退休前购买长期护理保险，退休后保险人向被保险人给付与失能收入补偿等额的保险金，也就是失能收入损失保险自动转化为长期护理保险。

（4）医疗费用保险附约：长期护理保险对被保险人因慢性疾病或健康状况恶化所发生的费用进行补偿，医疗费用保险对被保险人因偶然性疾病产生的费用进行补偿，从这一角度，可将长期护理保险视为医疗费用保险的一种延伸。

2013 年，国务院发布的《关于促进健康服务业发展的若干意见》指出，积极开发长期护理商业险以及与健康管理、养老等服务相关的商业健康保险产品。2014 年的《国务院办公厅关于加快发展商业健康保险的若干意见》提到"加快发展多种形式的长期商业护理保险"。截至 2017 年 4 月，国内销售长期护理保险产品的保险公司有 19 家，在售的长期护理保险产品共 128 个。供给规模的扩大和产品种类的丰富，在一定程度上能满足人们的护理保障需求，但我国的长期护理商业保险市场仍处于初级发展阶段，产品种类单一，各保险公司的产品主要针对某一地区销售，这是由于缺乏全国范围的风险数据，公司为了控制风险往往将销售范围控制得较小。

长期护理保险市场刚刚开启，潜力巨大，前景广阔，健康保险公司应把握国家长期护理保险试点的机遇，加快开发新产品，发展好、培育好这一战略性业务板块，切实满足人民群众的护理保障需求。

> **专栏 3.5**
>
> **承办长期护理险：人保健康发挥专业优势参与社会管理**
>
> 2015年8月，青岛市政府公开招标商业保险参与社会保险经办服务。政府主导政策设计、资金筹集、监督考核、业务授权等方面，商业保险公司遵循收支平衡、保本微利的原则积极承办。人保健康青岛分公司中标，成为保险业深度参与保障和服务民生的新探索。
>
> 经办长期护理险项目，人保健康蓄势已久。人保健康自2012年就率先在青岛开始探索参与长期护理保险制度建设，是国内保险业参与运行时间最长、服务人次最多的长期护理保险项目。
>
> 人保健康经办长期护理险后，在青岛保监局指导下，借鉴经办大病保险的经验，创新提出"结余返还、风险调节"思路，即长期护理险当年若实现结余，扣除约定成本后的结余部分划回医保基金；若出现亏损，合同约定上限额度内由保险公司自行承担，超出部分次年调整政策予以解决。保险公司经办费用实行专户管理，按月划拨。
>
> 资料来源：王宇鹏．承办长期护理险：人保健康发挥专业优势参与社会管理，人民网，2017.8.

四、失能收入损失保险

根据《健康保险管理办法》（征求意见稿），失能收入损失保险是指以因保险合同约定的疾病或者意外伤害导致工作能力丧失为给付保险金条件，为被保险人在一定时期内收入减少或者中断提供保障的保险。失能收入保险（Income Protection Insurance）又称伤残收入保险，主要目的是为被保险人因失能丧失劳动力导致收入的减少或中断提供经济补偿，并不承担被保险人发生的医疗费用补偿责任。

（一）失能收入损失保险的定义

失能收入损失保险中，与给付方式直接相关的疾病、意外伤害和失能等保险责任事件的定义如下：

1. 疾病

大多数失能收入损失保险规定，引起被保险人失能的疾病必须是在保单有效期内首次发生的疾病，有的保险合同将其定义为"在保单有限期内首次被诊断和治疗的疾病"。目的都是为了将疾病定义为保单生效后首次遇到的疾病，将被保险人投保之前就患有的疾病排除在外。为了防止被保险人不如实告知或故意隐瞒既往病症，一般保单会包含既往病症除外条款：在保单生效的最初两年中，如果被保险人发生的疾病在保单生效前就已经存在（即为既往病症），且被保险人在投保时没有如实告知保险人，那么保险人不承担经济补偿责任。北美保险市场上关于既往病症的定义是：在过去的5年到保单生效日之间已经接受医生的用药建议或治疗的病症，且病症已经有所显露，以致一个普通谨慎的人会去求医问药。①

2. 意外伤害

造成被保险人失能的意外伤害必须是外来原因导致的，且是被保险人不可预见或不可预料的。如果是被保险人故意行为造成意外伤害，则不属于可保损失。

3. 失能

失能是指个体由于疾病或意外伤害丧失工作能力或劳动力，无法正常工作。当被保险人符合保单上失能的标准时，保险人才会给付保险金。保单中关于失能的定义有如下几种：

（1）完全失能。完全失能定义为被保险人不能从事任何职业、不能履行任何职业的主要职责，即绝对全残。这一定义十分严格，主要在失能收入损失保险的初期使用，但使得大多数被保险人都没有获取保险金的资格。

（2）原职业失能。当被保险人无法从事原职业的大部分职责时，就视为全残。原职业是指被保险人发生疾病或意外伤害时从事的职业，即使被保险人具备从事其他职业的能力，保险人也应给付保险金。

（3）通用失能定义。大多数保单中对失能的定义更有弹性：如果被保险人在失能初期不能从事原职业，保险人就应向其给付保险金，在失能的一段时间（一般为2年或5年）后，如果被保险人仍不能从事与其所受教育、训练或经验相当的任何职业，就是处于失能的状态，保险人应向被保险人给付保险金直到保单中的给付期结束。

（4）收入损失失能。如果被保险人因疾病或意外伤害而遭受到收入损失，就可认为其处于失能状态。这时被保险人可能处于两种情况：一是被保险人丧失劳动能力；二是被保险人尚能工作，但因失能使其收入降低。保险人应在保单中具体规定各种情况下的保险金给付。

（5）推定失能。保单中可包含定残期限条款，当被保险人遭受疾病或意外伤害，是否失能在短期内难以判定时，如果在定残期限期满，被保险人没有好转的征兆，就可判定为失能。另外，如果被保险人在疾病或意外伤害中双目失明、双耳失聪、全哑

---

① 肯尼斯·布莱克、哈罗德·斯基博 著，孙祁祥、郑伟 等译．人寿与健康保险［M］．经济科学出版社，2003．

或失去任意两肢,也推定为失能。

(二) 失能收入损失保险的条款

1. 免责期

免责期即被保险人从失能开始到能领取保险金所需要等待的约定时间。这类似于财产保险中的免赔额,保险人不负责被保险人失能后免责期间的收入损失。免责期条款一方面能够剔除掉短期伤残(如几天)的给付,以降低赔付成本;另一方面由被保险人自己负责短期失能损失也更为经济,降低保险人的管理成本。

免责期一般为30天到1年不等。其他条件相同的情况下,免责期越长,保费越低。另外,大多数保单都允许免责期中断。被保险人在免责期期满之前努力工作,如果在一定时期(如6个月或与免责期相同的期间)内因同样的疾病或意外伤害再次失能,保险人不再重新计算免责期,而是继续前面中断的免责期。

2. 给付期限

给付期限是保险人向被保险人给付保险金的最长期限。团体失能收入损失保险的最大给付期限可能少于1年,如13周、26周或52周,也可能多于1年,如直到被保险人正常退休或70岁。个人失能收入损失保险的给付期间一般都多于1年,如5年或直到被保险人65岁或退休,在某些情况下,保险人还可能向被保险人提供终身给付。

3. 给付金额

失能收入损失保险提供的保险金一般低于被保险人失能前的正常收入。这主要是为了防止被保险人因失能后得到的保险金给付等于或超过其工作期间的正常收入,没有动力返回到工作岗位上,被保险人可能拖延康复,产生道德风险。

确定给付金额有两种方法:一种是收入给付公式;另一种是固定给付金额。收入给付公式即给付金额是被保险人失能前正常工资的一个约定百分比。收入水平较低的被保险人,保险人的给付金额一般不超过其工资的85%;对于高收入阶层,这一比例逐级下降到65%甚至更少。固定金额给付是指保险人和被保险人在订立合同时,约定好一个固定的保险金额。在确定给付金额时,保险人必须考虑被保险人的正常劳动收入、非劳动收入(如利息)、失能期间的其他收入来源等。

4. 补充给付

除了在被保险人失能时提供保险金外,失能收入损失保险还可能有其他保险金给付。部分失能给付是指当被保险人可以工作,但不能完成其原职业的某些工作或工作时间少于以往必要的时间时,保险人向被保险人在约定的期间内给付部分失能保险金。加保选择权适用于固定金额给付条款的保单,当被保险人在未来收入增加时,提供收入增加的证明后,有增加保险金额的权利。通货膨胀条款是为了防止被保险人出现因物价上涨而生活困难的情况，规定保险金额自动根据物价指数调整。

医学的发展能够维持遭受疾病或意外伤害人们的性命，但却阻止不了他们丧失劳动能力。失能人群带来的经济负担是十分沉重的，甚至比死亡还大。不仅使个人及家庭陷入经济困境，还影响社会福利水平与经济发展。作为应对失能风险的重要手段，失能收入损失保险在稳定人们生活水平、维护个人尊严、保持社会稳定、促进经济发展等方面发挥着重要的作用。目前，我国的商业失能收入损失保险还处于初级发展阶段，市场中的失能收入损失保险主要针对团体客户，个人业务的市场规模较小，但随着人们收入水平的提高和对自身职业能力的愈加重视，该险种的市场需求也将越来越大，市场规模会逐步提升。

第四节 健康保险产品的创新和发展

新医改方案明确提出，积极探索以政府购买医疗保障服务的方式，委托具有资质的商业保险机构经办各类医疗保障管理服务，发展基本医保之外的健康保险产品，充分发挥商业健康保险在我国多层次医疗保障体系中的重要作用。2016年，国务院发布的《"健康中国2030"规划纲要》指出：进一步健全重特大疾病医疗保障机制，加强基本医保、城乡居民大病保险、商业健康保险与医疗救助等的有效衔接；同时该规划纲要还提出，要丰富健康保险产品，鼓励开发与健康管理服务相关的健康保险产品。这些政策指引对于指导商业健康保险公司借鉴国际经验，积极进行产品创新，开发大病保险、税优健康险等新兴医疗保险产品，以及促进商业保险公司与医疗、体检、护理等机构合作，发展健康管理组织等新型业务领域具有重要意义。目前，以中国人民健康保险股份公司为代表的一些商业健康保险公司已形成了"政府委托服务+健康管理+健康保险"三支柱的健康保险产品体系。

一、大病保险

目前，我国已经初步构建了基本覆盖所有人口、能够满足保障群体基本需求的社会医疗保障网络。但总体来看，社会医疗保险的保障水平较低，个人医疗费用负担仍然很重，因病返贫现象十分普遍，迫切需要建立更高层次的大病保障机制。随着市场化改革的加快和政府职能的转变，商业健康保险将和基本医疗保险形成合力，在大病保险方面可以发挥更大作用。

（一）大病保险的发展背景

在我国，因病致贫、因病返贫的现象十分普遍。人们的大病医疗负担仍然很重，有必要建立专门的大病保障机制。据国务院扶贫办建档立卡数据，2013年末，因病致贫、因病返贫户在所有贫困户里占到42.2%[①]。为切实解决大病患者的医疗重担，《"十二五"期间深化医药卫生体制改革规划暨实施方案》（医改"十二五"规划）提出，探索建立重特大疾病保障机制。充分发挥基本医保、医疗救助、商业健康保险、多种形式补充医疗保险和公益慈善的协同互补作用，切实解决重特大疾病患者的因病致贫问题。在提高基本医保最高支付限额和高额医疗费用支付比例的基础上，统筹协调基本医保和商业健康保险政策，积极探索利用基本医保基金购买商业大病保险或建立补充保险等方式，有效提高重特大疾病保障水平。政府购买大病保险服务，是我国尝试解决医改难题的重要创新。

2012年8月，国务院六部委联合出台了《关于开展城乡居民大病保险工作的指导意见》，建立了保障大病患者高额医疗费用的制度性安排，采取向商业保险机构购买大病保险的承办方式。2013年3月，保监会发布《保险公司城乡居民大病保险业务管理暂行办法》，对保险公司资质、业务、服务等作了明确要求。全国范围内的大病保险试点工作开展。

2015年7月，国务院办公厅正式发布《关于全面实施城乡居民大病保险的意见》（以下简称"《意见》"），政府购买大病保险服务进入全面实施阶段。2016年10月9日，为进一步规范大病保险制度，保监会发布《保险公司城乡居民大病保险投标管理暂行办法》《保险公司城乡居民大病保险业务服务基本规范（试行）》《保险公司城乡居民大病保险财务管理暂行办法》《保险公司城乡居民大病保险风险调节管理暂行办法》《保险公司城乡居民大病保险市场退出管理暂行办法》五项监管制度，切实提高大病保险的专业经营能力。2016年，《"健康中国2030"规划纲要》指出，进一步健全重特大疾病医疗保障机制，加强基本医保、城乡居民大病保险、商业健康保险与医疗救助等的有效衔接。可以看出，大病保险制度是进一步完善多层次医疗保障体系的重要内容，意义重大。

（二）大病保险的产品创新的内容

根据《意见》，城乡居民大病保险（以下简称大病保险）是基本医疗保障制度的拓展和延伸，是对大病患者发生的高额医疗费用给予进一步保障的一项新的制度性安排。大病保险是对我国基本医疗保障制度的有益补充，产生了良好的社会效益。

[①] 财新网，中国四成贫困家庭是因病致贫，2016.07.21.

1. 产品的性质

大病保险是我国特有的制度安排，介于基本医疗保险和纯粹的商业医疗保险之间，具有准公共产品属性[1]。基本医疗保险属于基本医疗保障制度的范畴，国家法律和相关政策保证实施，是我国医疗保障体系的主体，坚持广覆盖、保基本、可持续的原则，保障水平与社会经济发展水平相适应，主要满足人们的基本医疗需求，解决"病有所医"问题。商业医疗保险属于商业保险的范畴，是我国医疗保障体系的重要组成部分，由个人或团体自愿购买，保险公司承担与保费匹配的保障责任，满足人们基本医疗需求之外的、更高层次的多样化医疗保障需求。大病保险是基本医疗保障制度的拓展和延伸，国家政策保证实施，由商业保险公司承办，遵循收支平衡、保本微利的原则，其保险责任与基本医疗保险相衔接，减轻大病患者的高额医疗费用负担。以上三种医疗保险形式相互联系，但各有不同，都是我国多层次医疗保障体系中不可或缺的部分。

2. 保障范围

根据《意见》，大病保险全面覆盖城乡居民。大病保险的保障对象为城乡居民基本医保参保人（城镇居民医保、新农合制度内的全体参保人），保障范围与城乡居民基本医保相衔接。参保人患大病发生高额医疗费用[2]，由大病保险对经城乡居民基本医保按规定支付后个人负担的合规医疗费用给予保障。

可以看出，只要被保险人的合规医疗费用超过一定的额度，就可以在基本医保报销后，再次获得大病保险的补偿。合规医疗费用指实际发生的、合理的医疗费用（可规定不予支付的事项），地方政府可根据当地大病保险的筹资水平、医疗消费情况等实际情况确定合规医疗费用的具体范围。《意见》规定，2015 年大病保险支付比例应达到 50% 以上，按照医疗费用高低分段制定大病保险支付比例，医疗费用越高，支付比例越高。随着大病保险筹资能力、管理水平不断提高，进一步提高支付比例，可以更有效地减轻个人医疗费用负担。各地政府应参考当地医疗消费水平、既往医保收支状况等因素，不断调整支付比例。

3. 筹资模式

《意见》明确了大病保险的稳定资金来源：从城乡居民基本医保基金中划出一定

---

[1] 纯粹的公共产品具有与私人产品显著不同的三个属性：效用的不可分割性（non-divisibility，公共产品具有共同受益或联合消费的特点，不能将其分割为若干部分归属某些企业或居民享用）、消费的非竞争性（non-rivalness，某一企业或居民对公共产品的消费不会影响其余企业或居民同时享用）、受益的非排他性（non-excludability，技术上没有办法将拒绝为之付款的企业或居民排除在公共产品的受益范围之外）。介于纯粹的公共产品和私人产品之间的产品或服务称为"准公共产品"。

[2] 高额医疗费用，可以个人年度累计负担的合规医疗费用超过当地统计部门公布的上一年度城镇居民、农村居民年人均可支配收入作为主要测算依据。根据城乡居民收入变化情况，建立动态调整机制，研究细化大病的科学界定标准，具体由地方政府根据实际情况确定。

比例或额度作为大病保险资金。城乡居民基本医保基金有结余的地区，利用结余筹集大病保险资金；结余不足或没有结余的地区，在年度筹集的基金中予以安排。完善城乡居民基本医保的多渠道筹资机制，保证制度的可持续发展。

具体来看，大病保险可以利用城乡居民基金结余、用财政补贴或城乡居民个人缴费。各地政府在确定筹资水平时，必须考虑当地经济发展水平、大病发生情况、医疗费用消费及上涨情况、医疗机构风险控制、基本医保收支水平及大病保险保障水平等因素，科学测算，合理确定筹资水平。

4. 盈利原则

《意见》明确规定采取商业保险机构承办大病保险的方式，遵循收支平衡、保本微利的原则，合理控制商业保险机构盈利率。大病保险制度是改善民生的重要举措，既要保证运行效率和质量，又要确保稳定性和可持续性。"收支平衡"的财务目标，就是要确定合适的筹资水平和保障范围，既能减轻城乡居民的大病医疗费用负担，提高资金使用效率，又能避免因筹资水平过低或保障水平过高带来的超支风险，保证大病保险的长期稳定。"保本微利"能够吸引商业健康保险公司参与承办大病保险承办，形成适度竞争的市场格局，激励商业健康保险公司不断提升自身业务水平，提高管理效率和服务质量，从而促进大病保险制度的稳定运行，实现政策目标，形成良性循环。

专栏3.6

"太仓模式"的实践

2011年，江苏太仓市引入商业健康保险，利用基本医保基金向中国人民健康保险公司购买商业大病保险，建立起统一覆盖职工医保与城乡居民医保全体参保人群的大病保险制度，较大程度减轻了大病患者的个人医疗费用负担。主要做法如下：

（1）利用基本医保基金，建立覆盖城乡的大病保险制度。太仓市按职工每人每年50元，城乡居民每人每年20元的标准，从基本医保基金当中切出一小部分，建立职工与城乡居民享受同等待遇的大病保险制度。2011年度大病保险筹资总额为2 035.08万元，只相当于当年太仓市医保基金累计结余的3%。参保群众住院全年累计发生的医疗费用，基本医保报销后，个人所需承担的医疗费用在1万元以上的，根据费用分段，由大病保险按照53%到82%的比例报销，费用越高，报销比例越高，且上不封顶。

（2）引入市场机制，遴选优质的商业保险机构经办大病保险。太仓市通过招标方式确定一家商业保险机构负责经办大病保险。市医保管理部门根据前三年的医疗数据，在确保基金收支平衡的基础上，确定了人均筹资标准和最低报销比例，对外公开招标。各商业保险机构按照招标文件进行投标，主要在实际报销比、盈亏率、管理成本效率以及各费用段报销比例等指标上相互竞争。最终确定是中国人民健康保险公司中标。

(3) 加强监管、细化服务，共同提升医保经办效率。商业保险机构承办大病保险后，专门配备了8名具有医学背景的专业人员充实到服务队伍，与医保中心原有的10人共同开展医保管理和服务工作。通过开展健康管理、加强医保资金监管和细化服务流程等措施，显著提升效率。

主要成效：

(1) 提高了大病患者的实际报销水平。2011年4月到2012年3月，太仓市大病保险制度实施一年间，共有3 053名参保群众获得大病保险补偿，占总参保人数的3.5‰，补偿金额1 760万元，其中职工780万元，城乡居民980万元。职工与城乡居民大病患者的实际报销比例分别达到81.0%和70.1%，在基本医保的基础上分别提高了5.2和14.4个百分点。

(2) 实现了职工与城乡居民之间的互助共济。太仓市将职工与城乡居民统筹起来，建立统一的大病保险制度，是对完善基本医保制度的有益探索，也在筹资和待遇设计上体现了公平、互助的社会保险理念。从大病保险的实际受益水平和人群分布看，城乡居民，尤其是农村居民的保障待遇得到极大改善。

(3) 提升了医保经办工作效率及群众满意度。引入商业保险机构共同参与医保经办工作，进一步加强了太仓市医保的经办力量。有利于进一步增强医保部门对定点医疗机构的监管力度，强化对不合理医疗费用和行为的监管，使医保部门更有效地行使规则制定和监督管理职能。还进一步丰富了服务内容，包括开展政策宣传、报销查询、住院探视等多项人性化服务，提高了群众满意度。

资料来源：陈文辉. 我国城乡居民大病保险发展模式研究 [M]. 中国经济出版社, 2013.

二、税优健康险

从发达国家保险市场看，税优健康险产品是非常普遍的，对于满足消费者需求、推动健康保险市场的发展发挥了极为重要的作用。而税优健康险产品却是我国保险市场的一个很大的短板，2015年5月6日，国务院常务会议决定，借鉴国际经验，开展个人所得税优惠政策试点，鼓励购买适合大众的综合性商业健康保险。对个人购买商业健康保险的支出，允许在当年按年均2 400元的限额予以税前扣除。随之，我国相关部门开始推动税优健康险产品开发工作。

(一) 税优健康险产品的发展背景

近年来,我国医疗卫生费用上涨迅猛。2009 年全国卫生总费用为 17 541.9 亿元,2015 年为 40 587.7 亿元,年均增长 15.1%,是同期年均 GDP 增长率的 1.26 倍。2016 年卫生总费用更是达到 4.2 万元,基本医保支付约 1.4 亿元,已经不堪重负,却仅仅解决了人民群众全部医疗费用支出的 1/3,社保外个人承担的医疗卫生费用仍然十分严重。为了解决这一问题,迫切需要借鉴国际经验,引入税优健康险产品,通过商业健康保险公司筹集医疗费用,分担患者风险。

早在 2013 年 9 月,《关于促进健康服务业发展的若干意见》就已提出要"借鉴国外经验并结合我国国情,健全完善健康保险有关税收政策"。2014 年,"新国十条"和《关于加快发展商业健康保险的若干意见》都强调了要"完善健康保险有关税收政策"。2015 年 5 月 8 日,财政部、国家税务总局和保监会共同下发《关于开展商业健康保险个人所得税政策试点工作的通知》;8 月,中国保监会印发了《个人税收优惠型健康保险业务管理暂行办法》;12 月,三部委联合发布《关于实施商业健康保险个人所得税政策试点的通知》,并且国家税务总局发布了《关于实施商业健康保险个人所得税政策试点有关征管问题的公告》。2016 年 1 月 1 日,税优健康险开始在包括北京、上海、天津等 31 个试点城市销售。2017 年 4 月,三部委再次联合发布《关于将商业健康保险个人所得税试点政策推广到全国范围实施的通知》,2017 年 7 月 1 日起税优健康险将在全国全面推广。政策从研究到实施不足两年,出台之快在保险行业内属于首次,足以看出国家层面的高度重视。

(二) 税优健康险产品的创新内容和特征

税优健康险的覆盖人群极其广泛。凡 16 周岁以上的、未满法定退休年龄者,身体健康且适用商业健康保险税收优惠政策的纳税人(健康人群),或者投保时根据其健康状况确定为既往症且投保时连续纳税满一年的适用商业健康保险税收优惠政策的纳税人(既往症人群),均可作为税优健康保险合同的被保险人。

1. 产品内容

个人税收优惠型健康保险产品采取万能险方式,包含医疗保险和个人账户积累两项责任。因此,税优健康产品兼具中端医疗费用补偿的保险功能和个人账户的健康储蓄功能。

税优健康险中,医疗保险的保险期间是 1 年,可保证续保至法定退休年龄,且无等待期。2015 年 12 月,中国保监会印发《个人税收优惠型健康保险产品指引框架和示范条款》,示范条款分 A 款、B 款和 C 款三种,分别针对不同需求的人群。A 款和 B 款适用于有社保或公费医疗的人群,以扩展社保目录,为被保险人基本医疗保险支付范围内自付的费用及基本医疗保险支付范围外的部分费用提供补偿。A 款中的医疗保险责任包括住院医疗费用、住院前后门诊费用、特定门诊治疗费用和慢性病门诊治疗费用。B 款只包括前三种。C 款适用于没有社保和公费医疗的人群，以获得社保目录的保障，保险责任同 A 款。在保险金给付比例上，A 款和 B 款的费用范围是基本医疗保险基金支付范围内 100% 的费用和基本医疗保险基金支付范围外 80% 的费用，C 款只包含基本医疗保险基金支付范围内 100% 的费用。

对于个人账户，无初始扣费，也无管理费，有保底年利率，账户积累可用于退休后购买商业健康保险和个人自负医疗费用支出，若消费者退休前身故，可提取储蓄金额。

2. 产品特征

根据《个人税收优惠型健康保险业务管理暂行办法》，个人税优健康保险产品设计应遵循保障为主、合理定价、微利经营原则。因此，税优健康险的定位是能带给消费者较强获得感的中端医疗险。

首先，税优健康险是准公共产品，是一项惠民工程，要坚持收支平衡、保本微利的经营原则。税优健康险是社会医疗保障体系的重要组成部分，与基本医保、补充医疗保险衔接，用于补偿被保险人在经基本医保、补充医疗保险补偿后自负的医疗费用。医疗保险简单赔付率[①]不得低于 80%。医疗保险简单赔付率低于 80% 的，差额部分返还到所有被保险人的个人账户。其次，税优健康险对所有纳税人体现公平原则。如前所述，税优健康险允许既往病症投保，并保证续保，最长至法定退休年龄。这并不是鼓励逆向选择，因为产品本身已对健康体和非健康体区分了不同的费率。最后，税优健康险采取专业经营。根据监管规则，经营个人税优健康险的公司必须具备以下条件：满足偿付能力管理规定；最近三年内未受到重大行政处罚；是专业健康保险公司或设立健康保险事业部的其他公司；具备相对独立的、与商业健康保险信息平台对接的健康保险信息管理系统；配备专业人员队伍等。

虽然税优健康险自政策提出到实施不足两年，但发展迅猛。截至 2017 年 6 月 30 日，市场上已有 26 种税优产品，累计保费已达 14 372.8 万元。商业健康保险承保风险大，业务经营复杂，各国普遍都对其给予税收优惠政策。据了解，各发达国家健康保险的税优幅度占纳税人工资收入的中间水平比例为 8% ~ 10%。我国以目前 2 400 元的年个人税优额度和 3 500 元的个税起征点计算，占纳税人工资比例远未达到中间水平。可以肯定的是，税优健康险有着广阔的发展空间。随着未来国家相关政策的不断完善，健康保险公司要把握政策机遇，切合人民群众需求，大力开发税优健康产

---

① 某一会计年度的简单赔付率 =（发生在该会计年度保单有效期内的全部赔款 + 该会计年度的额外费用）/（在该会计年度经过有效的保单的全部经过保费）× 100%

品,全力推进业务拓展。

三、健康管理

在现代化的科学社会中,健康的概念早已从"疾病"一词以及由它所引发的各种消极联想中解脱出来。现阶段,健康不再是一种单纯的静止状态,而是不断进行优化的动态过程,优化的范围也已经扩大到心理上的舒适感。在当今社会中,人们开始更多地关注自己的身体、饮食、环境以及健康的生活方式。几乎所有与健康有关的主题,不论是治疗顽疾,还是建立对抗日常生活中压力的自我平衡,都转换为对健康产品或服务的需求。专业健康保险公司应顺应当下的健康需求趋势,将"提供健康保险产品"变为"解决客户健康问题"的服务能力,成为健康风险的管理服务提供商。

(一)健康管理业务的创新背景

20世纪60年代,慢性非传染病的增加和新兴医疗技术的出现,使得美国政府难以承受迅速上涨的医疗费用。从1960年到1970年,其医疗卫生费用增长了1倍多。从1970年至1990年,其医疗费用年增长速度均超过了10%,最高的1985年,增长速度达到了13.6%。在此形势下,美国医疗卫生政策的焦点从"应不应该控制费用"转移到"如何控制费用"。20世纪70年代,美国卫生领域的工作重点转移到对付不断上扬的健康照顾费用上。1973年,美国政府颁布了《健康维护组织法》,正式明确了管理保健型健康保险的形式。管理保健型健康保险在保险机构和医疗服务机构间建立了良好的合作关系,保险机构按照事先的协议向医疗服务提供者支付费用,如果医疗费用过高,则超支部分由医疗服务机构承担。管理保健型健康保险成为广受欢迎的风险控制方式,推动了健康管理的迅速发展。目前,有7 700万名美国人在大约650个健康管理组织中享受医疗服务,这意味着每10名美国人就有7个享有健康管理服务。[1]

国内健康管理发展较晚。2003年,卫生部、劳动和社会保障部与中国保监会联合举办"健康管理与健康保险高层论坛",正式将健康管理理解引入保险业。经过十余年的发展,很多保险公司都已向客户提供了健康管理服务。《"健康中国2030"规划纲要》中提出:丰富健康保险产品,鼓励开发与健康管理服务相关的健康保险产品。健康管理已经上升到战略层面,是稳增长、促改革、调结构、惠民生的必然举措。

虽然国外已有几十年的健康管理实践,但并没有系统的理论研究,健康管理在国

---

[1] 王治超. 中国健康保险发展报告[M]. 中国财政经济出版社, 2010.

内出现的时间很短，更没有一个统一的概念。若从健康定义的角度出发，健康管理应是"调动个人及集体积极性，有效利用有限的资源达到最大健康效果的过程"。结合我国《健康管理师国家职业标准》中健康管理师的职业定义，将健康管理定义为针对健康需求，对健康资源进行计划、组织、指挥、协调和控制的过程，也是针对个体或群体的健康进行全面监测、分析、评估、提供健康咨询和指导以及对健康危险因素进行干预的全过程。按照这种理解，健康管理的宗旨是充分调动个人及集体的自觉性和主动性，有效利用有限资源，达到最大健康效果。相应的，健康管理产业可涵盖的领域非常多，此处介绍"健康管理的核心内容"和"健康管理的广义内涵"。

（二）健康管理的核心内容

在商业健康保险领域内，健康管理的本质是一种积极的健康保险。传统的商业健康保险重点监控事故发生后的情况，只关注理赔支出，完全处于被动地位：当被保险人发生保险合同约定的健康保险事故后，保险公司给予保险金，提供经济补偿。加入健康管理以后，除了经济补偿功能，健康保险还提供健康服务功能，通过医疗服务者对事故发生前、发生中和发生后的干预，关注健康维护，以控制诊疗风险。

个体从健康到疾病要经历一个完整的发生和发展过程，一般包括低危险状态、高危险状态、早期病变、出现临床症状和形成疾病五个阶段。这个过程往往时间较长，需要几年或十几年，甚至几十年。这个动态过程是健康管理得以实施的科学基础。健康管理的做法，简单说就是通过有效鉴别个人及人群的健康危险状态，针对不同危险等级，采取不同的干预手段，并监测干预效果，提高干预的有效性。按照时间顺序，健康管理包括事前的健康咨询和风险评估、事中的诊疗干预和事后的管理服务三方面内容。

事前的健康咨询和风险评估以预防医学为主要技术，目的是降低疾病发生率和赔付风险。健康保险公司通过各种途径采集客户的健康和诊疗信息，为客户建立完整的个人健康档案，并准确分析其健康风险，以便采取合理的诊疗措施。在具体实践中，事前的健康咨询和风险评估的主要开展方式包括健康体检、健康评估和健康管理咨询。健康体检是收集客户相关健康信息的主要途径，具体项目可根据个人情况进行调整。健康评估不仅要对客户的身体健康做出评估，还要分析其精神压力等情况，以获得总体的健康风险水平，帮助个体综合认识健康风险，鼓励人们纠正不健康的行为和习惯。健康咨询是指专业人士向客户解释说明健康评估结果，并提供健康指导，帮助客户制定个性化健康维护计划。

事中的诊疗干预，是指保险公司在客户选择诊疗服务时，就服务方式、诊疗内容及过程提供建议和管理，以降低不合理的诊疗费用，减少赔付成本。同时，保险公司也会为客户提供诊疗保障，如通过与医院建立合作，为客户提供就诊指引、门诊或住院预约等绿色通道，或组建医师队伍，为客户提供专家会诊等诊疗服务。

事后的管理服务，是指健康保险公司为客户提供个性化的后续健康改善计划。保险公司可以定期对客户进行跟踪随访，以便了解健康管理计划的实施情况，及时掌握客户健康风险水平的变化情况。通过向客户发送健康提示或提供健康教育，保险公司可以对客户的生活方式产生潜移默化的影响，以降低客户健康风险水平。

此外，保险公司还可根据客户的具体情况提供专项管理服务。对于已经患有某项慢性疾病的病人，提供针对特定疾病的管理服务，如糖尿病管理或心血管疾病管理；对于没有慢性病但处于危险状态的客户，提供专项健康管理服务，如对糖尿病高危个体提供健康教育和营养及膳食咨询等。

我国的健康管理服务处于起步阶段，商业保险公司积极探索创新，在服务模式等方面都做了许多尝试，但仍存在着一些问题。首先，大部分健康管理服务都集中在事前的体检和咨询模式上，面向广泛群体的平台咨询项目占主导地位，这种模式没有细分客户，也无法提供针对性较强的个性化服务。另外，虽然保险公司已经开始积累客户数据，但由于数据收集主要来自问卷调查和可穿戴设备，渠道单一，且质量参差不齐，因此效果甚微。随着医疗卫生费用的持续增长，健康管理已上升为重要发展战略。保险公司必须采取有效措施，加快发展健康管理服务。如可通过细分客户群，有针对性地提供健康管理项目，以提高资源使用效率；或者广泛运用移动医疗、大数据分析等技术，和医疗机构、医药企业等进行合作，构建完整的健康管理服务体系，建立健康管理生态圈。

专栏3.7

狭义健康管理服务的国外实践情况，以 Almeda 公司为例

Almeda 公司狭义健康管理服务主要有：疾病管理、需求管理、医疗协助、员工帮助计划（EAP）、医疗旅行、家庭医疗及康复管理。具体服务情况如下：

健康板块服务项目	项目内容简介	项目内容细化
疾病管理	Almeda 疾病管理是为保险公司，护理提供者，制药商和职业卫生管理机构提供寻证基础的疾病管理服务	（1）电话远程教练
		（2）健康提醒/报告反馈系统
		（3）健康参数远程监控
		（4）培训材料提供服务

续表

健康板块服务项目	项目内容简介	项目内容细化
需求管理	24小时医疗热线提供医疗信息和医疗服务管理,全部问题都是由全面培训的专家提供,如护士,医护专业人士,和医师团队	(1) 常见症状咨询服务 (2) 预防咨询服务 (3) 康复咨询服务
医疗协助	在医疗协助服务领域,Almeda为保险公司承保/非承保的旅客和外籍人士提供25种语言,国际化医疗专家的高质量24小时咨询服务及世界各地的紧急救援服务	(1) 紧急救援热线 (2) 网络管理服务 (3) 费用管控 (4) 旅行服务
员工帮助计划	Almeda支持企业健康管理的进程,向每个人提供多方的干预措施	(1) 企业员工整体健康状况分析 (2) 针对目标员工提供健康方案 (3) 干预措施实施 (4) 评估
医疗旅行	开展医疗旅游业的起因:例如范围有限的医疗设施的母国、特别服务的要求、更短的轮候时间、更低的价格和更高的质量标准	(1) 检查 (2) 第二诊疗意见 (3) 国际治疗
家庭护理及康复管理	老龄化的加速促使Almeda开发了很多面向老年人的长期护理服务产品或是因疾病、意外事故导致的护理需求,如家庭护理和康复服务	(1) 协助和护理服务组织 (2) 咨询服务 (3) 服务采购 (4) 康复管理 (5) 医疗护理机构网络管理 (6) 国籍运输和国外葬礼

资料来源:宋福兴. 供给侧改革下的健康保险盈利模式研究 [M]. 中国金融出版社,2016.

（三）健康管理的广义内涵

健康不是单纯的静止状态，而是处于不断优化的动态过程之中。20 世纪 40 年代末，世界卫生组织（World Health Organization，WHO）指出：健康是身体、精神和社会各方面都完全属实的一种状态。这一概念受到了广泛欢迎。1984 年，世界卫生组织深化了健康的概念：所谓健康，就是在生理健康、心理健康和社会适应力完全处于良好状态，而不是单纯地指疾病或病弱。2000 年，世界卫生组织更新了健康的内涵：健康包括生理健康、心理健康、社会适应力、道德健康和生殖健康。

现阶段，世界卫生组织认为，提高健康水平就是要通过一个不懈努力的过程，令所有人都能够更大程度地自主决定健康状态，并且有能力变得越来越健康。可以看出，健康是一种整体的舒适感，受身体、饮食、生活方式及社交网络等多种因素的影响。在当今社会，人们越来越关注与健康有关的主题，无论是饮食保健还是健身旅游，都受到了极大的追捧。与健康有关的需求将会越来越大，健康管理的范畴也越来越广，健康产业将成为未来经济发展的大趋势。

如果完全从健康的定义出发，所有能改善健康状况的产品和服务，都属于健康管理的广义范畴。以下将简要介绍饮食及保健品、健身休闲、养老领域的内容。

1. 饮食及保健品

食品直接关系到人们的身心健康，食品行业是健康管理产业未来发展的重要趋势。随着经济的发展，威胁人们健康的饮食问题已不再是"缺乏营养"，而是"营养过剩"。据调查，1985～2014 年，我国 7 岁以上学龄儿童超重率由 2.1% 增至 12.2%，肥胖率则由 0.5% 增至 7.3%，相应超重、肥胖人数也由 615 万人增至 3 496 万人。[①] 此外，化学制剂的大量使用，使得"食品安全"问题频发，人们开始越来越关注均衡饮食和天然绿色的健康食品。食品行业也为此做好了准备，如联合利华公司的经营理念已从"食品生产商"转换为"舒适感供应商"。而保健品具有一定的健康功效，也会具有强大的发展趋势。

2. 健身休闲

运动和体育活动能够帮助身体保持最佳状态。现代社会的快节奏生活，使得人们越来越追求健身所能带来的舒适感，为健身馆经营者、运动设施经销商和运动课程开办者创造了发展空间。以德国为例，自 2000 年以来，健身馆的总数增长了 1 倍，营业额增长了 3 倍多，目前仍以两位数字的年增长率不断发展。我国的健身休闲产业也在迅速发展，相关数据显示，2016 年体育服务业增加值在体育产业增加值中占比

---

① 中国儿童肥胖报告. 北京大学公共卫生学院和联合国儿童基金会联合发布.

55%，其中，健身休闲活动总产出和增加值名义增速均超过30%。①

3. 信息服务

在目前的健康产业领域中，信息服务通常作为一种免费的附加服务提供给客户。随着人们对咨询需求的增加，信息服务变得越来越重要，开始独当一面，甚至客户可能因为看上了公司提供的信息咨询而购买产品。新媒体的发展，为信息服务的发展提供了良好契机。如美国联合健康集团推出的"我的健康App"项目，通过向客户提供免费的APP实现随时随地的健康需求服务。它向参加联合健康保险公司"雇主计划"的参与者提供注册护士咨询服务，使其可以随时找到附近与联合健康有合作关系的医生、医院和其他医疗机构信息。App的"轻松连接"功能允许用户选择他们想了解的有关理赔和福利的相关问题，并要求客服人员电话回复。他们还可以通过App查看个人免赔额、现金支出及理赔状态等信息。

4. 养老型住房

从北京养老机构发展趋势看，目前具有北京市户籍的60周岁以上的老年人约251万，约占户籍人口总量的20%。而全市养老床位总量是8.9万张，仍有1.1万张"缺口"。根据北京市民政"十二五"规划，"十二五"期间本市每年要新增1万张养老床位。到"十二五"末全市养老床位要达到12万张。

土地问题一直被认为是民资办养老机构最大的瓶颈。养老院不是保障房，过去无法获得政府直接土地划拨，这样的高成本往往使企业难以承受。为缓解民营养老机构经营之困，北京市年内将出台支持社会办养老机构的政策和措施。

在土地供应方面，社会机构建非营利性养老机构，和企业单位利用自有土地建的非营利性养老机构，将采取政府划拨土地的方式供地；企业利用自有土地建设营利性养老机构，一般会采取协议出让的方式供地；社会机构投资建设营利性养老机构，采取限定地价，招拍挂方式供地；集体经济组织利用自有土地建设养老机构，将采取占地方式供地。

在财政补贴方面，政府将对社会办养老机构的床位给予建设补贴。2017年每个床位补贴将由0.8万~1.6万元调到2万~2.5万元，同时要求区县财政按1∶1的比例配补，这意味着每个床位将有总共4万~5万元的建设补贴。同时，运营阶段每月每个床位补贴也将从现在的200元调整到300~500元。政府还将对社会办全托型社区托老床位参照养老机构运营补贴标准，给予每张床位每月300元运营补贴。

此外，2014起，社会力量办非营利性养老机构的供暖费将与居民供暖同价，而且非营利性养老机构运营期间还将享受营业税、印花税、房产税、城镇土地使用税、部分企业所得税等减免政策。

---

① 2018年全国体育产业发展大会召开 体育产业演绎新故事. 人民日报, 2018.01.15.

健康体系本身隐藏着巨大的生产力储备。多年以来，各国针对社会健康事业的支出逐年增加，有的国家增幅甚至超过了国民生产总值的发展速度。但事实上，这些资金并没有直接投资在健康改善上，而是投资在治疗疾病中。事实上，健康和疾病不是彼此隔绝的两种事物，是一个统一体中的两个组成部分。健康管理不仅专注于如何抵御引发疾病的因素，而且致力于促进强化人体的内在潜能，以帮助人体抵抗可能削弱人体机能的因素。对健康管理理解视角的标志性转变：即将重点放在健康而非疾病方面。转变理念，从单一的疾病干预到整体的健康维护，将狭义的健康管理扩展到广义的健康管理范畴（饮食、健身、养老房产、养生旅游、医疗等），在这一领域的发展空间将非常广阔。

思考题

1. 健康保险产品由哪三个层次组成？
2. 简述健康保险产品管理的三个阶段。
3. 健康保险产品开发策略有哪些？
4. 简述传统商业健康保险产品的类别。
5. 简述大病保险和税优健康保险。
6. 健康管理的核心内容和健康管理的广义内涵分别是什么？

参考文献

[1] 陈滔. 健康保险，中国财政经济出版社，2011.
[2] 陈滔. 健康保险精算 [M]. 中国统计出版社，2007.
[3] 陈文辉. 我国城乡居民大病保险发展模式研究 [M]. 中国经济出版社，2013.
[4] 曹晓兰. 我国商业医疗保险可持续发展研究 [M]. 浙江大学出版社，2009.
[5] 程晓明. 医疗保险学 [M]. 复旦大学出版社，2010.
[6] D. 法尼. 保险企业管理学 [M]. 经济科学出版社，2002.
[7] 方有恒，郭颂平. 保险营销学 [M]. 复旦大学出版社，2013.
[8] 郭颂平，赵春梅. 保险营销学 [M]. 中国金融出版社，2012.

[9] 黄占辉. 健康保险学 [M]. 北京大学出版社, 2006.

[10]《精算管理》编写组. 精算管理 [M]. 中国财政经济出版社, 2010.

[11] 克莱尔·贝利斯等. 精算管理控制系统 [M]. 中国人民大学出版社, 2006.

[12] 肯尼斯·布莱克、哈罗德·斯基博 著, 孙祁祥、郑伟 等译. 人寿与健康保险 [M]. 经济科学出版社, 2003.

[13] 雷克斯福特·E. 桑特勒, 史蒂芬·P. 纽恩.《卫生经济学》, 北京医科大学出版社, 2006.

[14] 李凯. 保险产品的开发与管理流程分析 [J]. 中国管理信息化, 2012, 15 (23): 31-34.

[15] 刘万敏. 商业健康保险产品的创新设计 [J]. 上海保险, 2010 (5): 26-29.

[16] 刘经纶. 重大疾病保险 [M]. 中国金融出版社, 2001.

[17] 宋福兴. 供给侧改革下的健康保险盈利模式研究. 中国金融出版社, 2016.

[18] 石兴. 保险产品设计原理与实务 [M]. 中国金融出版社, 2006.

[19] 盛和泰. 保险产品创新 [M]. 中国金融出版社, 2005.

[20] 王起国, 扈锋. 我国商业长期护理保险的困境与出路 [J]. 浙江金融, 2017, (10).

[21] 魏华林, 林宝清. 保险学. 第2版 [M]. 高等教育出版社, 2006.

[22] 姚东明, 赵成文. 健康保险营销学 [M]. 科学出版社, 2015.

[23] 张明月. 对我国保险市场产品创新的观察与思考 [J]. 中国商论, 2013 (5): 22-23.

[24] 张晓. 商业健康保险 [M]. 中国劳动社会保障出版社, 2004.

[25] 周绿林. 医疗保险学 [M]. 科学出版社, 2013.

[26] Browne M J., Doerpinghaus H I.. Information Asymmetries and Adverse Selection in the Market for Individual Medical Expense Insurance [J]. Journal of Risk & Insurance, 1993, 60 (2): 300-312.

[27] Knight, Wmdy. Managed Care: What It Is and How It Works. [J]. Family & Community Health, 2000, 22 (2): 79-79.

[28] Froewiss K C.. Principles of Insurance: Life, Health, and Annuities [J]. Journal of Risk & Insurance, 1997, 64 (4): 769.

[29] Shane A Chalke. Macro Pricing: A Comprehensive Product Development Process [J]. Transactions of Society of Actuaries, 1991, Volume 43.

[30] Zwanziger J., Melnick G A. Can Managed Care Plans Control Health Care Costs? [J]. Health Affairs, 1996, 15 (2): 185-199.

第四章

健康保险公司营销管理

健康保险公司营销管理是以健康保险产品和服务为客体，以消费者需求为导向，运用合理有效的营销策略、渠道、销售技术和方法，实现保险产品和服务与被保险人健康风险转移或交换的目的，以确保公司可持续经营的一系列活动。马克思在《资本论》中，称之为"惊险的一跃"，说明健康保险公司营销管理活动是保险公司生产和再生产过程的重要环节。健康保险企业必须适应市场环境和客户需求的变化，坚持"顾客是上帝"的理念来整合保险企业的内部资源和业务流程，在营销管理上不断创新，以实现健康保险公司长期经营目标。

第一节　健康保险公司营销管理概述

2013年美国市场营销协会（American Marketing Association，AMA）认为，市场营销（Marketing）是在创造、沟通、传播和交换产品中，为客户、合作伙伴以及整个社会带来价值的一系列活动、过程和体系。健康保险营销管理活动实质上也是以健康保险为交换产品而产生的一系列整体性活动，在交换过程中交易双方都获得相应的价值。但是，由于健康保险产品具有"准公共产品"的特征，健康保险公司面临的环境和客户需求、社会规范和道德标准要求，营销管理的过程具有区别于一般商品生产企业的明显特征。

一、健康保险营销管理的含义

经典的市场营销理论是健康保险营销管理的基础。1960年，杰罗姆·麦卡锡（E. Jerome McCarthy）在其《基础营销》（Basic Marketing）一书中首次提出4P营销理论（the marketing theory of 4P），将企业的营销要素归结四个基本策略的组合：产品（Product）、价格（Price）、渠道（Place）、促销（Promotion）。4P理论本质上以企业为中心，企业经营者考虑产品属性、价格、促销方式、销售渠道的建立，以期获得适当的利润。

随着消费者个性化日益突出、媒体分化、信息过载等现象出现，美国营销专家劳特朋教授（R. F. Lauterborn）于1990年提出了以消费者为中心的新型营销理论，即4C营销理论（the marketing theory of 4Cs）。它以消费者需求为导向，重新设定了市场营销组合的四个基本要素：消费者（Customer）、成本（Cost）、便利（Convenience）和沟通（Communication）。它强调企业应该以追求消费者满意度为前提，努力降低消费者的购买成本、充分注重消费者购买过程的中便利性以及实施以消费者为中心的有效的营销沟通。

20世纪80年代后期，同样以顾客满意度为核心的CS（Customer Satisfaction）理论也开始广泛流行。20世纪90年代，营销学泰斗菲利普·科特勒在其著作《营销管理》第九版中系统地提出了STP理论，即市场细分（Segmentation）、目标市场选择（Targeting）、产品定位（Positioning）。

2001年美国学者唐·E. 舒尔茨（Don E Schultz）又提出了兼顾顾客需求与社会原则的4R理论，即关系（Relationship）、节省（Retrenchment）、关联（Relevancy）和报酬（Rewards）四个基本要素。

近年来随着互联网的迅速普及和快速发展，代表新型营销方向的网络整合营销4I理论也逐渐兴起，包括：Interesting（趣味原则）、Interests（利益原则）、Interaction（互动原则）、Individuality（个性原则）。

在经典的市场营销理论的基础上，结合健康保险市场发展的具体特征，可以给出健康保险营销管理的定义，简单来说，就是以健康保险产品为客体，以消费者对健康保险产品的需求为导向，以实现保险企业长期经营目标和消费者利益保护为最终目的而开展的一系列科学的、系统的经营管理活动。从引申的意义上说，有以下三个方面内容：

（一）健康保险营销活动是一种交换过程

投保人和保险人作为健康保险产品的需求方和供给方都需要在交换过程中实现各

自的目标。健康保险的需求指健康保险消费者既有意愿又有能力购买产品。人们对于健康安全的渴望是产生健康保险需求的基础。马斯洛需求层次理论中第二层次安全需要明确指出人们对人身安全、健康保障的需要。疾病、死亡、残疾等健康风险危及人们的健康安全，人们对健康风险转移的需要是客观存在的，但是人们对健康风险转移的需要并不一定直接转化为健康保险产品的需求。一方面，潜在消费者未必知道健康保险产品可以转移自身的健康风险；另一方面，消费者也不了解健康保险如何转移健康风险并需要为此付出的代价，以及这种代价即健康保险产品价格是否合理。保险人可以通过一系列保险宣传和营销活动帮助消费者清楚认识自身的健康保险需求，激起人们购买保险的欲望，从而可以把自身的健康风险交换到市场中去。在交换过程中，投保人转移了自身健康风险，保险人通过卖出产品获得收益，实现了保险企业长期经营的目标和消费者利益保护的目标。

（二）健康保险营销管理是一个科学的系统过程

健康保险营销是运用科学的方式，系统地收集、整理、分析相关信息，帮助健康保险企业制定和实施市场营销策略的一系列活动。健康保险营销管理，不是简单的保险产品销售活动，而是包括健康保险产品的构思、开发、设计、费率厘定、分销、促销及售后服务等计划与实施的整个系统的计划和管理过程。健康保险营销管理的核心是建立社会认知和客户认知，促使消费者正确认识健康保险产品在分散风险、提供保障以及完善社会治理等方面的重要功能和作用。消费者保险意识的提高不仅是我国保险市场可持续发展的保证，也是健康中国战略顺利实施的基础和关键。

（三）健康保险营销管理是一个多环节复杂的市场交易过程

健康保险营销管理实质上是满足消费者健康保险需求的管理过程，是通过识别、评估、选择和发掘消费者的健康保险需求，进而分析营销机会、研究和选择目标市场、制定市场营销策略、组织执行和控制市场营销活动，实现保险公司的任务和利润目标的管理过程，即保险公司与其最佳的市场机会相适应的过程。

专栏 4.1

健康保险公司营销管理过程的 5 个环节

（1）分析营销机会。健康保险营销管理首先要求分析和发掘健康保险市场机会和营销机会。健康保险市场机会指保险市场上尚未满足的健康保险需求。健康保险营销机会指能够使保险公司取得竞争优势和获得差别利益的市场机会。健康保险营销管理不仅要求保险公司善于发现和识别消费者真实的潜在需求，

而

且还要根据保险公司的目标和资源进行分析和评估营销机会，选择最适合的营销策略。

(2) 研究和选择目标市场。为准确制定健康保险营销策略，需对健康保险市场的结构和容量进行分析，选择最合适的目标市场。第一，对健康保险市场进行营销调研，包括保险需求调查和保险商品销售状况调查。营销调研是了解健康保险市场的重要途径和制定营销策略的基本保障。第二，对健康保险市场进行细分。任何保险公司都不可能完全满足市场上所有的健康保险需求，市场细分是保险公司正确选择健康保险营销目标市场的基本方法，是保险公司集中优势资源和精力展开营销活动的前提。第三，选择市场覆盖战略。在健康保险市场细分的基础上，保险公司面临如何选择目标市场。可供保险企业选择其目标市场的模式有五种：一是单一市场集中化战略，只选择一个细分市场；二是健康保险产品专门化战略，向不同的细分市场提供某一系列的健康保险产品；三是市场专业化战略，向某一类特定客户提供不同的健康保险产品，满足这类顾客群的各种需求；四是选择专业化战略，企业有选择地进入几个细分市场，提供不同的健康保险产品满足不同的细分市场；五是全面覆盖战略，为各种细分市场分别提供不同的健康保险产品，为各种收入群体提供各种健康保险产品。第四，进行市场定位。保险公司根据竞争对手现有健康保险产品在市场上所处的位置，避开其独有的特色，塑造出自己的健康保险产品与众不同的个性或形象，加深消费者的印象和认可度，确立同种健康保险产品在市场上的位置。

(3) 制定市场营销策略。在健康保险营销机会分析和目标市场研究的基础上，保险公司选定将要进入的细分市场，结合自身优势和全部资源制定一系列合适的营销策略，以提高健康保险的销售额，实现保费收入增长。详见本章第二节。

(4) 制定健康保险营销计划。健康保险营销计划是由保险营销部门制定的运作计划，是保险公司为了占领目标市场和完成预定的营销目标而制订的营销行动方案。制定健康保险营销计划主要考虑营销计划的主题和时间跨度。首先明确营销计划的主题，明确营销计划将实现何种功能，例如广告计划、销售计划等，不同营销计划主题需调配的资源和侧重点不同。然后明确营销计划的时间跨度，时间跨度不同，营销计划的目标、责任人和执行人员不同。在确定主题和时间跨度的情况下，综合考虑预算、人员安排、时间选择、实施手段分析等多方面因素，并围绕营销目标做进一步的规定和分析。完整详细的健康保险营销计划一般包括八个部分：营销纲要、市场营销状况分析、机会与问题分析、营销目标、营销策略、行动方案、预算（预计盈亏报告表）和控制。

营销纲要需对营销目标和措施进行简要说明。市场营销状况分析包括市场的整体情况、险种情况、竞争状况、营销渠道情况、保险营销的环境分析五个方面。机会与问题分析中,机会分析指在营销环境中对保险公司有利的各种因素;问题分析指在机会分析、优势和劣势分析的基础上,强调保险公司在营销计划规划的过程中需要重点突出的问题。营销目标是营销计划的核心部分,具体包括市场占有率、保险金额、保费收入总额、利润率、续保率等。营销策略是指达到营销目标的具体手段、途径或措施。行动方案指营销策略转化为具体的行动步骤。营销预算(预计盈亏报告表)指编制营销过程中的各项收支预算。控制指管理者及时发现和处理计划实施过程中出现的各种意外状况,适当调整营销活动,保证营销计划的顺利进行。

(5)组织、执行和控制市场营销计划。组织、执行市场营销,并对其进行控制是营销过程的最后一个环节,要组织保险公司的所有营销资源,根据保险公司在保险行业中的竞争地位,制定相应的营销战略和战术,以实施和控制保险营销活动。健康保险营销计划的执行是营销计划的最终目的和最后程序。在执行营销计划的过程中对营销计划的控制能及时发现营销计划的缺陷与不足,实施控制和管理的人员及时根据反馈信息调整营销计划并要求营销人员按照新的营销计划进行后续营销活动。

首先,健康保险营销计划的执行。健康保险营销计划的执行是将营销计划和策略付诸实践的过程,强调执行的人员选择、时间选择、地点选择和执行方式的选择。健康保险营销计划的执行通过营销经理、分销人员、客户服务人员、产品开发人员、广告和其他营销人员以及其他员工的日常经营活动来实现。在健康保险营销计划的执行过程中,营销管理者制定行动计划,分割营销责任,规定每个营销人员的具体工作任务、实施时间和执行方式,并根据情况对营销计划的执行人员和营销任务进行协调,保证营销计划的高效、有序地实施。

其次,健康保险营销计划的控制。健康保险营销控制指营销部门以营销计划为依据对营销活动进行监控,通过绩效评审和信息反馈,对营销计划进行调整的过程。环境的变化和保险公司自身变化因素会影响健康保险营销计划在实施过程中出现偏离,管理者要及时发现并进行处理。健康保险营销控制包括年度计划控制、盈利率控制、效率控制、战略控制和营销审计。

年度计划控制:年度计划控制指在一定时间区间内,对保险公司的营销绩效的考核和评价,包括销售分析、市场占有率分析和营销费用率分析。销售分析是以目标保费收入衡量实际保费收入;市场占有率包括保险公司市场占有率和保险产品市场占有率,前者指保险公司的保费收入在整个保险市场保费收入中所占的比重，后者指保险产品产生的保费收入在市场同类保险产品产生的保费收入中所占的比重。市场占有率分析是对保险公司在市场竞争中的地位和作用的评价。营销费用率是指营销费用与销售额的比率，营销费用率分析是对从事各种营销活动产生的费用与保费收入的比例的分析和评价。

盈利率控制：盈利率是利润占收入的比重，盈利率分析是确认保险公司盈利状况和亏损状况，以及盈利程度和亏损程度的过程。盈利率分析主要用于各类保险产品在不同地区和市场、通过不同分销渠道的获利能力的分析，以确定实施的营销策略的有效性。保险公司据此选择继续执行现有营销策略或者调整营销策略。

效率控制：效率控制包括销售人员效率控制、广告效率控制、促销效率控制。销售人员效率控制，指保险公司对销售人员进行销售的过程中所产生的投入和产出进行评价，并据此对销售行为进行改进、提高销售效率。广告效率控制，指对广告的成本与广告投入对消费者产生的影响的评价和改进措施。促销效率控制，是保险公司管理层对每一次销售促进的成本和销售影响进行评价并做出改进。

战略控制：战略控制是指市场营销经理采取一系列行动，使实际市场营销工作与原计划尽可能一致，在控制中通过不断评审和信息反馈，对战略不断修正，是保险公司对营销有效性的评价。

市场营销审计：健康保险市场营销审计是对保险公司市场营销环境、目标、战略、组织、方法、程序和业务等做综合的、系统的、独立的和定期性的核查，以便确定困难所在和各项机会，并提出行动计划的建议，改进市场营销管理效果，是对保险公司的市场营销组合因素效率的审计。健康保险市场营销审计涉及保险公司全部主要的市场营销活动，而不仅仅是产生问题之处，是对整个内部营销活动和外部营销环境的审计，包括营销环境、内部营销制度和各种具体的营销活动，然后在此基础上制定调整行动的计划，以提高组织的整体营销效益。

资料来源：作者根据相关文献整理而成。

二、健康保险营销管理的特点

健康保险营销管理一般具有系统性、专业性、主动性、服务性等特点。[①]

---

① 姚东明、赵成文在著作《健康保险营销学》中对健康保险的营销特点进行了详细梳理，其他学者也对保险营销的特点进行了总结与归纳。

（一）健康保险营销管理的系统性

健康保险营销由一系列的具体营销过程组成，不仅仅指保险销售这一个环节。健康保险营销是从保险市场调研、产品设计开发、费率厘定、营销渠道选择、销售到最后的理赔服务的一系列管理活动的系统过程。

（二）健康保险营销管理的专业性

健康保险营销是一种特殊的专业性很强的服务过程，需要营销人员熟悉并运用保险基础理论知识、法学、医学、经济学、心理学、社会学、消费者行为学等多方面知识，结合保险消费者的需求为其提供最适合的保险方案，帮助保险消费者实现风险转移、保障财务稳定。其中，需要特别指出的是，健康保险营销人员应具有基本的医学素养。疾病引发健康风险，疾病的概念、发生的概率、持续的时间、医疗费用等是健康保险消费者咨询时比较关注的问题。健康保险营销人员专业、详细的解释能够增强消费者的信任感，也能树立良好的职业素养形象，是保险双方达成协议、完成保险销售的有力保障。

（三）健康保险营销的主动性

健康保险产品是一种服务性产品，消费者不能直接观察保险产品的特点、作用，难以直观感受保险产品带来的效用。保险营销人员需主动向潜在消费者介绍保险产品，激发消费者购买保险产品的欲望，最终完成保险产品销售。健康保险市场信息不对称问题非常突出，部分保险消费者选择隐瞒自身真实的健康状况以获得更低的保费，这种行为将影响保险人的利益。保险人很难以现有的技术手段精确甄别投保人的健康信息，健康保险市场上道德风险和逆向选择问题非常严重，这是影响保险公司经济效益的主要原因。健康保险营销人员在销售过程中应具有敏锐的洞察力和分析能力，引导消费者尽可能准确陈述健康状况，或根据消费者的描述加以提炼和分析，作为是否接受投保以及费率制定的依据。

（四）健康保险营销的服务性

健康保险营销是一种特殊的服务过程，服务性贯穿整个营销流程。保险营销人员不仅需要根据消费者的需求介绍保产品、设计保险方案，在消费者完成投保后根据投保人需求的变化适当调整保险方案，还需要在保险事故发生后，积极主动为保险消费者启动理赔程序、进行合理的赔付。健康保险能够补偿健康风险发生带来的经济损失，而风险是不确定的，健康风险可能发生也可能不发生。我国传统文化忌讳"死亡""疾病"等词汇，某些传统观念将健康保险与疾病必然发生联系在一起，认为购买健康保险是引发疾病的诱因。传统文化对健康风险缄口不言，更有甚者讳疾忌医，这成为健康保险营销的文化阻碍。保险营销人员在销售保险的过程中需要注意与传统文化的冲突，注重人文关怀，选择适当的沟通方式与沟通技巧，全面而准确地解释健康保险的作用，消除消费者抗拒的心理反应。

三、健康保险营销过程中的消费者需求管理和公众教育

健康保险公司营销管理过程是健康保险产品的提供者和销售者，包括各类保险组织和保险中介机构，通过对消费者保险需求管理和公众教育，实现公司产品销售和运营管理目标的过程。目前在我国健康保险市场上，人寿保险公司、财产及责任保险公司均提供健康保险业务，专业健康保险公司办理健康保险和意外伤害保险等业务。专业健康保险公司可依据健康保险的特点、集中资源和精力开展业务，实现健康险业务的专业化经营，有目标、有计划地扩大业务规模，提高经营效率。健康保险中介机构包括保险代理人、保险经纪人、兼业代理人等，健康保险中介机构直接与消费者接触，承担着挖掘消费者健康保险需求和实施公众教育的重要任务。从健康保险产品消费者的角度看，消费者对健康产品的需求包括现实需求和潜在需求，这种需求具有与一般商品和服务需求所不同的特点。

专栏 4.2

人寿保险或财产保险公司经营健康保险的形式

由人寿保险或财产保险公司经营健康保险的形式包括附加寿险（财险）形式、健康保险事业部形式和保险公司子公司形式。

附加寿险（财险）形式：即将健康保险业务附加于寿险或产险业务上进行经营的形式。这种经营形式的优点是：直接利用保险公司现有的营销系统、培训体系、管理经验等，经营初期成本较低。缺点是：健康保险定位在寿险或产险的辅助和从属地位上，健康保险业务与寿险业务的内在特征和经营规律不同，与财险业务的保险标的性质与法规适用也不同，不利于健康保险业务的进一步开展。

健康保险事业部形式：即保险公司设立专门的健康保险部来经营健康保险的形式。健康保险事业部掌控从事健康保险产品的开发设计、渠道拓展和利益分配的权利，在保险公司内部形成独立的业务体系，实际从事健康保险的经营与管理。这种经营形式的优点是：可根据健康保险的特点展开专业化经营，同时共享保险公司的营销渠道和技术支持。缺点是：健康保险的经营需要协调其

> 他职能部门,受其他职能部门的发展水平的限制,同时与其他业务部门在保险公司人力、物力、财力等资源上形成竞争。
>
> 保险公司子公司形式:即保险公司以设立子公司的形式来专门经营健康保险。这种经营形式的优点是:具有相当独立的组织形式,充分协调各职能部门、调动经营者的积极性和主动性,有利于健康保险的专业化经营。同时,还可以共享母公司的资源,降低子公司的运营成本。其缺点是:组建子公司需要投入一定的人力资源、资金、技术以及其他必备条件,同时由于健康保险与人寿保险、财产保险的特征差异,还需要平衡与母公司之间的经营方式与经营理念。
>
> 资料来源:姚壬元. 我国商业健康保险经营形式的探讨 [J]. 广东财经大学学报,2003 (4):29-32.

(一) 健康保险营销过程中的消费者需求管理

健康保险的消费者,即健康保险的营销对象,包括个人消费者和团体消费者两种客户类型。健康保险消费者具有数量多和客户范围不断变化的特点。健康保险以人的健康为保险标的,人口的数量决定健康保险消费者数量的上限。人们对健康保障的需求和我国巨大的人口基数形成健康保险营销的巨大客户群体。健康保险的客户和客户范围并非一成不变,而是随着保险公司内部和外部因素的变化而发生改变。一是健康保险客户范围不断扩大;二是健康保险客户的需求发生变化,对单一的健康保险产品需求变为对多种健康保险产品的需求。

1. 健康保险消费者需求的影响因素

经济发展、收入水平提高等经济因素和人口老龄化等社会因素以及政策因素共同影响健康保险客户范围扩大。

(1) 经济因素。随着经济的不断发展和人均收入水平的不断提高,人们在满足基本的生理需求后会产生对安全需求的需要,健康保险是满足人们安全需求的一种途径。收入的不断增加使更多消费者在满足基本消费以外,尚有能力寻求保险等其他产品和服务的消费。健康保险的客户范围与经济环境的改善相关。

(2) 人口因素。我国人口老龄化程度的不断加深,老年人口数量快速增加,老年人口抚养比不断增大,社会的养老负担不断加重,这些因素导致健康保险的需求增加,尤其是与老年人护理需求相关的长期护理险的市场将明显扩大。

(3) 政策因素。我国专业健康保险公司在一定程度上承接政府的社会医疗保险业务,这将直接增加健康保险的客户范围。随着政策的改变、员工保险福利的增加,与之相关的健康保险客户群体和业务范围将随之变化。

2. 健康保险消费者的分类管理

健康保险消费者数量多、需求各异，保险公司需要对其客户进行细分，更为充分和准确地了解客户，对不同的细分客户采用不同的关怀方式和市场营销活动，不断提高健康保险客户的满意度。

（1）根据健康保险消费者的消费能力，划分为高端客户、中端客户和大众客户。

高端客户：指高净值客户，是能支付较高的保费参与高端健康保险服务的群体。这类客户缴纳的保费多，保险金额大，保险公司提供私人医生、名医绿道、大病专案等高端服务。

中端客户：指中产阶级客户，这类客户注重自己和家人的身体健康，对医疗服务有较高的要求，如使用进口药或进口医疗器械等，能够并愿意支付较高的健康保险费用。

大众客户：指收入水平不高，人口数量占绝大多数的健康保险客户群体。这类客户有基本的健康保险需求，但仅能支付一般保障水平的健康保险产品，接受普通的医疗服务。

（2）根据健康保险客户的身份，划分为政府客户、企业客户和个人客户。

政府客户：保险公司接受政府委托办理社会医疗保险业务，政府整合社会医疗保险的客户和保险信息，统一移交保险公司代为管理和处理相关事宜。政府的委托业务成为专业健康保险公司业务的重要组成部分。[①]

企业客户：将每个企业作为健康保险的营销对象，向企业相关负责人介绍健康保险产品信息，力争与企业签订团体健康保险，为企业员工提供健康保障。

个人客户：以每个自然人为营销对象，向个人及其家庭提供健康保险业务。

（二）健康保险销售的公众教育

现阶段，我国公众的健康保险意识不强，商业健康保险市场规模不足，商业健康保险市场规模制约着健康保险的发展。加强健康保险消费者的保险意识和知识教育，拓展市场规模、提升商业健康保险在保险行业甚至经济领域的比重成为健康保险经营者、行业协会和监管部门共同面临的挑战，是健康保险全行业发展的重要任务，特别需要健康保险公司在健康保险行业发展壮大的过程中发挥主观能动作用。具体地，需要在以下几个方面做出努力：

1. 提高消费者健康风险意识、增强公众对健康保险功能的认识

我国消费者对健康保险乃至整个保险行业存在某些偏见和认知不足，对健康保险认可度不高、对健康保险的风险分担功能认知不足、不清楚自身健康保险需求。这些

---

① 政府划分一部分社会医疗保险业务公开招标，各保险总公司或总公司授权的地市级以上分支机构作为投标人参加大病保险投标。受经营资质和成立时间的限制，各专业保险公司参与的力度不同，人保健康的业务中约80%由社会医疗保险业务贡献，复兴联合、瑞华健康成立时间较晚，没有承接社保业务。

偏见和认知的欠缺将阻碍健康保险市场的进一步扩大。

心理层面上,消费者缺乏危机意识、侥幸心理普遍存在。消费者不能充分认识健康风险的不确定性、客观性和普遍性,否认健康风险发生的可能性和危害程度。传统文化层面,我国民众对灾难、噩运等负面因素或影响普遍存在避讳的心态,将健康保险的购买行为与健康风险的必然发生联系起来。认知层面上,一是部分年轻消费者对自己的身体状况盲目自信,将年龄与健康程度等同起来,认定自己几乎没有健康风险,没有健康保险需求。二是部分消费者对健康保险的风险分担功能认识不足,认为自己有经济实力承担健康风险带来的经济后果而缺少转移健康风险的基本意识。三是部分拥有社保的消费者虽然认可健康保险的风险分担功能,但认为社会保险的保障范围和保障程度与商业健康保险几乎一致,没有购买商业健康保险的必要性,缺少购买商业健康保险的动力。四是部分消费者家庭保险配置不合理,尤其是抚养小孩的家庭,将保险视为对小孩的投资,忽略自身的健康保险需求。

2. 提高消费者的风险意识和健康保险知识,需要充分发挥意见领袖的作用

意见领袖是指在人际传播网络中经常为他人提供信息,同时对他人施加影响的"活跃分子",他们在大众传播效果的形成过程中起着重要的中介或过滤的作用,由他们将信息扩散给受众,形成信息传递的两级传播。通过意见领袖影响普通消费者关注自身健康风险、提升健康意识并将正面案例通过多种途径传播开来。

(二) 协助消费者了解健康保险需求,加强自身健康风险管理

普通消费者未必了解自身健康保险需求。一方面,潜在消费者有转嫁健康风险的需要,但不一定知道健康保险产品可以转移健康风险。另一方面消费者不了解健康保险转移健康风险的程度、相应的代价和具体的流程。这就需要健康保险公司会同保险监管部门、行业协会以及保险教育部门共同协助消费者了解自身的健康保险需求,加强健康风险管理。

一是广泛宣传健康保险的功能和特征的重要性和必要性。潜在消费者了解健康保险具有转嫁健康风险的功能后,才会发生进一步的保单价格、保障范围和保障程度的咨询。健康保险公司可以制作健康保险产品宣传片、宣传册,以实物或者视频、图片等形式进行广泛传播,同时也可以发挥意见领袖的作用。

二是提供专业的保险需求咨询服务,协助消费者识别自身特定的保险需求。消费者未必清楚自己需要的保险产品种类,也不一定清楚需求的数量,仅有简单、模糊的保险需求。通过设定专业的问卷或者题目,可以充分了解消费者的真实需求,精准匹配消费者的健康保险产品和其他保险产品。

三是针对尚没有健康保险需求意识的普通消费者,通过大数据分析,并以邮件、微信广告等形式有针对性地推送健康保险产品。既推广健康风险防范意识,又普及健

康保险产品知识，在消费者产生健康保险需求时能迅速做出反应，减少搜索成本，提高消费者和保险公司的效率。

四是通过强关系群体传播，促进健康保险公众教育。美国社会学家格兰诺维特提出的强关系社会学理论，认为个人的社会网络同质性较强，人与人的关系紧密，有很强的情感因素维系着人际关系。血缘和地缘是强关系的典型代表，如家庭成员、同事、同学、老乡之间都属于强关系。强关系人群之间信任度高，受影响程度高，通过强关系影响更多的消费者提高健康风险意识、传播健康保险功能、识别健康保险需求具有高效性特征。同时，强关系群体中的传播者分享健康保险风险分担的真实案例可极大提高受众的信任感和真实感。作为对传播者有意或无意的健康保险信息分享，保险公司可适当进行激励，包括授予荣誉称号或给予适当的保费减免。通过强关系之间的传播行为促进公众教育，对发展健康保险市场甚至整个保险市场具有积极意义。

（三）培养消费者保险习惯，扩大健康保险产品需求

虽然消费者具有保险需求，却未必会转化为投保行为，因此，培养消费者保险习惯、提高保险需求转化程度是扩大健康保险市场规模的有效方式。

一是保险公司可以广告的形式塑造健康保险消费者知性、有文化内涵、有品位等高端形象，吸引大众目光。通过名人效应吸引众多追随者模仿，满足消费者通过健康保险实现风险转嫁以外的其他心理需求，如提升自身形象和拉近偶像距离的心理需求。

二是通过试用营销的方式，提高消费者的健康保险认可度。任何新型产品都有一个认识、认知、认同、购买的过程，通过试用的方式让消费者持续不断地感受到健康保险产品的有效性。保险公司可以较低的价格或者免费赠送的方式向特定消费者提供短期的健康保险产品，让消费者真实体会产品内容、投保过程以及理赔时的程序和保障责任，强化对健康保险的认知；并对通过"免费"的形式获得赔偿的消费者案例进行宣传，进而影响其他消费者，提高公众对健康保险产品的认可度。

三是对首次购买健康保险产品的消费者实行让利奖励，强化消费者的投保行为。通过奖励的形式，既是对消费者之前购买健康保险的一种认可，又是对消费者之后购买健康保险优惠的隐性承诺，使消费者从心理层面对健康保险产品产生信任感和亲近感，不仅能促进消费者的持续投保行为，还会通过消费者无意识的分享传播给更多的潜在消费者。

（四）消除销售误导和理赔难的顽疾，加强消费者利益保护

由于我国健康保险行业还处于初级阶段，个别从业者过于关注自身利益，在健康保险的销售和理赔的过程中，还存在着危害消费者的行为，消费者对此非常担忧，甚至还在主观意识上将保险视为一种欺骗行为，这些负面因素严重阻碍了健康保险市场

更好、更快地发展。

首先,在保险销售过程中存在诱导消费者投保而进行欺骗的行为。一是保险公司欺骗、误导销售人员,再经保险销售人员将错误或者不完备的信息传递给消费者,当消费者健康风险发生,启动理赔诉求时发现与投保时的承诺不一致。二是销售人员为追求个人业绩,在熟悉保险合同的前提下夸大健康保险产品的作用、隐瞒合同中明确记载的免责和免赔,导致消费者的错误认知。三是言语上的胁迫,通过精心设计的说辞诱导消费者冲动性地购买保险,待消费者冷静后发现与自己的保险需求不匹配。此外,贿赂和回扣、胁迫和权力交易在保险市场上也时有发生。

其次,在保险理赔过程中,有些保险公司推卸责任、拖延赔付以及理赔程序繁琐、赔付时间长等因素导致消费者产生对保险的排斥心理,消费者对保险整个行业理赔行为的低满意度将影响健康保险的需求。

因此,加强消费者利益保护,努力消除销售误导和理赔难的顽疾,营造市场秩序是消除消费者偏见和顾虑、维护行业形象的重要手段。让消费者产生信任是前提,不仅在投保时信任保险公司不欺骗、不隐瞒,在理赔时信任保险公司不推诿、不拖延。产生信任的前提是行业规范,赏罚分明,对规范经营、积极承担社会责任、热心公益的保险公司给予宣传和奖励,对违反法律法规的保险公司和销售人员给予公开处罚,不仅对违规行为进行震慑还公开宣示行业的公信力,增强消费者信任感。2017年11月发布的《健康保险管理办法(征求意见稿)》明确表示保险公司可以借助互联网等信息技术手段,对被保险人的数字化理赔材料进行审核,简化理赔流程,提升服务效率。保险监管部门和行业协会需要充分发挥监管职能,对保险公司和保险销售人员的奖惩需公开透明,赋予消费者知情权,并在合适范围内通过媒体等形式进行传播。同时,保险公司也要按照监管要求,努力提升服务水平,塑造保险行业积极、正面、规范的形象。

专栏4.3

《健康保险管理办法(征求意见稿)》——销售管理

第三十三条　保险公司销售健康保险产品,应当严格执行经审批或者备案的保险条款和保险费率。

第三十四条　经过审批或者备案的健康保险产品,除法定理由外,保险公司不得拒绝提供。保险公司销售健康保险产品,不得强制搭配其他产品销售。

第三十五条　保险公司不得委托医疗机构或者医护人员销售健康保险产品。

第三十六条　保险公司销售健康保险产品,不得非法搜集、获取被保险人除家族病史之外的遗传信息、基因检测资料;也不得要求投保人提供。保险公司不得以被保险人家族病史之外的遗传信息、基因检测资料作为核保条件。

第三十七条　保险公司销售健康保险产品，应当以书面或者口头等形式向投保人说明保险合同的内容，对下列事项作出明确告知，并由投保人确认：

（一）保险责任；

（二）责任免除；

（三）保险责任等待期；

（四）保险合同犹豫期以及投保人相关权利义务；

（五）是否提供保证续保以及续保有效时间；

（六）理赔程序以及理赔文件要求；

（七）组合式健康保险产品中各产品的保险期间；

（八）中国保监会规定的其他告知事项。

第三十八条　保险公司销售健康保险产品，不得夸大保险保障范围，不得隐瞒责任免除，不得误导投保人和被保险人。投保人和被保险人就保险条款中的保险、医疗和疾病等专业术语提出询问的，保险公司应当用清晰易懂的语言进行解释。

第三十九条　保险公司销售费用补偿型医疗保险，应当向投保人询问被保险人是否拥有公费医疗、基本医疗保险或者其他费用补偿型医疗保险的情况，投保人应当如实告知。保险公司不得诱导投保人重复购买保障功能相同或者类似的费用补偿型医疗保险产品。

第四十条　保险公司销售医疗保险，应当向投保人告知约定医疗服务机构的名单或者资质要求，并提供查询服务。保险公司调整约定医疗服务机构网络的，应当及时通知投保人或者被保险人。

第四十一条　保险公司以附加险形式销售无保证续保条款的健康保险产品的，附加险的保险期限不得小于主险保险期限。

第四十二条　保险公司销售的长期费用补偿型个人医疗保险产品，应当在犹豫期内对投保人进行回访。保险公司在回访中发现投保人被误导的，应当做好解释工作，并明确告知投保人有依法解除保险合同的权利。

第四十三条　保险公司承保团体健康保险，应当以书面或者口头等形式告知每个被保险人其参保情况以及相关权益。

第四十四条　投保人解除团体健康保险合同的，保险公司应当要求投保人提供已通知被保险人退保的有效证明，并按照中国保监会有关团体保险退保的规定将退保金通过银行转账或者原投保资金汇入路径退至投保人缴费账户或者其他账户。

资料来源：《健康保险管理办法（征求意见稿）》，中国保监会，2017年11月15日。

第二节　健康保险公司营销策略和道德准则

健康保险公司的营销策略（Marketing Strategy）管理，是指健康保险公司在符合保险法律规范和监管要求的基础上，坚持健康保险营销管理的道德准则，以顾客需求为出发点，科学分析顾客需求量以及购买力的信息，有计划地组织市场开发、品牌营销和产品营销的各项经营活动。因此，健康保险公司营销管理的目标，不仅要满足消费者需求，保护消费者利益；而且要满足保险公司可持续发展的愿景，创造社会价值，最终实现消费者、保险公司和社会共赢的良好局面。

一、健康保险公司市场竞争策略管理

健康保险公司营销策略首先是市场竞争策略，而市场竞争策略管理的内涵是通过三种具体的策略，包括市场细分策略、目标市场选择和定位策略以及市场竞争策略，制定合适的营销策略来形成竞争优势，获取潜在顾客的注意力，扩大自身产品的市场占有率，从而在激烈的市场竞争中立于不败之地。

（一）健康保险市场的细分策略

美国市场营销学家温德尔·史密斯（Wendell R. Smith）于1956年首次提出"市场细分"的概念，按照消费者欲望与需求把因规模过大导致企业难以服务的总体市场划分成若干具有共同特征的子市场，处于同一细分市场的消费群被称为目标消费群，相对于大众市场而言这些目标子市场的消费群即为分众市场。

1. 健康保险市场细分的内涵和作用

在健康保险市场中，健康保险产品的消费者对健康保险产品的需求具有明显的差异性，这种差异性是健康保险市场细分的基础。健康保险的市场细分就是将一个大的具有异质性的市场划分成若干个小的同质的市场。在每一个小的健康保险市场中，消费者的健康保险产品的需求基本相同或者非常相似。需要注意的是，健康保险的细分不是将不同的健康保险产品进行分类，而是对消费者进行分类，将对同一个健康保险产品的需求高度类似的消费者划分为一个子市场。

在我国，由于经济发展不平衡、贫富差距大、人口组成复杂等因素，市场上客观存在健康保险消费者的需求未被满足或满足程度不足的情况。市场细分将这类消费者筛选出来，有针对性地开辟或拓展新的领域以提高保险公司的市场占有率。此外，在细分市场上对同质的消费者采取相同的营销计划能基本覆盖所有消费者的健康保险需求，组织保险公司人力、物力、财力重点突破，既能节省保险公司资源又能提高营销的效果。因此，对健康保险市场进行科学有效的市场细分，对于保险公司的可持续经营起着重要的作用，可以更方便地进行产品销售，提高营销效率，进而提高保险公司市场竞争力，提高企业利润和经济效益。

2. 健康保险市场细分的依据和方法

市场细分建立在市场需求差异性的基础上，因此形成需求差异性的因素都可以用做市场细分的依据（或称为细分变量）。健康保险市场潜力巨大，需求各异，影响需求的因素复杂多样，健康保险公司应根据消费者需求的特点、行业经营的实际与经验，灵活选择细分依据，以获得对企业经营具有价值的细分市场。健康保险消费者市场细分主要的方法有地理细分、人口细分、心理细分、行为细分四种。

（1）地理因素细分。由于地理位置和地理环境的不同，使不同地理区域的消费者会因自然环境和文化因素而形成不同的消费需求和消费习惯。在不同的地理区域，经济总量、人口密度、城市规模、风俗习惯、城乡差别、气候等主要因素共同影响消费者产生健康保险需求的差异性。保险公司根据以上因素可将全国健康保险市场分为几个大类，如京津冀地区、珠江三角洲地区、边远少数民族地区（新疆、西藏）等。在此基础上可进一步进行细分，甚至具体到每一个城市，每一个城市还可以继续细分为主要城区、区县和偏远乡镇。健康保险市场细分的规则灵活，保险公司根据自身情况和实际需要选择并在实践过程中适当调整。地理因素是一种静态因素，处于同一地理位置的消费者仍然会存在较大的需求差异，因此，保险公司在进行市场细分时，还必须进一步考虑相关因素的动态变化。

（2）人口因素细分。人口因素细分是指根据各种人口学变量，如年龄、性别、家庭人口、家庭生命周期、收入、职业、教育水平等，把市场区隔成不同特征的群体。人口因素细分对于保险公司识别潜在顾客尤为重要，是市场细分最常用的细分依据。在健康保险行业中，人口因素对保险需求有着直接的影响。

第一，年龄结构方面，随着消费者年龄的变化，消费者的身体状况和支付能力会发生较大改变，健康保险需求因此呈现明显的差异。根据年龄的不同，一般将健康保险市场划分为老年人市场、成年人市场、青年人市场、少年儿童市场、婴儿市场。

第二，家庭人口和家庭生命周期的不同，健康保险需求也相应呈现明显的区别。大多数家庭都会经历若干阶段，这些阶段各有特点、具有不同的经济状况和购买模式，即家庭具有不同的生命周期，健康保险的需求也因此发生变化。住户生命周期（Household Life Cycle）具有多种模式，这些模式建立的基础是成年人的年龄、婚姻状况、有无子女和子女年龄大小。根据家庭人口和生命周期的不同，健康保险市场可划分为无子女的年轻夫妻、已婚有子女家庭、已婚老年夫妻、老年单身者、单亲家庭等多种细分市场。

第三,根据收入的高低可以将整个市场细分为高收入群体、中高收入群体、工薪群体、低收入群体。根据性别不同可分为男性群体和女性群体。

第四,教育程度决定着一个人的认知程度,教育程度的高低深刻影响着一个人对保险的认知程度和接受方式。教育程度较高的消费者对保险均有着概念性的认识,他们对保险了解较多,对自身的风险意识也较强,购买保险的意愿也较高。根据教育程度的不同,可将健康保险市场划分为大学及以上学历市场、高中或中专学历市场、初中及以下学历市场。

(3) 心理因素细分。在地理因素、人口因素方面具有相同或相近特征的顾客,可能仍会表现出极大的需求差别,其原因主要在于消费者心理因素的影响。心理细分的依据主要有消费者的生活方式、个性和社会阶层。

第一,生活方式指消费者对待生活、工作、娱乐的态度和行为。不同生活方式的消费者对待健康保险的态度不同,据此可将消费者划分为享乐主义者、实用主义者、紧跟潮流者、因循守旧者等不同类型。

第二,个性,反映个体对一系列重复发生的情境所显示出的比较稳定的行为倾向。个性的不同使消费者产生不同的消费行为。根据性格的差异,可以将消费者分为独立、保守、外向、内向、支配、服从等类型。

第三,社会分层形成社会等级体系(Social Class System),它是指对社会进行等级划分,即将社会按照态度、价值观和生活方式等划分为若干个具有独特特征的人口群体。将健康保险潜在消费者分为多个层次,不同层次的消费者的人口比例、生活方式和消费态度存在差异,挖掘各层次健康保险潜在消费者的共同特征,设计、销售匹配的健康保险产品,在健康保险的保障范围、价格、产品特征方面区分开来。根据社会分层不同,可将消费者分为高收入阶层、中收入阶层和低收入阶层。

(4) 行为因素细分。行为因素主要指消费者在购买健康保险过程中对产品的认知、态度、使用等行为特点,健康保险细分的行为因素主要体现在使用率、消费时机和使用者状况。

第一,使用率反映的是消费者购买健康保险产品的多寡,部分消费者购买多种健康保险产品,另外部分消费者仅购买单一的健康保险产品。根据消费者购买健康保险数量的不同,可将消费者分为少量购买者者、中量购买者、大量购买者。

第二,消费时机是指顾客需求和健康保险产品的时间特性。如空气污染指数影响健康保险需求[①],根据空气污染的季节变化,可将健康保险市场分为重度污染时期、

---

① 《Something in the Air: Pollution and the Demand for Health Insurance》(by Tom Y. Chang, Wei Huang and Yongxiang Wang)一文探讨了空气污染对人们健康保险需求的影响,研究表明随着日均空气污染指数的上升,当天销售的保险合约数量会随之增加。

中度污染时期、轻度污染时期和无污染时期。

第三，可以按照消费者对健康保险产品的使用情况进行如下分类：未曾使用者、曾经使用者、潜在使用者、初次使用者、经常使用者。实力雄厚的保险公司特别注重吸引潜在顾客，将其转变为健康保险的实际消费者；而中小型保险公司则以维持现有顾客为主，提高他们对保险公司和保险产品的偏好和忠诚度。

（二）目标市场选择和市场定位策略

健康保险营销目标市场选择，是在保险企业在细分出来的若干子市场的基础上，结合企业自身的优势和特点，选择决定将要进入的市场。目标市场选择与市场细分既有联系又有不同。市场细分是目标市场选择的前提和基础，目标市场选择是市场细分的目的和结果。市场细分是根据消费者健康保险需求的差异性划分消费者群体的过程，目标市场选择是保险企业选择其中的某一个或者几个子市场作为营销对象、提供有特色的服务的过程。

保险公司选定目标市场后，还要决定怎样进入目标市场、熟悉健康保险产品在目标市场的位置，确定所提供的健康保险产品的市场定位。

1972年美国营销学家艾·里斯和杰克特劳特提出了"市场定位"的概念，结合健康保险的特点，可将健康保险市场定位（Health Insurance Market Positioning）定义为保险公司根据竞争者现有健康保险产品在市场上所处的位置，针对顾客对该类健康保险产品某些特征或属性的重视程度，为本企业健康保险产品塑造与众不同的、印象鲜明的形象，并将这种形象生动地传递给顾客，从而确定该健康保险产品在市场中的适当位置。

健康保险市场定位通过识别潜在竞争优势、确定核心竞争优势以及制定战略实施三个步骤完成。识别潜在竞争优势需要通过一系列调研手段搜索、分析竞争对手的健康保险产品，评价其对顾客转移健康风险的需求的满足程度，并分析和预测尚未满足的需求，把握和确定自己的潜在竞争优势。确定核心竞争优势即保险公司分析、比较自己与竞争对手在经营管理、产品开发、市场营销、人员配置、财务等各方面的优势，从而匹配最适合本企业的优势产品。制定战略实施指保险公司通过一系列的营销活动，将其独特的竞争优势准确地传播给消费者，并在消费者心中留下深刻印象。

（三）健康保险市场竞争策略

在对保险市场进行细分、明确目标市场选择的条件下，健康保险公司要针对不同的市场环境采取不同的市场竞争策略，以形成核心竞争力，确保健康保险公司在市场上获得竞争优势，提高保险公司经营管理效率。

1. 竞争对手分析

健康保险公司市场竞争策略管理,首先要求识别竞争者。竞争者可以来自行业内也可以来自于行业外的其他行业。在行业内,一个健康保险公司可以把提供类似或同类健康保险产品的保险公司看作自己的竞争者,比如人保健康将凡是能提供健康保险产品的公司都视为自己的竞争对手,包括专业健康保险公司和提供健康保险的人寿和财产保险公司。保险公司推出新的健康保险产品、降低保险费率、提高服务水平等都会导致消费者投保意愿的变化。

从行业外的角度,还可以将所有提供具有健康保险功能和服务的类似产品的企业甚至救济、自我保障等部门视为竞争对手。健康保险消费者需要的是能提供健康保障的产品或服务,社会医疗保险也能提供类似的服务。因此,社会医疗保障水平的提高、社会医疗保险领域的扩大会影响健康保险需求,社会医疗保险成为商业健康保险的竞争对手。

此外,凡是参与消费者货币分配而与健康保险公司竞争的企业或者部门都是健康保险公司的竞争者。消费者当前的货币持有量是一定的,消费者购买健康保险的目的是当健康风险发生时能获得经济补偿以支付医疗费用,储蓄也能提供类似的功能,保险和预防性储蓄呈现一定程度的替代性,因此银行等金融部门也是健康保险公司的竞争对手。

在识别了竞争对手后,评估竞争者显得尤为重要。对竞争对手的目标、策略、优势、劣势、反应模式等进行评估,从而确定最优的竞争对策,提高保险公司的经营效益。

2. 确定市场竞争策略

在我国健康保险市场上,参与经营和竞争的保险公司,既有专业健康保险公司,也有多家人寿保险公司、财产保险公司。一般地,专业健康保险公司常常采取差异化的竞争策略,强调企业在健康保险领域的专业性、塑造品牌形象、强调产品创新、扩大市场并强化营销通路。此外,专业健康保险公司还整合上下游企业、医疗机构形成健康管理模式,扩大影响力、吸引消费者的注意力。而一些人寿保险公司或财产保险公司则常常采取低成本策略,强调依靠企业强大的实力和广大的营销网络,形成健康保险产品与其他保险产品的组合优势,扩大健康保险市场的占有率。

在健康保险公司市场竞争策略管理中,可以根据保险公司所处市场地位,将保险公司分为市场领导者、市场调整者、市场跟随者、市场补缺者。

市场领导者通常采用扩大健康保险总市场、力争在保持现有市场占有率的基础上提高市场占有率、采取防御措施巩固市场地位的措施。

市场挑战者位于市场中第二、第三位,目标是通过竞争获得领导者的地位。通常寻找领导者的弱点直接正面攻击,采用价格竞争、差异化服务、直销等手段。

市场追随者是指那些不想改变市场格局力求维持现状的健康保险公司,这类健康保险公司最好的竞争策略为适当、合理地追随领导者的策略。

市场补缺者是指通过专业化经营获得生存发展的中小保险公司。这类保险公司的竞争策略是盯住市场空缺,利用自身优势满足这部分市场的特殊需求。

专栏 4.4

迈克尔·波特的三大竞争战略

波特认为,竞争战略的一个核心问题是企业在产业中的相对位置。竞争位置会决定企业的获利能力是高出还是低于产业的平均水平。即使在产业结构不佳、平均获利水平差的产业中,竞争位置较好的企业,仍能获得较高的投资回报。

每个企业都会有许多优点或缺点,任何的优点或缺点都会对相对成本优势和相对差异化产生作用。成本优势和差异化都是企业比竞争对手更擅长因应竞争力的结果。将这两种基本的竞争优势与企业相应的活动相结合,就可导出可让企业获得较好竞争位置的三种竞争战略:总成本领先战略、差异化战略及专一化战略。

"总成本领先战略",要求企业必须建立起高效、规模化的生产设施,全力以赴地降低成本,严格控制成本、管理费用及研发、服务、推销、广告等方面的成本费用。为了达到这些目标,企业需要在管理方面对成本给予高度的重视,确保总成本低于竞争对手。

"差异化战略",是将公司提供的产品或服务差异化,树立起一些全产业范围中具有独特性的东西。实现差异化战略可以有许多方式,如设计名牌形象,保持技术、性能特点,顾客服务,商业网络及其他方面的独特性等。最理想的状况是公司在几个方面都具有差异化的特点。但这一战略与提高市场份额的目标不可兼顾,在建立公司的差异化战略的活动中总是伴随着很高的成本代价,有时即便全产业范围的顾客都了解公司的独特优点,也不是所有顾客都将愿意或有能力支付公司要求的高价格。

"专一化战略",是主攻某个特殊的顾客群、某产品线的一个细分区段或某一地区市场。低成本与差异化战略都是要在全产业范围内实现其目标。专一化战略的前提思想是:公司业务的专一化能够以较高的效率、更好的效果为某一狭窄的战略对象服务,从而超过在较广阔范围内竞争的对手。公司或者通过满足特殊对象的需要而实现了差异化,或者在为这一对象服务时实现了低成本,或者二者兼得。这样的公司可以使其赢利的潜力超过产业的平均水平。

竞争优势是所有战略的核心,企业要获得竞争优势就必须作出选择,必须决定希望在哪个范畴取得优势。全面出击的想法既无战略特色,也会导致低于水准的表现,它意味着企业毫无竞争优势可言。

资料来源:迈克尔·波特著,陈小悦译:竞争战略. 华夏出版社,2005.

二、健康保险公司品牌营销策略管理

随着竞争的加强，现代市场竞争越来越体现为品牌竞争，品牌的作用日益突出。杰弗里·兰德尔（Geoffrey Randall）将品牌的功能归结为四个方面：识别、信息浓缩、安全性和附加价值。企业可以通过品牌与其他企业的同质性产品区分开来，表达自己独特的产品形象和企业形象，从而加强与消费者的沟通，提供消费者的识别能力。消费者能够通过品牌获取企业和产品的相关信息，从而匹配自己的消费需求。具有良好声誉的知名品牌传达安全、可靠的信息，增强消费者信心、降低消费者搜索成本、提高市场效率。

品牌的独特功能被广泛地应用到现代市场营销中，品牌营销应运而生。品牌营销是指企业通过塑造特定的企业形象及品牌形象，创造品牌价值，提高品牌竞争力，从而影响和培养满足特定消费需求的市场营销活动。健康保险企业品牌营销管理，是指从更高层次上把健康保险公司的形象、知名度、良好的信誉等展示给保险消费者，或者在保险消费者的心目中形成对健康保险产品或者服务的品牌形象。

结合健康保险特点和我国现阶段健康保险发展状况，健康保险公司品牌营销管理包括以下几个方面：

（一）加强品牌意识，提高健康保险公司知名度和美誉度

越是激烈的营销竞争，品牌营销越发关键。一方面，健康保险公司需重视企业形象和声誉，摒弃以往为追求短期利益而存在的销售误导和理赔难等损害消费者利益的行为；另一方面，健康保险公司在经营的过程中需形成自身的产品魅力和独特的企业品牌魅力，满足健康保险消费者的特定需求，加强消费者心里的正面印象，提高消费者满意度。

品牌的知名度在消费者选择时发挥重要作用，公共关系营销是提升健康保险公司知名度和美誉度的重要手段。公共关系（Public Relations）的概念起源于1807年美国总统托马斯·杰斐逊的国会演说。爱德华·伯尼斯（Edward Bernays）定义公共关系是一项管理功能，制定政策及程序来获得公众的谅解和接纳。健康保险公共关系促销，是指保险公司为改善与社会公众的关系，促进公众对健康保险的认识、理解及支持，达到树立良好组织形象、促进保险销售目的等一系列公共活动。主要的公共关系促销方式有新闻、演讲、公益活动、典型事件、出版物等。

（二）准确定位，突出品牌特性

健康保险市场上同一保险产品的同质性非常高，保险消费者在选择时难以区分。品牌的特性成为消费者选择保险产品的重要影响因素。健康保险公司应该在市场上塑

造一个鲜明的、个性化的品牌形象以满足客户的识别需求和情感需求。挖掘潜在消费者的特征和真实需求、找准市场位置、达成品牌定位与消费者需求的一致性。

(三) 借用外力，与知名医疗机构建立合作关系

健康保险公司在品牌营销过程中，无论与医疗机构是协议合作模式还是管理式医疗的模式，都应当注重突出与知名医疗机构的合作。知名医疗机构本身具有较高的实力、较好的声誉和强大的品牌影响力。建立合作关系，一是可以将医疗机构的品牌影响力转移给保险公司，如倾向特定医疗机构提供医疗服务的消费者为寻求方便直接在合作的保险公司购买保险产品；二是与知名医疗机构合作，从侧面反映保险公司本身具有较强实力。这对建立消费者信任感、进一步提高知名度具有重要作用。

(四) 纵观全局，多种营销手段并行

品牌营销并不是单一的营销行为，它贯穿于健康保险公司整个经营过程中，综合运用各种营销手段提升品牌竞争力和影响力。例如，互联网的兴起降低健康保险公司的网络营销成本，互联网传播迅速而广泛，是品牌营销的重要方式。传统的电视广告依然是基本的营销方式，受众广、影响大并且依托电视台，可信度更高。此外，恰当时间点上的事件营销等方式对提升健康保险公司的知名度和美誉度也起到重要作用。

(五) 维护和提高品牌价值，培养顾客忠诚度

建立健康保险公司品牌效应是重要任务，维护和提高品牌价值是长远任务。保险公司应出台相应的规章制度，杜绝任何损害公司品牌形象的行为，并在长期的经营过程中运用各种营销方式提升品牌价值，吸引新客户、锁住老客户、培养顾客忠诚度。

美国资深营销专家 Jill Griffin 认为，顾客忠诚度（Customer Loyalty）是指顾客出于对企业或品牌的偏好而经常性重复购买的程度。经常和重复性购买是顾客忠诚度的两个必备条件。消费者经常、重复性购买保险产品，需要保险公司熟悉客户的基本信息、行为习惯、兴趣爱好等，按照顾客喜欢的方式、合适的时间提供服务，帮助消费者建立对服务人员的信任感和对保险产品和服务的满意度和依赖性，达成消费者对保险产品的经常和重复性购买。此外，客户忠诚度还体现在免费向他人介绍服务自己的保险公司、保险销售人员或正在使用的保险产品，这种推荐方式具有一定程度的效率和成功率。

三、健康保险产品营销策略管理

健康保险公司产品营销是健康保险公司营销管理最为重要的环节，无论是市场竞

争策略，还是品牌营销策略，其最终的目标是要把保险公司开发的相关产品销售给健康保险消费者，通过为消费者提供健康风险保障，实现公司自身的价值以及促进企业的发展和成长。健康保险产品营销策略，包括产品生命周期策略和广告营销策略两种类型。

（一）健康保险产品生命周期策略

产品生命周期（Product Life Cycle，PLC），是产品的市场寿命，即一种新产品从开始进入市场到被市场淘汰的整个过程。雷蒙德·弗农（Raymond Vernon）认为，产品生命是指市场上的营销生命，产品和人的生命一样，要经历形成、成长、成熟、衰退这样的周期。①

1．投入期的营销策略

投入期指健康保险产品获得批准刚投放进市场的前期。在这一时期，消费者对新的健康保险产品还不了解，只有少数追求新奇的顾客可能购买，销售量很低。为了扩展销路，需要大量的促销费用，对产品进行宣传。大多数保险公司在投入期不仅不能盈利，还面临亏损的风险。在这一时期，保险公司需要采取快速占领市场、扩大产品知名度的策略，加大广告和人力资源的投入、推出各种优惠政策、迅速提高销售额、抢先占领市场。

2．成长期的营销策略

成长期指经过保险公司的试销，消费者对健康保险产品已经熟悉，大量的新顾客开始购买，市场逐步扩大。这一时期，销售数量较快增长，销售成本降低，保险公司已实现一定的经济效益。此时，保险公司需要采取加深保险公司形象、加大促销力度、不断完善健康保险产品、开拓新的营销渠道等策略。

3．成熟期的营销策略

成熟期指健康保险市场需求趋向饱和，潜在的消费者已经很少，销售额增长缓慢直至转而下降。在这一时期，同类健康保险产品竞争逐渐加剧，促销费用增加，企业利润下降。多家保险公司在该健康保险产品上的市场份额趋于稳定。此时，保险公司需采取降低促销力度、调整健康保险产品组合、开发新的保险产品等策略。

4．衰退期的营销策略

衰退期指健康保险产品销售量大幅下降，更实用的新的健康保险产品出现。在这一时期，健康保险产品供给多而销售量小，保险公司的利润急剧下降，健康保险消费者的需求发生改变。此时，保险公司采取停止对该健康保险产品的促销，做好已销售产品客户的售后服务、有针对性地开发新产品等策略。

---

① 美国哈佛大学教授雷蒙德·弗农（Raymond Vernon）于1966年在著作《产品周期中的国际投资与国际贸易》一文中首次提出产品生命周期理论。

(二) 健康保险产品广告策略

广告策略是指广告策划者在广告信息传播过程中,为实现广告战略目标所采取的对策和应用的方法、手段。广告起到吸引注意和传达信息的作用,是常用的营销方法之一。

1. 明确的广告目标

在制定健康保险广告策略之前需明确传播目标,避免行动的盲目性。健康保险行业广告策略的广告目标具体应包括以下几点:

(1) 提供信息:保险公司通过广告活动向目标沟通对象提供多种信息,诸如告知目标市场即将出台新的健康保险产品,介绍某种健康保险产品的相关背景知识以及健康保险产品的实际功能与作用。

(2) 诱导购买:保险公司通过广告活动建立本公司的健康保险品种偏好,改变消费者对本公司健康保险产品的态度,鼓励消费者放弃竞争者的健康保险品种转而购买本公司的健康保险产品,劝说顾客接受推销访问,诱导顾客立即购买。

(3) 提醒使用:保险公司通过广告活动提醒消费者将来可能会使用某种健康保险产品。

2. 精准的媒体选择

媒体形式决定健康保险广告以何种途径表达。目前,主要媒介有电视、报纸、杂志、广播、户外广告、网络广告等。这些主要媒介在送达率、频率和影响价值方面互有差异。例如,电视的送达率比杂志高,户外广告的频率比杂志高,而杂志的影响比报纸大。保险公司在选择媒介种类时,须考虑如下因素:

(1) 目标沟通对象的媒介习惯:在保险公司选定某个群体作为目标沟通对象的情况下,应根据其选定群体的特性、确定目标市场中消费者最频繁接触的媒体,在这些媒体上刊登广告。例如在"宝宝树"等母婴软件上刊登儿童健康保险广告,在老年人偏好的电视节目中插播长期护理保险广告等。

(2) 产品特性:不同的媒介在展示、解释、可信度与颜色等方面分别有不同的说服能力。由于健康保险产品本身的特殊性,应在比较正式的媒体上做广告。

(3) 信息类型:保险公司广告所传达的信息不同,决定广告的投放渠道不同。例如,新产品发布活动以及销售活动等信息,须在电台或报纸上做广告;而涉及大量的技术资料的信息,则须在专业杂志上做广告。

(4) 成本与产出:不同媒介所需成本也是一个重要的决策参数。电视是最昂贵的媒介,而报纸则较便宜。但是,保险公司在选择媒体时不仅需要考虑自己资源和预算,更需要考虑广告投入的边际回报,以求取得广告投入产出的最大化。

3. 有效实施手段

第四章
健康保险公司营销管理

广告除了传达保险公司和健康保险产品的基本信息以意外，最终目的是吸引消费者购买健康保险产品。在广告内容的设计、表达和投放过程中，巧妙的技术和手段能吸引消费者的注意力、引起消费者共鸣和产生正向偏好，最终促进健康保险产品的成功销售。健康保险广告营销的几种策略如下[①]：

（1）情绪与广告策略。消费者的需要不一定全部被满足，被满足的需要激发正面情绪，不被满足的需要激发负面情绪。因此，能激发正面情绪的产品或品牌能增加消费者的满意度和忠诚度。在健康保险广告制作中，突出爱、家庭、亲情等温馨的元素，传达这种积极正面的情绪更能受到消费者喜爱，通过重复的广告播放产生条件性反射，最终使消费者无论听到或见到该品牌或其产品都能产生积极的情感。

（2）高参照群体与广告策略。参照群体（Reference Group）是指个体在形成其购买或消费决策时，用以作为参照、比较的个人或群体。健康保险的高参照群体是具有保险专业知识、与保险公司无利益关系的个人或群体，如知名学者等。高参照群体的健康保险决策会被其他人作为自己保险决策的重要参考。因此，选择高参照群体作为信息代理者，传播健康保险知识、正面评价某种健康保险产品或展示群体中的成员使用健康保险产品的体验。广告传递的信息是，广告中的人已经识别出最好的健康保险产品和保险公司，属于同类群体或期望成为同类群体的消费者可做出相同选择。

（3）学习、记忆与广告策略。广告重复的次数和重复的时机都会影响消费者的学习程度和持久性。健康保险产品或品牌广告的重复次数和时机应最大化广告效果，既加深消费者对广告内容学习的程度和持续时间又避免使消费者因广告疲劳、错误的播放时间而做出负面评价。

由于记忆中其他信息的干扰，尤其是竞争性广告的存在，消费者难以区分不同品牌。为排除这些干扰，提高广告信息的被接收和记忆的程度，健康保险公司可选择避免广告的同质性，在广告制作上力求新颖、有吸引力；避免重复的时间段播出广告；播放同一个广告的不同版本以加深印象。

（4）基于条件反射的广告营销。健康保险的广告内容将健康保险公司品牌或产品与使消费者正在经历的健康风险联系起来，增加消费者对产品或品牌的熟悉程度和正面评价，从而增加消费者购买倾向。例如在医院投放健康保险广告，一方面提高健康保险消费者因拥有健康保险产品而节省医疗费用的满意度，提高续保率；另一方面激发没有健康保险产品的消费者面对全额医疗费用的悔意，增加病愈后的健康保险购买欲。

（5）意见领袖与广告营销。意见领袖是指在人际传播网络中经常为他人提供信

---

① 德尔 I. 霍金斯（Del I. Hawkins）与戴维 L. 马瑟斯博（David L. Mothersbaugh）在著作《消费者行为学》中梳理了多种营销策略。

息,同时对他人施加影响的"活跃分子",他们在大众传播效果的形成过程中起着重要的中介或过滤作用,由他们将信息扩散给受众,形成信息传递的两级传播。意见领袖一般颇具人格魅力,具有较强的综合能力和较高的社会地位或被认同感。健康保险领域的意见领袖可以是为大众所熟悉的、具有信誉和权威的知名学者,也可以是健康产业链上的知名医生,还可以是具有高影响力的名人。

在健康保险的广告营销中,意见领袖既可以以广告内容的一部分参与,录制广告向大众介绍保险知识和健康保险产品,也可以对现有的健康保险广告进行正面评价,并通过网络、电视等多种途径将正面的观点传达给更多的消费者。

四、健康保险营销道德准则和社会责任策略

健康保险营销是保险公司的社会行为,具体的市场营销行为都需要社会以一定的标准评价其是否正确,这些评价标准的总和就是健康保险市场营销道德准则(Marketing Ethics)。这些道德准则要求保险公司必须承担社会责任,也就是说,保险公司在创造利润、对股东承担法律责任的同时,还要承担对员工、保险消费者和环境的社会责任。健康保险公司必须超越把利润作为唯一目标的传统理念,强调在生产过程中对人的价值的关注,强调对环境、消费者、对社会的贡献。保险公司遵循社会道德准则要求,注重和履行社会责任,可以有效提升企业形象,从而提升竞争力。因此,健康保险营销需要遵守相应的道德准则,来达成消费者、保险公司和社会共赢的良好局面。具体来讲,健康保险营销道德准则和社会责任策略包括以下几个方面:

(一) 从消费者的角度

负责任的健康保险营销善于发现消费者需求、提供相应的健康保险产品和服务,为购买者创造价值,以便获得利润回报,达成健康保险消费者和保险公司互利的结果。但并不是所有的健康保险营销行为都会遵从互利的理念。实际上,一些保险公司及其员工旨在满足自己而非消费者的利益,这样既损害消费者利益又不能维持保险公司可持续经营。因此,健康保险营销在对消费利益层面需要遵守以下原则:

1. 价格合理原则

在健康保险市场中,消费者反映有些健康保险产品定价不合理,高于应有的水平。道德风险是健康保险产品"高"价格的主要原因之一。健康保险市场是道德风险最严重的保险市场,带病投保、骗保行为时有发生。保险公司为规避这类风险带来的损失时,会定价时将道德风险考虑进去,导致保险价格看起来过"高"。但过高的价格影响普通健康保险消费者的利益,他们为此付出额外的费用。保险公司需运用风险管理手段减少道德风险带来的影响,将价格控制在合理范围内。

2. 诚信原则

健康保险营销者有时被指责采用欺诈手段误导消费者。常见的欺骗行为有：隐瞒免责条款和虚报保险年化收益。隐瞒免责条款，指健康保险销售者为顺利卖出保险产品，在向消费者介绍健康保险产品时刻意隐去免责条款，误导消费者认为某些健康风险也在保险责任范围内。虚报年化收益，指在分红型健康保险销售过程中，保险销售人员故意以错误的方式计算保险年华收益率，让其看起来比实际收益率高，从而引诱消费者投保。违背诚信原则不仅损害消费者利益，还影响保险公司甚至保险行业的形象，不利于保险公司可持续经营。需要保险公司做好员工培训、建立合理的奖惩制度、规范员工的职业道德、提高职业素养。

3. 自愿原则

保险销售人员通过培训机构，用流利的、预先设计过的谈话诱使健康保险消费者购买他们并不真正需要的产品。这种高压销售对顾客关系造成严重损害，不利于保险公司与顾客建立长期关系。保险公司应通过建立完整的员工管理制度去除强制性销售现象。

4. 产品和服务质量保证原则

保险销售人员在完成保险销售后，并不代表与客户关系的终结，而应该及时、有效地解答消费者关于健康保险产品在保险责任、保险期限、免责条款、理赔程序等方面的问题。特别是当消费者健康风险发生时，需要根据经验对消费者理赔问题做出合理的建议，并根据合同条款迅速启动理赔程序。

5. 服务公平原则

在健康保险销售过程中，面对不同年龄、性别、财富水平的消费者，要求保险销售人员一视同仁，提供同样优质的服务，避免发生歧视现象。

（二）从保险公司的角度

保险公司的健康保险营销活动可能会影响其他保险公司，从而影响整个保险行业的健康发展。尊重对手，遵守行业约定、保证保险市场健康发展是每个保险公司必须践行的责任与义务。具体来讲，保险公司在市场营销过程中对其他保险公司需要遵守以下道德准则：

1. 遵守行业公约

为协调整个保险市场参与者的行为，保险行业组织制定本组织保险人都应遵守的共同约定，这些公约包括保单措辞的共同规则、统一遵守的费率标准、统一的保险条款格式。保单措辞的共同规则避免保险合同双方当事人在主张权利和义务上的争议。统一的费率标准减少费率上的不公平待遇和保证费率确定的科学性。保险条款的技术性和法律性很强，统一的条款格式，有利于被保险人比较不同保险组织提供的保险单,避免保险人利用保险条款进行不公平交易,甚至逃避责任,欺骗投保人,影响整个行业的形象。

2. 反对不公平竞争

市场营销活动妨碍新公司进入行业。大型保险公司利用专业技术、大量的促销费用和低于成本的价格驱逐竞争者,保险市场的价格竞争非常激励。此外,利用股东优势拿下大型国有企业团体保险,违背市场公平竞争原则,对其他保险公司的利用造成损害。不公平竞争造成保险行业秩序紊乱,严重伤害其他保险公司的正常经营,每一个保险公司应当自觉避免不正当竞争。

3. 维护竞争者的声誉

保险公司在市场营销过程中故意伤害其他保险公司名誉,为争取客户抹黑竞争者的形象、编造影响其他保险公司品牌形象的话语,造成消费者对其他保险公司的费率、保险责任范围、保险收益、理赔程序、保险管理者品行等方面的误解,从而诱使消费者抵制竞争者,造成对其他保险公司的名誉侵害。作为有道德有责任的现代保险公司,在营销过程中客观、真实地评价竞争者有利于整个保险行业的发展。

(三) 从全社会的角度

健康保险市场营销过程中必然与社会和环境发生联系,保险营销人员必须适度推销、倡导环保意识,积极推行低碳办公、助力民生和谐进步的道德准则。

1. 适度营销原则

保险公司和保险销售人员为追求利润向保险消费者推销不适合消费者本身需求的保险产品,或是没有目的地向所有能产生联系的人发起营销,包括电话营销、网络营销等行为方式。消费者感受到过多的市场营销信息的轰炸,干扰消费者的正常工作和休息,不断污染着人们的心灵。保险过度营销已经成为一种社会现象,引起消费者极度不满和抗拒,整个社会还存在谈保险色变的态度,保险业在整个社会环境中并未营造良好的口碑。这不仅不利于保险公司销售产品,还会使消费者因为心理抗拒的因素而忽略自己真实的保险需求,不利于保险发挥其社会管理的功能。因此,健康保险营销应采取有针对性的营销计划和适度的营销方法,让消费者感受舒适,真正为消费者服务,从而达成双赢的局面。

2. 环境保护原则

健康保险市场营销发生在特定的环境中,在市场调研等环节可能对环境造成污染,比如调查问卷乱扔、丢失,调研人员在工作中产生的塑料瓶等生活垃圾都会对具体的环境造成污染。保险公司应注重员工社会公德的培训或者安排自主清理的环节,保证营销活动不对公共环境造成负面影响。

3. 遵守公共秩序原则

发生在户外的市场营销活动，必然与其他部门的人或者普通民众产生联系，健康保险营销时应注意营销地点的选择，不对其他部门和普通民众造成影响。比如不影响公民基本出行、不与其他社会团体开展活动争抢活动场地，尊重营销场地中其他普通大众的生活方式等。

第三节 健康保险公司营销渠道管理

健康保险公司营销渠道管理是健康保险营销管理最重要的内容，营销渠道的意义在于可以使得健康保险公司专注于自身的产品开发、风险控制等具有分工优势和专业化效率的环节，而将市场营销这一环节更多地配置给具有专业化优势的不同渠道，以获取经营管理的综合优势。在经典的市场营销理论中，营销渠道（Marketing Channel）又称为销售渠道或分销渠道。肯迪夫和斯蒂尔认为，营销渠道是指当产品从生产者向最后消费者或产业用户移动时，直接或间接转移所有权所经过的途径。健康保险营销渠道指健康保险产品从保险人转移到投保人的具体通道或途径，可分为直接营销渠道和间接营销渠道，渠道选择和管理策略的不同对于健康保险公司的经营效率具有重要的影响。

一、健康保险直接营销渠道

健康保险直接营销渠道，指保险公司与投保人之间进行直接交易的方式。在健康保险直接营销体系中，保险中介没有介入，保险公司和消费者直接进行接触、沟通和交易。这种便捷的沟通方式，使保险公司能够迅速、准确地了解用户需求和市场变化，可以迅速调整经营策略和市场策略，确保顺利实现公司的经营管理目标。

（一）健康保险公司直销渠道的含义

健康保险公司直接营销渠道主要是指保险公司通过本公司业务人员自身销售健康保险产品的方式。健康保险公司的业务人员，是指保险公司正式招聘的从事保险销售的工作人员，是保险公司正式签订劳动合同的工作人员。一般来讲，健康保险公司会依据应聘者的学历、素质和能力，公开招聘一定数量的正式员工作为销售业务人员，从事健康保险产品的直接销售工作。

（二）健康保险产品直接销售策略

健康保险直接销售策略，是指保险销售人员在固定的场所向消费者宣传健康保险知识、介绍健康保险产品、最终达成销售的营销方式。健康保险终端销售的场所灵活多变，保险公司营业部、超市、公园、商场、社区等都可作为销售的地点健康保险直接营销策略包括以下几个方面。

1. 免费宣讲策略

开展免费的健康知识宣讲和产品选择指导，并通过互联网迅速传播，强化消费者对健康保险产品的感知。在消费者购买健康产品后，向消费者表达感谢、定期向消费者表达关怀，正面强化消费者的购买感受，提高消费者的重复购买率。

直销渠道宣传信息来源的不同将影响消费者的行为。当潜在消费者认为健康保险产品信息高度可靠时，营销活动更容易影响消费者态度。信息源的可信度和专业知识的掌握程度将直接影响健康保险的营销效果。通常来讲，朋友的可信度高但专业性差，销售人员专业性强但可信度低。在没有明显误导动机的前提下，专家是兼具可靠性和专业性的信息来源。因此，在健康保险知识宣讲活动中，健康保险公司应该定期邀请专家参与，将会极大提高健康保险知识的可靠性和销售的达成率。

2. 第三方担保策略

对营销信息进行担保是扭转消费者态度的一种有效方法。采用独立的第三方担保，为健康保险企业或产品背书，提高直接销售的可靠性和专业性。医学、保险学知名学者或行业协会是比较理想的选择。在实际销售过程中，销售人员可向消费者介绍第三方担保的详细信息，出示相关证明增加可信度。

3. 优惠与奖励策略

健康保险的终端销售方或者销售人员可以鼓励现有消费者向潜在消费者传达产品信息，促成健康保险产品交易，并因此获得奖励，例如再次购买健康保险产品时给予一定的优惠等。面向特定人群的健康保险销售可以充分发挥团体内意见领袖的作用，例如向老年广场舞爱好者推荐长期护理保险可发挥广场舞领队的作用，并对这类有影响力、能协助保险销售人员达成更多销售的意见领袖提供额外奖励，鼓励其更好地在健康保险销售活动中发挥作用。

4. 基于阿什齐现象（Asch Phenomenon）的健康保险销售策略

阿什齐现象展示了群体规范的威力，它指在群体中先表达观点的人群会对后表达观点的人产生影响，即便他们的观点正好相反。在面对群体推销时，基于阿什齐现象，保险推销人员通过表情、动作观察、识别最认可健康保险的个人并引导他发表正面观点；同时，观察其他人的表情，发现更多的赞同者，并依次询问并发表赞同的观点，直到最后一个人即便开始时不认同销售人员对健康保险的介绍和解释，但迫于群体压力也将有可能改变态度。通过对健康保险认可程度由大到小依次发表评论和意见能影响更多人认可健康保险，进而产生消费行为。

（三）健康保险直接营销的主要方式

1. 直接邮件营销

直接邮件营销，是指一般以印刷品形式通过快递服务来营销保险产品或提供相关广告信息的营销方式。一般地，邮件的内容囊括比较全面的健康保险营销材料，包括健康保险产品介绍、消费者信息咨询表、消费者投保意向申请表等。直接邮件营销的特点是精准定位，但是成本高，涉嫌侵犯消费者隐私。

2. 名片营销

名片营销指保险销售人员在任何正式和非正式的、凡是能与人发生联系的场合向消费者发放名片，提供自己的姓名、工作单位、联系方式和基本产品信息的营销方式。名片营销的特点是受众广，成本低。

3. 电话营销

电话营销，指健康保险公司人员为销售保险产品通过电话与个人或团体进行联系。一般包括电话主动营销和电话被动营销。电话主动营销指销售人员使用公司座机或者手机向预先筛选出的潜在客户进行电话营销。电话被动营销指潜在消费者拨打保险公司免费服务电话、邮件上的联系方式或者保险销售人员名片上的工作电话进行保险咨询。电话营销针对性强、反馈率较高，但是营销成本高，消费者体验不好。

4. 公众媒体营销

公众媒体营销，是指通过电视、电影、LED 显示屏、广播、杂志、报纸等公共媒体向消费者宣传健康保险产品信息，进行保险营销的一种方式。不同的公众媒体的特点不同，例如电视广告结合画面和声音，传递信息的效果最好，但是成本高，尤其是央视重点时段的广告成本最高。城市中心城区 LED 显示屏受众多，但是由于消费者注意力被分散而效果差。电梯间 LED 虽然受众单一，但是狭小的空间、无趣的等待时间迫使消费者集中注意力，因而营销效果好。

5. 零售中心

保险零售中心是指将一般商品的传统销售方式运用到保险销售中，向消费者提供交互式服务的选择机会。零售中心由专职的保险销售人员组成，面向客户咨询、提出建议或销售保险产品。零售中心网点通常设立在人口密集或者潜在客户较多的地区，如购物中心、高档社区、超市等地方。零售中心营销成本低、兼顾企业形象营销，但受地域限制而呈现较强的被动性。

6. 互联网在线营销

互联网在线营销，指通过保险相关网站开展业务，买卖保险产品或提供服务。1997 年，我国出现了第一家保险相关网站——中国信息保险网。随后几年，大型保险商业网站纷纷上线。2013 年，众安保险正式成立，是我国第一家以网络营销为主

的保险公司。在我国,保险网站一般分为以下几类:

财经综合网:该类网站具备一定的专业性,主要是宣传保险知识,介绍一些保险产品,培养保险理念,如新浪财经等。但我国的财经综合网将保险囊括在内的很少,都更加注重货币和资本市场。不过目前已有更多的机构意识到保险在国民经济中的重要性,正在或试图将保险纳入财经报道范围。

保险门户网:指保险产品网上商城,利用互联网技术平台协助保险公司、保险中介以及其他保险机构开展网上业务。保险门户网上涵盖各保险公司的多种产品,是一个中立的保险产品聚集地。这类网站有中国保险信息网、易保网等多家网络平台。

保险公司官网:随着信息技术的发展和互联网技术带来的经营便利,各保险公司纷纷建立自己的官方网站,在网站上建立品牌形象,介绍公司基本情况、提供保险咨询和直接投保等服务。

购物网站:互联网技术带动网上购物的快速发展,不仅实体商品可以通过互联网购买,虚拟服务也可以在网上售卖。以阿里巴巴为例,阿里巴巴旗下天猫、淘宝为保险销售提供了平台,各大保险公司在淘宝网开设官方旗舰店,保险中介机构也纷纷上线。与其他商品的网络销售方式一样,健康保险的购物网站营销提供售前咨询、投保、售后服务、评价监督等基本服务形式。

互联网在线营销具有方便、快捷、成本低、不受时间空间限制的特点,但是受消费者文化水平的限制,是一种被动展业方式。

7. 自媒体营销

美国学者谢因·波曼与克里斯·威理斯认为,"We Media"(自媒体)是指,普通大众经由数字科技强化、与全球知识体系相连之后,一种开始理解普通大众如何提供与分享他们本身的事实和新闻的途径。自媒体营销就是利用社会化网络、在线社区、博客、百科或者其他互联网协作平台和媒体来传播和发布资讯,从而形成的营销、销售、公共关系处理和客户关系服务维护及开拓的一种方式。在健康保险领域,自媒体营销的实现主要有以下几种形式:

社交媒体营销:在中国,腾讯的兴起开启了网络社交的先河,随后各种知名社交网也逐渐渗透到日常生活的每个角落,利用社交网络无时无刻进行营销为保险公司带来极大便利。比如利用微信、微博投放健康保险产品信息,或保险销售人员在自己的社交网页、微信朋友圈等地方介绍保险理念、产品信息,提供咨询和售后服务等。

网络社区营销:在各大网络论坛上,保险营销人员直接发文介绍保险产品,或是发布科普性文章、免费提供咨询服务等方式营造自己专业的形象,引导消费者主动咨询甚至购买保险产品。此外,保险公司或营销人员还以软文的形式进行隐秘的营销。

在我国，天涯、知乎、猫扑、豆瓣等知名网络社区都是营销人员必争之地。

网络视频广告营销：与传统的电视营销一样，在视频网站上插播广告是营销人员的常用方法，而且越来越受到关注。在我国，年轻一代已经将文化娱乐的需求从电视转移到视频网站，以目前的发展趋势，视频网站将进一步蚕食电视台的市场份额，成为更好的营销平台。

新型互联网营销，除网络视频广告营销与电视营销特点类似外，其他新型互联网营销方便、快捷、信息反馈快，是大众认可度高、容易接受的方式。

二、健康保险间接营销渠道

健康保险公司的间接营销渠道，也称中介渠道，是指健康保险公司销售保险商品的中介机构和个人，包括保险代理人、保险经纪人、银行兼业代理、个人代理销售等销售渠道。保险中介机构或个人不能真正代替健康保险承担保险责任，只是参与、代办、推销或提供专门技术服务等各种保险活动，从而促成保险商品销售的实现。传统的间接营销渠道包括保险代理人、保险经纪人等，随着互联网的兴起和发展，互联网第三方平台也成为重要的间接营销渠道，如蚂蚁金服、京东金融等，保险消费者可依据自身需求直接在这些互联网平台上投保。

（一）保险专业代理人（Insurance Agent）

根据2015年10月19日中国保险监督管理委员会修订的《保险专业代理机构监管规定》，保险专业代理机构是指根据保险公司的委托，向保险公司收取佣金，在保险公司授权的范围内专门代为办理保险业务的机构，包括保险专业代理公司及其分支机构。在中华人民共和国境内设立保险专业代理公司，应当符合中国保险监督管理委员会规定的资格条件，取得经营保险代理业务许可证。在现代保险市场上，保险代理人已成为保险企业销售保险产品的主要形式和途径之一。

健康保险专业代理人渠道指保险公司通过保险专业代理人销售保险产品的营销过程。保险专业代理指专门从事保险代理业务的保险代理公司，其组织形式为合伙企业、有限责任公司、股份有限公司。根据我国《保险代理人管理规定》的要求，专业代理人必须具备以下条件：

（1）最低实收货币资本金为人民币50万元；
（2）具有符合规定的公司章程；
（3）拥有至少30名持有"展业证书"的代理人员；
（4）具有符合任职资格的高级管理人员；
（5）具有符合要求的营业场所。

专业保险代理人的业务范围包括代理推销保险产品、代理收取保险费、协助保险公司进行损失的勘查和理赔、保险监管机构批准的其他业务。

(二) 保险经纪人（Insurance Broker）

2018 年 1 月 17 日，中国保险监督管理委员会第 6 次主席办公会审议通过的《保险经纪人监管规定》所称保险经纪人是指基于投保人的利益，为投保人与保险公司订立保险合同提供中介服务，并按约定收取佣金的机构，包括保险经纪公司及其分支机构。保险经纪从业人员是指在保险经纪公司中，为投保人或者被保险人拟订投保方案、办理投保手续、协助索赔的人员，或者为委托人提供防灾防损、风险评估、风险管理咨询服务、从事再保险经纪等业务的人员。保险经纪人通过专业的服务，使投保人充分认识到经营中自身存在的风险，并参考保险经纪人提供的、全面的、专业化的保险建议，使投保人存在的风险得到有效控制和转移，达到以最合理的保险支出获得最大风险保障的目的。

保险经纪人代表着投保人的利益，因此，保险经纪人必须具备一定的保险专业知识和技能，通晓保险市场规则、产品特征和风险保障规划等，为投保人设计保险方案，代表投保人与保险公司商议达成保险协议。根据委托方的不同，保险经纪人可以分为狭义的保险经纪人（专指原保险市场的经纪人）和再保险经纪人。狭义的保险经纪人是指直接介于投保人和原保险人之间的中间人，直接接受投保客户的委托。

再保险经纪人是促成再保险公司与保险公司建立再保险关系的中介人。他们把分出公司视为自己的客户，在为分出公司争取较优惠条件的前提下选择再保险公司并收取由后者支付的佣金。再保险经纪人不仅介绍再保险业务、提供保险信息，还在再保险合同有效期间对再保险合同进行管理，继续为分保公司服务，如合同的续转、修改、终止等问题；并向再保险公司及时提供账单并进行估算。

根据《保险经纪人监管规定》，保险经纪人可以经营下列全部或者部分业务：
（1）为投保人拟订投保方案、选择保险公司以及办理投保手续；
（2）协助被保险人或者受益人进行索赔；
（3）再保险经纪业务；
（4）为委托人提供防灾、防损或者风险评估、风险管理咨询服务；
（5）中国保监会规定的与保险经纪有关的其他业务。

专栏 4.5

发达国家保险中介人制度模式的特点

1. 英国保险中介人制度模式的特点

（1）英国保险中介人制度的典型特点是以保险经纪人为中心。由于英国是现代海上保险最古老、最发达的国家，国民的风险观念和保险意识强，在英国立法及国民习惯等的影响下，保险经纪人先于保险代理人、保险公估人产生，进而形成了以保险经纪人制度为中心的保险中介人模式。英国的保险经纪人制度最完善，在国际保险市场上影响巨大。

（2）在保险业务的市场分割上，保险代理人充当了寿险市场上的主要角色，而在非寿险领域，则是保险经纪人控制了约2/3的市场，尤其是再保险业务和劳合社承保的业务，都是保险经纪人在运作。同时，英国的保险中介人制度采用了两极化原则，即寿险代理人与经纪人二者不能兼营，保险经纪人只能从事保险经纪业务，而保险代理人则只能从事保险代理业务。

（3）对保险代理人、保险经纪人、保险公估人的宏观监管力度不同。英国的法律对保险经纪人的监管最为严格，适用的法律主要有1977年颁布的《保险经纪人（注册）法》《保险经纪人行为法》、英国保险人协会的《实务法》及《金融服务法》等。

（4）保险中介人的行业自律较强，且行业自律组织分工较细。

2. 美国保险中介人制度模式的特点

（1）美国的保险中介人模式是以保险代理人与保险经纪人相结合，并以保险代理人为主的模式。很多保险经纪人都是从保险代理人发展而来的。

（2）在保险业务的市场分割上，业务主要由保险代理人办理，保险经纪人的作用在海上保险中最为重要，在财产与责任保险中次之，在寿险中又次之。

（3）保险代理人和经纪人没有严格分开。在美国，保险代理人和保险经纪人有时难以区别。例如，有些人寿保险业务中的保险经纪人本身就是保险代理人，之所以称他们为保险经纪人，是因为他们将业务安排给多家保险公司。而且，寿险代理人既可以是专用代理人，也可以是独立代理人。

（4）在保险中介管理方面，既强调政府监管，也重视行业自律，全国注册的代理人和经纪人协会、保险协会、公估师学会等自律组织都对保险中介行业发挥着重要作用。

3. 日本保险中介人制度模的特点

与英国和美国等主要依靠保险代理人和保险经纪人的力量获取业务的做法

> 不同，日本的保险市场主要是依靠公司外勤职员和代理店制度，保险经纪人的作用不大。其中，外勤职员活跃于人寿保险市场，代理店制度则主要应用于损害（财产）保险市场。可以说，日本是以保险代理人为主，同时引进保险经纪人制度的中介制度模式。
>
> 资料来源：孙蓉，张华. 发达国家保险中介人制度模式及其启示［J］. 财经科学，2002（4）：67-70.

（三）健康保险兼业代理人

保险代理人除了专业代理人，还包括保险兼业代理人和个人代理人。兼业保险代理人是指受保险人委托，在从事自身业务的同时，指定专人为保险人代办保险业务的机构，主要有行业兼业代理、企业兼业代理和金融机构兼业代理、群众团体兼业代理等形式。保险兼业代理渠道指保险公司通过保险兼业代理人销售保险产品的过程。根据《保险兼业代理管理暂行办法》规定，保险兼业代理人必须符合下列条件：

（1）具有工商行政管理机关核发的营业执照；
（2）有同经营主业直接相关的一定规模的保险代理业务来源；
（3）有固定的营业场所；
（4）具有在其营业场所直接代理保险业务的便利条件。

《保险代理人管理规定》第四十五条规定，兼业代理人只能代理与本行业直接相关，且能为投保人提供便利的保险业务。健康保险兼业代理根据健康保险自身特点进行选择，健康产业相关的机构、企业、社会保障部门或其他与人身健康相关的单位是健康保险理想的兼业代理机构。

近年来，银行保险在我国有较快发展，银行成为我国重要的兼业代理机构。银行保险是指保险公司借助银行的网点代理销售健康保险产品，以充分利用银行的客户群庞大的优势。银行保险包括两种主要销售模式：网点柜面销售和新型电子渠道。网点柜面销售模式，是指银行在指定网点由其柜员代理销售保险产品，主要针对到网点柜面办理银行业务的客户进行销售，通过银保通系统在网点柜面完成保险产品的购买。新型电子渠道销售模式伴随着随着科技发展而兴起，是指由银行网点客户经理引导客户在自助终端、网上银行或手机银行购买保险产品。新型电子渠道销售模式可以减少银行柜面业务，有效降低人力成本。

（四）个人代理人

个人代理人，即保险营销员，是指根据保险人的委托，在保险人授权的范围内代办保险业务并向保险人收取代理手续费的个人。

健康保险个人代理渠道指保险公司通过保险个人代理人销售保险产品的过程。凡持有"资格证书"并申请从事个人代理业务者，必须与保险公司签订《保险代理合同书》，持有所代理保险公司核发的"展业证书"，并由所代理保险公司报经其所在地的监管机构备案后，方可从事保险代理业务。

保险个人代理人的业务范围包括代理推销保险产品和代理收取保险费。个人代理人不得办理企业财产保险业务和团体人身保险业务、任何个人不得兼职从事个人保险代理业务、个人代理人不得签发保险单。

专栏 4.6

组织扁平化：让 800 万保险代理人告别"传销"

中国保监会最新数据显示：截至 2017 年底，我国保险营销员人数达 806.94 万人，较年初增加 149.66 万人，较年初增长 22.77%。个人代理人队伍继续扩张，但增速有所放缓，与保险业增速放缓相呼应。保险营销员出现快速增长，一方面与此前保监会取消营销员考试有关，另一方面也与寿险公司向个险转型的行业大势有关。对于未来增员趋势，业内人士认为，随着这两年营销员的快速增长，未来增长势头会趋缓。

代理人队伍快速发展的根本动力，不在于资格考试取消，而在于佣金利益驱动。保险公司为了发展业务，就要发展营销队伍，并提高人均产能。当前，大力发展个险渠道成为寿险公司共识。保险"难"卖，于是需要支付较高的佣金；否则，代理人会流失，市场份额会流失。这就形成了保险公司对代理人的依赖性。于是，在基本法的设计下，专属代理人层层提佣，层层有管理津贴，通过佣金利益驱动，代理人大行人海战术，队伍迅速扩张，甚至被坊间认定为"传销"。

育成佣金制导致保险销售怪象。所谓育成佣金制，就是在代理人组织发展过程中，为了鼓励增员，而对介绍人和主管人员给予基于新人业绩或人头的提成和相关管理津贴。市场保证销售和支付佣金之间形成了一个平衡，一方面价格要让投保人可以接受，另一方面佣金要让代理人有推销动力。在当前的保险市场中，一些保险公司产品一方面销售火爆，大行其道，一方面性价比低，广受诟病，原因就在于佣金过高导致代理人的道德风险高，敢冒险推销。这也是中国保险市场长期存在的供求不匹配的原因。

除了影响行业良性发展外，育成佣金制还有诸多问题，其中一个突出问题就是组织管理问题，即保险公司的渠道管理成本问题。当前，基于育成佣金制，保险代理人队伍呈现出多层级结构，从主任到总监，所设职级少则三大层，多则十几小层。如此多的层级无疑对管理信息的传播造成重大影响，使得沟通不畅。一个政策指令从上至下传播，经过层层衰减，到达基层一线的时候可能已经面目全非。在人力管理上，由于代理人的流动性高，加之职级升降节奏快，也导致代理人的个人职级信息与收入信息管理存在大量变量。这些变量的存在，也对管理系统提出了更高要求。

当前，受益于保险科技的快速发展，以及互联网保险平台的兴起，保险推销工作难度在加大的同时，消费者自助投保行为也在增加。尤其是对于"80后""90后""00后"这些网络原住民来说，对于信息较高的敏感度和接受能力，使之更加倾向于自助主动投保。在此背景下，基于推销的代理人很可能面临两大冲击：一是基于网络平台的保险销售难度降低，代理人的佣金提成将下调；二是基于政策原因，线下保险销售难度增加，则代理人产能将下降，收入将受影响。

因此，扁平化的组织重构将保险代理人的销售利益最大限度还给保险代理人是一个不争的趋势。可以从以下几个方面来展开：

（1）组织扁平化。在代理人基本法层面，为节约佣金成本和提升管理效率，而改变组织结构。

（2）技术平台化。与展业相关的工具电子化、平台化，让代理人可以进入平台展业。这可以让代理人脱离险企，实现独立化、专业化。

（3）业务开放化。打造保险产品大卖场，消除销售中的信息不对称。如此一来，佣金基于产品销售而实现统一，无须借道基本法。

（4）身份独立化。基于技术平台化和业务开放化，代理人不再依附险企，成为独立中介人，经平台与保险公司隔离利益后，可以有效降低道德风险。

（5）执业责任化。基于身份独立化。作为独立保险中介人，在为投保人造成损失时，理应承担相应责任，倒逼其提升执业水平和设置执业责任保证。

资料来源：杜鸿远，《保险文化》微信公众号，2018年01月27日。

三、健康保险营销渠道的选择与管理

健康保险营销渠道的选择与管理是健康保险经营管理的关键环节。随着我国商业健康保险市场的发展，多元化的营销渠道不断分化和专业化，形成了各自不同的竞争优势。随着互联网技术的进步，传统的营销渠道面临着巨大的挑战，无论是直接的互联网平台销售，还是间接营销渠道的互联网化发展，在服务水平和服务质量、方便消费者购买、渠道效率等方面都具有更大优势。因此，健康保险公司的营销渠道管理，一方面要依托直销渠道,努力发挥其销售功能和示范功能,加大对互联网、大数据、人工智能等保险科学技术的投入;另一方面积极发展社会合作渠道,延伸产品的覆盖范围,提高市场竞争力。

(一) 直接渠道与间接渠道优劣势的比较

1. 健康保险直接渠道的主要优势和劣势

首先,从现阶段健康保险市场的情况看,健康保险直接营销具体以下优势:一是有利于保险公司与客户建立良好的关系。直接与消费者进行沟通,保险公司能迅速、准确地了解保险消费者的普通需求和特殊需求,针对消费者的特殊需求能立即给予专业的建议和服务,同消费者建立良好的关系。二是有利于保险公司制定整体策略。与消费者直接沟通,保险公司能在第一时间收集和了解关于消费者需求的变化、整体市场中需求变化的人数、需求变化的人群特征、消费者的新需求等信息,有利于保险公司挖掘信息,掌握市场动向,及时调整经营策略。三是有利于保险公司销售成本的控制。保险公司直接营销节省中间成本。同时,保险公司员工稳定、流动性不足、员工的培训费少于代理人的费用,因而能够维持较低的营销成本,使保险公司在费率上具有竞争力。四是有利于维护保险公司形象。保险公司采用直接营销方式,保险公司的业务人员经过专业培训和训练,直接代表公司开展业务,在利益上与公司一致,在营销过程中注意建立和维护公司形象。

其次,由于健康保险产品是一种无形的商品,消费者难以直观感受产品的功能与作用,保险销售人员因此需要与大量的目标顾客进行长时间的接触与沟通。而保险公司所雇佣的直销人员数量有限,每个人的精力和时间也有限,因此,从保险市场发展的需要来看,直销制的弊端是显而易见的。一是不利于保险企业争取更多的客户。由于健康保险直销人员有限,能提供的服务有限,无法较好地与所有客户建立较为密切的关系。因此,许多消费者的潜在健康保险需求无法转化为现实的购买能力,使保险公司失去很多潜在的客户。二是不利于扩大健康保险业务的经营范围。由于健康保险直销人员有限,只能优先进行某些大型险种的营销活动,如团体健康保险的业务。而某些极有潜力的业务领域都无暇顾及,如个人健康保险业务,导致保险企业对市场需求的变化不能做出充分合理的预测而错失发展良机。

2. 健康保险间接渠道的主要优势和劣势

首先,相对于直接渠道而言,保险间接渠道在服务的广泛性、专业性方面具有相对优势。一是有利于拓展健康保险市场,提高市场占有率。由于保险代理人和经纪人的介入,极大增加了从事健康保险业务的人员,扩大了销售渠道,拓展了服务范围,提升了市场的占有率。二是有利于发掘更多健康保险需求。相对于保险公司的销售人员而言,保险代理人更加熟悉健康保险市场。保险代理人更加了解消费者的信息和当前健康保险需求，而且在与消费者的长期接触和沟通中，更容易挖掘消费者的潜在需求和发现消费者需求的变化。

其次，在健康保险间接营销渠道中，保险公司及其工作人员不直接与消费者产生联系，而是通过中介机构按照相关规定代表保险公司进行展业，从而产生一系列代理问题，影响保险公司声誉和经营绩效。一是不利于控制健康保险赔偿责任。在间接营销渠道中，无论是代理人展业还是经纪人展业，保险公司均无法对展业过程进行有效监督。展业过程中的不规范行为会对消费者带来伤害，最后往往由保险公司来承担。此外，由于保险中介队伍良莠不齐、投机牟利的现象存在，也给保险公司的声誉带来很大风险。二是不利于掌握健康保险市场信息。由于保险公司不直接与消费者接触，消费者潜在需求的分析、需求的变化以及对健康保险产品的评价和建议等信息不能直接反馈给保险公司。由中介机构反馈而来的市场信息难以保证信息的客观真实和完整性。因此，保险公司对健康保险市场的现状和变化的了解程度欠缺将影响保险公司营销管理水平。三是引发法律风险。保险公司的间接渠道关系复杂，并且保险公司不直接与消费者接触，对合同的签订过程并不知晓，可能会导致由于合同无法执行而引发的法律风险。如营销人员代替消费者签订保险合同或者欺骗消费者签订保险合同都可能导致法律诉讼。

（二）健康保险营销渠道选择的影响因素

健康保险公司在选择营销渠道时，应考虑保险公司自身特征、保险消费者的特征、营销渠道的成本和保险公司对渠道的掌控能力等因素。保险公司渠道选择的目的是更好地进行健康保险产品的销售和服务，实现公司的可持续发展。

一是保险公司自身的特征，包括管理层对渠道的认识程度，目前的营销渠道，选择渠道所必备的人力、财力和基础知识储备等。这些基本条件决定保险公司有没有意愿和实际能力选择某种健康保险销售渠道。

二是消费者的特征，包括消费者投保意愿、投保行为、生活方式、风险特征、文化素养等特征。这些特征决定了消费者愿意并且可以通过哪种渠道购买健康保险产品。

三是营销渠道的成本，指保险公司建立、维护该营销渠道所耗费的各种成本。营销渠道的成本是保险公司需要考虑的重要因素，营销渠道成本的高低直接影响保险公司的利润和可持续经营。

四是保险公司对渠道的掌控能力，体现在保险公司对渠道的控制程度，是保险公司控制、干预营销渠道，还是间接营销渠道影响保险公司。直接营销渠道是保险公司直接控制渠道的一种强力表现，而实力强大的保险经纪人或代理人有时会对保险公司的销售决策和结果产生重大影响。保险公司对营销渠道的掌控能力会影响营销渠道的成本乃至经营绩效，是保险公司在选择渠道时需要重点考虑的因素。

（三）我国商业健康保险营销渠道的现实选择

从国际经验看，无论是英国以保险经纪人为主的营销制度，还是美国以专业代理人为主的保险代理制度，都是基于自身保险市场发展的实际，并受到特有的文化传统、法律制度等的约束。因此，我国商业健康保险的渠道选择也应立足实际情况，从以下几个方面重点考虑：

1. 巩固和完善传统渠道

我国现阶段保险销售的主要渠道是保险公司直销渠道和保险中介人渠道。健康保险公司直接营销渠道是健康保险公司渠道管理的重要策略，健康保险公司可以充分掌握市场信息，了解消费者需求，从而为消费者提供更好的产品和服务。巩固直接营销渠道是发展其他渠道营销的前提和基础。

我国保险中介制度的迅速发展，使得保险代理人、保险经纪人、保险营销员等间接渠道成为连接保险公司和投保人的桥梁，对沟通保险供求、拓展保险业务发挥了重要作用。但我国的保险中介市场，特别是代理人制度在发展过程中暴露出一些问题，如保险代理人短视行为、误导行为严重，违规事件频频发生，代理人队伍脱落率逐渐攀升，投保人利益难以保障等等。为解决以上问题，健康保险公司应着力提高代理人整体素质，完善教育制度，建立合理的佣金酬劳制度，充分调动保险代理人的积极性，维护保险双方当事人的利益。

2. 积极发展新的网络营销渠道

随着我国互联网技术的发展和移动支付技术的日趋完善，健康保险互联网营销将在未来成为健康保险营销的重要方式。健康保险互联网营销渠道改善了传统销售渠道覆盖面窄、销售人员多、人均销售额低等问题，降低了销售成本、方便客户访问和使用。但从目前的发展情况来看，还存在互联网保险营销规模偏小、适应互联网销售的标准化产品较少、互联网保险风险的管理能力不足等诸多缺陷。为此，要加大健康保险公司互联网渠道建设、改善用户体验、节省投保人网络搜索成本和简化投保与理赔程序。健康保险公司布局未来健康保险互联网营销渠道，是在未来的竞争中获胜的重要策略。

3. 重视医院等合作渠道建设

健康保险公司的营销渠道管理，要重视利用关联行业的优势，开拓新的销售渠道。银行、航空公司、24小时便利店、超市、票务中心、报业、物业等是常见的合作渠道，医院、"120"急救中心等也是健康保险业务推广渠道的有利补充。虽然单个单位的渠道作用有限，但健康保险公司对市场资源进行整合，不仅能够形成核心竞争力，也能够极大延伸健康保险营销渠道的触角、提高渠道的整体渗透率和便利性。

4. 完善和维护政府经办业务渠道

政府经办业务渠道是我国健康保险市场发展的特有的制度优势,实践中,多家健康保险公司积极探索服务地方政府基本医疗保险业务,形成了具有鲜明特色的"太仓模式""湛江模式""平谷模式"等,不仅大大提升了各地政府基本医疗保险的管理效率,也拓展了健康保险公司营销渠道的范围。目前存在的问题主要是,健康保险公司的盈利目标与政府公共服务的政策目标之间相互冲突;大病保险等相关保险产品的筹资模式还不完善、财务可持续较差;健康保险公司的市场主体作用还不能有效发挥,政府的行政体制改革有待继续深化。健康保险公司要重视完善和维护政府经办业务渠道,不断提升服务社会基本医疗保险体系的能力,推动"健康中国"战略的顺利实施。

思考题

1. 健康保险公司营销管理的内涵是什么?
2. 健康保险营销策略的含义是什么?
3. 健康保险公司的营销渠道主要有哪些?未来的趋势是什么?
4. 健康保险管理营销特点有哪些?
5. 如何理解健康保险营销道德准则?

参考文献

[1] Dieter Farny 著,张庆洪、陆新 等译. 保险企业管理学 [M]. 经济科学出版社,2002.

[2] Kenneth Black、Harold D. Skipper 著,张祁祥、郑伟 等译. 人寿与健康保险(第十三版)[M]. 经济科学出版社,2003.

[3] 德尔 I. 霍金斯、戴维 L. 马瑟斯博 著,符国群 译. 消费者行为学 [M]. 机械工业出版社,2016.

[4] 菲利普·科特勒、加里·阿姆斯特朗 著,楼尊 译. 市场营销原理(第十三版)[M]. 中国人民大学出版社,2010.

[5] 郭清. 健康管理学 [M]. 人民卫生出版社,2015.

［6］陈滔．健康保险［M］．西南财经大学出版社，2002．

［7］葛文芳．保险营销管理理论与实务［M］．清华大学出版社，2006．

［8］黄占辉，王汉亮．健康保险学［M］．北京大学出版社，2006．

［9］李星华，吕晓荣．保险营销学［M］．东北财经大学出版社，2005．

［10］李琼，苏恒轩．论保险的整合营销渠道［J］．保险研究，2002，（06）：37－39．

［11］刘子操，郭松平．保险营销学［M］．中国金融出版社，2003．

［12］马尔霍特拉著．涂平译．市场营销研究：应用导向［M］．电子工业出版社，2006．

［13］郭国庆．市场营销学通论［M］．中国人民大学出版社，2014．

［14］孙东雅．美国健康险市场的发展及对我国的启示［J］．中国医疗保险，2012（2）：63－65．

［15］肯尼思·布莱克、哈罗德·斯基博 著，孙祁祥、郑伟 译．人寿与健康保险［M］．经济科学出版社，2003．

［16］王海柱，何孝允．保险管理学［M］．西南财经大学出版社，1993．

［17］吴定富．保险原理与实务［M］．中国财政经济出版社，2005．

［18］杨海建．论保险市场营销［J］．保险研究，2001（1）：16－17．

［19］姚东明，赵成文．健康保险营销学［M］．科学出版社，2015．

［20］庄贵军，席酉民．关系营销在中国的文化基础［J］．管理世界，2003，（10）：98－109．

［21］Assael H.. Consumer Behavior and Marketing Action［M］. Kent Pub, 1984.

［22］Berman B.. Marketing Channels［M］. John Wiley & Sons Inc, 1996.

［23］Chakraborty G., Ettenson R., Gaeth G.. How Consumers Choose Health Insurance［J］. Journal of Health Care Marketing, 1994, 14（1）.

［24］Churchill, Jr., Gilbert A., Tom J.. Brown: Basic Marketing Research［M］. Thomson Learning, 2004.

［25］Cutler D M., Zeckhauser R J.. The Anatomy of Health Insurance［J］. Handbook of Health Economics, 2000, 1: 563－643.

［26］Diacon S R., Ennew C T.. Ethical Issues in Insurance Marketing in the UK［J］. European Journal of Marketing, 1996, 30（5）: 67－80.

［27］Doyle P., Stern P.. Marketing Management and Strategy［M］. Pearson Education, 2006.

［28］Dumm R E., Hoyt R E.. Insurance Distribution Channels: Markets in Transition［J］. Journal of Insurance Regulation, 2003, 22（1）: 27.

[29] Levitt T.. Marketing Intangible Products and Product Intangibles [J]. Cornell Hotel and Restaurant Administration Quarterly, 1981, 22 (2): 37 - 44.

[30] Mark S. Dorfman. Introduction to Risk Management and Insurance (9th) [M]. Prentice Hall, 2007.

[31] Mohr J., Nevin J R.. Communication Strategies in Marketing Channels: A Theoretical Perspective [J]. Journal of Marketing, 1990, 54 (4): 36 - 51.

[32] Rust R T., Lemon K N, Zeithaml V A.. Return on Marketing: Using Customer Equity to Focus Marketing Strategy [J]. Journal of Marketing, 2004, 68 (1): 109 - 127.

[33] Sackler A F., Levin M.. Health Insurance Management System: U. S. Patent 5, 235, 507 [P]. 1993 - 8 - 10.

[34] Saunders, John A.. Marketing Strategy and Competitive Positioning [M]. Financial Times/Prentice Hall, 2004.

[35] Zeithaml V A., Parasuraman A Berry L L.. Problems and Strategies in Services Marketing [J]. The Journal of Marketing, 1985: 33 - 46.

第五章

健康保险公司核保管理

健康保险公司核保管理，是指健康保险公司对准被保险人的风险进行评估、分类、选择的过程。核保管理是健康保险公司经营管理中非常重要的环节，直接关系到保险公司的经营稳定和盈利状况，是健康保险公司降低逆向选择风险、严把风险入口、提高风险管理水平的重要手段。本章在概述健康保险核保概念和原理的基础上，详细分析健康保险公司核保管理的原则和流程，最后介绍健康保险公司核保管理的因素和程序。

第一节 健康保险公司核保管理概述

健康保险公司核保管理的本质是对可保风险的判断与选择，是承保条件与风险状况适应或匹配的过程。核保人员通过对积累数据的分析判断，根据公司自身的财务和经营能力、对风险的接受程度、经营状况及市场情况，针对个人健康保险、团体健康保险和健康管理业务等不同的业务条线的特点，确定核保政策，做出承保决定。

一、健康保险公司核保管理的含义

健康保险公司核保（Underwriting），是指健康保险公司对被保险人的年龄大小、健康状况、患病程度等健康风险程度进行分类与评估，并做出相应的承保决定的过程。核保时主要审核投保人资格、保险标的、保险金额、保险费率、投保人或被保险人的信誉等内容,其最为关键的问题是以何种条件承保。承保条件主要是指保险责任范围(包括基本条款、扩展条款、承保协议中有关的内容等)、保险金额(限额)、费率、免赔额度、缴费方式以及费用(经纪费用、服务成本等)等内容。[①]

二、健康公司核保管理的分类

按照业务类型,健康保险公司的核保可以分为个人健康保险核保、团体健康保险核保,以及健康管理业务核保。

(一)个人健康保险核保

个人健康保险核保工作是通过识别每个被保险人实际的风险程度,对其进行评估和分类并做出相应核保决定的过程。其实质是对被保险人可能的赔付率进行估计。对个体将来的赔付情况进行预估,要根据既往经验,计算出样本人群发生疾病和意外事故的概率以及相应损失的平均水平,分析具有不同特征的被保险人发生伤病的风险以及平均损失与平均风险水平之间的差异,据此将被保险人分成风险水平不同的群体,承担相应的保障责任,收取相应的保险费率。

(二)团体健康保险核保

团体健康保险核保,是健康保险公司根据投保团体的大小、性质、职业特点、稳定性和组成结构等,进行团体健康风险的评估和选择过程。一般情况下,团体健康保险不需要对个体进行体检,但如果承保团体的职业风险较高(职业病或高危职业)、年龄组成偏大、平均保额也高等,进行团体业务承保时,也会对其中部分个体进行体检或调查,以确定比较恰当的费率。此外,保险人不能拒保团体中某个被保险人,只能通过加费等方式承保。被保险人因某种原因退出团体,如辞职或被解聘,在保障责任相同的情况下,可以转换为个人保单,其缴费及赔付均按个人健康保险处理。

(三)健康管理业务核保

目前,商业健康保险公司已经不单纯满足于保险金的事后给付,更多强调疾病预防、病中干预,健康管理已经成为健康保险公司主要的业务条线。健康保险公司健康管理的作用愈来愈突出。健康管理业务核保的主要内容是充分了解客户健康状况,进行健康及疾病风险性评估,以确保健康干预和管理业务的盈利性和可持续性。

---

① 张洪涛. 保险公司核保与理赔 [M]. 人民大学出版社,2006:4.

三、健康保险公司核保过程中的逆向选择风险管理

从经济学意义来讲，健康保险公司核保管理的核心是识别和管理投保人的逆向选择风险。一般地，拥有健康保险并不能使个人免于患病，但是购买健康保险可以使个人在遭受疾病或意外事故后能够得到经济上的补偿。而对于商业健康保险公司来说，其运营的机理并不是真正地承接转嫁的风险损失，只是通过将损失在投保人之间均摊，将风险分摊给具有同质风险的投保人。因此，在健康保险市场中，健康保险对于患病或意外伤害频率高于平均水平的患者具有更高的吸引力，当高风险的准被保险人能够隐蔽其真实风险水平并以平均保费购买保险时，逆向选择风险就产生了。

从现实的健康保险市场看，与保险人相比，准被保险人对其健康状况以及所需的预期医疗卫生服务拥有更充分的信息。若是将高风险和低风险的准被保险人划分到同一组，收取同样水平的保费，对于高风险的准被保险人来说，被低估的保费鼓励了这部分准被保险人进行投保，导致健康保险公司承担过高的风险成本；而对于低风险的准被保险人，由于要支付相对较高的保险费率，保费支出甚至可能会超出其进行自我保险的支出，低风险的准被保险人会面临福利的损失，甚至选择退出健康保险市场。Wolfe 和 Goddeeris[1]（1991）以及 Browne 和 Doerpinghaus[2]（2001）分别通过对补充医疗保险市场和个人保险市场进行了检验，证实了健康保险市场中逆向选择情况确实存在。

逆向选择问题降低了整个健康保险市场的运行效率，甚至会导致有效保险市场的崩溃和消失。因此，保险人需要采取相应的策略、设计相应的制度来解决健康保险市场的逆向选择问题，比如信号传递机制和信号甄别机制。对于健康保险合约来说，投保人拥有健康风险信息优势，而保险人拥有保单责任、承保管理等信息优势。一般地，信号传递机制有两种情形：一是处于信息优势的一方主动向处于信息劣势的一方传递信号，以显示自身的私人信息，促成市场交易的实现；二是处于信息劣势的一方设计某种方案主动识别处于信息优势一方的真实信息。针对这种情况，Rothschild 和 Stiglitz[3]（1976）在《竞争性保险市场的均衡：论不完全信息经济学》一文中提出，保险市场应当运用信息甄别机制解决信息不对称问题。

在健康保险公司核保过程中，要诱使投保人不隐瞒自己的风险信息，就要设计合

---

[1] Wolfe B., Gabay M.. Health Status and Medical Expenditures: More Evidence of a Link [J]. Social Science & Medicine, 1987, 25 (8): 883–888.

[2] Browne M J., Doerpinghaus H I.. Information Asymmetries and Adverse Selection in the Market for Individual Medical Expense Insurance [J]. Journal of Risk & Insurance, 1993, 60 (2): 300–312.

[3] Rothschild M., Stiglitz J.. Equilibrium in Competitive Insurance Markets: An Essay on the Economics of Imperfect Information [M] // Foundations of Insurance Economics. Springer Netherlands, 1976: 630–649.

理的信息甄别机制：一是保险公司通过投保人的选择来进行信息甄别。保险公司提供低保费、低赔付比例和高保费、高赔付比例的两种保险合同。高风险的投保人往往更倾向于高保费、高赔付比例的保险合同，由此帮助保险公司选择甄别不同风险水平的投保人。[①] 二是保险公司通过核保主动进行信息甄别。这是保险公司经常采用的一种信息甄别机制。在核保过程中，经由业务员、体检医师、核保人员多次风险选择，对被保险人的健康等风险状况进行评估，并根据被保险人的风险等级确定相应的承保条件。健康保险通过核保流程对被保险人的风险信息进行甄别，将准被保险人分配到期望损失概率与其最接近的被保险人一组，从而保证健康保险市场的效率。

四、健康保险核保的历史渊源与发展

最初健康保险是从人寿保险的一个分支发展起来的，在健康保险发展的初期，由于专业化经营管理的空白，健康保险业务的核保一般会沿用人寿保险核保的方法。但是，健康保险核保不同于人寿保险，它需要更多地融合医学、精算学、法学等多种学科知识和方法，识别和评估复杂的疾病和健康管理风险。

现代人寿保险源自于海上保险，15世纪末，奴隶贩子开始将海上贩运的奴隶作为货物投保海上保险，这是以人的生命为保险标的物的商业保险的起源，后来，船员和乘客也开始投保海上保险。1583年，第一张人寿保险保单正式签发，但由于缺乏对核保与精算知识的了解，对风险没有明确的认知与管理，大多数承保公司无法维持正常的经营而相继倒闭。[②] 经营人寿保险的保险人开始意识到不能对所有提出投保申请的准被保险人都予以承保，而需要根据准被保险人的年龄、健康等来进行风险选择，核保这一重要的风险选择手段开始逐渐在实践中运用发展起来。

1699年，英国出现了首家专业化的人寿保险组织——孤陋寡闻社。该社对投保人的年龄、健康情况等条件进行了明确的规定，并且设置了宽限期等条款。1706年，美国长期保险公司在承保时已经采取了多种风险选择或管理措施，比如将被保险人的年龄段限定在12~45岁，被保险人必须接受监事会的询问，对健康状况、经济状况甚至社会地位进行调查等等一系列措施。1762年，英国公平人寿保险公司成立后，第一次采用均衡保险费率作为保险费率，并对超出一定条件的投保者，额外加收保费，开启了人身保险费率科学化的进程。1794年，美国北美保险公司开始为准被保险人进行体检，并将体检结果作为核保依据，此举得到了其他保险公司的普遍认可，此后，体检逐渐成为核保的必要项目。到19世纪初期，体检在保险公司核保中已得

---

① 蔡岩兵. 新编信息经济学：Economics of Information [M]. 中国经济出版社，2014：134-144.
② 富德生命人寿. 核保成长史 [EB/OL]. http://www.sohu.com/a/194505929_783117，2017.

到普及，保险公司的承保条件也会结合不同的体检结果有所调整和变化，比如对次标准体加收10%的保险费等等。随着医学水平的进一步发展，很多信息可以通过不同的渠道或方式获得并加以甄别，核保手段也逐渐规范化与科学化，各保险公司均已制定了标准的核保手册，核保已经成为一种制度并得到广泛应用。在健康保险经营领域，随着法学、医学、精算等学科的发展和相关技术的成熟，健康保险逐步摆脱人寿保险"附加品"的印记，专业化程度越来越高，健康保险核保也在寿险核保方法的基础上，更多地与健康保险经营风险和业务特点相结合，形成了有别于寿险核保的健康保险核保方法体系。

与此同时，信息技术的快速发展也为健康保险核保提供了更多途径和形式，比如电脑自动核保、电话核保等新型核保方式，不仅提高了健康保险公司的核保效率，也提升了客户满意度。电脑自动核保是指通过自动化系统对投保单进行标准化核保处理，信息系统按照经过严格定义的标准程序进行核保，对于符合程序定义标准的投保单，自动签单；对不符合程序定义的投保单，则转由核保师进行人工核保。目前，国内外的公司都拥有自己的电脑自动核保系统，经电脑自动核保签发的保单数量至少可达总投保单的30%~40%，大大提高核保工作的效率和出单速度，节约运营成本。电话核保是保险公司通过录音电话访问形式，以客户的语音告知替代部分纸质告知的核保模式。

第二节 健康保险公司核保管理的原则和流程

专业化的健康保险核保管理方法体系，要求健康保险核保工作必须遵循相应的原则，更多地体现健康保险经营风险和业务特点。健康保险经营过程中，准被保险人比保险人更了解自己的健康状况，当这种信息不对称明显存在时，就会产生逆向选择风险，影响健康保险公司的经营和发展。健康保险公司核保工作的核心是分析评估复杂的健康风险，确定科学合理的费率水平，防止和降低逆向选择风险。因此，健康保险公司核保过程可以具体化为健康保险核保的不同流程和环节，包括风险评估选择和风险组合决策管理两个阶段。

一、健康保险公司核保的特征

健康保险主要针对被保险人发生特定疾病、支出医疗费用、失能造成的收入损失以及护理费用等进行补偿，保险事故发生概率高、损失多样化且损失难以评估，因此，健康保险核保与人寿保险核保相比，具有不同的经营风险和业务特点。

（一）核保因素较多

健康保险的保险标的是人的身体或健康，其主要考虑的是疾病发生率和残疾率，而非传统寿险的死亡率。尽管影响疾病发生率和残疾率的诸多相关因素与影响死亡率的诸因素具有很大的相似性，但二者的差异也十分明显，影响疾病发生率和残疾率的因素更多且更复杂。寿险核保是分析各种风险因素对寿命的影响，以固定的生命表作为确定保险费率的基础。健康险核保是分析各种风险因素对疾病发生率或者残疾率的影响，不同的健康险险种的保险事故责任范围和医疗费用水平等存在巨大差异，因此健康险的费率通常采用经验费率，这也决定了健康险的核保需要考虑更多的核保因素。

（二）逆向选择风险发生的概率高

健康保险中的逆向选择，指的是在建立保险关系之前，投保人试图利用自己掌握的某些保险人不了解的健康信息，以低于精算出的合理保费价格取得健康保险的倾向。[①] 健康险为非死亡型险种，作为给付条件的保险事故的发生对被保险人的生命威胁不如一般的寿险高，加上通常受益人就是被保险人本人（一般寿险中，尤其是以死亡为给付条件的寿险，被保险人与受益人是分离的），这就为某些投保者做出对保险公司不利的逆向选择提供了机会，家族病史、生活习惯、嗜好以及身体状况等信息属于被保险人的私人信息，对保险人而言是无法完全、准确的获得的，因此在健康保险中，逆向选择现象十分普遍。

（三）核保环节复杂

由于影响疾病发生率和残疾率的因素较多并且不同健康险险种的保险事故责任范围差异较大，所以健康保险的核保环节更复杂。不同于一般寿险采用固定的生命表作为费率的基础，健康保险的费率确定需要把手册费率和经验费率相结合。特别是健康保险中有相当一部分客户是以团体方式投保的，团体之中的个体差异非常显著，团体之中的年龄分布、性别分布、收入分布等都对团体的健康风险程度有较大影响，经验费率的作用十分重要。因此，团体投保健康保险时在保险金额、免赔额、免责期、交费方式等方面情况会更复杂，如何制定出稳妥的承保方案，对健康保险的经营来说至关重要。

---

① 施建祥，韩雪. 健康保险中的逆选择问题研究［J］. 保险职业学院学报，2006（1）：8-10.

二、健康保险公司核保管理的原则

健康保险公司的核保管理原则，是健康保险核保人员（Underwriter）在核保过程中必须遵循的风险分类和选择，以及风险组合管理的根本要求和准则，目的是确保公司的盈利性和消费者利益保护的一致性，实现公司和消费者的双赢。具体包括以下几项原则：实现长期承保利润、维持费率公平性、谨慎运用公司承保能力、主动提出核保管理建议、符合公司合规管理要求等。

（一）实现长期承保利润原则

健康保险公司是经营风险的组织，也是兼具社会责任的类公益组织。在坚持消费者利益保护的前提下，为了实现盈利目标，保险公司在经营中对业务同时兼有业务规模和业务质量的要求。业务规模，主要是通过健康保险公司业务员或间接销售渠道销售保单来完成；业务质量，主要是通过公司核保人员实施核保管理过程来把关。公司或渠道业务人员为了最大可能地完成销售目标，往往不重视甚至忽视对承保标的的质量、风险的评定和控制，可能会实现保费收入在短期内的快速增长，但是这种片面求规模的短期行为，会破坏市场和客户的长远利益关系，不利于保险公司长期的经营稳定和长期利润的实现。因此，需要核保人员进行全面、细致的核保，在保证业务质量的同时，扩大业务规模。

（二）维持费率公平性原则

核保人员在进行核保时，首先要做好风险评估工作，根据收集、整理的历史理赔数据，对准被保险人的风险进行审核、筛选和分类，尽量克服逆向选择风险，保持保险费率与风险水平的匹配，做到科学决策，维持差别费率的公平性。

（三）谨慎运用公司承保能力原则

核保人员在核保时，需要依靠充分的历史数据和核保资料，判断风险是否可控，明确承保条件，减少以低费率承保高风险个体，扩大风险责任。同时，从公司总的风险限额控制的角度看，一旦超过公司总的风险承受能力，要选择与再保险公司合作，转移和分散经营风险。值得注意的是，再保险的比例应该是建立在科学评估风险的基础之上，符合分散风险要求的同时，也要保证公司合理的利润。

（四）主动提出核保管理建议原则

健康保险公司核保人员通过核保管理积累了一定的风险识别、控制经验，为了保证公司的长期稳定经营，需要就相关的客户风险程度、费率的合理性、客户的理赔服务提出核保工作的改善建议，一方面能够降低损失发生率和损失的影响程度，保证公司的稳健经营；另一方面也能够较好地维持与被保险人的契约关系，增强客户对公司的粘性关系，有利于公司拓展业务来源，更好地服务客户。

（五）符合公司合规管理要求原则

规范的核保管理工作，要求核保管理过程制度化、标准化、程序化，核保人员应该遵守国家法律、地方法规和监管部门的监管规定，遵照行业协会自律要求及公司的规章制度，依法合规进行核保管理工作。只要核保人员坚持合法合规承保核保，就可以规避舞弊行为和操作风险，实现承保风险的最小化，以维持公司的稳定经营。

三、健康保险公司核保流程管理

在实践中，健康保险公司核保主要包括两阶段具体流程，一是风险评估选择流程管理，是保险公司分析每件投保申请，并评估准被保险人风险程度的过程；二是风险分类组合管理，是将准被保险人依据期望损失概率分配到与其最相近的被保险人一组，也就是作出核保决定[①]。

（一）风险评估选择过程管理

在整个核保选择流程中，有以下四个环节：第一次风险选择（业务员的选择）、第二次风险选择（体检医师的选择）、第三次风险选择（核保人员的选择）、第四次风险选择（契约调查或风险调查）。

1. 第一次风险选择：业务员的选择

由业务员（Representative）在业务拓展过程中所作的风险选择是第一次风险选择，也称外勤核保。[②] 业务员要与投保人、被保险人进行面晤、观察、询问并做出业务员报告，通过与客户的直接接触，对被保险人的年龄、性别、目前健康状况、既往病史、家庭资料、投保动机等个人信息以及对团险中投保团体的行业性质、经营状况、安全管理情况、团体大小、员工工种和年龄结构等信息有清楚的了解。对于免体检的保险业务，业务人员对准被保险人的第一次选择几乎代表了核保的全过程。业务员要根据面晤和询问情况，指导投保人填写投保单，如实完成业务员报告书，提供给核保人员。业务员进行风险选择时，首先要与被保险人直接见面，了解其投保动机，

---

① 肯尼斯·布莱克、哈罗德·斯基博 著，孙祁祥、郑伟 译．《人寿与健康保险》[M]．经济科学出版社，2003：651．

② 张晓．商业健康保险 [M]．中国劳动社会保障出版社，2004：125．

注意避免道德风险。其次是认真观察和询问了解被保险人的体格、外观、脸色等健康状况以及被保险人家庭的情况、居住环境等生活情况，了解被保险人的收入与资产情况，以确定投保金额是否与投保人能力相适应。再次是正确指导投保方准确填写投保单等投保资料。业务员要向客户详细说明保险合同的条款、告知义务、责任免除、合同的实效、解除等规定，并引导投保人、被保险人如实书面告知，各种投保资料要由投保人亲自填写并签字。当被保险人为未成年人、无完全民事行为能力人时，应由其法定监护人签本人名字。最后是准确完成销售人员报告书。报告书应及时完成，且要求内容完整、实事求是，由销售人员应亲笔填写并签字，当涉及被保险人及投保人的特殊情况时，要补充说明。

2. 第二次风险选择：体检医师的核保

体检医师的核保，又叫作健康险医务选择或医务核保，是体检医师运用医学知识和技术，结合保险知识对被保险人的健康状况所进行的风险选择，是第二次风险选择。因为影响健康的风险因素较为复杂，仅依靠被保险人的告知和业务员的风险选择，并不能有效地避免逆向选择风险。体检核保以医学为基础，能够为核保提供专业、科学、准确的健康信息。体检报告（Medical Report）是核保人员作出准确核保结论、将实际保险事故发生率控制在精算部门预测范围内的重要信息来源。

虽然体检（Medical Examination）能为核保提供更专业的核保信息，但出于提高效率和降低成本的考虑，健康保险公司并不能要求所有被保险人进行体检，健康保险公司一般会根据被保险人的年龄和保额将保件分为体检件和免体检件。其他需要体检的情况还有，被保险人告知曾经患有疾病或刚经手术的情况。抽查体检，一般情况下抽检概率为1%~5%，以验证免检设定标准是否适中。

为被保险人进行体检的医师分为两类：一类是健康保险公司与医疗机构合作，委托医疗机构的医师进行体检，通过对医师进行保险知识培训，了解健康保险公司对客户体检的目的和要求；另一类是健康保险公司拥有自己的健康体检中心由专任医师或助理医师进行体检。建立自己的客户健康体检中心是一个健康保险公司专业化经营的要求，不仅能为客户提供更加全面便捷的服务，也能更有效地收集客户的相关资料，避免被保险人冒名顶替以及医生与客户串谋提供虚假体检报告。因此，建立公司自己的健康体检中心，是公司加强核保过程管理、提高承保质量、提升服务能力的必要措施。

体检医师的工作内容包括：听取投被保险人的告知并引导其如实告知，诸如被保险人的年龄、既往病史、现病症、家族史、职业、生活环境、医疗状况及常用药物、吸烟、饮酒等生活习惯等，并由投保人或被保险人签名确认；按照体检通知书要求进行体检，收集体检报告；作出健康评价，填写《健康风险评估报告》，对各项信息进行综合评价，还应提出相应的核保建议。

> **专栏 5.1**
>
> **体检基本流程**
>
> 1. 健康保险公司核保部门根据具体情况确定体检项目和体检时间，缮制《体检通知书》，由销售人员通知客户安排时间，在规定时限内到保险公司体检中心或定点医院参加体检。核保部门确定体检项目要尽量一次性决定，除确实需要补查或核查外，不得要求客户多次体检。
>
> 2. 客户确认体检时间后，按《体检通知书》要求，做好体检准备，携带本人身份证（户口簿）、一寸近期免冠照片，由保险公司内勤人员陪同参加体检，体检过程中销售人员不得在场。
>
> 3. 体检医师核对被保险人的身份、照片，确认是被体检人本人参加体检，以防冒名顶替。若发现有身份异常，体检医师可以拒绝体检并将情况及时通知保险公司。
>
> 4. 《体检报告书》健康告知项目，由保险人自行填写或体检医师逐项详细询问并如实记录。体检医师需在此健康告知上签名确认，被保险人审核无误后签名。体检报告书告知事项将成为保险公司发出保单的依据，并与投保单一并作为保险合同的组成部分。
>
> 5. 体检医师按《体检通知书》上确定的体检项目进行检查，或安排被保险人到各科室进行各个项目的体检。体检过程中应注意为客户严守秘密，不得有体检无关人员在场。
>
> 6. 体检医师仔细审核各项目的检查结果，并在《体检报告书》中体检医师报告栏上记录异常发现，做出体检结论后签字确认。体检医师报告是保险公司与体检医师之间的保密问卷，不得向其他人透露。
>
> 7. 体检医师应将被保险人的《体检报告书》和原始检验单证密封，由保险公司专人取回，并及时交至保险公司核保部门，所有体检资料以及客户提供的相关病情资料都是保险公司的保密文件，严禁向无关人员泄露，核保人员审核体检报告，判断是否需要补充体检，并作出核保建议。
>
> 资料来源：黄占辉，王汉亮. 健康保险学 [M]. 北京大学出版社，2006：250-251.

3. 第三次风险选择：生存调查

生存调查（Survival Survey），又叫作契约调查，是指在契约合同成立过程中，由专业契约服务人员通过面晤客户来核实投保合同的各项资料，并协助业务人员搜集相关资料，为公司作出核保决定提供依据的活动。生存调查的目的在于防止道德风险和逆向选择，起到辅助核保功能。生存调查的内容主要是：客户的投保情况、健康状况、财务状况、职业与生存环境、生活习惯和嗜好等。生存调查有两种方式：直接调查和间接调查。直接调查是通过直接面见投保人或被保险人的方式，来了解投保人和被保险人的身体健康状况、经济能力等是否满足承保条件；间接调查是指通过对被保险人生活圈里的人群，如周边的亲戚、朋友、同事、医务人员等接触，调查了解投保人或被保险人进行投保的动机、身体健康状况、经济能力等是否满足承保条件。

因为生存调查的成本较高，保险公司也是采用抽查的方式进行，针对一些特殊件，如有疑点的或风险保额过高的投保件进行调查。值得注意的是，对于高额保单，必须实行双人调查制度。[①] 一般情况下，当健康保险的投保人为团体时一般不需要进行生存调查，但是当投保团体人均保额很大、职业风险较高或核保人员认为应该有必要进行生存调查的情况下，可提供相应的团体生存调查报告。[②]

生存调查的范围一般由保险公司的总公司确定。生存调查件分为新单必查件、新单问题件、新单抽查件、保全件四类。

新单必查件，指必须进行生存调查的投保件，各商业保险公司根据当地的具体情况自行确定需要生存调查的标准。

新单问题件，指未达到必查件标准的投保单，特别是残疾人员投保、异地投保、父母为其已到工作年龄但无固定职业的成年子女投保（在校学生除外）、为成年兄弟姐妹投保（尤其是仅为其中一个人投保）、为非直系亲属投保、被保险人社会关系较复杂、短期内连续投保、高危职业或职业风险不明确的，以及核保人员认为需要生存调查的其他情况的，需要进行生存调查，进一步明确投保目的。

新单抽查件，是为严防道德风险，杜绝代签名等现象的发生，对新单进行抽查生存调查。抽查范围主要包括：新单件的保额临近规定的需要进行生存调查的投保件；业务质量相对较差，特别是短期保险出险率高以及发生骗保、骗赔的机构或个人；对业务质量较差、风险较高的销售人员所做的保单。公司应根据自身业务情况，确定抽查生存调查比例和方式。

保全件，是指保单复效、增加保额、附加险续保、保单变更等保全事项提交核保时，有不确定事项或可疑因素存在，需要通过生存调查进一步明确的投保件。

4. 第四次风险选择：核保师的核保

核保师的核保又称为第四次风险选择，核保师要根据业务员、体检医师和生存调查人员收集到的资料，筛选出符合公司预期保险事故发生率的准被保险人，排除风险较高或异常的不良保件。核保师还需要对不同风险程度的被保险人进行分类，赋予其不同的保险费率，维持被保险人之间的保费负担公平性，保证保险公司的稳定经营。

[①] 黄占辉，王汉亮. 健康保险学 [M]. 北京大学出版社，2006：250.
[②] 张晓. 商业健康保险 [M]. 中国劳动社会保障出版社，2004：129.

核保人员的核保管理流程如下：

（1）收集投保单、业务员报告书、体检报告书、生存调查报告、财务报告书等基本资料。

（2）根据公司的投保规则及经营政策，对所收集到资料进行初步审核。初步审核的内容包括：投保单填写是否详实、准确、完整；准被保险人的基本情况；索取准被保险人的有关保险资料，了解准被保险人以往的保险金额、核保结论、续期交费及理赔记录等；保险金额是否过高。

（3）当有投保金额较高，健康告知有异常以及核保人员在初步审核时发现疑点的情况出现时，核保人员可以要求准被保险人进一步提供资料，如提供财务报告证明保险金额的合理性，提供特殊疾病问卷等。

（4）根据收集的资料中影响准被保险人疾病率或意外事故发生率的因素，依据核保手册运用数理查定法，确定准被保险人危险等级。

（5）当准被保险人的保险金额超出核保人员的核保权限时，需要越权上报审批。一般情况下，核保人员因经验和职务的不同对保险种类、最高保险金额、审核内容以及非标准体的承保决定是有各自不同的权限的，通常权限的划分是以保险金额为标准，而附加条件承保和拒保（Rejection）的承保决定也需要由更高级别的核保师作出。保险公司还设有专门的核保委员会来应对保险金额巨大或问题复杂的投保件，核保委员会由保险公司总经理，业务、精算、财务等部门经理和核保主管组成。

专栏5.2

健康保险公司核保的组织管理架构

1. 新契约部

新契约部主要负责新契约资料的录入，同时对保单资料进行初步的审核，保证保险合同出具的及时性和正确性。

2. 核保部

核保部的工作由各级核保人员担任。依据材料和所授予的权限，一般分为初级、中级、高级核保人员和总核保师。一些公司，在核保部内部成立核保小组，由多名核保人员组成，主要工作是定期讨论一些典型和疑难核保案例，提高核保人员的素质和个案处理能力。有的公司还成立核保委员会，由核保部门会同公司各相关业务部门，如销售部、业务部、理赔部等各部门组成。通过核保委员会的工作，不仅可以提高相关部门的风险意识，更重要的是从公司的角度出发，站在全局的位置上，对一些高额、巨额及超巨额保件、特殊人物的特殊投保件，从业务发展、资金运用、风险管理、社会效益及经营决策全方位考虑，力求确定更为合理的承保条件。

为准确评估风险，保险公司在核保部门内设立调查管理岗。调查管理岗设立的目的是在保险合同订立前后，由公司调查人员通过面见投保客户或对其周围环境的调查取证，进一步采集、核实风险评估所需要的信息，为评估要约风险或重新确定保单风险（合同成立后）提供辅助证据。

3. 体检中心

要保证体检结果的真实性和可靠性，获取准被保险人准确的健康资料，同时更好、更方便地服务客户，大多数健康保险公司都建立了自己的体检中心。国外专业健康保险公司都拥有自己的体检网络和相当数量的体检医师，大型公司还开办了自己的医院，小公司则用医务总监管理合同医院的服务质量，对合同医院指定的体检工作进行质量管理。

资料来源：吴海波，陶四海. 健康保险核保与理赔［M］. 北京：科学出版社，2015：66－67.

（二）健康风险分类组合管理过程

健康保险公司核保管理的最终目的，是决定是否接受投保人的投保申请，以及以何种承保条件接受承保。这实际上是核保人员对所有投保人在风险分类基础上进行组合管理的过程，也就是根据准被保险人的风险等级，将准被保险人划分为可保体和非可保体。可保体是保险公司可以进行承保的客户，分为标准体和非标准体。非保体是指危险过大或危险程度难以确定不能被保险公司所接纳承保的客户，非保体可分为延期投保体和拒保体。

1. 标准体承保

从客户的健康、职业等方面风险因素考虑，对于无异常告知或者告知内容不存在重大健康影响者，核保人员经过分析认为其健康因素或非健康因素均无特殊异常者，根据公司的承保原则，可以按照标准费率且无须以特别约定方式予以承保。在实务中，绝大部分投保申请均以标准体进行承保。但是各公司对标准体的判断标准不尽相同，一般地，经营时间长、抵御风险能力强且客户多的公司会放宽对一些风险较高的客户的承保条件，而将其作为标准体；而一些新公司则可能作为次标准体。另外，在实务中，某个被保险人被公司要求以次标准体承保甚至拒保，但在另外一家公司投保则被视作标准件的情况时有发生，这一般是由其投保险种的保险责任差异性导致的。

2. 次标准体承保

对于由于健康状况方面的原因或者所从事职业具有特殊风险，而导致患病率或者残疾率高于标准体人群的客户，保险公司须附加一定的条件予以承保。

（1）加费承保。

加费承保主要分为两种情况：健康加费和职业加费。健康加费是指对于一些患有全身性疾病，严重程度不大，未达到公司的拒保程度，又不能通过除外方式来进行承保的投保件，通常对非健康体加费达到保证公平费率的目的。因为健康风险进行加费承保的保单，一般不再进行加费金额的调整，如果承保后，当初加费的健康状况得到改善或者"痊愈"，被保险人提出要求削减或者取消缴费金额时，保险人通常不会接受。这是因为对于额外风险，在投保时核保人员已针对整个保险期间的各种状况做了综合考虑，并将此额外风险以加收保费的方式体现，所以即便被保险人的健康状况所有改善，公司也不会将加费取消，否则将破坏整个核保风险分类的公平性。同理，对于已经承保的保单，如果被保险人的健康状况出现恶化，保险人不得因此而调整加费比例或者改变承保条件。

对于因职业风险进行加费承保的保单，如果被保险人的职业发生了改变，高风险职业转为低风险职业，则可以要求保险人对其原来的职业加费进行调整或者取消。

对于加费方式承保，有的采用一次性加费的方式，主要是用于个性风险或者递减型风险，如孕妇、手术后不久；更多的则是采用在整个交费期内，每年均增收一个固定的保险费的方式，这主要是针对递增型风险或稳定型风险，如高血压、职业病等。

（2）除外约定承保。当被保险人的危险程度超过标准体承保范围时，保险人为了能够吸引客户，会采用除外约定承保方式来承保，采用除外约定承保方式的情况有：

①被保险人的病变比较局限，在理赔时比较容易界定，核保人在承保作业时会发出核保通知书，声明对某一种或多种疾病保险不予承担保险金给付责任的行为。对于疾病的承保在进行除外约定时，要考虑到这种疾病的并发症、合并症及可能存在的后遗症，承保约定时要一并进行约定。

②被保险人从事高风险职业，一般约定因在工作现场发生的保险事故责任，保险人不承担保险金给付责任。

③被保险人有危险运动爱好。在健康保险的承保过程中，除外约定的方式被广泛采用，在使用除外方式承保时要做到严谨缜密，既不能扩大除外范畴，也不能将本应保障的疾病列入除外范畴，防止理赔时出现不必要的纠纷。

（3）降低保险金额承保。如果被保险人的风险超过了标准体的承保范围但是仍在公司承保范围内，相对来说，保险金额较高，保险公司承担的风险较大，可以要求被保险人降低保险金额，从而降低个体的承保风险，然后核保人员结合其他承保手段予以接受。

（4）缩短保险期限承保。对于一些定期保险，可以在对被保险人的健康状况进行评估的基础上,将保险期限缩短,如将保险期限由 20 年缩短至 10 年。缩短保险期限一般用于承保递增型风险,以避开高危期承担过高的风险。这种方式比较难以被客户接受,需要做好沟通协商工作。

(5) 变更交费年期或交费方式承保。通过变更交费年期或交费方式来改变保险人承担风险的金额大小,通常是将交费年期长的缩短或者将年交保险费的方式改变为趸缴,这样能够迅速提高责任准备金的积累,使得净保险金额快速减少,间接降低保险人的承保风险。

3. 延期投保体承保

保险公司核保人员在进行核保操作时,对危险程度不明确或不确定,无法进行准确合理的风险评估的被保险人,或危险程度过大超过了可采用附加条件承保的次标准体危险程度,但是通过治疗等干预措施短期内有可能好转的被保险人,采用暂时不予承保即延期承保的方式。经过一段时间后待被保险人健康状况稳定后再考虑。核保人员在作出延期决定后一般要向客户说明延期的期限,方便客户在期限届满后再次投保。延期承保通常包括以下情况:

(1) 被保险人患有的疾病属于风险较高的疾病,进行了相关治疗,治疗后,无法在短期内对未来转归作出相对准确的预测。例如刚刚进行乳腺癌清扫手术。

(2) 对被保险人的核保资料收集不全,需要进一步收集,而进一步收集或观察需要一定的时日。如一个女性被保险人两次尿蛋白均为弱阳性,但没有患病史,也没有明确的病因诊断。

(3) 患有暂时性的疾病,短期内可能会有恶化。如较为严重的外伤,刚经手术治疗后。

(4) 以前的疾病,核保时无法判断其转归的情况。比如婴幼儿脑瘫,在 3 岁前投保,因其是否会有智力障碍等尚无法分辨,因而通常 7~10 岁以后方可受理。

4. 拒保体

拒保体,是指被保险人的预期疾病率或者残疾率严重超过通常可以接受的范围,其危险程度严重超过了可以采取附加条件承保次标准体的危险程度,为了保护广大投保人的利益而不予受理其投保的行为。在健康保险中,拒保可以分为三种原因:

(1) 职业风险较高,列入拒保职业。各公司都有自己的职业分类表,在职业分类表中分为可保职业和不可保职业。对于投保时仍从事不可保职业的被保险人不予受理。

(2) 健康风险较高,保险人作拒保处理。各公司均对一些常见且严重的疾病在投保规则中加以标注,要求业务员对告知有此异项者不予以受理投保,核保人员在进行核保操作时,对属于拒保的被保险人也会作出拒保决定,拒保的对象多为预后不良的疾病,拒保的情况通常有以下几类:

①癫痫、智能障碍（智商评分小于 90）和患有精神科疾病者。
②重度残疾。
③恶性肿瘤病史。
④慢性乙醇中毒。
⑤严重糖尿病（如糖尿病伴蛋白尿等）。
⑥肝硬化。
⑦肾切除三年以内（外伤性切除除外）。
⑧尿毒症。
⑨神经系统疾病。
⑩严重的血液病
⑪中、重度心脏病。
⑫艾滋病及 HIV 呈阳性者。
⑬接受器官移植者。
⑭中重度高血压（180/105mmHg 以上）。
⑮严重的结缔组织疾病。

5. 其他不适宜承保的情况

如保险人吸毒、曾有过明确的道德风险和逆向选择行为者、参与黑社会组织和暴力犯罪者、涉及刑事诉讼者等通常不予承保。应该说明的是，曾被拒保过，并不代表此人不能进行投保，随着保险人承保能力的增强，原来不能承保的投保件就有可能变成可以接受的投保件，某些因职业原因被拒保的被保险人，可能因为职业风险的降低而为保险人所接受。

上述内容是核保人员在进行核保作业时对被保险人风险加以估计后所作出的核保结论，实务操作中还有其他比较少用的方法，比如削减保险金额承保，就是指在缔约后一段时期内发生保险事故，保险人对保险金额削减一定比例后支付。各承保手段不是各自独立的，而是可以互相交叉使用的。作为核保人员，在承保作业时要认真审核，力求结论严谨，因为一旦做出核保结论，确定了双方的权利和义务关系，无特殊或法定的原因是不能进行变更或解除的。

第三节　健康保险公司核保管理的因素和程序

健康保险公司核保管理的影响因素分析和程序管理，是健康保险公司经销管理体系和方法的实际应用，具有较强的操作性和专业性。从具体作用程序和技术步骤来讲,个人健康保险核保与团体健康保险核保在风险评估的因素以及核保决定方面具有不同的特点,核保的重点内容也不同。健康保险核保人员在进行核保时,一般会从投保单、补充告知书、各类问卷、体检报告书、病历及病史资料、生存调查报告、业务员报告书等渠道获取投保人的信息,在此基础上,依据核保作业程序包括投保文件审核、体检、财务审核、生存调查等,做出承保核保的决定。因此,核保管理的因素和作业程序不仅影响公司的核保管理工作水平,也决定着公司承保和风险管理工作的水平和质量。

一、健康保险公司核保的信息来源

健康保险公司核保工作的一个关键问题,是如何从纷繁复杂的信息中获取准确的健康风险信息。在实际的核保操作过程中,主要从以下渠道获得核保信息:

(一)投保单

投保单是保险人提供的,由投保人或被保险人确定申请投保险种,并对保险人询问的事项进行告知的书面凭证。投保单是核保的第一手资料,也是最原始的风险选择纪录。

投保单一般由以下几个部分组成:

1. 投保人资料:姓名、性别、证件类型及证件号、年龄、婚姻、工作单位、岗位职务、联系地址与联系电话。
2. 被保险人资料:姓名、性别、证件号码、联系地址、联系电话、邮政编码、婚姻状况、工作单位名称、工作内容、职业代码与投保人关系等。
3. 受益人资料:姓名、性别、证件号码、与保险人的关系、受益份额、受益顺位等。
4. 缴费信息:缴费方式、账户信息、是否需要续期缴费提醒。
5. 保险险种名称、保额、保费、投保人或被保险人的健康告知、投保人、被保险人签名。
6. 业务员告知事项。投保单是非常重要的资料来源,其中内容涉及投保人和被保险人的基本情况以及投保人、被保险人和受益人之间的关系等等,是核保人员判定被保险人的危险等级以及适用何种水平费率时所要考量的内容。通过投保书,核保人员可以了解投保人、被保险人的综合情况和信息,形成一个可以用于核保分析的基础资料集合。

(二)补充告知书

有些客户会在投保书之外就某些问题进行补充告知或对某项内容进行更为详细的

告知，核保人员在核保时必须对这些告知内容予以考虑，否则将不得以被保险人未尽如实告知义务来对抗受益人的索赔。补充告知通常发生在投保人、被保险人在投保时并没有将影响保险人承保决定的重要事项进行告知，投保后因惧怕或被提醒而就某些情况进行补充告知的情形。有一些是业务员根据了解到的客户健康状况而补充的，因而对此类补充告知，核保人员应当相当谨慎，以便掌握更多的资料，防止可能发生的逆向选择风险。

（三）各类问卷

问卷一般有疾病问卷、高风险职业问卷、特殊业务爱好及运动问卷、高保额财务问卷等。虽然投保单中包含的内容广泛，但所涉及的具体情况并不详细，所以需要借助各类调查问卷来对投保情况进行更深入的了解，以便进行正确的危险评估。疾病和职业问卷通常用于那些告知异常或者内容不详细的被保险人，目的是进一步的掌握疾病或职业内容。疾病问卷的种类较多，主要有残疾问卷、糖尿病问卷、高血压问卷、哮喘问卷、肿瘤问卷、贫血问卷、病史问卷等，收集有关被询问人相关疾病的发病时间、症状、就诊检查、用药、手术等相关信息。高风险职业问卷主要询问有关被保险人的工作内容、工作时是否具有特殊的劳动保护设备、是否曾因职业病接受治疗或者在工作中遭受过意外伤害等内容。对于一些能提供疾病资料或职业证明者，如果核保人员觉得所需要的资料齐全，就尽可能不下发问卷，避免引起客户的不满。

特殊业务爱好及运动问卷则是对某些有特殊喜好的投保人或被保险人进行询问的一种问卷，问卷通常包括被询问人经常参加的活动、参与频率以及是否有因特殊业余爱好及运动造成的受伤或疾病等情况。通过此问卷上相关内容的询问，保险人可以掌握被保险人的特殊业务爱好对其健康的影响或意外发生的可能性。

高金额财务问卷是在保险金额达到一定保额后，保险人进行财务核保时使用的问卷，问卷上通常包括被询问人的从事行业、投保情况、工作情况、收入详情、家庭情况、个人资产状况、负债情况等内容，便于进一步了解投保人、被保险人的财务情况，以便评估被保险人所需保额。

（四）体检报告书

体检报告在信息收集当中也是非常重要的，主要适用那些保险金额巨大的保件。在这种情况下，被保险人一般被要求到指定的医院、医疗机构或人寿保险公司的专门体检机构进行相关项目的严格体检，以获得足够的健康资料。因为这种保额巨大的保件，如果不进行严格的体检，一旦发生风险，将使公司面临巨额赔付，甚至影响公司的运营和其他保户的利益。另外，体检还得非常注意被体检人与被保险人是否相符，谨防冒名顶替。体检是保险人防范风险的手段之一，相较于其他书面文件体检报告具有更高的科学性、客观性、准确度和直接性。在核保实务中，并不是每一个被保险人均需要进行体检，一般地只有当被保险人达到一定年龄或者超过一定保额时，才会被要求体检。另外，还有少数被保险人会因为在投保告知时异常同时又无法提供相关健康证明或相关资料不详，也会被要求接受体检。在实务操作中，还常常对某一类人群作为被保险人时要求体检，常见的是孕妇、残疾人员，因为这些人的风险不确定性因素较大，或者在被保险人不能完全正确表述自己的残疾情况，给核保造成困难时一般也会要求被保险人进行体检。

体检项目通常会在确定投保规则时确定，并在系统中加以设置，以方便核保人员的核保操作。

保险公司通常都有自己的体检医院为客户体检或者委托医疗机构，不论是何种体检途径，都要求体检医师对被保险人的健康状况再一次进行询问，并对询问结果进行签名确认；同时，需要将体检结果进行记录，并将检查报告汇总并粘贴于体检报告书上，体检结束后体检医师必须做出体检结论及健康状况的评价。

（五）病历及病史资料

保险人如果既往患有某种疾病，会对保险公司核保评估产生重大影响。疾病由于某些特性，即便在一定时期内被治愈仍有可能复发，或给人留下后遗症等，因此增加了危险因素。但如果能彻底治愈而又不会复发或无后遗症的疾病则对风险评估无任何影响。因此，核保人员只有明确被保险人以前疾病的转归才能做出准确的核保结论，因而既往的病历显得特别重要。通过病历可以了解到保险人的就诊原症状的严重程度、用药及费用、住院天数、疾病转归等情况，同时还能了解疾病有无并发症、后遗症、合并症、手术的大小和对后期的影响，疾病是否进行了保守治疗、是否会复发、客户是否进行了病理检查、病理检查的结果是什么。这些内容可以帮助核保人员提高对被保险人健康状况和危险程度评估的准确度，尤其是那些投保人无法详尽告知的情况，更适用这种方式。

（六）生存调查报告

生存调查是获取核保资料的又一重要途径，生存调查人员对投保险人、被保险人进行直接或间接调查，以确定其真实的投保目的、健康状况、财务情况、职业内容、运动爱好、嗜好习惯等。生存调查报告通常要对投保申请情况、调查要点、调查经过和调查结论进行记录。报告内容包括：消息的取得途径和方法；信息的可靠性及是否进行了查证；调查时间、地点、参加人员；被访者基本资料，保险人具体的职务、工种、个人情况、收入、资产分析情况、个人健康状况、住所情况；生存调查中发现的投保过程异常（如告知不全、签名不符等）；综合评估，给出生存调查综合意见，并签名；协助调查人员补充意见，并签名；生存调查过程中所收集到的其他必要的核保资料。

（七）业务员报告书

业务员通过与客户的直接接触，对被保险人的年龄、性别、目前健康状况、既往病史、家庭资料、生产方式、投保动机等个人信息以及对团险中投保团体的行业性质、经营状况、安全管理情况、团体大小、员工工种和年龄结构等信息有清楚的了解。保险公司对代理人均有较为严格的品质管理要求，业务员如能按公司的要求，将所见到的被保险人的具体情况汇报给公司核保人员，核保的准确度将大大提高。

业务员的告知书主要包括：业务员与被保险人认识时长、投保经过、投保目的、从外观看被保险人是否有病态或者生理缺陷，投保人的职业、学历、收入、住宅、交通工具等情况，业务员是否认为客户进行了如实告知，需要补充告知的内容，高保额件的招揽过程等，最后业务员对该报告书真实性确认并签名等。

（八）客户的财务报告或证明

在核保过程中，常常需要根据客户的财务状况来分析其投保险种、投保金额、受益人指定的合理性和匹配性，同时也要保证其有足够的财力支付续期保费，避免保单中断，造成公司和客户的损失。

对于高保额件，通常要求客户提供财务证明，包括产证、车辆所有权证明、股权证明，银行存款、工资、税单等；若是私营业主，则提供营业执照、资产负债表、现金流量表、损益表等。同时，客户会提交一份高保额问卷，说明其收入、负债情况，家庭成员及企业经营情况，供核保人员进行综合分析。

（九）既往投保记录、理赔、保全记录或其他公司承保情况

既往投保记录、理赔、保全记录或其他公司承保情况可帮助核保人员更全面地收集核保信息。核保部门可以通过保全或理赔信息等具体情况确定体检项目，下发《体检通知书》，甚至是下发核保结论。若被保险人在其他公司有承保记录或现在正在投保，则要分析其保额申请的合理性及险种选择可能暗含的信息，同时也要关注其在其他公司的承保结论、体检结果等，保证合理需求得到满足，同时又可以防范逆向选择风险。

二、健康保险公司核保的影响因素分析

健康保险公司核保包括个人保险业务和团体保险业务，两条不同业务线在风险评

估的考量因素以及核保决定方面有许多相同之处,但也有各自的特点和不同的影响因素。

(一) 个人健康保险的核保因素

个人健康保险核保中要考虑每个被保险人的年龄、性别、健康状况、职业和经济状况等风险因素,根据具体情况做出承保或拒保的决定。

1. 年龄因素

年龄是健康保险风险评估过程中要考虑的一个重要因素。随着被保险人年龄的增长,死亡率在增长的同时,疾病发生概率也在增加,而且患病后恢复健康所需的时间也越长。同时,除职业因素外的意外伤害的概率也随着年龄的增加而增加,意外伤害事故后复原所需的时间也越长。

2. 性别因素

有关资料统计表明,女性和男性的疾病或意外伤害发生率是不同的。一般而言,女性的疾病发生率比男性高,且更倾向于求助医疗帮助,因此当健康保险的保障范围和保障程度相同时,女性的保险赔偿则更多。在意外伤害事故发生方面,女性较男性更低。有些疾病专属于男性,如前列腺炎,而有些疾病则专属于女性,如子宫肌瘤等。表5.1为我国2015年城市居民疾病死亡男女构成比例。

表5.1　　　我国2015年城市居民疾病死亡男女构成比例　　　(单位:%)

指标	男性	女性
城市恶性肿瘤死亡人数占总死亡人数的比重	29.11	22.77
城市脑血管病死亡人数占总死亡人数的比重	19.89	21.65
城市心脏病死亡人数占总死亡人数的比重	19.81	24.95
城市呼吸系统疾病死亡人数占总死亡人数的比重	11.94	11.62
城市损伤和中毒外部原因死亡人数占总死亡人数的比重	6.89	4.91
城市内分泌营养和代谢疾病死亡人数占总死亡人数的比重	2.59	3.79
城市消化系统疾病死亡人数占总死亡人数的比重	2.47	2.05
城市传染病(不含呼吸道结核)死亡人数占总死亡人数的比重	1.31	0.79
城市泌尿生殖系统疾病死亡人数占总死亡人数的比重	1.05	1.05
城市神经系统疾病死亡人数占总死亡人数的比重	1.01	1.25
城市精神障碍死亡人数占总死亡人数的比重	0.38	0.54
城市围生期疾病死亡人数占总死亡人数的比重	0.28	0.26
城市先天畸形变形和染色体异常死亡人数占总死亡人数的比重	0.27	0.29
城市肌肉骨骼和结缔组织疾病死亡人数占总死亡人数的比重	0.19	0.42
城市血液造血器官及免疫疾病死亡人数占总死亡人数的比重	0.17	0.23
城市寄生虫病死亡人数占总死亡人数的比重	0.01	0

资料来源:《2016年中国统计年鉴》。

3. 目前的健康状况

许多与疾病相关的统计资料表明，体格、血压、心电图、尿液检查和血液检查等都能揭示出被保险人目前的健康状况，对未来健康有明显的影响。如，被保险人体格肥胖，同时伴有与肥胖关系密切的相关症象（如血压高、血脂高、心电图异常、B超提示有脂肪肝倾向等）应增加评点。另一种情况，被保险人半年内不明原因体重明显减轻（体重减轻≥2.5公斤），可能暗示了某些潜在的疾病（如恶性肿瘤、结核病、甲亢等），应建议被保险人做进一步体检或延期承保。

4. 既往病史

既往病史是被保险人以往遭受的损伤和疾病，核保人员通常会以被保险人以往的健康状况和患病经历预测其未来发病的可能性。既往病史主要包括：手术病史、意外伤害史、住院病史、过敏病史、最近就医史以及地方病病史，女性还包括月经婚育史。对既往病史的考量，要从既往所患疾病的性质、病程长短、发作次数和疗效以及转归等多方面进行考量，才能正确判断其对被保险人将来健康状况的深远影响。[①]

5. 家族病史

出现家族病史即家族成员以往的健康状态有异常的原因，可能是该家族成员都带有相同的致病基因，或因为先天的特征对某些特定的疾病如高血压、糖尿病、某些恶性肿瘤等有较强的易感性。糖尿病就具有明显遗传易感性（尤其是临床上最常见的2型糖尿病）。家系研究发现，有糖尿病阳性家族史的人群，其糖尿病患病率显著高于家族史阴性人群；而父母都有糖尿病者，其子女患糖尿病的机会是普通人的15～20倍。

6. 职业

一个人的健康风险与职业有很大的关系，被保险人所从事的职业不同，其所遭受意外伤害和疾病伤害的概率也不同，影响健康风险的职业因素包括职业的固有风险、职业的稳定性以及发生疾病或者意外事故后所需要的康复时间。如某些职业有遭遇火灾、使用危险性机器、搬运重物或高空跌落等风险，某些职业则需要接触粉尘、有毒物质、潮湿、极端气温等，提高了患病的概率。目前，我国经营健康险的公司大致上将职业类型分为二十二大类，分别为：一般职业（机关、团体、公司），农牧业，渔业，木材森林业，矿业、采石业，交通运输业，餐旅业，建筑工程业，制造业，新闻出版广告业，娱乐业，文教，宗教，公共事业，商业，金融、保险业，服务业，家庭管理，治安人员，体育，其他。针对不同职业的不同风险程度，在承保时会赋予不同的承保条件。如某财产保险股份有限公司将新闻出版广告业细分为新闻杂志业、出版业以及广告业三类，分别赋予不同职业类别不同的职业危险等级，对高危职业类型会

---

① 张晓. 商业健康保险 [M]. 中国劳动社会保障出版社，2004：137.

拒绝承保（如表5.2所示）。

表5.2　　　　　　　　　新闻出版广告业健康险职业等级分类表

中分类	小分类	职业类别
新闻杂志业	一般工作人员	1
	外勤记者	2
	摄影记者	2
	印刷厂工人	3
	送报员	2
	战地记者	禁止承保
出版业	一般工作人员	1
	编辑人员	1
	摄影记者	2
	送货员	3
广告业	一般工作人员	1
	外勤业务人员	2
	广告影片之拍摄录制人员	2
	广告招牌架设、安装人员（室外）	禁止承保
	广告招牌制作者（室内）	2
	玻璃匠及图样设计人员	2
	安装光管及外勤维修人员	2

在现实生活中，某些职业因为工作过程中因为经常接触风险因素，常有职业病的发生，所以核保人员在判断职业风险时，要认真审核职业分类、工作内容、在岗时间、熟练程度等，为准确划分被保险人危险等级提供依据。常见的职业病如表5.3所示。

表5.3　　　　　　　　　　常见职业病一览表

序号	职业病名称	致病的职业工作环境和有害物质	部分患此种职业病的工种
1	职业中毒	工业毒物	接触工业毒物的工人
2	尘肺	长期大量吸入可以引起肺纤维化的各种粉尘	掘进工、风钻工、爆破工、支柱工、矿石搬运工，以及耐火材料厂、石粉厂、玻璃厂、陶瓷厂、搪瓷厂、石棉厂中的粉碎工、配料工、搬运工、包装工等，此外还包括石英和硅酸盐企业中的工人
3	热射病和热痉挛	在高温和热辐射的条件下工作	锻工、轧钢工、司炉工

续表

序号	职业病名称	致病的职业工作环境和有害物质	部分患此种职业病的工种
4	日射病	强烈日光直接照射下的露天作业	搬运工、修道工、建筑工、测量人员
5	职业性皮肤病	经常接触刺激性物质如沥青、焦油、石蜡、油漆、酸碱等	工作上与上述物质有关的人员
6	电光性眼炎	在放射强烈的紫外线条件下	电焊工、照相制版工
7	职业性耳聋	经常在高噪声环境下工作	铆工、锻工、打眼工、风钻工、织布工
8	职业性白内障	经常在某些辐射线的环境中工作	玻璃厂的成形工、接触超高频电流作业的人员
9	潜涵病	在高气压条件下工作	潜涵工、潜水工
10	高山病和航空病	高山病和航空病	高山勘探、筑路、铺轨工作及航空工员
11	震动性疾病	剧烈的震动	操纵风动工具的工人
12	放射性疾病	电离辐射（X、γ射线等）	操纵和接触电离辐射的人员
13	职业性炭疽	接触被炭疽杆菌污染动物及其原料制品的人员	制草工、制毡工、制造皮毛制品的工人
14	职业性森林脑炎	受带病毒的虱子感染	伐木工、森林调查人员

资料来源：吴海波，陶四海．健康保险核保与理赔［M］．科学出版社，2015：81．

7. 生活习惯

生活习惯一般指被保险人的烟酒嗜好以及饮食习惯，不良的生活习惯会给被保险人带来很高的疾病风险和意外事故风险，吸烟不仅可以引起肺癌，而且能诱发和加重某些呼吸系统和心血管疾病；酗酒会严重损害被保险人的身体和健康，引起肝硬化并引发和加重某些心血管疾病，同时还会增加发生意外伤害和失能的可能性；高盐、高糖、高脂肪的饮食可以导致高血压、冠心病、糖尿病等疾病的发病率上升，因此，核保人员在评估被保险人潜在的健康保险风险时，必须对其具有的某些习惯与嗜好加以考量。

8. 兴趣爱好

兴趣爱好指被保险人以纯粹消费为目的的休闲娱乐或业余运动。通常，被保险人有从事极限运动的兴趣爱好会显著增加发生意外事故的概率，所以保险人通常将被保险人因从事潜水、跳伞、攀岩、蹦极、驾驶滑翔机或滑翔伞、探险、摔跤、武术比赛、特技表演、赛马、赛车等高风险运动所导致的疾病或伤残所致的保险金请求列入责任免除的范围。但是，如果被保险人是拳击、攀岩、高空跳水等专业运动员或从事潜水、狩猎等高风险工作，并从中获得报酬的，则作为高风险职业来审核。

9. 财务状况

保险的基本功能和作用在于给被保险人提供一定的风险保障，在发生保险事故后给予一定的补偿。投保金额应与被保险人、投保人的财务状况相匹配。因此，客户投保的保障额度应保持在年收入水平的合理范围之内。在健康保险核保中，财务状况因素并不像在人寿保险核保中那么重要，但是仍然需要对被保险人的财务状况进行两方面的考虑：一是被保险人所需要的是哪种保障，医疗、养老还是残疾保障；二是确定被保险人有没有购买超过其必需的保险，各保险公司在确定被保险人保额时通常将规定其保额最高不超过对应被保险人年收入的 20 倍，如果年龄较大，其比例关系相应地缩小。在残疾收入保险尤其有意将向索赔人支付的赔款控制在稍低于被保险人残疾前的税后收入的水平，以激励被保险人克服残疾，重新开始工作。为避免超额保险情况，核保员还必须确定该准保险人是否已受到残疾收入保障。

（二）团体健康保险的核保因素

团体健康保险核保的重点是确定以何种条件来承保团体成员，以使保险人有足够的保费收入来支付将来的所有赔款，并使公司赚取合理的利润。团体健康保险承保的对象是团体，团体的危险选择与个人不同，核保的重点也不同。

1. 团体规模大小

团体规模与团体预期损失率的准确性密切相关，团体规模越大，分散风险的功能就越突出，而小规模团体分散风险的功能相对较弱，所以保险公司在对团体投保时对团体规模和参保比例有着严格的规定，不同规模的团体在核保时需要注意的要点也不相同。一般而言，团体的规模越大，该团体的实际损失率就越接近于预期损失率，而且每年的损失率波动也较小。一个较大的团体投保医疗保障计划，如果预计的理赔发生率与实际的理赔率之间存在差异，会对保险公司造成重大的损失，所以大多数保险公司在核保较大团体的时候，往往不采用标准手册费率，而是根据该团体以往的理赔经验数据，建立和制定调整后的经验费率。如果实际的理赔情况反馈显示费率厘定过高，则可以通过经验保费返还公式进行调整或者在次年度降低保费。

而低于 50 个人的小团体在核保方面的问题主要是：第一，较保费而言其后续的管理成本较高，对于规模过小的团体会考虑适当加费；第二，小团体的理赔波动率较大，尤其是企业的重要人物一旦知道自己或其配偶、子女患有身体某方面的疾病并且会直接导致短期内医疗费用的支出，很可能进行小团体的投保。如果保险公司没有针对小团体设置更为严格的核保条件，就会面临很大的经营风险。一般情况下，保险公司还会设定团体中最低参保比例，以降低团体的风险，例如某健康保险股份有限公司"平安 e 企保"保单中规定："被保险人少于具有参加本保险资格人数的 75% 时，本公司有权解除本合同，并对投保人退还未满期净保险费。"

2. 团体的组成

一般情况下，团体为机关或企事业单位的，成员指该团体中身体健康、正常工作的在职员工；团体为社会团体的，成员指该团体的会员以及正式工作人员。这样做有助于分散和降低风险，相较于全职雇员，兼职和临时雇员流动性大，管理费用较高，另外还会令保险人面临更高的逆向选择风险。

与个人健康保险一样，团体成员的年龄和性别分布也会影响团体的危险等级。年龄方面，团体中的成员应具有一定的流动性，不断有年轻成员的加入和年老成员的退休，才能使团体的平均年龄始终保持在相对稳定的水平，发病率也能维持相对稳定，团体的整体风险才能始终处在同一水平上。性别分布方面，如果一个投保健康险的团体中，女性的比例超过总人数的65%，核保人员就需要考虑对其加费。如果一个团体中多数为已婚妇女，那么其附加的配偶、子女保障参加率有可能低于75%，因为她们的丈夫可能已经在自己的企业中参加了保险。但是，如果雇员的配偶、子女存在既往症，则雇员常会选择重复投保，目的只有一个——理赔的发生率高。如果一个团体，只有少数几个雇员选择附加配偶子女保障，核保就会面临逆向选择的可能。如果配偶、子女参加比例过低的话，保险公司往往需要调查这个企业所有雇员的配偶、子女状况以了解多少的附加比例才是有效的。一般来说，配偶、子女的附加比例达到75%以上，团体的风险就是核保可接受的。随着单亲家庭的日益增多和大多数家庭孩子越来越少，附加比例的要求也会改变。

在投保团体健康保险时，通常会根据团体成员的工资、职位等级制定保险金额。高收入、高职位成员人数少、保额较高，低收入、低职位的成员人数多、保额较低，符合"金字塔法则"。当出现低收入成员安排了较大保额时，核保人员应注意审核其投保动机，避免逆向选择的发生。

3. 保费分担方式

团体健康保险的保费分担方式分为雇员分担保费和雇员不分担保费两种。保费的分担方式也是判断团体投保逆向选择问题的重要依据。核保人员要综合考虑团体的参保比例、投保人数以及保费的分担方式，对有无逆向选择问题进行审核，判断团体的危险等级。

由投保人承担全部保费的保险计划通常要求所有成员全部参加。在雇员个人分担保费的保险计划中，参保比例不应低于团体总人数的75%且雇员个人支付的保险费通常不应高于75%，雇员个人缴费比例超过75%后，会导致保险人数的不足，极易出现逆向选择的可能性；当附加雇员配偶、子女的保险计划时，参保的家属人数比例也必须达到参保的全体家属人数的75%。

4. 疾病核保

团体投保健康保险时，核保人员会根据团体大小以及年龄分布情况要求投保人提供健康告知和进行体检。较小的团体（团体投保人数少于50人）投保健康险时，会要求每个投保人都提供健康告知声明书，若团体投保人数超过51人少于250人则需要提供团体告知,且团体中超过50周岁的雇员和身体有异常状况的雇员也被要求提供个人健康告知。对于团体中有超过55周岁、有既往症或身体有异常状况的雇员的,核保人员根据判断,还会提出体检要求。

5. 一般拒保团体

下列团体因为风险较为集中、逆向选择倾向严重、管理成本较高等原因不适于被纳入团体保险:少于8人的团体、家庭、私人俱乐部、社团俱乐部、以购买保险为唯一目的而组成的团体、参与从事风险活动属于拒保行业的团体。

三、健康保险公司核保的作业程序

健康保险公司的核保作业程序是健康保险公司核保管理方法和流程的实际应用,具有较强的操作性和专业性,包括投保文件审核、体检、财务审核、生存调查等,在核保实际操作过程中必须遵循。

(一)投保文件审核

初审人员应首先对投保单及其他投保文件进行审核。

1. 投保资料是否齐全、真实,投保单及其他相关单证填写是否完整并符合规范;

2. 投保人、被保险人个人及其职业信息是否完整、合理,是否符合契约承保作业规则及核保规则的规定;

3. 投保人、被保险人、受益人的相互关系是否符合核保规则中规定的保险利益关系;

4. 确定保险险种名称、保额、保费填写规范,不会引发歧义,无漏填和涂改并符合契约作业规则及投保规则;

5. 健康状况及其他告知事项,不得有漏填或涂改,有任何告知为"是"者均须由客户作补充告知并视情况补充相关资料;

6. 对于在其他保险公司有投保记录的客户,其险种和保额状况也应作为本公司核保的考虑因素;

7. 投保单的签名和签署日期,投保人、被保险人须亲笔签名,不得漏填、涂改及代签名;

8. 业务员报告书,有告知异常的,须联系业务人员了解详细情况。

(二)体检

核保人员须根据核保规程和各险种承保规则的规定,要求被保险人在公司特约医院或体检中心进行体检。

(三) 财务审核

财务审核指核保人员根据客户的实际经济状况，评估被保险人的投保金额、保险需求及续期缴费能力是否合理的审核过程。

(四) 生存调查

生存调查人员应根据公司核保规则的要求及核保人员的要求，对有关被保险人及投保人进行投保情况、投保动机、健康状况、财务状况、职业与环境、习惯与嗜好等方面的调查，并完成《生存调查报告》提交核保人员。

健康保险公司核保作业程序详见图 5.1。

四、健康保险公司健康管理业务核保的作业程序

健康管理是健康保险公司重要的业务支柱，不同于传统的健康保险产品承保，其作业程序包括如下三个步骤：

(一) 收集服务对象的个人健康信息

个人健康信息包括个人一般情况（性别、年龄等）、目前健康状况和疾病家族史、生活方式（膳食、体力活动、吸烟、饮酒等）、体格检查（身高、体重、血压等）和血、尿实验室检查（血脂、血糖等）。

(二) 健康状况评估

健康状况评估即根据所收集的个人健康信息，对个人的健康状况及未来患病或死亡的危险性用数学模型进行量化评估。其主要目的是帮助个体综合认识健康风险，鼓励和帮助人们纠正不健康的行为和习惯，制定个性化的健康干预措施并对其效果进行评估。健康风险评估是一个广义的概念，它包括了简单的个体健康风险分级方法和复杂的群体健康风险评估模型。

(三) 制定健康管理计划

在健康状况分析和评估的基础上，以多种形式来帮助个人采取行动、纠正不良的生活方式和习惯，控制健康危险因素，实现个人健康管理计划的目标。

与一般健康教育和健康促进不同的是，健康管理过程中的健康干预是个性化的，即根据个体的健康危险因素，由健康管理师进行个体指导，设定个体目标，并动态追

第五章
健康保险公司核保管理

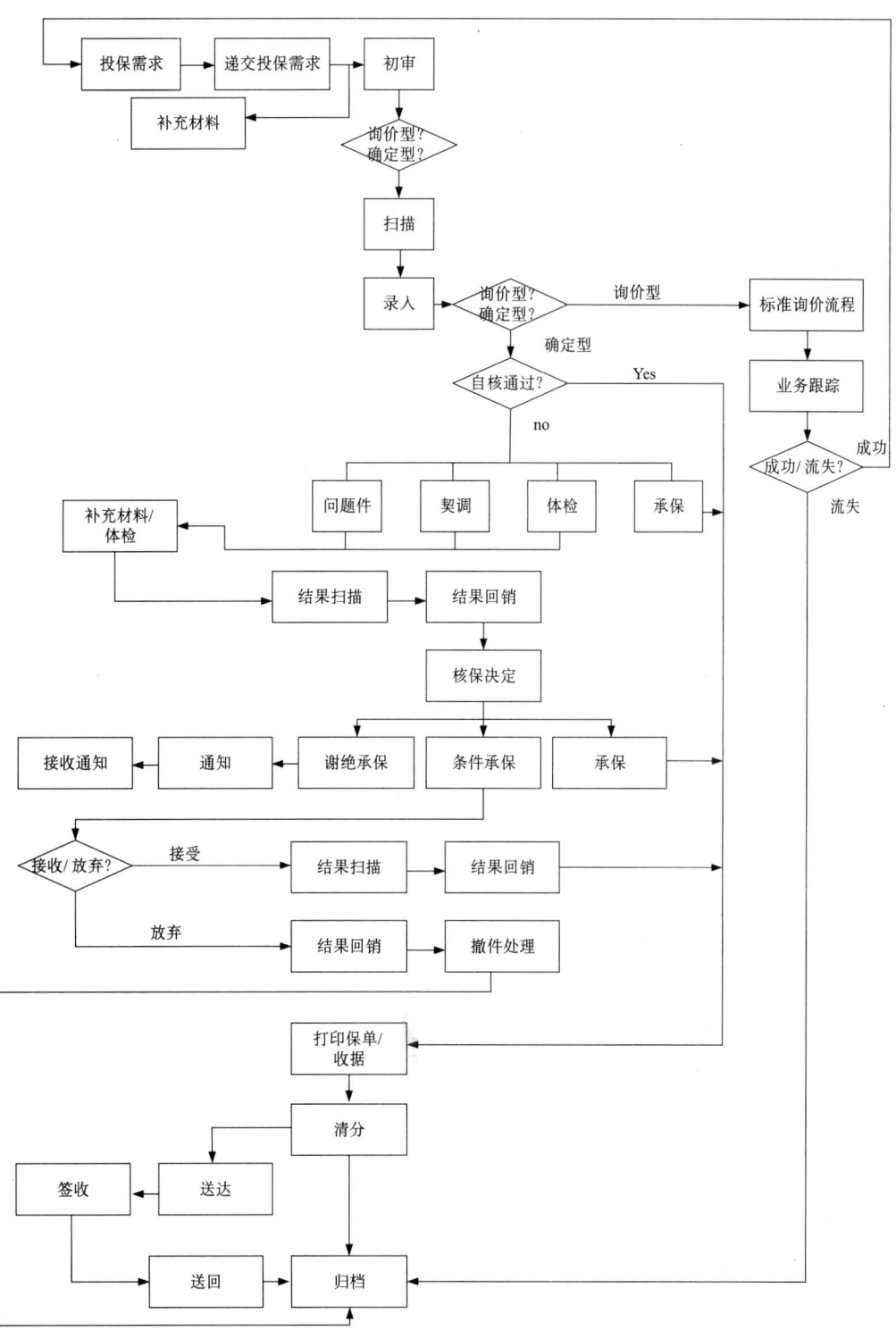

图 5.1 健康保险公司核保作业流程图

踪效果。如健康体重管理、糖尿病管理等，通过个人健康管理日记、参加专项健康维护课程及跟踪随访措施达到健康改善效果。

一位糖尿病高危个体，其除血糖偏高外，还有超重和吸烟等危险因素，因此除控制血糖外，健康管理师对个体的指导还应包括减轻体重（膳食、体力活动）和戒烟等内容。

在健康管理项目中，需要对客户建立健康档案，记录个体生命体征的变化以及与健康相关的一切行为与信息。一般健康档案中应包括：个人健康问卷、健康体检报告、电子病历、医学影像、基因检测、移动监测数据等。图5.2所示为健康档案所包含的内容。显而易见，健康档案中所包含的信息正是核保人员核保时所依据的信息来源。参与健康管理项目的客户在进行健康保险投保时，核保人员就可以直接利用健康档案中的信息对其做出风险选择并得出核保结论，极大地提高了工作效率，节省了公司的核保成本。

 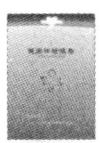    

个人健康问卷　健康体检报告　电子病历　医学影像　基因检测　移动检测数据

图 5.2　健康管理健康档案的构成

思考题

1. 健康保险公司核保的概念和原则。
2. 请简述健康保险公司的核保流程。
3. 核保信息的来源有哪些？
4. 请简述健康保险公司核保的作业程序。

参考文献

[1] 蔡岩兵. 新编信息经济学：Economics of Information [M]. 中国经济出版社, 2014: 134-144.

［2］富德生命人寿. 核保成长史［EB/OL］. http：//www.sohu.com/a/194505929_783117，2017.

［3］亨德森. 健康经济学［M］. 人民邮电出版社，2008.

［4］黄占辉，王汉亮. 健康保险学［M］. 北京大学出版社，2006：244-264.

［5］肯尼斯. 布莱克、哈罗德. 斯基博 著，孙祁祥、郑伟 译.《人寿与健康保险》［M］. 经济科学出版社，2003：651.

［6］李平. 试论寿险核保与理赔纠纷［J］. 保险研究，2000（2）：24-26.

［7］李征途，王旭辉. 专业健康保险公司组织架构探析［J］. 保险研究，2008（7）：79-80.

［8］吕德志，于长海，申小鹏. 寿险核保岗位应充实医务人员［J］. 保险研究，2002（1）：36-37.

［9］孟力. 论健康保险的核保［J］. 保险研究，2002（12）：52-53.

［10］舍曼·富兰德，艾伦·C. 古德曼，迈伦·斯坦诺 等著. 卫生经济学［M］. 中国人民大学出版社，2011.

［11］施建祥，韩雪. 健康保险中的逆选择问题研究［J］保险职业学院学报，2006（1）：8-10.

［12］王锡安. 谈谈健康保险核保［J］. 中国保险，1996（3）：20-21.

［13］王稳，李宏宇.［史话］从第一张保单到世界保险业的兴起［EB/OL］. http：//finance.sina.com.cn/roll/20070914/09081666778.shtml，2007.

［14］魏巧琴. 保险公司经营管理［M］. 上海财经大学出版社，2010.

［15］吴海波，陶四海. 健康保险核保与理赔［M］. 科学出版社，2015：61-132.

［16］张建中. 核保体检引起纠纷事件剖析［J］. 保险研究，2003（9）：52-53.

［17］张洪涛. 保险核保与理赔［M］. 中国人民大学出版社，2006：3-13，357-439.

［18］张晓. 商业健康保险［M］. 中国劳动社会保障出版社，2004：123-149.

［19］Akerlof G A.. The Market for Lemons［J］. Journal of Economics，1970，7（16）：1372.

［20］Browne M J., Doerpinghaus H I.. Information Asymmetries and Adverse Selection in the Market for Individual Medical Expense Insurance［J］. Journal of Risk & Insurance，1993，60（2）：300-312.

［21］Cardon J H., Hendel I. Asymmetric Information in Health Insurance：Evidence from the National Medical Expenditure Survey［J］. Rand Journal of Economics，2001，32

(3): 408.

[22] Rothschild M., Stiglitz J., Equilibrium in Competitive Insurance Markets: An Essay on the Economics of Imperfect Information [M] // Foundations of Insurance Economics. Springer Netherlands, 1976: 630-49.

[23] Wolfe B., Gabay M.. Health Status and Medical Expenditures: More Evidence of a Link [J]. Social Science & Medicine, 1987, 25 (8): 883-8.

第六章

健康保险公司理赔管理

健康保险公司理赔管理，是健康保险公司经营管理管理的基本内容，是为兑现健康保险合同的承诺而进行的计划、组织和控制的管理过程，是体现健康保险功能和价值的重要环节。从客户角度而言，被保险人在保险事故发生后，可以通过理赔获得应有的赔偿；从保险公司角度而言，理赔是对承保核保、保全工作质量和效果的检验，也是保险公司管控偿付能力和现金流支出的关键环节。合理的理赔规则、简单有效的理赔流程和客户的理赔体验等理赔管理工作水平的高低，反映出健康保险公司的服务品质与专业效率，直接影响公司的信誉和声望，影响公司的可持续稳定发展。

第一节 健康保险公司理赔管理概述

健康保险理赔工作技术性强、专业化程度高，理赔是受理报案、现场查勘、责任判定、损失核定、赔案整理、赔款支付的过程，核心是审核保险责任和核定保险赔偿额度与事项，具体体现为健康保险合同的履行。理赔管理工作关系到广大客户的切身利益和健康保险公司的稳健经营，要确保客户赔付工作的准确、快捷、合理，提升健康保险公司理赔管理的水平和效率。

一、健康保险公司理赔的概念

从狭义范围上讲，健康保险理赔（Health Insurance Claims）是保险公司理赔人员对被保险人发生的保险事故（Insured Event）进行核实认定并进行相应处理的行为，是一种具体的操作行为。

广义的健康保险理赔，通常是指被保险人在保险合同有效期间内发生保险事故时，受益人依照保险合同约定申请保险金给付，在接受客户索赔、进行现场查勘与取证的基础上，保险公司依照保险合同约定，展开保险责任审定、赔款理算，最终达致赔付损失的决定或因损失不属保险责任而拒绝赔偿。[①]

健康保险理赔由索赔过程与保险金给付过程两部分组成。索赔（Claim for Compensation），是指当被保险人发生了保险合同中保险责任范围内的伤病事故，向保险人报案，并提供相应的损失证据，根据保险条款请求保险公司给付保险金的法律行为。通常情况下，健康保险索赔的方式有被保险人直接索赔和被保险人授权医疗机构索赔两种方式。在健康保险理赔过程中，提出索赔的人称为健康保险索赔人，也叫保险金申领人。健康保险索赔人是被保险人或受益人。

保险金给付（Insurance Payment），是指保险公司管理人员以保险合同为依据，对被保险人或其受益人的索赔请求审核保险责任，若符合条件则给付保险金。在给付健康保险的保险金时，如被保险人生存，保险金的受益人应为被保险人本人，保险公司不受理其他指定与变更；如被保险人死亡，受益人依法取得保险金的申请权。但在特殊情况下，如没有指定受益人，或者受益人指定不明无法确定的；受益人先于被保险人死亡，没有其他受益人的；受益人依法丧失受益权或者放弃受益权，没有其他受益人的，保险金则作为被保险人的遗产，由其法定继承人继承。审核索赔人的申请并决定保险金给付的保险公司管理人员被称为理赔人员、理赔管理人员或理赔顾问。理赔人员都进行过健康保险的专业培训，大多数都具有保险、医学或法律的专业背景。由于理赔人员需要直接接触索赔人，而此时索赔人刚刚经历过保险事故的打击，因此理赔人员也应当具有良好的处理人际关系能力。

二、健康保险公司理赔的分类管理

健康保险公司的理赔管理工作，按照经营的传统健康保险产品分类，可以分为医疗保险理赔、疾病保险理赔、失能保险理赔、长期护理保险理赔等几个方面，在赔付内容和方式上各有特点。

（一）医疗保险理赔（Medical Insurance Claims）

医疗保险理赔的重点在于保险金的给付，具体金额根据保险合同的约定进行计

---

① 欧阳天娜．人寿保险理赔概论［M］．中国金融出版社，2004．

算。主要有两种赔付方式。一种是医疗费用给付，是以被保险人实际支付的且合理的医疗费用为基础的，在计算时需扣除不符合保单签发地政府基本医疗保险管理规定范围内的医疗费用。鉴于医疗费用给付相当于损失的赔偿，医疗保险赔付同样适用代位求偿原则。此外，在实际赔付过程中，由于意外事故所致伤势与所必需治疗的费用应该得到赔偿。但是，因意外就诊时同时给予治疗其他疾病的药物，应予以扣除该项治疗费用，同时使用医保报销范围之外的药物或材料费等也应扣除。

另一种是住院津贴给付，是按照保险公司预先约定的当被保险人住院时每日应赔偿的金额，以被保险人实际住院的天数来计算总赔付金额的一种保险给付方式。住院津贴给付与医疗费用给付不同，与被保险人在住院期间实际支付的医疗费用无关，因此保险公司在对该类索赔审核确定可予以赔付后，无须收取住院医疗费用收据原件。

（二）疾病保险理赔（Sickness Insurance Claims）

疾病保险理赔的核心环节是对重大疾病的认定。2007年8月1日，由中国保险行业协会与中国医师协会联合制定了我国首部《重大疾病保险的疾病定义使用规范》（以下简称《规范》）。《规范》明确定义了重大疾病涉及的专有名词术语，并对六种基本重大疾病进行定义，包括：恶性肿瘤、急性心肌梗死、脑中风后遗症、重大器官移植术或造血干细胞移植术、冠状动脉搭桥术（或称冠状动脉旁路移植术）以及终末期肾病（或称慢性肾衰竭尿毒症）。

开展理赔工作时，理赔人员根据《规范》确定被保险人患保单约定疾病后，由专科医生进行明确诊断，如确属保险合同约定的赔偿责任，健康保险公司应及时足额给付被保险人赔偿金。

（三）失能保险理赔（Disability Income Insurance Claims）

失能保险理赔区别于其他健康保险理赔主要是在以下几个环节：保险责任中失能的复核认定、保险金的给付及保险金给付后的失能管理。

1. 保险责任中失能的复核认定

在被保险人提出索赔申请后，保险人应当及时认定保险责任。保险公司通常委托专业第三方出具专业报告，以此来认定是否给付保险金以及给付比例。

一般情况下，根据认定标准对被保险人完全失能的认定相对容易，进行部分失能认定时可参考法国的失能认定方案，根据量化的功能性失能（$0 \leqslant Fn \leqslant 1$）和职业性失能（$0 \leqslant Oc \leqslant 1$）共同决定，最终失能水平由公式 $Rs = \sqrt[3]{F_n^2 \cdot Oc}$ 计算得出。根据计算的结果来认定被保险人失能的分级及给付保险金的比例[①]。

[①] 吴海波，陶四海. 健康保险核保与理赔[M]. 科学出版社，2015.

2. 保险金的给付

失能保险的给付，通常是每月或每周提供相同金额的收入补偿。残疾收入保险金应与被保险人伤残前的收入水平有一定的联系。在确定最高限额时，保险公司需要考虑投保人的以下收入：税前的正常劳动收入、非劳动收入、残疾期间的其他收入来源以及目前适用的所得税率。

此外，被保险人若通过缴纳附加保费的方式规定特殊条款，保险人还应提供补充利益，包括残余或部分伤残保险金给付、未来增加保额给付、生活费用调整给付、残疾免缴保费条款，以及移植手术保险给付、非失能性伤害给付、意外死亡给付等。

3. 失能管理

给付保险金后，保险人仍需对被保险人的状态积极跟踪和管理，包括失能状况的康复，是否按计划接受康复治疗，是否从事其他职业工作，如何积极地干预治疗，何时能够恢复何种等级等。

（四）长期护理保险理赔（Long-term Care Insurance Claims）

长期护理保险理赔区别于其他健康保险理赔主要是在以下三个环节：保险责任的复核认定、保险金的给付及保险赔付后的服务水平管理。

1. 保险责任的复核认定

在被保险人提出索赔申请后，保险人应当及时认定保险责任。与失能保险的理赔类似，保险公司通常委托专业第三方出具专业报告，以此来认定是否给付保险金以及需要提供长期护理服务的等级和内容。

2. 保险金的给付

相比其他保险的保险金给付，长期护理保险的最大特点在于以实物支付为主要给付方式。非专业性护理机构、护理人员提供的社区护理、家庭护理是目前各国长期护理保险保险金给付的主要范围。此外，护理保险在保险期间届满前给付的生存保险金，应当以被保险人日常生活能力障碍引发护理需要为给付条件。

3. 服务水平管理和评估

由于长期护理保险的保险金给付主要是实物方式，即保险人为被保险人直接或购买提供护理服务，因此护理服务机构、护理服务内容的选择、护理服务的质量、频率、时间、效果、费用等均需要进行管理和评估。这些工作往往是由社会专业第三方来完成。

三、健康保险公司理赔的功能和特点

健康保险的理赔工作技术水平，不仅影响公司履行保险合同情况和服务水平，从而影响客户的满意程度和对保险公司品牌的认可程度，也直接影响公司的最终的盈利状况。因此，理赔管理工作在为客户提供保障、规范企业的经营管理和服务医疗体制改革等方面起着关键作用。同时，鉴于健康保险标的和第三方医疗机构参与的特殊性，健康保险在实际理赔中存在着不同于其他险种的道德风险等突出问题，需要相应的机制来应对和化解，使得健康保险公司理赔工作具有自身的特征。

(一) 健康保险公司理赔的功能

1. 为消费者提供经济保障

对个人和家庭而言，健康保险理赔可以兑现承诺，提供经济保障。健康保险合同是一种保障性合同，投保人缴付保费后，得到的是保险公司为其提供的健康风险保障，即在保险事故发生后，投保人可以得到约定的保险金，使生活和工作不至于因为各种健康风险而导致较大的经济损失，这种承诺是通过健康保险理赔来实现的。

在健康保险理赔过程中，通过向被保险人支付保险金，保险公司履行在健康保险合同中做出的经济承诺以及应付的保险责任，从而实现健康保险的经济补偿功能。

2. 规范公司的经营管理

健康保险理赔是健康保险风险控制的最后环节，对于风险控制的其他环节如产品设计、保险合同设计、核保、客户服务、定点医院管理水平都能进行全面地审查与检验，发现保险条款、保险费率的制定和防灾减损工作中存在的问题和漏洞，提出改进措施，提高保险公司的经营水平，为将来规范保险条款、调整制定合理费率、提高承保质量提供依据。

如果保险公司在理赔这个环节上把关不严，不但会使赔付率提高，而且还会导致逆向选择的增加，造成承保质量的下降，进而使赔付率进一步提高，造成恶性循环，破坏保险公司的财务稳定性，影响公司的可持续健康发展。理赔工作是减灾防损的一面镜子，能够为事前预防提供依据。通过分析案情，总结经验，进一步掌握事故发生的规律，改进减灾防损工作，使其更加有效率。

保险公司通过公平、及时、有效地理赔，能够在索赔人心中树立起良好的社会形象。由于健康保险特别是医疗保险发生保险事故的频率较高，理赔申请的次数较多，因此相比较寿险而言，健康保险的理赔处理更能体现出公司的实力和工作效率，提高健康保险公司的信誉，对公司形象的提升具有重要意义。

3. 服务医疗制度改革

健康保险作为国家医疗体系的重要组成部分，是服务社会、解决社会医疗风险问题的有效手段。近年来，我国商业保险公司积极探索服务政府社会基本养老保险体系的改革，如大病保险的经办和理赔服务，取得了良好的效果。

健康保险的理赔工作是专业性、技术性很强的工作，不仅需要专门的人才，而且也需要专门的服务设施。从全社会医疗卫生资源配置的角度来看，健康保险公司理赔管理，不仅可以有效地支持和提高社会医疗保障体系的效率，而且也是卫生资源分配和医疗服务机构实现成本补偿的重要来源。因此，在我国医疗制度改革和新型社会医疗保障体系逐步建立过程中，健康保险公司专业的理赔服务可以发挥重要的支持作用。

（二）健康保险公司理赔管理的特点

健康保险属于人身保险范畴，鉴于保险标的和保险性质的不同，其理赔管理工作与财产险理赔存在较大差别。与同属于人身保险范畴的人寿保险相比，两者虽具有一些共同特点，但由健康保险和人寿保险承保风险和承担责任的不同，健康保险理赔与一般寿险的理赔在很多方面仍存在相当大的差异。人寿保险的理赔通常发生在被保险人因疾病或意外事故（Accident）发生死亡或残疾时，保险事故的发生频率均较低。对保险公司而言，保险金给付的条件相对单一，即生理死亡、法律死亡或第三方机构鉴定的残疾等，同时件均处理成本低。

健康保险的理赔，则发生在被保险人患有承保范围内的疾病或遭受意外伤害时，因治疗疾病、意外伤害而发生的医疗费用花费，或因疾病、伤残失去工作能力而需要得到经济上的补偿。相对一般的人寿保险，一方面，健康保险理赔事故发生的频率较高，存在逆向选择的机会也较多，被保险人道德风险（Moral Hazard）[①]较高。另一方面，除特种疾病保险可以事先约定给付金额外，保险公司对被保险人的给付金额是按照实际发生的费用和损失来确定，而来自被保险人和医院的各种人为和客观因素都会影响医疗费用和收入损失水平。健康保险公司承担给付责任的情况更复杂，理赔的管理和成本控制难度更大。健康保险、人寿保险与财产险理赔的区别详见表6.1。

表 6.1　　　　　　健康保险、人寿保险与财产险理赔的区别

项目	健康保险理赔	人寿保险理赔	财产险理赔
受益人	通常为被保险人本人	第三人	投保人（被保险人）
保险金给付的确定性	不确定	确定	不确定
保险金给付基础	医疗费用和收入损失的补偿	事先约定的金额	财产损失补偿
保险金给付的比例分摊	适用	不适用	适用
代位追偿	适用	不适用	适用
被保险人或受益人防止或减少损失的费用	不承担（有的承担合理预防性用药）	不承担	承担

[①] "道德风险"一词直到19世纪晚期才出现在保险行业文献中，进行了规范性概念（Rowell et al., 2012）。

第六章
健康保险公司理赔管理

续表

项目	健康保险理赔	人寿保险理赔	财产险理赔
特殊条款	除外责任；免责期；免赔额；比例共付；保险金的协调给付等		

资料来源：张晓. 商业健康保险 [M]. 中国劳动社会保障出版社，2004.

上述健康保险公司理赔的特点，其重要的原因是健康保险理赔过程中涉及被保险人、保险人和医疗机构的三方关系，在"机会主义倾向"[①] 和"信息不对称"[②] 的情况下，存在的道德风险种类繁多，既有被保险人的道德风险，又有医疗机构的道德风险，还有医患合谋的道德风险，从而使得健康保险理赔管理工作更为复杂，技术要求更高，难度更大。

1. 被保险人的道德风险

Swartz K（2003）提出保险公司不可能像被保险人那样了解自己的健康状况、家庭病史以及寻求医疗护理的倾向，由于这种不对称，很容易造成被保险人出现道德风险。[③] Koc C（2011）分析了医务室就诊需求对疾病具体的道德风险影响，指出在不同疾病的专科护理中，道德风险的影响差别很大。其中，急性病患者的道德风险比慢性病患者高，前者几乎可以达到后者的两倍。[④] 健康保险的保险标的是人的身体，包括健康和寿命。其道德风险形式主要表现为：

一是被保险人的过度医疗。在第三方付费或医疗服务免费提供的情形下，被保险人缺乏对医疗费用进行自我约束的动力。由于被保险人就医时无须付费或付费很少，就会刺激其对医疗服务的需求，使其消费更多的医疗服务，甚至包括不必要的服务。例如挂床住院、谎报或夸大病情、消费昂贵药品、延长住院时间等过度消费医疗资源的行为。同时，由于面对的支付价格较低，也降低了被保险人对医疗服务提供者供给行为进行监督的激励，医疗机构可能会诱使被保险人过度消费。

二是医疗费用转移。由于不同医疗保险制度之间的待遇差距较大，且仍有部分居民未参加医疗保险，冒名顶替住院现象时有发生。此外，由于开药后到底吃与不吃、吃多少纯粹是一种个人的隐蔽性行为，保险人无法监督。因而在道德风险的作用下，购买医疗保险的群体可以解决未投保人的家属及亲戚朋友的看病吃药问题，对药品必

[①] "机会主义倾向"强调了人追求自身利益的动机是强烈而又复杂的，包括有目的、有策略地利用信息，按个人目标对信息进行筛选和扭曲，如说谎、欺骗、违背对未来行动的承诺等。

[②] 信息不对称是指行为参与者对特定信息的拥有是不相等的，或者说，在博弈中某些参与人拥有但另一些参与人不拥有的信息。信息不对称是导致道德风险的重要原因。

[③] Swartz K.. Reinsuring Risk to Increase Access to Health Insurance [J]. American Economic Review, 2003, 93 (2):283 – 287.

[④] Çagatay Koç.. Disease – Specific Moral Hazard and Optimal Health Insurance Design for Physician Services [J]. Journal of Risk & Insurance, 2011, 78 (2): 413 – 446.

然产生过度需求,造成医疗费用的上升。

从经济学角度出发,可以利用委托代理理论解释被保险人的道德风险。如果从广义的角度理解委托代理关系,把合同关系中具有私人信息的一方叫代理人,没有私人信息的一方叫委托人,道德风险问题及保险和激励的问题很容易被推广到各类保险领域。委托代理关系中代理人的行动难以准确察觉,委托人可以通过监督获得信息,但监督是有成本的,当监督的边际成本等于监督的边际收益时,委托人不会增加监督。因此,从理论上讲,当存在外部不确定性影响时,委托人不可能获得有关代理人行动的完全信息,代理人总是拥有部分私人信息,这就是所谓的信息不对称。在不对称的情况下,代理人在最大化其自身效用时,有可能采取有损于委托人利益的行为,道德风险由此产生。为了减少道德风险,必须使厌恶风险的代理人承担部分风险。

专栏 6.1

保险欺诈

保险欺诈研究始于 20 世纪 40 年代,当前,相对于保险欺诈理论研究,实证研究还处于初级阶段,特别是健康保险由于保险欺诈研究涉及被保险人隐私信息、保险人核心利益信息,以及法律制度的约束,因此相关的研究进展也相对缓慢。

"欺诈"一词的含义是,该活动是非法的,以起诉和制裁作为威胁的结果。所谓保险欺诈,一般是指投保人、被保险人或者受益人违反保险法规,以非法占有为目的,采用虚构保险标的或保险事故等方法向保险公司骗取保险金的行为。我国《刑法》把保险欺诈定性为一种犯罪行为。《刑法》第 198 条作了明确的界定:"保险欺诈罪是投保人、被保险人或者受益人故意虚构保险标的,或者对发生的保险事故编造虚假的原因或者夸大损失程度,或者编造未发生的保险事故。或者故意造成被保险人死亡、伤残或者疾病,骗取保险金数额较大的行为。"

美国保险监督官协会(NAIC)将保险欺诈的主要原因归结为行为人的动机、成本、收益、欺诈的合理性与欺诈被追责的可能性,此类原因同样存在于我国保险市场,由此形成对保险欺诈行为及反欺诈法律问题的跟踪关注。

资料来源:Derrig R A.. Insurance Fraud [J]. Journal of Risk & Insurance, 2002, 69 (3): 271-287;陈鑫. 保险欺诈及其防范对策 [J]. 中共山西省委党校学报, 2008, 31 (1): 103-104.

---

2. 医疗机构的道德风险

健康保险理赔管理的风险来源,除了投保人和被保险人之外,还有作为第三方的医疗服务提供者。在我国现有的医疗体制下，医疗保健服务提供者的收入与他提供服务的多少是成正比的，这种经济上的好处往往鼓励医疗机构从自身利益出发，同时凭借处于信息优势地位，提供过多的或昂贵的医疗保健服务，存在着诱导服务的内在动机。

医疗机构的道德风险，是指医生为了自身利益而凭借其信息优势诱导患者过度消费，主要表现为医疗保健服务提供者的"过度供给"行为，包括：乱开大处方，滥开检查单，延长病人所需住院的时间，给病人做一些不必要的治疗，还可能与药商合谋抬高药价，致使医疗费用的支出远远超出实际治疗的需要。这些额外费用最终全部或者大部分转嫁给健康保险公司承担。

从经济学角度出发，仍然可以利用委托代理理论解释医生的道德风险。在医患双方的关系中，医生的身份比较特殊。医生既是患者的代理人，又是医疗服务的供给者，医生同时具有双重身份。人们患病需要治疗时，首先由患者选择医生，然后由医生代替患者选择治疗方法。医生的代理人身份要求医生以患者利益为目标选择治疗方案。医生应当根据患者的病情、经济条件以及参加医疗保险的情况选择治疗方法，如同患者若具有同样的医学知识也会做出同样的决定。但代理人的利益与委托人利益并非在任何情况下都完全一致。当两者利益不一致时，代理人可能利用信息优势，采取有损于委托人利益的行为。作为医疗服务的供给者，医生有其自身利益。一般来讲，提供高质量、高价格的治疗方法或提高患者的医疗消费量有利于增加医生的收入，采用先进设备进行检查有利于降低医疗诉讼风险。因此，医生有可能对患者开大处方或多开检查单。

专栏 6.2

"举证责任倒置"引发的道德风险

医疗服务和医药品市场上的消费对象是人，如果医生开错了药方或弄错了化验结果，会带来真正的灾难性后果。在医疗事故纠纷的解决方式上，病人们越来越倾向于诉诸法律诉讼来维护自己的权益，医生随时可能因医疗事故而被起诉。

我国在医疗事故侵权诉讼方面，目前已实行"举证责任倒置"，在一定程度上改变了患者在医疗诉讼方面的弱势地位。在检查、化验和药品费用大部分都是由第三者承担的背景下，医生的理性选择不是使提供医疗服务的成本最小，而是使他们提供的医疗服务的风险最小。在多数情况下，医生可以放心大胆地开出化验单、检查单和药品处方，这不仅可以减少在诉讼中的责任，进而减少行医风险，并且通过提供更多、更昂贵的服务，使得医疗服务"质量高"而增加收入。但是，这种做法的后果是人为地增加了病人的痛苦、医疗资源的浪费以及医疗费用的增长。

资料来源：赵曼，吕国营. 社会医疗保险中的道德风险［M］. 中国劳动社会保障出版社，2007.

3. 医患合谋的道德风险

健康保险机制的运作涉及医疗卫生服务市场和医疗保险市场，而这两个市场都是信息严重不对称的市场，非常容易诱发道德风险。医疗领域中患者和医务工作者的道德风险相互混杂，造成相关风险成本转移到健康保险公司，迫使理赔风险管理的范围逐渐在扩大。

在我国现行的卫生管理体制下，更容易滋生"医患合谋"现象，强化医疗保险市场上的道德风险。医疗费用的支付方式对医生行为具有决定性的影响。在按服务项目付费的医疗保险制度下，医生与患者利益完全一致，医生愿意提供数量大、质量高、价格昂贵的医疗服务以增加收入，患者则希望得到优质足额的医疗服务以提高自身效用。由于现行的医疗体制还不够完善，一些被保险人利用医疗管理上的漏洞，串通医生制造假病历小病大治，或制造假证明、假现象、假事故等。医疗保险领域的道德风险由于医患双方的合谋而产生，并使其危害程度放大。

专栏 6.3

道德风险的解决机制

在健康保险的理赔过程中，需要防范系统性道德风险的发生，矫正医疗保险市场失灵。经济学领域中，为应对道德风险的发生，学者们基于委托代理理论提出代理人的激励约束机制。

从经济学角度看，激励约束机制设计的关键思想是把代理人努力的结果与其所能获得的报酬相联系，以便激励代理人为了自身的利益而努力工作。健康保险市场上，激励约束机制是指通过让代理人承担部分风险来激励代理人降低道德风险，即建立被保险人的分担机制。但随着代理人承担风险的增加，代理人通过健康保险消除不确定性的能力就会降低，保险的作用也就越来越小，处理激励与保险的关系会面临两难选择。只有选择适当的激励水平和保险程度，才能取得最佳效果。

另外一个解决道德风险的办法则是采取监督机制，主要是对医疗服务机构的监督，如进行定点医疗机构管理。定点医疗机构是指由健康保险公司指定或认可的、为客户提供约定医疗服务的合法医疗机构。具体措施为：建立与当地社保机构、卫生行政管理等政府部门的联动反馈机制；积极参加并推动成立各种形式的医疗服务社会监督和协作组织；与定点医疗机构建立沟通反馈机制；做好定点医疗机构管理与医疗服务监督工作的职能衔接，建立相互支持配合机制；建立定点医疗机构管理与理赔调查工作的案件移交和沟通机制。通过加强定点医疗机构审核设置管理，推进定点医疗机构评价管理工作开展，促进提升医疗服务品质和道德风险管控能力。

资料来源：根据相关资料整理而得。

第二节 健康保险公司理赔管理的原则和实施

健康保险公司理赔管理涉及风险管理理论、医学、精算学和法学等多门学科的专业知识，综合相关的专业知识，并依据《保险法》《民法通则》和医疗损害赔偿责任法律规定等，形成了理赔管理工作需要遵循的一系列原则和法律规范。在实践中，根据不同健康险业务类别，健康保险理赔实务中的具体操作条款和实施重点具有不同的特点。为保证理赔管理工作顺利进行，健康保险公司要注重风险的管控能力和专业化建设，关注理赔审核和理赔调查的实施，提高理赔工作的效率和服务水平。

一、健康保险公司理赔管理的基本原则

健康保险公司的理赔直接关系到保险公司及被保险人的切身利益，如果客户在保险事故发生后得不到完善的理赔服务，保险公司的信誉将受到不良影响。从法律的视角看，理赔和保险金给付作为民事法律行为，是在法律认可的合同基础上，对保险责任准确认定，并及时、有效地为客户提供经济补偿的过程，应当且必须遵循如下的基本规则：

（一）重合同、守信用原则

重合同、守信用原则是健康保险理赔必须坚持的最重要、最基本的原则。保险人和被保险人之间的权利和义务关系是通过保险合同来界定和实现的，保险合同对保险责任、赔偿处理、给付保险金方式和被保险人义务等做了原则规定，对合同双方当事人都具有法律约束力。

保险合同及有关法律条文是保险人处理理赔案件的法律依据，合同规定赔偿给付

保险金是保险人应尽的义务,保险人是否履行合同,就看其是否严格履行经济补偿义务。保险理赔是保险人对保险合同履行义务的具体体现,因此,保险公司进行理赔时,必须加强法制观念,严格遵守合同的各项条款,恪守信用。凡是应当承担的保险责任,保险公司不能拒赔或者缩小保险责任范围惜赔;不属于保险责任范围的损失,不能任意扩大保险责任范围滥赔。在作拒赔处理时,要出示拒赔的客观证据,向客户耐心细致地讲清楚事实和道理。

如果理赔人员没有遵守重合同、守信用原则,不按保险合同进行赔偿,必然会对保险公司的信誉和社会形象造成不良影响,而且被保险人可根据保险合同向法院起诉,获得保险合同所约定的保险保障。要依法办事,坚持重合同、守信用,才能保障被保险人的合法利益,树立保险公司的良好形象,扩大健康保险的积极影响。

1953年9月3日,德国颁布《社会法院法》,在民事和刑事法院、行政法院、劳动法院和财政法院之外建立了第五大司法体制——社会法院,旨在解决社会保险领域的纠纷。从此,德国社会保险领域的纠纷由原来的行政机构干预过渡到由地区社会法院、州社会法院和联邦社会法院的三级司法审理体制。根据《社会法院法》的规定,社会法院对于法定的养老保险、医疗保险、护理保险、工伤事故保险、失业保险和促进就业、社会赔偿以及死亡赔偿(因刑事、战争和服兵役原因)等领域的纠纷行使管辖权。在这一制度安排下,德国的健康保险公司重合同、守信用,宁可倾家荡产也要维护投保人和被保险人的权益。[①]

(二)实事求是原则

健康保险合同条款中,对发生保险事故后的保险金给付责任做了原则规定,但实际上健康保险事故的情况多种多样,案发原因也错综复杂,保险合同不可能涵盖所有健康保险案件情况。此外,客户可能对健康保险合同的条款理解各异,所提出的索赔要求可能不尽合理,理赔人员处理案件有时会因为条款方面的原因难免与客户发生一些纠纷。这就要求保险理赔人员明察秋毫,按实事求是的原则对保险事故所造成的损失,根据保险合同的约定进行赔偿,不惜赔、不错赔、不滥赔。

面对复杂的理赔案件,理赔人员需要站在客观公正的立场上,摆正公司和客户的利益关系。一方面要依据健康保险合同的约定,坚持依法公正理赔原则;另一方面要具体问题具体分析,在不违反理赔原则的基础上,充分考虑客户的利益,机动灵活地解决纠纷。如果保险公司在保险条款制定上发现有不够严谨的情况时,可以根据有利于客户的解释原则进行处理,最大限度地让客户满意。但是,保险公司决不能搞人情赔款,防止诱发道德风险,应该时刻维护公平原则,积极维护诚实客户的权益。

---

① 高荣伟. 西方国家保险理赔方式的不同特点[J]. 学习月刊, 2015 (21).

> **专栏 6.4**
>
> **通融赔付（Exgratia Payment）**
>
> 2007年，我国第一个由保险业界制定的金融行业标准——《保险术语》出版面世。其中第8条、第5条、第12条对"通融赔付"的定义为："保险人根据保险合同约定本不应承担或完全承担赔付责任，但仍赔付全部或部分保险金的行为。"随后，李民在其著作《保险原理与实务》对此定义进行完善，认为："所谓通融赔付，指的是按照保险合同条款的规定，本不应保险人赔付的经济损失，由于一些其他特殊原因的影响，保险人给予全部或部分补充或给付，是保险理赔实事求是原则的延伸。"
>
> 资料来源：李民，刘连生．保险原理与实务．第3版 [M]．中国人民大学出版社，2015．

（三）效率原则

理赔必须注重时效性，即保险事故发生后，理赔人员应主动迅速深入现场查勘，在合理的期限内尽快审定索赔材料是否完备、事故是否属保险责任等，准确计算赔款，及时向受益人支付赔款，避免积压和拖延赔案。任何拖延赔案处理的行为都会影响保险人在客户心目中的形象，可能会抑制以后的投保行为。在实际的理赔操作中，效率原则主要体现在主动、迅速、准确和合理等方面，这是理赔工作质量的重要标准，也是保险公司信誉的集中表现。具体表现如下：

1. 主动（Initiative）。主动是指健康保险理赔人员接到出险通知后，应主动热情受理，为索赔申请人提供人性化服务。对出险的案件，应主动调查了解和现场查勘，掌握出险情况，进行事故分析，确定保险责任。在理赔服务过程中，要坚决杜绝热情接待投保而推诿索赔案件的现象和做法。

2. 迅速（Rapid）。迅速是指健康保险公司理赔人员应当按照我国《保险法》对理赔时限的要求抓紧处理，对赔案查得准、办得快、及时赔付，迅速是效率原则的关键。《保险法》规定了保险人应当在法律规定和保险合同约定的期限内履行赔偿或给付保险金的义务，防止保险人恶意拖欠保险赔偿金。为保证理赔案件及时得到审理，目前各家健康保险公司对理赔案件的工作时限都作了较为明确的规定。例如，中国人民健康保险公司承诺：对简易案件3天结案，常规案件10天结案，特殊案件在事实清楚、责任明确的情况下尽快结案。

3. 准确（Accuracy）。准确是指保险人应当严格按照合同约定的保险金额赔偿方式或给付标准，以保险标的遭受的实际损害为准，计算赔偿或给付金额。同时，理赔人员应正确认定责任范围和责任程度，在理赔案件勘察定损及赔偿计算时力求杜绝差错,保证被保险人和保险人双方的合法利益。目前在健康险理赔实务中理算不准确的现象时有发生,表现为同样的理赔案件在不同的保险公司之间掌握的尺度不一样;在公司内部掌握的标准不一样;同一个理赔人员在不同的时间掌握的标准不一样。准确原则要求保险理赔人员从查勘、定损以至赔款计算,都要做到准确无误,不错赔、不滥赔。

4. 合理(Reasonable)。合理是指在处理理赔案件时,理赔人员要依据保险合同,合理分清责任,合理赔偿,严格按照保险合同中的约定和保险法规中的有关条款处理赔案,抵制欺诈性索赔,赔款合情合理。在具体案件情况下,要结合实际情况采取一定的灵活性操作。这就要求理赔人员熟悉保险条款,具有健康保险方面的专业知识,以及掌握查明损失原因和估算损失的方法。

关于保险公司理赔的效率原则,我国台湾地区的"保险法"在第34条规定:"保险人应于要保人或被保险人交齐证明文件后,于约定期限内给付赔偿金额。无约定期限者,应于接到通知后十五日内给付之。保险人因可归责于自己之事由致未在前项规定期限内为给付者,应给付迟延利息年利一分。"第78条规定:"损失之估计因可归责于保险人之事由而迟延者,应自被保险人交出损失清单一个月后加给利息。损失清单交出二个月后损失尚未完全估定者,被保险人得请求先行交付其所应得之最低赔偿金额。"上述两条规定中的民事责任设置有两层意义:一方面,针对保险人迟延赔付造成被保险人可预见的利益损失明确了赔偿责任,保护和补偿被保险人利益;另一方面,针对保险人迟延赔付行为的惩罚性赔偿,督促保险人及时履行赔偿金给付义务,提高保险公司的理赔效率。[①]

(四) 近因原则

近因原则(Principle of Proximate Cause)是在保险理赔过程中必须遵循的原则,是指保险人承担赔偿责任的范围应限于以承保风险为近因造成的损失。保险意义上的近因(Proximate Cause),是指造成保险标的损害的直接、有效、起决定性作用的危险因素或危险事故。[②] 近因原则是决定保险人是否承担保险赔偿与保险金给付责任的重要原则。一方面,对被保险人而言,可以防止保险人以损失原因不在保险责任范围内为借口,拒绝给付保险金;另一方面,对健康保险公司而言,只需负责赔偿保险合同约定的承保责任所造成的损失,避免了客户进行不合理的索赔。

保险事故发生后,保险公司与被保险人处于利益对立状态,而且人们对近因原则的理解各异,导致近因认定在理赔中经常引起争议。因此,需要明确保险理赔中近因

---

① 韩慧敏. 中国大陆与台湾地区保险理赔立法及监管比较 [J]. 保险理论与实践, 2016 (5): 37-46.
② 陈欣. 保险法 [M]. 北京大学出版社, 2000: 145-146.

原则的适用规则。保险理赔中，如何判断、确认近因是影响赔付的关键点，具体有以下两种情形：

一是单一原因造成的损害。健康保险事故的发生由单一原因造成，则此原因就是近因。若此近因属于承保风险，则保险人应当承担保险责任，及时给付保险金。若此近因属于未保风险或除外责任，则保险人无须承担保险责任，可以拒赔。

二是多项原因造成的损害。如果是由多个危险因素引发或造成健康保险事故，保险人在进行理赔时，应逐一对近因与保险责任之间的因果关系、发生时间的顺序及与损害后果的关联程度予以比较。具体情况可以分析如下：（1）多项原因连续发生。连续发生是指事故发生具有不间断性，期间没有新的因素介入，多个原因之间存在因果关系。如果健康保险事故是由于多个的危险影响因素依次发生，前因的影响依次传递到最终结果，直至最后保险事故的发生，前因对于最终的损失具有决定性影响。因此，最先发生的危险因素是此后一系列事故的近因。只要认定最先发生的事故是否为保险责任，便可以确定保险人是否应当承担保险赔偿责任与保险金给付。（2）多项原因间断发生。间断发生是指多个原因发生有前有后，期间有新的独立因素介入，多个原因之间不存在任何因果关系。如果健康保险事故是由于新原因的介入，使原有的因果关系链断裂而导致的，则新介入的独立原因是近因。但也有后因介入后，并没有对于损害发生产生决定性作用，没有阻断前因继续发挥影响，后因就不能称为近因，前因仍然是近因。近因属于保险责任范围的事故，则保险人应负赔偿责任；反之，若近因不属于保险责任范围，则保险人不负责赔偿责任。（3）多项原因同时发生。同时发生是指多种原因同时发生而无先后之分。若同时发生导致健康保险事故的多种原因均属保险责任，则保险人应负责全部损失赔偿责任；若同时发生导致损失的多种原因均属于责任免除，则保险人无须承担保险责任；若同时发生导致损失多种原因不全属保险责任，则应严格区分，对能区分保险责任和责任免除的，保险人只负责保险责任范围所致损失的赔偿；若无法区分，一般有两种处理方式：一种是保险人不承担任何损失赔偿责任；一种是保险人与投保人协商解决，对损失按比例分摊。

（五）损害补偿原则

损害补偿（Damage Compensation）原则，是指处理理赔案件时，保险人给付的保险金以恢复被保险人遭受保险责任事故前的状况为准，不能使被保险人因保险补偿而获得额外利益。损害补偿原则保障了保险权益的实现，一方面，对保险人而言，约束其必须在合同约定条件下承担保险保障的责任；另一方面，对被保险人而言，限制其不正当的索取赔偿和保险金的动机与行为，防止不当得利。因此，可以减轻全体投保人的保费负担，也有助于维持保险公司的可持续健康发展。

损害补偿原则仅限在费用型医疗保险中使用。费用型医疗保险的保险标的是被保险人支付的医疗费用,而不是人的身体。因为医疗费用是一个确定的数值,可以用金钱计算,是可以获得补偿的,所以费用型医疗保险适用于损害补偿原则。

> **专栏6.5**
>
> **损害补偿原则在健康保险理赔中的适用范围**
>
> 基于人身无价的社会理念,人的生命在本质上是无法以金钱衡量的,因此在《保险法》所确立的法定人身保险的保险责任中,不能依据损害补偿原则确定保险人的保险责任,保险人只能依据保险合同所约定的保险金额确定方法承担给付保险金的责任。因此,损害补偿原则虽然在财产保险理赔中应用得非常广泛,但这一原则在人身保险理赔中却不常运用,仅限在费用型医疗保险中使用。
>
> 中国保监会颁布的《健康保险管理办法》规定,医疗保险按照合同约定的保险金赔付性质分为费用补偿型医疗保险和定额给付型医疗保险。所谓费用补偿型医疗保险,是指根据被保险人实际发生的医疗费用支出,按照约定的标准确定保险金数额的医疗保险。由于当事人通过约定选择在医疗费用保险中适用损害补偿原则,该办法明确规定,费用补偿型医疗保险的给付金额不得超过被保险人实际发生的医疗费用金额。
>
> 资料来源:史卫进. 论第三领域保险的几个理论问题——以完善我国医疗费用保险的理赔机制为立场 [J]. 中国商法,2008 (1): 81-93.

二、我国有关健康保险公司理赔的法律规定

为规范健康保险公司理赔管理工作,保障保险人和被保险人双方的利益,我国制定了相应的法律法规和政策指引,以确保健康保险公司开展理赔业务时有法可依、有理可寻。健康保险公司理赔管理的法律规定,包括《民法通则》《继承法》《保险法》的相关规定,以及政府部门的相关政策和监管规定等。

(一) 民法中有关理赔的法律规定

民法是调整我国社会、市场平等主体之间的财产关系和人身关系的法律规范的总称,包括所有权关系和合同关系等。保险合同是一种民事合同关系,亦属于我国民法调整的范畴。

1. 公民的民事权利能力和民事行为能力

在理赔过程中,必须审查索赔的当事人,即被保险人是否具有相应的民事行为能

力，如果没有，应该让其监护人或者代理人办理索赔事宜。

2. 监护问题

理赔实务中较常见的是未成年受益人的监护人如何确定的问题。按照法律规定，父母是未成年人的当然法定监护人。如果父母离婚，孩子被判给其中一方抚养，这并不导致剥夺另一方的监护权，父母双方仍是未成年人的法定监护人。如果此时保险金的受益人是未成年人，则保险金的索赔事宜均应由其父母办理并受领保险金，由他们共同进行代管。

如果父母双亡，未成年人的监护人应由（外）祖父母中有监护能力的人担任。在这种情况下，大家共同协商一人或数人担任监护人，出具协议书，或者是受益人户口所在地的居委会、村委会进行指定，这种指定一般是本着有利于未成年人的原则，并且最好是将协议书或指定书进行公证。协商不成的，可以由法院进行指定，保险人便会以法院的判决作为确定受益人监护问题的依据，履行给付保险金的义务。

此外，在受益人实在无法确定的情况下，可以将保险金进行提存公证处理。提存公证是民法上的一项制度，指债务人在无法确定债权人的情形下履行债务，债务人办理提存后在法律上视为债务已履行。在健康保险合同的履行中，受益人为无民事行为能力的人，在其监护人可能损害其利益或者目前无法确定监护人的情形下，可以先将保险金交到公证部门提存，待受益人成年后或者确定监护人以后再领取保险金。这种保险金的提存公证，既能及时履行给付保险金的义务、保证当事人权益外，又能使健康保险公司避免重复给付的风险，摆脱受益人监护问题的纷争。[1]

（二）继承法中有关理赔的法律规定

继承，是指将死者生前所有的、于死亡时遗留的财产依法转移给继承人所有的制度。继承人依照法律的直接规定或者所立的合法遗嘱享有的继承被继承人遗产的权利，称之为继承权。继承法是我国民法体系当中关于财产继承的法律规则的总称。

健康保险理赔时，存在涉及继承法的情形，《保险法》第四十二条明确规定："被保险人死亡后，有下列情形之一的，保险金作为被保险人的遗产，由保险人依照《中华人民共和国继承法》的规定履行给付保险金的义务：没有指定受益人，或者受益人指定不明无法确定的；受益人先于被保险人死亡，没有其他受益人的；受益人依法丧失受益权或者放弃受益权，没有其他受益人的。受益人与被保险人在同一事件中死亡，且不能确定死亡先后顺序的，推定受益人死亡在先。"

（三）保险法中有关理赔的法律规定

《保险法》是规范保险业经营活动的专门法律。《保险法》关于保险理赔的规律

---

[1] 吴海波，陶四海. 健康保险核保与理赔 [M]. 科学出版社，2015.

规定如下:

1. 索赔材料

第二十二条规定:"保险事故发生后,按照保险合同请求保险人赔偿或者给付保险金时,投保人、被保险人或者受益人应当向保险人提供其所能提供的与确认保险事故的性质、原因、损失程度等有关的证明和资料。"

2. 保险金给付义务和时效

第二十三条规定:"保险合同对赔偿或者给付保险金的期限有约定的,保险人应当按照约定履行赔偿或者给付保险金义务。保险人未及时履行前款规定义务的,除支付保险金外,应当赔偿被保险人或者受益人因此受到的损失。任何单位和个人不得非法干预保险人履行赔偿或者给付保险金的义务,也不得限制被保险人或者受益人取得保险金的权利。""保险人收到被保险人或者受益人的赔偿或者给付保险金的请求后,应当及时做出核定;情形复杂的,应当在三十日内做出核定,但合同另有约定的除外。保险人应当将核定结果通知被保险人或者受益人;对属于保险责任的,在与被保险人或者受益人达成赔偿或者给付保险金的协议后十日内,履行赔偿或者给付保险金义务。"

第二十四条规定:"保险人依照本法第二十三条的规定作出核定后,对不属于保险责任的,应当自作出核定之日起三日内向被保险人或者受益人发出拒绝赔偿或者拒绝给付保险金通知书,并说明理由。"

第二十五条规定:"保险人自收到赔偿或者给付保险金的请求和有关证明、资料之日起六十日内,对其赔偿或者给付保险金的数额不能确定的,应当根据已有证明和资料可以确定的数额先予支付;保险人最终确定赔偿或者给付保险金的数额后,应当支付相应的差额。"

3. 保险合同解释

第三十条规定:"采用保险人提供的格式条款订立的保险合同,保险人与投保人、被保险人或者受益人对合同条款有争议的,应当按照通常理解予以解释。对合同条款有两种以上解释的,人民法院或者仲裁机构应当作出有利于被保险人和受益人的解释。"

4. 不承担保险责任的情况

第二十七条规定:"未发生保险事故,被保险人或者受益人谎称发生了保险事故,向保险人提出赔偿或者给付保险金请求的,保险人有权解除合同,并不退还保险费。投保人、被保险人故意制造保险事故的,保险人有权解除合同,不承担赔偿或者给付保险金的责任;除本法第四十三条规定外,不退还保险费。保险事故发生后,投保人、被保险人或者受益人以伪造、编造的有关证明、资料或者其他证据,编造虚假的事故原因或者夸大损失程度的,保险人对其虚报的部分不承担赔偿或者给付保险金的责任。投保人、被保险人或者受益人有前三款规定行为之一,致使保险人支付保险金或者支出费用的,应当退回或者赔偿。"

第四十三条规定:"投保人故意造成被保险人死亡、伤残或者疾病的,保险人不承担给付保险金的责任。投保人已交足二年以上保险费的,保险人应当按照合同约定向其他权利人退还保险单的现金价值。受益人故意造成被保险人死亡、伤残、疾病的,或者故意杀害被保险人未遂的,该受益人丧失受益权。"

第四十四条规定:"以被保险人死亡为给付保险金条件的合同,自合同成立或者合同效力恢复之日起二年内,被保险人自杀的,保险人不承担给付保险金的责任,但被保险人自杀时为无民事行为能力人的除外。"

第四十五条规定:"因被保险人故意犯罪或者抗拒依法采取的刑事强制措施导致其伤残或者死亡的,保险人不承担给付保险金的责任。投保人已交足二年以上保险费的,保险人应当按照合同约定退还保险单的现金价值。"

(四)其他政策法规中有关理赔的规定

近年来我国颁布了很多支持健康保险发展的政策和监管规定,例如中共中央国务院关于深化医药卫生体制改革的意见(中发〔2009〕6号)、国务院办公厅关于全面实施城乡居民大病保险的意见(国办发〔2015〕57号)、国务院办公厅关于促进医药产业健康发展的指导意见(国办发〔2016〕11号)等等。

此外,中国保监会依据《保险法》等法律、行政法规,制定了《人身保险业务基本服务规定》,自2010年5月1日起施行。2012年发布《关于贯彻落实〈"十二五"期间深化医药卫生体制改革规划暨实施方案〉的通知》(保监发〔2012〕50号),要求保险业服务医改,大力发展商业健康保险并鼓励探索保险公司兴办医疗机构。简化商业健康保险的理赔手续,方便群众结算。现行的《健康保险管理办法》于2006年颁布实施,对规范和推动健康保险发展发挥了重要作用。2017年11月,中国保监会对拟修订的《健康保险管理办法(征求意见稿)》公开征求意见,征求意见稿强调,保险公司可以借助互联网等信息技术手段,对被保险人的数字化理赔材料进行审核,简化理赔流程,提升服务效率。

三、健康保险合同约定的一些理赔适用条款

由于健康风险、疾病名称及各种疾病的具体含义都有较丰富的内涵,以及健康保险理赔管理中常见的机会主义行为和道德风险,为避免和减少索赔时的争议,健康保险条款中设计和规定一些特殊条款。

(一)除外责任

除外责任(Exclusions)条款,即健康保险人不承担或免除保险责任的具体范围。

构成健康保险所指的疾病必须同时满足三个条件：一是必须是由人体内部的某种原因引发的；二是必须是非先天性疾病；三是必须是由于非长存的原因造成的。各款健康保险合同可能有不同的免责条款，而且对所用药品的范围以及治疗所在医院的等级都做了严格规定。因此，在健康保险理赔过程中要仔细审核，明确除外责任内的损失，这比寿险理赔要复杂得多。

常见的除外责任包括以下原因导致的医疗费用和收入损失：

1. 被保险人或其受益人的故意欺骗行为，例如签订保险合同时被保险人已患疾病。

2. 战争、军事行动、暴乱或武装叛乱中发生的医疗费用。

3. 自我伤害（Self–Inflicted Injury），如自杀等，或犯罪行为所导致的人身伤害。

4. 投保人申明的既往症（Anamnesis）。既往症，也称既存症，是被保险人在健康保险合同生效前就已发生的意外伤害或出现的健康问题。马克·S. 道弗曼在《风险管理与保险原理》一书中指出，在健康险保单中，主要的除外责任是有关既存健康状况。为防止正准备要进医院治疗的人通过购买医疗保险而从保险中获益，绝大多数健康险保单都将既存健康状况作为除外条件。在健康保险合同有效期内，由既往症导致的健康保险事故不能获得保险金给付，但在投保时就已说明的既往情况除外，此时保险人通常采用附加除外条款的形式进行处理。

5. 其他保险机构已支付的医疗费用或免费的医疗服务项目。

专栏 6.6

重大疾病保险的免责条款

重大疾病保险的免责条款在《重大疾病保险的疾病定义使用规范》中明确规定为八种除外责任的范围：

（1）投保人、受益人对被保险人的故意杀害、故意伤害；

（2）被保险人故意自伤、故意犯罪或拒捕；

（3）被保险人服用、吸食或注射毒品；

（4）被保险人酒后驾驶、无合法有效驾驶证驾驶，或驾驶无有效行驶证的机动车；

（5）被保险人感染艾滋病病毒或患艾滋病；

（6）战争、军事冲突、暴乱或武装叛乱；

（7）核爆炸、核辐射或核污染；

（8）遗传性疾病，先天性畸形、变形或染色体异常。

资料来源：《重大疾病保险的疾病定义使用规范》，中国保险行业协会，2007 年发布。

（二）免责期

免责期（Elimination Period）又叫等待期，是指规定在保险合同生效后的一定时期内，被保险人因疾病所致的医疗费用开支和收入的损失不属于保险责任范围。需要注意的是，在免责期内若保险事故是因意外伤害所致，保险人仍需承担给付保险金的责任。此外，合同到期后续保则新合同无等待期规定。健康保险合同基本上都设定了这项条款，旨在防止被保险人带病投保，减少被保险人的逆选择，控制道德风险。在医疗费用保险和失能收入保险中都会遇到等待期。健康保险理赔的责任审核过程中，理赔人员必须首先确定保险事故发生时被保险人的等待期是否已经结束。在医疗费用保险中，等待期使保险公司不必为被保险人在保险合同生效前就已有的既往症所导致的医疗花费给付保险金。

具体等待期限是等待期条款中最重要的部分，等待期间的长短决定了保险人责任范围的大小。等待期越长，保险人承担保险责任的期间越短，就越能减少保险人的经营理赔成本，但越不利于保障广大保险消费者的合法权益。等待期越短，越有利于保障被保险人或受益人所承受的风险，但是等待期过短亦容易引发拖延治疗的道德风险。通常来说，一年短期健康险的等待期为 31 天，长期健康险的等待期为 90 天～180 天，而意外伤害则没有等待期。

（三）免赔额

免赔额（Deductible Excess）又称自付额，是指被保险人在保险人给付保险金之前必须自己先承担一部分医疗费用。设定免赔额条款的目的主要有两个方面：一是要求被保险人承担部分赔偿或给付而减少道德风险，促使被保险人加强对医疗费用的自我控制，避免不必要的浪费；二是减少保险人对小额索赔所投入的费用或付出的成本，从而降低经营成本。

免赔额的计算方式有两种：一是基于每次事故计算；二是基于一个保险年度所有事故累计计算。在健康保险理赔过程中，理赔人员不仅需要严格审核有无免赔额，还要注意免赔额的计算方式，确定保险金的给付额。免赔额条款使得健康保险理赔不同于人寿和意外伤害保险的理赔，而更类似财产损失保险的理赔。

（四）比例共付

健康保险的理赔中，被保险人和保险人双方都必须支付整个医疗费用的一定比例，即比例共付。Rubin 和 Mendelson（1995）认为，在医疗保险中增加患者费用的自付比例，有利于激发患者的费用意识，促使患者做出理性选择，合理利用卫生服务。[①] 一般情况下，保险公司支付75%~80%，被保险人支付20%~25%，通常医疗费用开支越大，被保险人承担的自负额比例越低。比例共付可以提高被保险人的费用意识，有利于降低最终的保险金支付额，但也会增加被保险人的经济负担。

（五）保险金给付的协调

保险金给付的协调条款，是健康险理赔与寿险、意外伤害保险理赔的又一个不同之处。鉴于被保险人可能存在超额投保的情况，即同时拥有多份健康保险合同，大部分团体健康保险保单和个别个人健康保险保单都规定有保险金支付的协调条款。此条款可以保证被保险人得到的所有保险金给付不会超过其实际损失的总额，防止被保险人从伤害或疾病事故中不当获利。

四、健康保险公司理赔管理的实施

商业健康保险公司的业务可以分为三大板块：政府委托业务、商业健康保险业务和健康管理业务，不同业务的理赔管理的侧重点是有较大差别的。在理赔管理实践中，健康保险公司必须遵循上述基本原则和法律规范，根据不同健康险业务类别，设计具体操作条款，关注理赔审核和理赔调查等理赔管理实施的关键环节，提高理赔工作的效率和服务水平。

（一）商业健康保险业务理赔的实施

商业健康保险业务是健康保险公司的传统业务，可分为短期健康险业务和长期健康险业务。在短期险理赔环节中，需要控制不合理的医疗费用等开支；长期险业务中，理赔对于保险公司死差益的实现起着至关重要的作用。若想规避道德风险，降低赔付率，必须在理赔实施时进行充分、有效、准确地审核和调查。此外，不同健康保险险种的理赔流程实施存在差异化，在审核和调查的基础上要区分不同险种理赔的侧重点。

1. 理赔审核的实施

健康保险业务理赔审核的重点，是索赔资料的完整性及有效性，审核内容包括以下五个方面：

一是审核索赔申请人的资格。根据相关法律的规定和目前各家健康保险公司条

---

① Rubin R J, Mendelson D N.. Cost Sharing in Health Insurance [J]. New England Journal of Medicine, 1995, 333 (11): 733-734.

款，索赔申请人通常为被保险人或者受益人。通常规定：当申请人为被保险人、指定受益人本人时，须提供申请人本人身份证明；当申请人为被保险人的继承人时，需提供该申请人具有合法继承权的相关证明；当申请人为无民事行为能力或限制民事行为能力人时，需提供该申请人为无民事行为能力人或限制民事行为能力人的证明；当申请人委托代理人代为办理时，应提供合法的委托代理手续；当监护人代理被监护人办理时，监护人需提供具有合法监护权的证明，由监护人在申请人处签字，并注明与申请人关系；当申请人为其他人时，公司将按照法律法规的规定根据实际情况要求申请人提供相应的文件。

二是审核保险合同的有效性。根据保险合同及理赔申请书，检查出险日期是否在保险合同载明的保险期间内。一方面，确定事故发生的时间。一般来说，健康保险中损伤事故发生的时间是比较容易明确的，但某些疾病的发生时间很难确定。不论是以症状开始的时间，还是以治疗发生的时间作为疾病发生的时间都是欠妥的，健康保险中事故的发生时间应定义为疾病的确诊时间较合适。另一方面，确定保险责任开始的时间。一般来说，保险合同生效的时间就是保险责任开始的时间。由于等待期的存在，使得健康保险合同的生效日期与保险责任的开始时间可能并不一致，在审核保险合同时应特别加以注意。

三是审核索赔申请的时效。《保险法》第二十六条规定："人寿保险以外的其他保险的被保险人或者受益人，对保险人请求赔偿或者给付保险金的权利，自其知道保险事故发生之日起二年不行使而消灭。"值得注意的是，索赔时效（Limitation Period）的计算是以被保险人或受益人知道保险事故的发生为开始，而不是保险事故发生为开始。

四是审核索赔资料的完整性和有效性。理赔人员要审核保险金申请材料是否齐全、事故是否清楚、证明材料是否确实充分，以及各项单证是否一致，如是否有涂改、伪造痕迹，应主要注意审核是否有伪造被保险人的签名；注意病史记载是否前后矛盾，在病历上是否出现间断或自相矛盾的情况；检查诊断治疗医院医师的名称和地址、材料的内容是否与实际情况相符，印章是否有效等。

专栏6.7

不同险种所需的索赔申请材料

由于健康保险险种的不一样，申请索赔时所需要的申请材料也有一定的差异。表6.2为某保险公司理赔申请资料对照表。

表 6.2　　　　　　　　　　　　　理赔申请资料对照表

申请项目	应备文件号	文件代码说明
门诊医疗保险金	1、2、4、9	1. 被保人身份证明、受益人身份证明和关系证明
住院费用保险金	1、3、4、9	2. 医院出具的诊断证明书、病历和处方
一般住院日额保险金	1、3、4、9、13	3. 医院出具的诊断证明书和病历，如被保险人住院治疗需提供医院出具的住院证明、出院记录
重症监护日额保险金	1、3、4、6、13	4. 医疗费用收据原件及明细清单
手术医疗保险金	1、3、4、7、13	5. 医院出具的附有病理显微镜检查、血液检验及其他科学方法检验报告的疾病诊断证明
重大疾病保险	1、5、9、13	6. 医院出具的入住重症监护病房期间的病历
		7. 手术记录
意外伤残保险金	1、8、9、13	8. 医院出具的被保险人身体残疾或烧伤程度鉴定材料
		9. 申请意外事故赔付的，提供意外事故证明
		10. 公安部门或医院出具的被保险人身故证明书
疾病身故保险金	1、10、11、13	11. 被保险人户籍注销证明
意外身故保险金	1、9、10、11、12、13	12. 被保险人由人民法院宣告死亡的，提供法院宣告死亡的文件
护理保险金	1、3、8、13	13. 与确认保险事故性质、原因等相关的其他证明和资料

五是审核保险责任范围。确定索赔申请书和证明材料的有效性以后，理赔人员应仔细审核索赔申请书和各种医疗费用收据中的索赔和医疗服务项目，是否属于保险责任范围内。根据保险合同中"合理医疗费用"的规定，理赔人员要结合当地社会医疗保险规定范围，确定医疗费用是否在合理医疗费用范围内等等。在健康保险理赔中，审核责任范围是非常复杂的一项工作。

2. 理赔调查的实施

对于健康保险理赔调查过程来说，调查的对象主要是出险人身体受损害的状况和治疗情况等是否符合保险合同条款的规定。多数情况下，理赔人员可以根据索赔申请和有关信息处理案件，但如果对案件产生怀疑，则需要进一步的调查以便提供更多的信息支持，才能做出是否赔偿的决定。理赔调查的实施主要关注调查方法、调查的基本要求和调查内容三个方面。

（1）健康保险理赔的调查方法。理赔人员在理赔调查活动中，分析保险事故、收集证据、审核资料时，应根据不同案件类型，采取不同的途径及方法。健康保险理赔的调查方法一般包括：现场查勘、走访询问、鉴定和调取资料。

①现场查勘（Site Survey），是指到事故发生地进行相关的查勘活动，重点针对

现场痕迹，寻找有效物证。现场查勘包括实地查勘和现场询问等形式。例如对于住院治疗有转院情况的案件，应尽量到所有被保险人就诊治疗过的医院进行调查取证；调查时应注意是否所有就诊医院都是公司指定或认可的医院。

②走访询问（Visits and Inquiries），是指理赔调查人员对案件知情的相关人员进行走访询问或在案发地走访，了解案件的基本情况和相关信息，收集案件的线索和证据。

③鉴定（Identify），鉴于健康保险理赔涉及的学科知识比较广泛，理赔人员在某些情况下可能难以对案件情况进行准确判别，此时可以委托具有鉴定资格的机构和人员，对案件中的某些专业性问题进行鉴定。鉴定人必须是受公安司法机关委托并授权，具有专业知识和技能的自然人。

> **专栏6.8**
>
> **法医学中的理赔鉴定事项**
>
> 在保险理赔实务中，常常涉及如死亡原因、伤残等级、伤病关系及"三期"等较为复杂的问题，这就要求理赔人员不仅需要具备丰富的保险金融知识，更应具备扎实的法医学知识和活跃的法医学思维，才能拨开理赔疑案的现象迷雾，理清理赔纠纷的本质内涵。
>
> 1. 死亡原因（Causa Mortis，CM）
>
> 对于身故案件，保险人将面临高额保险金的赔付可能性，因此作为管控公司现金流的理赔人员应慎之又慎，需通过各种技术手段明确身故者的死亡原因，合理承担理赔责任，排除免责条款规定情形有关的致死因素，如：被保险人故意自伤、自残、自虐；故意犯罪或拒捕；被保险人酒后驾驶、无证驾驶；被保险人患艾滋病或感染艾滋病毒；被保险人服用、吸食或注射毒品等等。在此过程中，通过法医病理学尸体检验，可以明确被保险人身故的原因，进而利于正确区分保险责任，保护双方的利益。在损伤与疾病并存时，要分析损伤、疾病与死亡的关系，对于存在几种致命性损伤，应确定主要死因，以便明确当事人各方的责任划分及赔偿多寡。死亡原因具体可分为根本死因、直接死因、辅助死因、诱因及联合死因等几种情况。
>
> 2. 伤残等级（Degree of Disability）
>
> 伤残是指被保险人遭受意外伤害事故造成机体永久丧失全部或部分劳动能

力和机体器官功能,即全残①和部分伤残。伤残因机体反应的不同,有两种情况:一是机体组织器官的永久丧失,如肢体离断、脾脏缺失等。这种情况容易认定,争议少见。二是机体器官功能的永久丧失,如视觉、听觉、嗅觉、语言机能、运动功能等障碍。此种情况难度较大,仅凭伤者的表象难以认定伤残,理赔人员往往需甄别被保险人是否存在不诚信行为,如伪盲、伪聋、伪装失语或夸大功能障碍程度等理赔风险。

2013年6月8日中国保险行业协会、中国法医学会联合发布《人身保险伤残评定标准》,规定了人身保险伤残程度的评定等级,以及保险金给付比例的原则和方法:人身保险伤残程度分为一至十级,最重为第一级,最轻为第十;保险金给付比例分为100%~10%,每级相差10%。该标准的适用范围是,意外险产品或包括意外责任的保险产品中的伤残保障,用于评定由于意外伤害因素引起的伤残程度。

3. 伤病关系(Injury – Disease Relationship)

在理赔疑难案件中,往往涉及损伤和疾病对损害后果影响的评定,据此决定如何赔付,此时可引入损伤参与度将其关联性量化。在损伤与疾病的因果关系中,包括无因果关系、次要因果关系、临界因果关系、主要因果关系、完全因果关系,依据损伤与疾病的因果关系类型,可将损伤参与度划分为25%、50%、75%、100%。

4. "三期"

"三期"即休息(误工)期限、护理期限、营养期限。休息(误工)期限,是指人体损伤后经过诊治达到临床治愈(即临床症状体征消失)或体征固定所需要的时间。误工费根据受害人的误工时间和收入状况确定。护理期限,是指人体损伤后在医疗或功能康复期间因部分或全部生活自理能力丧失而需要他人帮助的时间。护理费根据护理人员的收入状况和护理人数、护理期限确定。营养期限,是指严重创伤导致机体代谢改变,仅依靠日常饮食不能满足受损机体对热能和各种营养素的需求,必须从其他食品中获得必要的营养素以提高疗效或加速损伤康复的过程。

资料来源:江乐盛,金志英,吴海波. 法医学在保险理赔中的实践与探索[J]. 中国卫生事业管理,2015,32(4):271 – 272.

---

① 被保险人因疾病或意外伤害直接导致以下项目中的一项或多项:(A)双目永久完全失明的;(B)两上肢腕关节以上或两下肢踝关节以上缺失的;(C)一上肢腕关节以上及一下肢踝关节以上缺失的;(D)一目永久完全失明及一上肢腕关节以上缺失的;(E)一目永久完全失明及一下肢踝关节以上缺失的;(F)四肢关节机能永久完全丧失的;(G)咀嚼、吞咽机能永久完全丧失的;(H)中枢神经系统机能或胸、腹部脏器机能极度障碍,身不能从事任何工作,维持生命必要的日常生活活动,需他人扶助的。

④调取资料。对于需要证明就诊事实、住院情况的,理赔人员应到就诊医院调取患者的就诊资料,包括医疗档案、就诊记录、医药费清单等,对被保险人的就诊情况进行全面了解。属交通事故且需要调查的案件,应到公安交警部门进行调查取证。重点了解案发原因、责任归属及处理结果,并索取相关资料,如道路交通事故责任协定书等。调取资料时应当调取原件,如无法获得原件时可以采取复印、扫描等形式获得相关资料。

(2) 理赔调查的基本要求。理赔调查是一项时间性、技术性和纪律性都很强的工作。在具体调查一件理赔案件时,特别要注意以下几点:

一是应力求迅速、准确、全面、及时。这是理赔调查工作的基本要求。保险事故发生后,调查人员应及时赶至现场,以便掌握事故的第一手资料。因为事故发生不久,痕迹明显,知情人记忆清晰。因此,需要理赔调查人员具备高度的职业敏感和快速的反应能力。

二是遵守法律法规,调查不得违反国家的法律法规,不得侵害他人的合法权益。保险理赔调查工作一定要遵守国家法律法规的规定,以确保调查取证的合法性。

三是保守秘密。调查员在调查过程中应对被调查人员的情况、证据的取得、来源、调查结论等事项进行保密。

四是实施双人查勘制度等。对于不需多方调查的理赔案件,或者是调查方式较简单的理赔案件,由一名调查人员进行调查即可。但对于案情比较复杂,需多方调查的,应考虑安排至少两名以上的调查人员进行调查,以保证调查取证的严谨性。

五是调查必须遵循实事求是的原则,调查人员在查勘过程中禁止就理赔事项做出承诺,调查完毕后及时撰写调查报告,真实客观地反映情况。

(3) 健康保险理赔的调查内容。

一是核实出险者身份,投保时年龄,如有因年龄错误少缴保险费的,按实际缴费与应缴保费的比例重新计算确定保险金额;是否存在冒名顶替。

二是事故的性质和成因。明确事故原因,即判明事故性质,界定事故责任,确认是否属于保险给付的范围。

三是既往症和重大疾病调查。对于申请特定疾病保险金给付的案件,调查人员应重点调查被保险人所患的疾病初次发生时,经保险公司指定或认可的医疗机构确诊的时间。

四是不合理医疗,包括不合理医疗行为、不合理费用和不合理住院日数等。调查人员在调查过程中,应重点调查被保险人或连带被保险人的支出医疗费用的合理性以及是否带病投保。

五是道德危害与欺诈违法行为。在健康保险中,被保险人有时会提交伪造的诊断证书,以此索赔医疗费用。又如,自合同生效之日起2年内死亡或自杀的案件等。

(二) 政府委托业务理赔的实施

政府委托业务分为保障型业务和经办型业务，保障型业务要求健康险公司提高联合办公效率、提高成本管控水平；在经办型业务中，保险公司不需要承担保险责任，而应专注于提升管理服务的专业水平。两种业务都离不开专业化理赔和风控体系的构建，因此，相对于商业健康保险业务，政府委托业务的理赔实施更注重专业化的理赔风险管理体系。具体来说：

1. 建立政府委托业务项目质量实时监控平台，及时准确掌握项目经营情况。加强理赔数据分析，要按月回顾分析项目赔付进展，强化理赔管控责任。明确理赔审核和质量标准，做好理赔质量现场和非现场检查。政府委托业务主要依托联合办公工作开展医疗服务监督，进行医疗风险事前识别和事中控制，从而提升理赔工作的主动性，减轻理赔调查及后期审核的压力。医疗服务监督包括网络监督、医院巡查、预警、面访、诊疗干预等。

（1）网络监督，是实时发现和监控医疗风险的方式。健康保险公司要探索与医院加强合作，或者通过游说政府部门出台相关规定加强保险公司与医院的网络互联工作。理赔人员通过网络实时或者定时段监控定点医院住院病人医疗费用发生和诊疗项目情况。监督的内容为住院医疗过程，包括办理入出院、医疗费用发生、诊疗项目等，有条件的地区可开展门诊医疗的网络管理。

（2）医院巡查。巡查是主动发现风险的方式，属治疗过程中全面风险检查的方式。按照定点医院分布、住院人员就诊特征，运用抽样检查的原理和方法，设计规划巡查方案并安排人力部署，发现和检视风险。

（3）预警。当诊疗行为或者费用发生达到预警状态时，网络监督、驻院巡查和医疗审核岗位人员及时发现风险，并采取相应措施进行后续干预处理。预警主要通过网络监督进行。预警状态包括被保险人开始接受治疗（保险事故发生）、被保险人医疗费用发生达到一定额度、被保险人状态及诊疗情况达到一定标准等，可根据业务实际制定具体标准。

（4）面访。面访是核实风险和诊疗经过的方式，在一定程度上起到提示和介入的作用，同时也是调查的重要手段。面访的对象和具体内容根据巡查、预警、医疗审核发现有针对性地进行。面访以患者本人和治疗医生为主要对象，采用现场询问、查看病案材料和核实医疗过程等方式进行。

（5）诊疗干预。针对在诊疗全过程中发现的问题和风险，进行后续的干预影响措施。干预对象包括就诊医院选择、向上转诊和异地转诊目标医院、大型新型特殊检查化验治疗项目的使用、超剂量用药、超适用范围用药等。

2. 建立异地查勘与结算规则，控制异地理赔风险。

3. 建立合规经营监控体系，对项目招投标过程中、在财务核算和管理上、在各项费用支出等重点环节进行全程监控，坚决守住依法合规经营的底线。

（三）健康保险公司理赔管理实施的创新

传统的理赔管理需要提交和审核资料繁琐，理算复杂，数据基础薄弱，且理赔速度缓慢。随着保险智能化和专业化水平的提高，健康保险公司应加快理赔智能审核系统的建设和在线理赔项目的开发，完善理赔承保反馈机制，提高数据分析能力，不断推进理赔管理工作的创新和专业化水平。

目前，在健康保险理赔管理创新过程中，相对于传统的理赔模式，直付式（Direct-billing）理赔[①]服务受到越来越多的关注（Epp, 1997），对于提高理赔管理效率具有重要意义。在发达国家，直付理赔模式已经运行多年，运作相对比较成熟。直付理赔模式，是指被保险人在就医过程中，无须先向医院垫付费用，再向保险公司理赔，医疗服务费用可以直接由保险公司与医院进行结算。直付理赔服务实施的前提是信息系统的构建，把保险公司的理赔管理系统与医院的 HIS（Hospital Information System）对接，可以在第一时间把患者的保险信息和医疗信息进行交换，同时保证信息的安全性、有效性。直付式理赔服务有以下几个优点：

一是改变传统健康保险的理赔模式。健康保险公司通过深化与医疗机构的分工和协作，出险客户能够在第一时间得到医院的救治服务，并由医院垫付保险公司应理赔的医疗费用，再由医院依受益人的委托与保险公司进行理赔结算，避免了投保人在住院期间通过现金对医疗费用的缴纳，实现医疗服务费用的实时结算。由原有的事后赔付变成了就诊后即时医院内结算，原有的人工收集票据、手工录入、数据理算、财务支付的较长结算周期得到明显缩短，"理赔慢"问题得到根本解决。由于将理赔前置，理赔时效得以大大提升，有利于维护保险消费者权益，实现客户、医疗机构与保险公司的多方共赢。

二是可以参与医院管理。通过网络监督将风险管控工作提前到被保险人医疗就诊的同时，变事后审核为事中监控，逐步将保险公司和医院捆绑成利益共同体，有效打破信息不对称局面，未来可凭借医疗机构重要付费方的身份介入医院的医疗管理行为中。

三是改变传统保险公司的医疗数据结构。实现全部就医诊疗信息共享，不仅包括所有的健康保险赔付结算数据，而且获得全部诊疗信息，为打造大数据平台奠定了基础。

基于上述优点，我国社会医疗保险理赔实施已经实现直付式理赔，但商业健康险

---

① Epp M J.. The Implications of Direct Billing for Medical Services [J]. 1997.

公司的理赔业务大多采用传统模式。从美国健康保险公司的实践看，商业健康保险公司，在保险理赔时大部分实现直付理赔，例如管理式医疗。管理式医疗属于健康管理，相比与传统的医疗模式，主要是引入了第三方健康管理机构，第三方管理机构可以为个人或团体提供健康体检、医疗、家庭医生、慢病管理、健康保险等全方位个性化服务，解决了保险公司与医疗机构之间的对接问题，可以有效降低保险公司的成本支出。美国的管理式医疗主要有通过以下组织实施：健康维护组织、优先医疗服务组织、专有提供者组织和记点服务计划等。这些组织相当于保险中介机构和保险基金管理机构。投保人跟保险公司签订保险合同后，这些组织与医疗服务提供者协商确定医疗服务价格，然后以比例赔付的方式将保险费支付给医疗服务提供者。被保险人购买相应的保险服务后，可以在有协议的医疗机构获得医疗服务，并实现医疗费用结算的直付式理赔。[①]

第三节　健康保险公司理赔管理的作业流程

　　健康保险公司理赔管理的作业流程，是健康保险公司理赔管理原则和实施方法的具体应用，具有较强的操作性和专业性。无论是政府委托业务、商业健康险业务还是健康管理业务，健康保险公司的理赔程序通常包括报案接案、立案初审、调查、理算、复核审批和给付、结案归档等基本环节。鉴于疾病的多样性和复杂性，健康保险的理赔工作相对其他保险更加复杂。因此，健康保险公司理赔管理的作业流程不仅影响公司的理赔管理工作水平和服务消费者的能力，也影响公司经营管理水平和价值实现。

一、健康保险公司理赔管理流程图

　　健康保险公司应当依据健康保险理赔管理实施的原则和规范要求，建立一套标准的理赔流程，以便理赔人员遵照标准流程进行理赔作业。这些标准作业程序的设计，既要保证受益人能及时足额得到保险赔偿金，也要满足健康保险公司审核索赔有效性的要求。健康保险公司理赔管理流程见图6.1。

---

① 王旭鹏．论中国商业健康保险直付理赔模式的实现［D］．西南财经大学，2014．

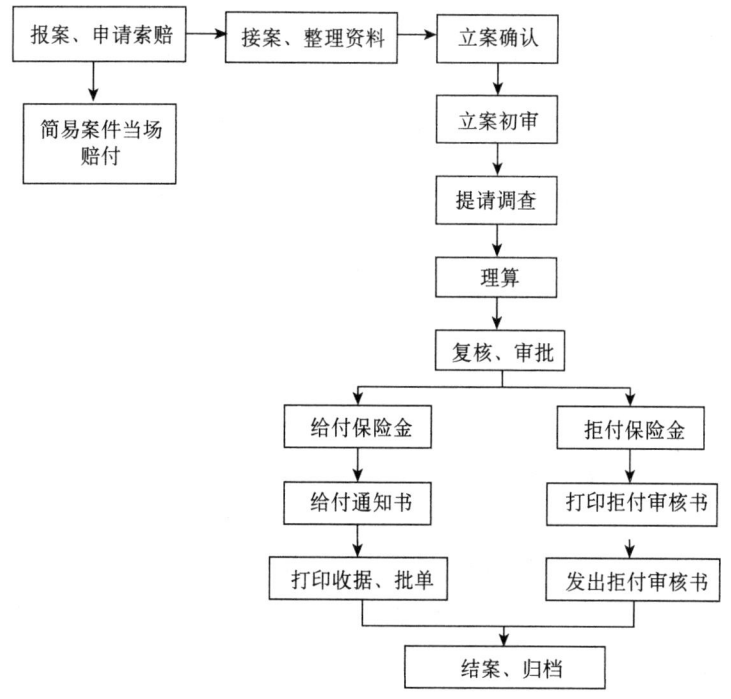

图 6.1 健康保险公司理赔管理流程图

二、健康保险公司理赔管理具体作业程序

根据健康保险公司理赔管理实施的具体要求，以及相应的流程设计，健康保险经营各类业务的理赔作业，都应该符合有关的规定和要求。具体说来，包括以下七个阶段和步骤：

（一）报案接案阶段

健康保险事故发生后，知情人应立即通知保险公司或其保险代理人，保险人开始理赔程序。理赔的第一阶段就是报案（Claim Notification），然后提出索赔申请（Claim Application），保险人登记接案。

1. 报案人与报案方式

在实务处理中，一般对报案人（Incident Notifier）及报案方式均无具体限制。报案人可以是投保人或被保险人、受益人，也可以是其他知情人或保险公司的业务员。报案可采用上门、电话、传真或电子邮件等形式。

2. 报案的时间要求

报案是投保人、被保险人及受益人的法定义务。目前各保险公司的保险条款一般都规定，权利人应于知道保险事故发生之日起 10 日内通知保险公司，但因不可抗力导致者除外；否则，权利人应承担由于报案延迟（Reporting Delay）致使保险公司增加的调查、检验等项费用。同时，及时报案也可使保险公司不致因调查的延迟而丧失证据。

3. 理赔人员的受理要点

理赔人员通过报案信息可以及时了解到事故发生的第一手资料，发现案件存在的疑点和调查方向，为今后的理赔工作打好基础。在从事理赔报案工作时，主要有以下工作：一是详细询问报案内容，包括：出险人的姓名、身份证号码、身份、出险人持有的保险合同号、险种名称、保险金额、保险期限、出险时间、地点、简要经过和结果、就诊医院、科室、床号以及报案人姓名、理赔联系人（Claim Contact）和联系方式等，同时做好详细的报案登记。二是向报案人详细介绍理赔的工作流程及办理理赔时的注意事项，同时应向报案人一次性交代清楚需要提供哪些索赔资料（Claim Document），避免出现向客户重复索要的情形。三是报案登记结束后，接案人员应根据保险公司的系统，对出险人身份及在公司的所有保单状态进行查询确认，而后根据查询结果分别进行处理。

（二）立案初审阶段

健康保险理赔人员接到保险金申请人提交的理赔申请书和相关的索赔资料，对赔案进行初步的审核并做出是否接受索赔申请的决定，这一过程称为立案（Claim Registration）。审核后符合理赔程序规则立案条件，应立案编号；对于不符合立案条件的，应将处理决定及依据书面通知申请人。

1. 受理报案

对符合立案条件的，出具"资料交接凭证"一式两联，签名盖章后留存公司联，客户联交申请人存执，进行立案登记。接案人员应在"资料交接凭证"上注明资料是原件还是复印件。对申请人提出理赔申请的保险合同逐单立案登记，设定赔案编号。

2. 拒绝受理报案

对于明显不属保险单约定的保险责任的事故，或未查到与出险人相关的任何保险合同，应马上向报案人说明，不予受理。如有必要，可以向报案人重申保险合同中约定的保险责任内容。报案接待人员切忌对是否赔付随意解释，更不能在没有经过任何审核的情况下就赔付问题向客户作任何形式的承诺。

以下情况不予立案：出险人非保单上的被保险人；保险事故的发生不在保险期间内；理赔申请超过保险法规定的时效；申请人资格审查不合格；证明资料不齐全且在规定的期限内仍无法补全。上述情况及其他不符合立案条件的案件，立案人员必须填写"理赔申请材料签收单",将处理决定及理由书面通知申请人,同时必须对申请人提交的原始单证复印留底后做退件处理,在复印件上注明日期及送件人姓名存档,并将处理日期在《理赔申请书》上进行登记。

3. 特殊理赔案件

对于情况比较特殊的案件,比如涉及重大疾病和可疑慢性病的医疗赔案且出险人仍在住院治疗的,或涉及金额较大的,报案接待人员必须在第一时间向上级理赔人员反映,以便马上进行下一步的理赔调查工作。

(三)理赔调查阶段

如果理赔人员在审核过程中发现可能存在的不合理的服务或费用,则需要对报案人提出的申请进行全面深入的调查核实,即理赔调查。理赔调查(Claim Investigation)是健康保险公司控制理赔风险、保证公司业务稳定经营的重要手段。调查的具体流程如下:

1. 提起理赔调查

报案、受理、检录等各阶段相关人员提起理赔调查。

2. 调查分配与上报

省级分公司调查主管判断是否需要异地调查。所谓异地调查是指调查区域与案件受理区域不同的理赔调查,需异地调查的案件上报总公司,辖区内调查的案件分配给本机构调查员实施调查。总公司调查管理岗对分公司上报的异地调查申请下发给异地调查机构。

3. 调查实施

省级分公司调查岗实施理赔调查,撰写调查报告并记录到核心业务系统。其他分公司进行的异地调查,对于非重大案件需要将调查资料的彩色扫描件通过电子邮件形式发送到本公司同时抄送总公司,对于重大案件应通过快递寄回提调机构并发送邮件,同时抄送总公司调查管理岗。

4. 调查复核

调查主管对调查报告复核,关注调查是否充分、案件描述是否清晰,对复核不通过的调查案件派分给调查员继续调查。

5. 审批审定

对案件的整体情况(包含各阶段的调查报告)进行审核,调查报告部分审核时关注对各阶段发起的调查是否充分,各阶段提交的调查报告是否满足理赔管理的总体要求。

6. 查勘费报销

对于产生查勘费的调查案件,进行查勘费报销操作。此外,每次调查完毕均需按规定内容撰写调查报告。

7. 撰写调查报告

在完成理赔调查工作后,调查人员应及时撰写调查报告。在调查报告中,要详细列明:立案编号、出险人姓名、性别、身份证件名称及号码、调查时间、地点、调查所得证明材料、调查报告完成时间等。上述工作完成后应由所有参与此案调查人员的签字确认。审核或签批人员对调查报告的事实及结论持有异议,可重新进行调查。

(四)理算阶段

经过前面的理赔程序,对于应承担保险责任的案件,理赔人员应当根据保单规定的保障项目、给付额度和赔偿比例准确计算保险金的给付数额。

1. 赔偿金的理算(Adjustment)

首先,医疗保险赔偿金的理算。医疗保险是一种补偿性质的保险,被保险人不能因疾病或遭受意外伤害而从中获利,因此赔付金额应在保险金额之内且最高不能超过被保险人实际发生的医疗费用。计算时应注意赔款剔除(Deduction of Interim Payment):(1)医疗保险中的免责费用;(2)医疗保险中应自负的费用;(3)已支付、预付赔款的部分;(4)其他应扣除项目。若被保险人同时拥有不同保险人的医疗费用型保险,则应根据协调给付的原则扣除被保险人在其他保险人得到的给付金额。

其次,失能险和长期护理险赔偿金的理算。对于失能险要注意区分全部失能和部分失能的给付标准、免责期以及最长给付期限。对于长期护理保险,一般保单都会根据病人身体机能状况对于长期护理的不同需要规定不同给付等级,在计算时要注意被保险人的实际状况与保单给付等级相符。

2. 意外事项

对于被保险人因意外伤害所致残疾或死亡的理赔案件还应注意以下事项:一是核实被保险人180天内有无伤残给付,本次死亡给付是否由于同一事故所致,若是,则应扣减已支付的伤残给付金额。二是在同一保单年度内有无伤残给付,如有,应对保险金额作减额处理。三是本保单是否已申请了重大疾病提前给付,如是,则应在核定给付时,作保险金额减额处理。

(五)复核审批阶段

复核(Re-Check),是指上级理赔人员对下级理赔人员经办的案件再次进行审核,目的是及时发现和纠正理赔过程中的疏忽和错误,保证理赔处理的客观性和公正性,为理赔进行把关。

复核人员应着重审核保险责任范围和责任免除因素,核对给付金额,其内容要点包括:(1)出险人的确认;(2)保险期间的确认;(3)出险事故原因及性质的确认;

(4)保险责任的确认;(5)证明材料的完整性及有效性的确认;(6)理算结果准确性及完整性的确认。

审批人员对复核人员呈送的案件进行审批后,复核人员应根据审批结论分别进行如下处理:(1)对于批示需重新理算的案件,应退回理算人员重新理算。(2)对于批示需进一步调查的案件,应通知调查人员继续调查。(3)对于批示同意且需上报的案件,以"理赔案件审批表"的形式报请上级公司审批。(4)对于批示同意且无须上报的案件,复核人员将案卷移交结案人员。

(六)给付和拒赔阶段

通过对索赔资料和保险合同责任的认真审核、复核,当案件处理准确无误并经相关权限的理赔人员签署意见后,理赔人员应做出给付(Benefit Payment)或拒赔(Rejection)的决定。

1. 给付保险金的处理

如果通过理赔审核决定索赔在保险责任范围内,并且已计算出保险金给付额,随后就是确定保险金给付对象。在健康保险理赔中,指定的保险金给付对象通常情况下是医疗机构。在国内的健康保险理赔中,保险金的给付对象一般为保险金申请人,多数情况下就是被保险人。给付保险金时应注意确认领款人与出险人的关系,领款人应提供的材料包括《理赔领款通知书》、被保险人身份证明、理赔委托书、被委托人的身份证明等材料。给付保险金后合同终止的应注明"合同终止"。

健康保险理赔给付方式有两种:一种是全额给付,即所有的索赔要求都符合健康保险责任的规定,保险公司按照保险合同的约定和保险金申请人的要求给付全额保险金;还有一种是部分给付,即索赔申请中只有部分治疗项目或部分医疗费用可以得到补偿,其他部分因为不在保险合同约定的责任范围内而不能给付。

2. 拒付保险金的处理

在健康保险理赔中,拒绝给付保险金也是比较常见的理赔处理决定。需要注意的是,一般来说,拒绝给付最主要的原因是投保时投保人或被保险人未履行如实告知义务及既往史。理赔拒付流程:对于拒付案件,核赔人应根据理赔结论,打印《拒赔通知书》阐明具体拒付理由,并由立案人送达。结案人应要求申请人在《理赔申请材料签收单》副联上签字后,将其交回,以此换回保险单正本及有关材料。立案人应将退回的材料复印,注明审件日期,在卷宗留存以备案。

(七)结案归档阶段

一件理赔案件结案(Closed Claims)完毕后,所有的理赔资料应予以归档,交由专门人员进行管理,以备今后随时查询。理赔资料的归档一般有下列步骤:

1. 根据不同的标准将理赔案件卷进行分类

通常情况下，保险公司按照险种的不同进行分类，如医疗险、重大疾病险等，也有按索赔时间的顺序进行分类的。此外，个别保险公司尝试以客户为中心进行分类的方式。

专栏 6.9

团体健康保险业务的归档处理

个人健康保险业务结案归档的方式是一人一案，团体健康保险业务的归档方式是一险种一案。特别值得一提的是，团体保险理赔除了处理具体的理赔案件，还有一项非常重要的内容就是统计分析，即对众多的理赔案件归类、分档、并进行统计分析。常见的统计方法有两种，一是按险种统计，统计该险种的单项赔付率；二是按投保人统计，统计该保单的赔付率。通过统计这些理赔数据，可以提出理赔分析及相关的建议、促进团体健康保险业务整体理赔风险控制和业务的发展。

资料来源：荆涛. 人寿与健康保险［M］. 北京大学出版社，2011.

---

2. 进行理赔资料的整理及装订

将理赔案件进行分类登录装订后，放入案卷袋中归档。装订时需要注意以下几点：及时整理；规律排放理赔资料；保持案卷的完整性。

理赔归档的材料及装订顺序：理赔案卷目录；保险单正本或复印件；理赔申请材料签收单；委托授权书；理赔给付申请书；理赔调查报告书及相关调查材料；各类会签结果；各类通知书；领款收据及批单；被保险人、受益人身份证明；申请人申请索赔的各种事故证明材料和医疗费用等有关单据；合议笔录；案件呈报或上报上级公司的报告书副本及上级公司批复文件；起诉书、应诉书、答辩状、法庭调解书和庭外和解协议书。

3. 理赔案件的归档保存

归档赔案套袋上注明给付金额、结案日期、经办人，赔案按年份、险种、编号分类放置。理赔档案应长期保存，因此对于档案存放环境有较高的要求，包括保持存放环境一定的湿度和温度，做好防潮防火工作；注意存放地的安全，坚决避免出现档案失窃的情况。此外，应建立相应的理赔档案管理制度，如借阅制度。鉴于频繁地外借会导致档案磨损，可在档案归档前保存扫描件，一般的查询工作只需查询扫描件即可。

思考题

1. 健康保险公司理赔管理的含义和特征是什么？
2. 健康保险理赔管理中的道德风险来源是什么，如何规避？
3. 健康保险公司理赔管理工作应遵循哪些基本原则？
4. 请简述健康保险公司理赔管理的作业流程。
5. 请简述健康保险公司理赔审核的内容包括哪些方面？调查方法有哪几种？

参考文献

［1］陈滔. 健康保险［M］. 中国财政经济出版社，2011.

［2］陈欣. 保险法［M］. 北京：北京大学出版社，2000：145～146.

［3］陈鑫. 保险欺诈及其防范对策［J］. 中共山西省委党校学报，2008，31（1）：103－104.

［4］陈阳. 基于保险公司理赔视角的健康保险风险控制研究［D］. 贵州财经大学，2014.

［5］高荣伟. 西方国家保险理赔方式的不同特点［J］. 学习月刊，2015（21）.

［6］胡喜春. 商业健康保险在中国的发展与理赔管理［J］. 企业研究，2012（2）：125－126.

［7］荆涛. 人寿与健康保险［M］. 北京大学出版社，2011.

［8］李民，刘连生. 保险原理与实务（第3版）［M］. 中国人民大学出版社，2015.

［9］刘经纶. 重大疾病保险［M］. 中国金融出版社，2001.

［10］马克·S. 道弗曼. 风险管理与保险原理（第九版中译本）［M］. 清华大学出版社，2003.

［11］马新，周涛. 团体健康险直付理赔服务模式初探［J］. 金融理论与实践，2011（7）：93－95.

［12］欧阳天娜. 人寿保险理赔概论［M］. 中国金融出版社，2004.

［13］史卫进. 论第三领域保险的几个理论问题——以完善我国医疗费用保险的

理赔机制为立场 [J]. 中国商法, 2008 (1): 81-93.

[14] 王旭鹏. 论中国商业健康保险直付理赔模式的实现 [D]. 西南财经大学, 2014.

[15] 翁小丹. 人身意外伤害和健康保险 [M]. 中国财政经济出版社, 2007.

[16] 吴海波, 陶四海. 健康保险核保与理赔 [M]. 科学出版社, 2015.

[17] 张洪涛, 王国良 等. 保险核保与理赔 [M]. 中国人民大学出版社, 2006.

[18] 张晓. 商业健康保险 [M]. 中国劳动社会保障出版社, 2004.

[19] 张晓华, 孙晓芳. 人身保险 [M]. 机械工业出版社, 2014.

[20] 张医, 吴海波. 健康保险理赔: 问题、根源与出路 [J]. 金融与经济, 2011 (1): 83-85.

[21] 赵曼, 吕国营. 社会医疗保险中的道德风险 [M]. 中国劳动社会保障出版社, 2007.

[22] 郑祎华. 人身保险理论与实务 [M]. 东北财经大学出版社, 2011.

[23] 保险核保与理赔——21世纪保险系列教材 [M]. 中国人民大学出版社, 2006.

[24] 周玉华. 保险合同与保险索赔理赔 [M]. 人民法院出版社, 2001.

[25] 朱黎, 肖友进, 俞宗江 等. 医务管理在健康险风险控制和理赔创新服务中的应用研究 [C] // 中国保险学会学术年会入选. 2010.

[26] Epp M J.. The Implications of Direct Billing for Medical Services [J]. 1997.

[27] Çagatay Koç. Disease-Specific Moral Hazard and Optimal Health Insurance Design for Physician Services [J]. Journal of Risk & Insurance, 2011, 78 (2): 413-446.

[28] Derrig R A.. Insurance Fraud [J]. Journal of Risk & Insurance, 2002, 69 (3): 271-287

[29] Gilbert W. Fellingham PhD, H. Dennis Tolley ASA, PhD, Thomas N. Herzog ASA, PhD.. Comparing Credibility Estimates of Health Insurance Claims Costs [J]. North American Actuarial Journal, 2005, 9 (1): 1-12.

[30] Hamilton W T., Hall G H. Risk Factors for Ill Health Insurance Claims. [J]. Journal of Insurance Medicine, 2003, 35 (1): 17.

[31] Mesike G C., Adeleke I A, Ibiwoye A.. Predictive Actuarial Modeling of Health Insurance Claims Costs [J]. 2012.

[32] Ofcensus U S B.. Income, Poverty, and Health Insurance Coverage in the United States [M]. U.S. Dept. of Commerce, Economics and Statistics Administration, U.S. Census Bureau, For sale by the Supt. of Docs. U.S. G.P.O. 2006.

[33] Rossiter R J. Medibank: Australia's New National Health Insurance Program.

[J]. Canadian Medical Association Journal, 1976, 114 (4): 361, 363.

[34] Rowell D., Connelly L B.. A History of the Term "Moral Hazard" [J]. Journal of Risk & Insurance, 2012, 79 (4): 1051 – 1075.

[35] Shalowitz D., Wendler D.. Informed Consent for Research and Authorization under the Health Insurance Portability and Accountability Act Privacy Rule: an Integrated Approach. [J]. Annals of Internal Medicine, 2006, 144 (9): 685 – 688.

[36] Smith R G.. Electronic Medicare Fraud: Current & Future Risks. [J]. Trends & Issues in Crime & Criminal Justice, 1999.

[37] Swartz K.. Reinsuring Risk to Increase Access to Health Insurance [J]. American Economic Review, 2003, 93 (2): 283 – 287.

第七章

健康保险公司客户服务管理

健康保险业是关系到国计民生的伟大事业，是我国实现"健康中国"战略和"人人享有健康"宏伟目标的重要途径。健康保险公司客户服务管理是公司为使客户满意而开展的各种管理活动，以实现客户长期保有公司的产品和服务，并向潜在客户传递公司正面的积极形象。客户服务管理工作的出发点和落脚点，就是维护保险消费者的合法权益。良好的客户服务管理是健康保险公司经营管理的核心内容，是健康保险公司发展的生命力，也是其依法合规经营的重要组成部分。健康保险公司客户服务管理的客观基础是客户满意度和客户忠诚度，因此，客户服务的实施和管理要十分注重对客户权益的保护，不断提升客户满意度，确保健康保险公司顺利实现可持续发展的目标。

第一节 健康保险公司客户服务管理概述

健康保险客户服务管理（Health Insurance Customer Service），是指贯穿、运用于健康保险公司经营管理各项工作中，根据客户需求的变化，为其提供相应的服务，不断提高客户的满意度，建立良好客户关系的一系列行为活动。通过有效的客户服务管理，增强业务竞争力和扩大市场占有率，从而提高保险公司的品牌和市场价值、建立良好的社会形象。

一、健康保险公司客户服务管理的内涵

在社会经济不断发展和健康保险市场激励竞争的条件下,已经有越来越多的企业开始意识到,争取客户,获取市场份额,仅仅依靠优质的产品和广泛分布的销售网络是远远不够的。只有随时关注客户需求的变化,不断提高对客户诉求的响应速度,企业才能获得客户的信赖,在激烈的市场竞争中保持不败。

(一) 健康保险公司客户的含义

《保险法》中并没有对保险客户或"保险消费者"(Insurance Customer)这一概念做出明确的定义,学术界对其界定也并无统一。国外的诸多学者通常将"保险消费者"这一概念归纳到"金融消费者"这一概念体系中进行研究。常见的情况是,一些欧美国家的学者将传统意义上的消费者与投资人概念相结合,统称为金融消费者,强调了其投资属性。日本等国家的学者认为金融消费者是在金融交易中处于弱势的群体,法人和其他组织在不具备专业知识的情况下也可以作为金融消费者。

2012年,中国保监会保险消费者权益保护局课题组发表的《保险消费者权益问题的思考》一文中,对我国的保险消费者这一概念作了明确的定义,认为"保险消费者是指已经或者正在准备与合法的保险经营者建立保险合同关系,购买保险产品、接受保险服务的自然人、法人和其他组织,包括投保人、被保险人和受益人。能够与保险经营者议定单独的保险合同内容及价格(不包括通过批改或保全等方式变更保险合同条款)的法人和其他组织除外。"[1] 2014年国务院颁布的"新国十条"中指出,保险要成为政府、企业、居民风险管理和财富管理的基本手段,成为政府改进公共服务、加强社会管理的有效工具。这就将保险消费者的概念外延进一步扩展,除了传统意义上的自然人,还包括法人和其他组织,甚至是相关的政府部门,使得保险消费者群体扩大化、消费者结构形式多样化。

对于健康保险公司来讲,健康保险客户(Health Insurance Customer)或保险消费者,是对公司产品和服务具有特定需求的个人或群体,是公司经营活动得以维持的根本保证。健康保险公司的客户可以划分为已有客户和潜在客户。已有客户是指已经购买或使用保险公司产品或服务的个人或企业,主要包括投保人或投保单位;潜在客户是指准备购买或使用保险公司产品或服务的个人或企业,主要包括被保险人和受益人。

---

[1] 中国保监会保险消费者权益保护局课题组. 保险消费者权益问题的思考 [J]. 保险研究, 2012 (9).

(二) 健康保险公司客户服务的含义

客户服务（Customer Service）的含义，最早可以追溯到亚当·斯密时代，20世纪60年代以来，学者们从各个角度对客户服务做出了定义，尚无统一。其中较有代表性的如 Regan（1963）提出，服务是直接提供满足（交通、租房）或者同时提供有形商品或其他服务（信用卡）满足的不可感知活动。Stanton（1974）提出，服务是可被独立识别的不可感知活动，为消费者或工业用户提供满足感，但并非一定与某个产品或服务连在一起出售。Lehtinen（1983）提出，服务是与某个中介人或机器设备相互作用并为消费者提供满足的一种或一系列活动。Adrian Payne（1993）认为，服务是一种涉及某些无形性因素的活动，它不会造成所有权的更换。Cengiz Haksever（2005）认为，服务就是提供时间、空间、方式或是心理效用的经济活动，服务的构成要素包括顾客、服务人员、服务传递系统和实体设施[1]。

不论是从经济学还是管理学角度出发，客户服务是一个过程，是在适当的时间和适当的场合，以适当的价格和合适的方式，为目标客户提供适当的产品或服务，满足客户的适当需求，使公司和客户的价值都得到提升的活动过程。[2] 客户服务是公司为其核心产品或者服务提供的日常的、正在进行的支持，对于客户的购买与持续使用及形成品牌的一致性至关重要。

健康保险客户服务管理（Health Insurance Customer Service），通过有效的客户服务过程管理，实现健康保险公司的经营管理目标。广义的客户服务管理包括售前、售中和售后服务。售前服务是向潜在的消费者传播保险知识，传递保险信息，提供风险规划和管理等服务；售中服务是保险合同签订过程中为客户提供的服务，包括指导填写保单、保险条款解释说明、客户体检、送达保单、办理自动缴纳手续等；售后服务指客户签订保险合同后所提供的一系列服务，包括咨询、回访、投诉处理、保全服务等。而健康保险公司的保险售后服务，通常被定义为狭义的客户服务，是本章主要的研究对象。

二、健康保险公司客户服务的特征

健康保险的保险标的，是无法简单用货币衡量的人的身体，且保险事故具有出险概率高、损失多样化、核保理赔复杂等特点。健康保险公司客户服务管理较寿险而言有如下特点：

---

[1] 杨珮，服务营销 [M]. 南开大学出版社，2015.
[2] 王国玲，客户服务与管理 [M]. 中国人民大学出版社，2015.

(一) 提供客户服务的频率高

健康保险保障的对象是人，当保险事故发生时，导致的是人的身体健康乃至生命的受损。一方面，由于健康保险事故的频发性，导致客户与保险公司接触的频率较高，提供服务的频率较高；另一方面，为了控制风险，防止或降低客户的道德风险及过度医疗等情况的出现，需要及时了解客户的健康状况，为客户提供更加高频次的、针对性的服务。

(二) 客户对服务品质要求高

美国人本主义心理学家马斯洛的需求层次理论（Maslow's Hierarchy of Needs）指出，人的需求可归纳为五类，由低到高排列分别是生理的需要、安全的需要、归属和享受的需要、尊重的需要和自我实现的需要。相对于寿险产品更多满足于客户生理及安全层次的需求而言，健康险产品更偏向于满足客户享受和尊重的需求。维持健康的状态是归属享受、得到尊重、甚至自我实现的前提，客户对于其服务品质的要求相对较高。越是满足高级需要的产品，公司便越是要注重服务的差异性和高品质，从而化解产品同质化所带来的困境，以扩大市场份额。

(三) 客户服务的发生伴随风险管控

与寿险业务经营相比，健康保险经营风险更加复杂，管控难度也随之增加。作为商业健康保险经营中涉及的一组重要关系，健康保险公司在提供给客户各项服务时，必然会面临诸多经营风险，需要在客户服务工作中融入大量风险管理措施。而健康保险公司提供的健康管理服务本身就是一种风险管控的有效手段，达到事前预防、事中抑制、事后补偿的目的。风险管控伴随着服务，二者相辅相成，促进健康保险公司的稳健经营。

三、健康保险公司客户服务管理的作用

健康保险表面上买卖的是保险合同，其实质交易的却是一种服务。保险人与被保险人的关系就是服务和被服务的关系。服务贯穿整个保险活动，是保险业的生命线。对于健康险公司来说，客户服务管理的作用主要体现在以下几个方面：

(一) 提高客户满意度，建立良好客户关系

服务的优质化能够增强客户的信任感，有效降低客户流失率。优质的服务有利于增加客户对公司的了解和认识，为客户提供更多的附加价值，提升客户感知，提高满意度，是防止客户流失的有效措施。通过健康险公司的各项保险产品和健康管理服

务，客户满意度不断提高，客户粘度也逐渐增强，更利于推动业务发展。

（二）形成品牌优势，提高市场竞争力

优质的客户服务为保险产品的使用提供支撑保障，是公司树立品牌的最好方式。通过优质的客户服务，逐步提高客户的满意度，可以使良好的口碑在客户与客户、客户与潜在客户之间传播，实现公司获得良好声誉、吸引新客户的目的。服务的差异化形成了产品的差异化，健康保险公司只有将客户服务作为核心竞争力，不断提升服务水平、提高服务创新能力，才能使公司获得更快的发展和实现价值目标。

（三）降低经营成本，提高经营利润

美国寿险行业行销研究协会的一项研究发现，超80%的保险客户都是来自老客户的介绍。提供高效、优质的客户服务可以提高续保率，巩固原有业务，同时获得老客户的推荐，获取新业务。优质的客户服务能够帮助公司进行客户价值挖掘，将已有的客户信息进行管理、分析，对客户进行分类分群、标签管理，从而实现精准营销和客户资源的二次开发，这也是降低经营成本的途径。公司良好的信誉是联系客户与潜在客户的纽带，稳定的老客户以及不断扩大的潜在客户范围将为公司带来稳定而且巨大的经济效益。

（四）保护消费者权益，维护国民健康水平

健康保险是关系到民生的事业，客户服务工作首要任务就是维护消费者的合法权益，是健康保险公司经营的出发点和落脚点，是公司发展的生命力。健康保险的客户服务管理，应提供各种形式的健康服务，如健康教育、健康咨询、健康指导、健康干预等，满足客户在健康服务和医疗服务的不同层次需求，不断提升客户的健康水平，客户获得健康保障，从而为家庭、企业、社会服务，对于改善民生，稳定社会，发挥保险的社会管理功能都具有十分重要的意义（见图7.1）。

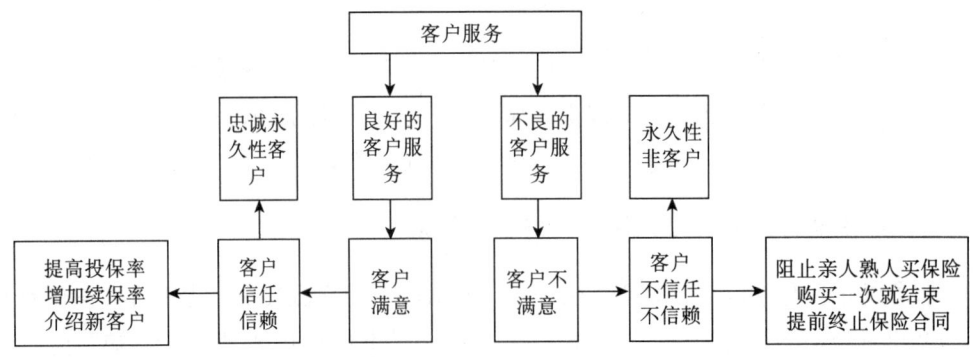

图7.1 客户服务质量对客户满意度的影响

第二节 健康保险公司客户服务管理的理论基础

在经济学和管理学的文献中,有许多经典的理论和模型分析研究公司和消费者(客户)的关系及其客观规律。其中,客户关系管理理论、客户满意理论、消费者保护理论和服务利润链理论等,是健康保险公司客户服务管理体系的重要理论基础。客户服务管理必须能够为客户设计生产个性化的定制产品和服务,从而保持和拓展客户关系,提高客户的满意度和忠诚度,同时在服务过程中注重对客户权益的保护,开展服务营销,以达到获取经营利润和提升公司价值的目的。

一、客户关系管理理论

20 世纪 90 年代初期美国 Gartner 公司正式提出了客户关系管理(Customer Relationship Management,CRM)的概念。Gartner Group(2001)认为,客户关系管理是指通过围绕客户细分来组织企业,鼓励满足客户需要的行为,并实现客户与供应商之间联系等手段,来提高盈利、收入和客户满意度的、遍及整个企业的商业策略。[1] IBM 公司认为客户关系管理是公司识别、选取和拓展客户关系、业务流程和接入管理的整体商业行为过程。美国麦肯锡公司则认为,客户关系管理是通过深入研究客户相关信息数据,为客户设计生产个性化的定制产品和服务,从而保持和拓展客户关系。[2]

(一) 客户关系管理理论的不同视角

从管理学角度,客户关系管理是一种改进客户关系的管理方法,能够为公司进行市场推广、客户服务和科技创新等活动提供支撑。Gartner Group 认为,所谓客户关系管理可以给予企业更完善的客户沟通能力,为企业提供全方位的管理观点,最大限度地释放客户的盈利能力。[3]

从信息技术角度,杨永恒等(2002)认为,客户关系管理是一套以客户价值分析智能化、销售自动化(数据库营销)、服务规范化等为核心内容的搜集、追踪分析

---

[1] Group G. Strategic Planning [R]. Research Note, 2001: 1 – 3.
[2] 马刚,李洪心,杨兴凯. 客户关系管理 [M]. 东北财经大学出版社,2008.
[3] 安实,赵泽斌,鞠晓峰. 客户关系管理机理分析 [J]. 企业经济,2001 (9): 61 – 62.

客户资料的管理信息系统。① 在建立和推动客户关系管理时,着眼于利用技术手段辅助企业管理客户关系,如运用数据挖掘技术发现新客户,利用信息系统处理客户抱怨等。国内外就软件开发方面所进行的研究和实践非常广泛,客户关系管理相关软件的基本功能已经发展到包括客户管理、联系人管理、时间管理、潜在客户管理、销售管理、电话销售、营销管理、电话营销、客户服务等功能,有的软件还包括了呼叫中心、合作伙伴关系管理、商业智能、知识管理、电子商务等。②

从企业决策角度,客户关系管理是一种以客户需求为导向的战略,通过对客户的系统分析来改善客户服务水平,拓展商机,提高客户满意度。企业通过客户关系管理,实现精准营销,重构企业价值链,实现价值增值,既为企业创造价值,又为客户创造价值。③

对于健康保险公司来说,客户关系管理是客户服务的重要内容,通过客户管理系统的应用,将与客户相关的各类信息进行调研、收集、处理和运用,建立与客户沟通的统一平台,依托平台来提高客户服务的效率,提升客户的满意度和忠诚度。在已有业务的基础上,与客户保持长期关系,促进客户的需求、利益、成本与公司自身的成本效益相结合,进而推动公司产品的开发,引导销售渠道和营销组合的变化,不断挖掘新的销售服务机会,最大限度地满足客户需求,从而获得更深层次的利润。

(二) 客户关系管理原则

1. 以客户为中心

健康险公司的客户服务工作应将"以客户为中心"的理念贯穿每一个服务环节,尊重客户,让客户有被尊重的满足感,避免以保费的高低来区别对待客户,充分了解客户的需求及喜好,通过客户所期望的交流和沟通方式,提供给客户价值最大化的产品或服务,增强客户对公司、对产品或服务的信任度,为健康险公司带来更多的业务。

2. 建立持续稳固关系

客户关系管理是一项着眼于长远的系统工程。健康险公司与客户的每一次接触、沟通、服务都是培养信任的基础,更是建立长期稳固关系的基础。每一次的接触、交流都是为了使客户有参与感,拉近客户与公司间的距离。

3. 保持沟通与联系

坚持不懈的客户关系管理是建立、巩固和维持客户关系的有力保证。健康险公司

---

① 杨永恒,王永贵,钟旭东. 客户关系管理的内涵、驱动因素及成长维度 [J]. 南开管理评论,2002,2 (5): 48-52.
② 蔡淑琴,王庆国,汤云飞. 客户关系管理与客户服务研究综述 [J]. 预测,2004 (05): 10-14.
③ 叶映兰. 基于价值的客户关系管理及其应用 [J]. 科研管理,2009,30 (06): 172-177.

要与客户保持一定频率的联系,及时了解并更新客户的信息变化,并根据信息变化分析出客户的需求变化,以及时提供精准的产品与服务,满足客户不断提高的生活质量的需求。

(三) 客户关系管理的实施要点

健康险公司在从以"产品为中心"到"以客户为中心"的转变过程中,客户关系管理起到至关重要的作用,关键在于:

1. 树立客户关系管理的核心理念

客户关系管理的核心理念就是客户是公司的重要资产,各业务部门之间通力合作,共同服务客户,不断采取多种方式对客户实施关怀,以提高客户对公司产品和服务的满意程度和忠诚度。

2. 建立健全客户关系管理系统

将"以客户为中心"贯穿于市场营销的每一个环节,体现在保险产品设计、营销活动、核保、保全、理赔服务以及附加值服务等各项客户服务中,以客户满意度和忠诚度为目标,建立相对应的实施服务流程,建立健全客户关系管理系统。同时把与客户有关的所有资料整合在一个数据库中,建立一套完整的数据库系统,及时记录、更新客户资料、代理人资料、服务过程等信息,夯实客户关系管理系统的基础。"以客户为中心"是客户关系管理的核心所在。客户关系管理通过满足客户个性化的需要、提高客户忠诚度,实现缩短销售周期、降低销售成本、增加收入、拓展市场、全面提升企业赢利能力和竞争能力的目的。

3. 与客户分级管理相结合

通过客户关系管理系统,结合客户分级情况,以此针对不同的客户采取不同的营销策略。在细分客户的同时还要细分市场,在现有客户的基础上,积极开发潜在客户。对不同群级客户进行针对性分析、管理,实现各群级客户信息与各业务渠道的推送衔接,实现客户资源管理及延伸服务。

4. 精准营销深化关系

健康险公司既要通过对老客户良好的服务来维系保单的持续性,还要利用产品开发不断挖掘老客户销售潜力,也要不断努力增加新客户以增强自己的实力,提高自身的市场地位。客户关系管理应从客户需求角度出发,根据其所处不同阶段,设计提供不同的保险产品和服务,培养客户的满意度和忠诚度,从而建立与客户长久稳定的关系。在关注单一客户需求的基础上,还要关注客户延伸出的关系网络,如家庭需求、企业需求等等,将客户关系管理扩展至客户关系网络管理,扩展客户资源。

二、客户满意度理论

客户满意（Customer Satisfaction）是消费领域中的一个重要概念。20 世纪 60 年代，Cardozo（1965）首次将客户满意的思想引入企业营销领域，认为客户满意会增加客户再次购买的行为。[①] 20 世纪 70 年代后，"客户满意"的概念正式出现并不断完善，得到学术界的高度重视和普遍认可，不同的学者根据自己研究课题的需要，从不同的视角对客户满意进行了阐述（见表 7.1）。

表 7.1 各国学者对"客户满意"的代表性概念梳理

年份	学者	客户满意的定义
1965	Cardozo	满意是期望的结果，而期望部分来自于先前的经验，所以期望是经由经验而来，而以消费者的努力来调整这种关系
1977	Pfaff	满意是产品组合的理想与实际差异的反映
1981	Oliver, Linda	客户满意是一种心理状态，客户根据消费经验所形成的期望与消费经历一致时而产生的一种情感状态
1983	Westbrook, Reilly	客户满意是一种情感反应，这种情感反应是伴随或者是在购买过程中产品陈列以及整体购物环境对消费者的心理影响而产生的
1995	Kotler	客户满意是人们感觉状态下的一种水平，它是客户对产品或服务所感知的绩效与期望相比较后的结果
1995	Strom, Iacobucci	客户满意程度中的满意或不满意是一种相对的判断，它需要同时考虑以为客户经由一次购买所获得的质量与利益，以及为了达成此次购买所负担的成本与努力
2000	Giese, Cote	客户满意是一种包含不同强度的情感反应，这种反应有特定的指向，比如产品、购买经历等，它发生在购买前后的各个时间里

综合以上对客户满意的阐述，可以看出对客户满意概念的界定基本是一致的。客户满意是一种取决于客户对所购买的产品或服务的期望与实际消费经历的比较结果的心理反应，二者的差距程度就是客户的满意程度，即客户满意度由企业所提供的商品或服务水准与客户事前期望的关系所决定。[②]

对于商业健康保险公司而言，客户满意度实际上是在保险产品同质化趋势下创造差异性的一种重要方式。对于新推出的保险产品，竞争对手可能在较短的时间内就可

---

① Cardozo, Richard N.. An Experimental Study Of Consumer Effort, Expectation and Satisfaction [J]. Journal of Marketing Research, 1965 2, 8: 244-249.

② 刘超, 王婧. 客户满意度分析及其在保险公司的应用 [J]. 统计与决策, 2005 (05): 23-24.

以模仿，但并不意味竞争对手就可以从对产品的模仿中获得市场和利润。因为任何一种保险产品从本质上来说就是一项服务，而服务的质量在相当程度上取决于服务接触过程中客户的心理感受即满意程度。随着保险公司或产品"客户满意"量的积累，则意味着客户赋予该保险公司产品服务在一定程度上的忠诚和美誉。这是保险公司在日益残酷的市场竞争环境下不断追求的目标。[①]

（一）客户满意度测量

对于客户满意度的测量问题，学者们所持看法不尽相同。丘吉尔（1982）提出客户满意度由客户认知差异的方向与大小所决定，而认知差异的方向与大小则由客户对产品或服务的购前期望与所感知到的实际绩效之间的差距决定。辛格（1991）应用社会心理学和组织理论来研究客户满意度的测量问题，他发现满意具有多重的方面，因此应从多重维度来测量客户满意度，而且对客户满意度的测量应因研究对象或行业的不同而有所区别。施陶斯和诺伊豪斯（1997）对满意模型进行了定性研究，将满意分为认知、情感和购买更多产品三个维度。[②]

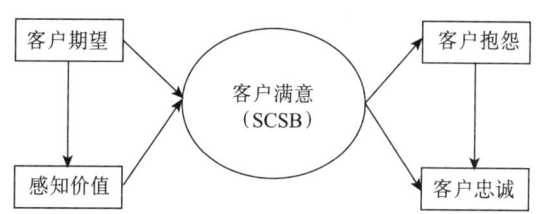

图 7.2 瑞典客户满意度晴雨表指数（SCSB）

20 世纪 80 年代末开始，许多国家为了提升本国企业的竞争能力，都大力推进国家层面的客户满意度指数创建工作。瑞典是第一个在全国范围内进行客户满意度指数调查的国家，美国密歇根大学国家质量研究中心的佛耐尔教授及其研究团队为瑞典构建了具有因果关系的瑞典客户满意指数（Swedish Customer Satisfaction Barometer, SCSB）测评模型（如图 7.2 所示）。该模型有五个结构变量：客户预期、感知价值、客户满意度、客户抱怨和客户忠诚。其中，客户预期是外生变量，其余为内生变量。

费耐尔（1996）等人在 SCSB 模型的基础上建立了美国顾客满意度指数模型（American Customer Satisfaction Index，ACSI），增加了一个结构变量即感知质量（Perceived Quality）。如图 7.3 所示，其中客户预期是外生变量，其余为内生变量。

[①] 刘超，王婧. 客户满意度分析及其在保险公司的应用 [J]. 统计与决策，2005（05）：23 – 24.
[②] 杨珮，服务营销 [M]. 南开大学出版社，2015.

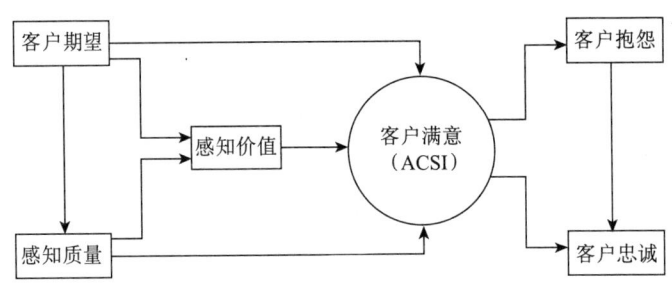

图 7.3 美国客户满意度指数（ACSI）

目前从世界范围来看，客户满意度指数（Customer satisfaction index，CSI）已成为许多国家衡量本国企业竞争能力的重要指标，对评价经济产出质量具有重要意义。美国客户满意度指数（ACSI）是影响力最大的模型，不仅被新西兰、奥地利等国家以及中国台湾地区所采用，而且欧盟和挪威所使用的模型也均以其为基础。20 世纪 90 年代后期，我国也开展了客户满意度指数的创建工作。中国客户满意度指数（Chinese Customer Satisfaction Index，CCSI）以美国客户满意度指数（ACSI）为基础，但对模型的结构以及测量指标体系进行了必要的修改，以适应中国国情的需要。①

（二）客户满意度与客户忠诚度的关系

客户忠诚（Customer Loyalty）又称客户粘度，是指客户对某一特定产品或服务产生了好感，形成了"依附性"偏好，进而重复购买。当实际感知低于事前期望时，客户会感到不满意，进而产生抱怨和投诉，如果采取积极措施妥善解决，就有可能使客户的不满意转化为满意，直至成为忠诚的客户；当感知接近期望时，客户就感到满意；当感知远远超过期望时，客户就会从感到满意到产生忠诚。

客户满意是客户忠诚的必要前提，维系客户的关键是客户满意，一个高度满意的客户会忠诚于公司更久。但客户满意不等于客户忠诚，忠诚的客户通常对商品十分满意，但使客户满意却不一定能够实现客户忠诚。根据 Coyne（1989）的研究，客户满意度与客户忠诚度的关系变化存在两个关键的阈值：当客户满意度到达一定水平后，客户忠诚度将急剧增加；而当客户满意度下降到某一点后，客户忠诚度会猛烈地下降。《哈佛商业评论》发表文章指出，有 65% ~ 85% 的顾客对商品满意但仍会选择新的替代产品。②

三、消费者权益保护相关理论

关于保险消费者权益的界定，目前我国法律法规尚未涉及。学术界通常将我国

---

①② 杨珮，服务营销［M］. 南开大学出版社，2015.

《消费者权益保护法》中规定的消费者基本权利与保险消费的特殊性相结合，总结出保险消费者主要具有安全权、知悉权、自主选择权、公平交易权、求偿权、隐私权、接受保险教育权、监督建议权等一系列权利，以及《保险法》赋予的其他权利。这些权利主要是事实权利，能够通过某种表现形式使消费者直观认识和感受。[①] 综合来看，保险消费者权益是指通过购买保险产品获得保险服务，而应享有的权益。

健康保险产品因其研发和设计的专业性，保险合同条款的更加繁杂，造成保险公司和客户在信息获取上的不公平，作为信息获取相对弱势一方，保险消费者应受到相应权益的保护。同时在实践上，消费者签订保险合同缴纳保费在前，而经营者履行合同提供保险服务在后，提供服务优劣决定权在保险人一方，消费者则处于被动局面。无论从经济学角度还是法学角度对保险消费者权益保护都提供了理论依据。

（一）信息不对称理论

信息不对称（Asymmetric Information Theory），是指在市场经济活动中，各类人员对有关信息的了解是有差异的，掌握信息相对充分的一方，往往处于比较有利的地位；而信息相对贫乏的一方，则处于比较不利的地位。美国经济学家约瑟夫·斯蒂格利茨、乔治·阿克尔洛夫和迈克尔·斯彭斯提出的信息不对称理论认为，市场中卖方比买方更了解有关商品的各种信息；掌握更多信息的一方更容易从商品买方处获利；拥有信息较少的一方会努力从另一方获取自身所需信息来弥补信息的不对称。

保险产品的研发往往由精算师等专业人士来完成，保险合同条款复杂繁多，因此天然具有信息不对称性。而健康保险所保障的疾病风险，是多发、不确定和易变的，需要专业的技术和手段进行预测和管理，产品中包含了大量的保险学、医学专业术语，使得合同条款更加繁杂，信息不对称的特性愈加突出。

保险产品销售上也存在信息不对称，销售人员由于对于保险知识和保险合同内容的掌握，构成信息优势一方，通过夸大产品收益，隐瞒缴费事项等不当方式获取利益。另一方面，保险销售队伍中层级越高的销售人员掌握的信息越多，低层级的销售人员掌握产品信息有限，这就导致低层级的销售人员在向消费者讲述产品时，不免会遗漏有关事项的说明，对于保障范围和产品收益不能详尽介绍，间接造成消费者权益受损。健康保险产品的存在主要是为了防范未知风险，但是信息不对称导致其这一根本属性不能很好发挥，损害了消费者的合法权益，影响客户满意度。

（二）消费者主权理论

消费者主权（Consumer Paramountcy Theory）一词，最早出现在亚当·斯密的

[①] 于建民，赵冰，李琴英，牛新中. 保险经营过程中消费者权益保护研究 [J]. 金融理论与实践，2015 (07): 73 – 78.

《国富论》中。斯密认为,市场关系中最重要的理论及原则就是消费者主权。诺贝尔经济学奖得主哈耶克正式提出了"消费者主权理论",又称为消费者主导型经济模式,是与生产者主权或企业主导型运作模式相对的一种经济模式,指在日常经济活动中,对产品数量、种类等基本经济问题起决定性作用的不是经营者一方,而是消费者一方。消费者主权理论诠释了市场经济运行的基本规律,也成为保护消费者合法权益的基本理论依据。

消费者主权的理论基础是货币选票理论,它来源于政治学的概念,即消费者持有的货币如同政治选举当中的选票,消费者根据偏好及购买能力向满意的商品投票,即花钱购买。经营者根据消费者在市场上"投票"情况,了解社会的消费趋势和消费者的动向,来调整生产经营的模式,从而最终达到利润最大化的目的。因此,消费者在整个市场交易的过程中起了直接的主导性作用,生产者的利润最大化和商品带给消费者的效用最大化可以同时实现。

(三) 法学中的公平与自由理论

从法律的角度来讲,消费者权益保护问题的根源来自维护弱势一方,即消费者的公平与自由。法律通过规定经营者的义务,界定其对消费者的侵权违约责任等来实现自由和正义。卢梭的《社会契约论》指出,从人类社会形成的历史来看,社会关系的维护依靠普遍公认的契约,该契约是自由平等的,它的功能是保护人身和财产安全,维护人的自由。罗尔斯的《正义论》认为,正义是在稳定的社会基础结构框架下,划分由社会分工所带来的利益的过程中,形成的权利义务得到合理分配的社会制度。实质正义就是要求契约订立和履行要考虑个人利益最大化,同时对于契约双方能力存在差异时应该保护弱者。法治其实就是看得见的社会契约,法律通过约束各方的权利义务追求社会活动的公平与自由。在立法和监管的制度方面建立完善的体系,由此提供制度方面的支持与实践指导是追求契约正义的必然要求,许多国家出台一系列法律以保护商品交易过程中消费者的契约正义。[①]

消费者权益保护制度的建立及完善其实就是国家以公平价值观为前提,整合资源,缩小差异,对处于弱势的消费者群体予以救济的过程。消费者权益保护制度的建立可以权衡交易双方力量的对比,有助于维护消费者的合法权益,实现消费者与经营者两者间的平等,最终实现公平、正义。由此可见,消费者权益保护是保险公司依法合规经营的重要组成部分,是树立企业品牌形象的坚实力量。

---

① 崔航斌. 我国保险消费者权益保护制度研究 [D]. 延边大学, 2016.

四、服务利润链理论

健康保险公司通过为客户提供优质服务，从而提升客户满意度和忠诚度，最终实现公司获利，其影响关联机制在服务利润链理论得到了充分阐述，也为健康保险公司在服务客户的管理思维上带来了新的突破，对于提高企业的营销效率和效益、增强企业的市场竞争优势，起到很大的推动作用。

（一）服务利润链模型（Service Profit Chain）

服务利润链模型，是在 1994 年由詹姆斯·赫斯克特等五位哈佛商学院教授组成的服务管理课题组提出的。服务利润链可以形象地理解为一条将盈利能力、客户满意度和忠诚度、员工满意度和忠诚度与生产力之间联系起来的纽带，是一条循环作用的闭合链，其中每一个环节的实施质量都将直接影响其后的环节，最终目标是使企业的盈利。这几大要素之间的内在联系可以简单地解释为企业的利润由客户忠诚度决定的，客户忠诚是客户满意的一种直接结果，而客户满意度又受到了企业所提供的服务价值影响；企业所提供的价值是由企业内部员工所创造，员工的生产力源于员工的忠诚度，员工的忠诚又源于员工的满意度，而员工的满意度主要来源于企业内部高质量的服务。

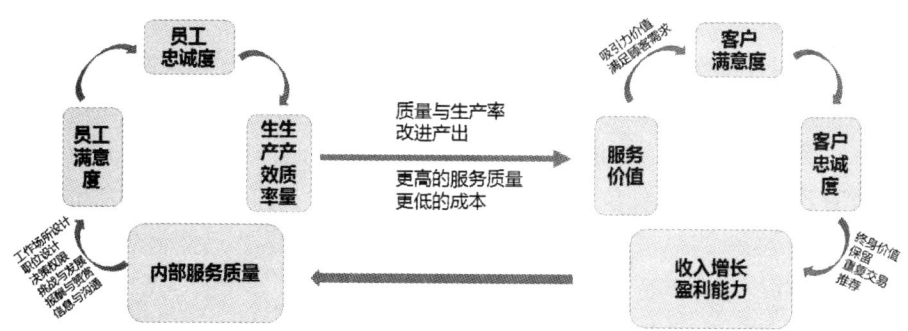

图 7.4 服务利润链模型

服务利润链模型体现了企业以客户为导向的经营理念，表明了内部服务品质、员工满意度、员工忠诚度、员工生产力、客户获得的产品及服务的价值、客户满意度、客户忠诚度与企业赢利与成长之间存在着直接、牢固的关系，也反映出企业的服务环境、企业文化、人力资源、经营管理对企业创造价值的支持关系，对于提高企业的营销效率和效益、增强企业的市场竞争优势，能起到较大的推动作用。

(二) 服务利润链内在逻辑分析

企业若要更好地为外部客户服务，首先应该将员工视为内部客户，明确内部客户服务的重要性，尽可能地满足内部客户的需求，提供优质内部服务；员工满意则表明其对企业未来发展有信心，促使员工自觉承担起工作责任，忠诚于企业，从而提高工作效率，为客户提供优良的产品和服务，让客户满意，为企业创造价值。

而客户满意度取决于员工的服务质量和提供的服务价值高低，对于客户来说，服务价值可以通过比较获得服务所付出的总成本与得到的总利益来衡量。对于保险公司来说，客户获得的总价值包括保险商品价值、服务价值、人员价值和形象价值，具体表现在保险商品的保障范围和保障水平、保险综合服务、员工工作效率、企业外部形象四个因素上。[①] 保险价值取决于全体员工所提供的服务。总成本包括时间成本、货币、精神、体力成本等。客户购买产品或服务时，总希望把资金、时间等成本降至最低，同时又希望从中获取更多的利益，因此，客户所得的价值越大，其满意度越高。企业提高客户满意度可以从两个方面入手：一方面可以通过改进服务来提高服务的总价值；另一方面可以通过减少客户购买服务的时间、精力与体力消耗，降低客户的货币与非货币成本。

客户满意与客户忠诚是紧密相关的。一方面，客户满意是实现客户忠诚的有效途径，只有满意的客户才可能忠诚于企业。另一方面，客户满意是以客户忠诚为支点的，如果客户满意不能产生客户忠诚，那么客户满意也就失去了意义。满意的客户将会更长时间地支持企业，会与企业建立良好的关系，显示出更低的价格敏感性，并向其他人推荐企业的产品或服务。企业的一切活动必须以满足客户的需求为出发点，通过比竞争对手做得更好使客户满意，培养其对企业的忠诚，重复购买，并与企业保持长期互动关系，造就稳定的客户，由此扩大销售，增加利润，获到更大和持久的发展。由此可见，影响客户忠诚的最主要、最根本的因素是客户满意，只有在客户满意的前提下，才能保证客户长久的忠诚。

忠诚的客户是企业的无价资产，企业拥有了忠诚的客户，便有了持续的竞争优势和利润增长空间。忠诚的客户为企业带来的是降低交易成本、增加购买量、获得溢价利益、良好口碑传播等，对企业赢利能力及成长能力起到了推动作用。赢利能力和成长能力的不断提高为企业带来持续的利润增长，这些利润又可以用来不断改善内部服务质量，沿着服务价值链的路线，最终形成一个良性循环。

通过分析服务利润链内在逻辑，表明了保险服务决定着保险公司的经济效益。这为我们有效整合服务利润链、通过提高服务质量创造更多价值、提升公司核心竞争

---

① 周卫东. 认清客户服务特性 提高服务质量 [J]. 保险研究, 2001 (11): 31-33.

力、促进公司成长指明了方向。

第三节 健康保险公司客户服务管理的政策依据

我国政府和相关监管机构十分重视保险消费者的权益保护工作，出台了一系列法律法规对保险客户服务管理进行规范。商业健康保险公司为保险消费者提供服务时，要遵循政府部门和监管机构对公司客户服务的相关规定和要求，着眼于满足人民群众日趋多样化的健康保障需求，加大了创新力度和发展步伐，不断改进服务质量、落实服务承诺、关注客户体验，提高服务"健康中国"的能力，在全民健康保障体系中发挥着越来越重要的作用。

一、健康保险公司客户服务管理的监管环境

我国保险市场发展过程中，"销售误导"和"理赔难"两大消费领域难题十分突出，侵权问题尚未得到有效解决，这些现象不仅严重损害了保险消费者的切身利益，也引起了社会公众对保险行业的普遍不满，严重影响了保险行业的形象和社会信誉。近年来，随着保险行业竞争态势日趋激烈和社会公众维权意识的普遍增强，我国保险监管部门采取了一系列措施以规范保险行业秩序，加快对保险消费者权益保护体系建立，各保险公司也开始重视消费者服务及权益保护并投入大量资源，维护消费者合法权益。

2011年10月，中国保监会成立专门保护消费者权益的机构"保险消费者权益保护局"。保险消费者权益保护局以保护消费者利益为监管目标，通过研究探索保险消费者权益保护的制度和机制，制定监管政策，以督促保险公司维护保险消费者合法权益。负责拟定保险消费者权益保护的规章制度及相关政策；研究保护保险消费者权益工作机制，会同有关部门研究协调保护保险消费者权益重大问题；接受保险消费者投诉和咨询，调查处理损害保险消费者权益事项；开展保险消费者教育及服务信息体系建设工作，发布消费者风险提示；指导开展行业诚信建设工作；督促保险机构加强对涉及保险消费者权益有关信息的披露等工作。[①] 此后，开展保险教育、畅通投诉渠道、完善调处机制、解决积压赔案、提高信息透明度、加大监管惩处力度等一系列保护消费者权益的新政密集出台。

---

① 保监会网站，http://www.circ.gov.cn/web/site0/tab5170/.

除此之外,建立了保监局局长接待日制度、社会监督员制度,并设置全国统一投诉热线"12378";中国保监会网站上设有"消费者教育及风险提示""投诉维权""保险知识大讲堂"等消费者保护专栏,为保险消费者提供各类维权渠道、投诉处理流程讲解,保险教育等权益保护信息。我国监管层面已经将保护保险消费者合法权益确立为保险业发展必须关注的核心问题。

二、健康保险公司客户服务管理的相关政策法规

(一)《保险法》中相关规定

2015年4月24日,《保险法》在第十二届全国人民代表大会常务委员会第十四次会议上进行了第三次修正。新修订的《保险法》更加强调对于投保人、被保险人和受益人权益的保护,以切实保障保险消费者的权益。

1. 不可抗辩条款(Incontestable Clause)

不可抗辩条款,是指在被保险人生存期间,自人身保险合同生效满一定时间后(通常为两年),除非投保人停止缴纳保费,保险人将不得以投保人在投保时未履行如实告知义务为由,主张解除保险合同。即便是投保人存在故意隐瞒应当履行告知义务的真实情况的事实,但连续缴纳了2年的保险费用,也就是保险合同生效满2年,保险人就无权依据投保人未履行告知义务而提出解除合同,并且保险人要对该合同生效2年后所发生的保险事故给付保险金。《保险法》第16条第3款规定,保险人的合同解除权,"自保险人知道有解除事由之日起,超过三十日不行使而消灭。自合同成立之日起超过二年的,保险人不得解除合同;发生保险事故的,保险人应当承担赔偿或者给付保险金的责任。"这一规定是为了保护保险消费者的合法权益,弥补了被保险人在保险合同中对其自身利益保护的空白。

2. 弃权与禁止反言(Waiver and Estelle)

《保险法》第16条第6款规定:"保险人在合同订立时已经知道投保人未如实告知的情况的,保险人不得解除合同;发生保险事故的,保险人应当承担赔偿或者给付保险金的责任。"也就是说,保险人在订立保险合同时明知投保人为客观重要事实的不真实陈述,或明知投保人申报的被保险人年龄不真实,不享有解除保险合同的权利。将弃权和禁止反言制度适用于保险活动中,促使保险人在订立和履行保险合同时更加规范,防止利用自身有利的条件滥用合同解除权,有利于维护保险交易市场的平稳,更切实保护了被保险人的法定权益。

> **专栏 7.1**
>
> **弃权与禁止反言（Waiver and Estelle）**
>
> 　　弃权制度是指保险人明知投保人故意隐瞒需履行告知义务的重要信息而接受其投保，视为保险人同意承担被保险人的风险，放弃拒绝承保的权利。
>
> 　　禁止反言是指保险人放弃了拒绝承保的权利，发生了保险事故后，保险人不得就自己已经放弃的拒绝承保的权利为由要求解除保险合同。
>
> 　　资料来源：庹国柱. 保险学（第七版）[M]. 首都经济贸易大学出版社，2016.

3. 明确理赔程序和时限

《保险法》明文规定了理赔程序和时限，从而提高了保险人赔付效率。当保险事故发生后，被保险人或保险受益人向保险公司要求赔付保险金时，保险人应当及时告知保险消费者，要求被保险人或保险受益人提供关于保险事故的证明材料，以便尽快实现保险金的赔付，来弥补事故带来的损失，达到保险消费者投保的预期效果。保险人在接受保险消费者索赔要求后，应及时将结果通知保险消费者，并在法定期限内履行赔付义务，若不是保险人理赔范围，那么应当及时向保险消费者说明理由。

> **专栏 7.2**
>
> **《保险法》第二十三条至二十五条**
>
> 　　第二十三条　保险人收到被保险人或者受益人的赔偿或者给付保险金的请求后，应当及时作出核定；情形复杂的，应当在三十日内作出核定，但合同另有约定的除外。保险人应当将核定结果通知被保险人或者受益人；对属于保险责任的，在与被保险人或者受益人达成赔偿或者给付保险金的协议后 10 日内，履行赔偿或者给付保险金义务。保险合同对赔偿或者给付保险金的期限有约定的，保险人应当按照约定履行赔偿或者给付保险金义务。
>
> 　　保险人未及时履行前款规定义务的，除支付保险金外，应当赔偿被保险人或者受益人因此受到的损失。
>
> 　　任何单位和个人不得非法干预保险人履行赔偿或者给付保险金的义务，也不得限制被保险人或者受益人取得保险金的权利。
>
> 　　第二十四条　保险人依照本法第二十三条的规定作出核定后，对不属于保险责任的，应当自作出核定之日起三日内向被保险人或者受益人发出拒绝赔偿或者拒绝给付保险金通知书，并说明理由。

> 第二十五条 保险人自收到赔偿或者给付保险金的请求和有关证明、资料之日起六十日内，对其赔偿或者给付保险金的数额不能确定的，应当根据已有证明和资料可以确定的数额先予支付；保险人最终确定赔偿或者给付保险金的数额后，应当支付相应的差额。
>
> 资料来源：《保险法》，2015年4月24日，第三次修正。

4. 完善消费者权益保护措施

2015年10月14日，国务院法制办公室公布中国保监会《关于修改〈中华人民共和国保险法〉的决定（征求意见稿）》及其说明，征求社会各界意见。在征求意见稿中的拟修改内容，围绕加强消费者保护，完善投保人、被保险人和受益人权益保护措施，共作了6次调整，具体内容有①：

（1）明确引入保险消费者概念。进一步突出保险消费者权益保护的监管导向，为保险消费者保护工作和制度建设提供法律基础。

（2）建立人身保险合同犹豫期法律制度。将业务实践中有关犹豫期约定的做法上升为法律规定，明确规定保险期间超过1年的人身保险合同应当约定犹豫期，期限不少于20日。

（3）加强个人信息保护。增加禁止保险公司及其工作人员、保险代理人、保险经纪人及其从业人员泄露、出售或者非法向他人提供投保人、被保险人的个人信息的规定。

（4）完善保险客户信息完整性的规定。增加规定保险合同内容应当包括保险人、投保人、被保险人和人身保险的受益人的联系方式。

（5）完善治理销售误导的执法依据。增加规定保险公司、保险代理人、保险经纪人及其工作人员不得对保险产品作引人误解或者与事实不符的宣传或者说明，并设定行政处罚。

（6）新增治理"理赔难"的规定。对保险公司违反法定或者合同约定期限不履行赔付义务的行为设定法律责任。

（二）中国保监会发布相关政策法规

2012年~2017年9月，中国保监会共发布46项与保险服务、消费者保护相关的政策法规，其中明确规范财产保险政策法规的有14项，明确规范人身险的政策法规有11项。

在人身险适用的32项政策法规中，主要针对健康保险产品提供的健康管理服务

---

① 关于修改《中华人民共和国保险法》的决定（草案送审稿）。

提出相关要求有 1 项；针对解决保险销售和理赔给付问题制度有 9 项；针对投诉纠纷处理的有 6 项；针对保险消费者教育、信息披露的有 3 项；以及其他健康保险客户服务适用的制度 10 余项。旨在更好地解决保险消费者信息不对称问题、化解保险交易矛盾纠纷、解决投诉纠纷、保险消费者保险知识欠缺，风险识别和防范能力低、惩戒损害消费者合同权益的主体或个人等问题，健康保险客户服务工作制度体系初步形成。具体见表 7.2。

表 7.2　　　　　　　　　　健康保险客户服务主要工作制度梳理

时间	制度名称	相关文号	针对的主要问题	意义
2012.1	《关于做好保险消费者权益保护工作的通知》	保监发〔2012〕9 号	解决理赔难、销售误导、服务质量不高等问题	保护保险消费者合法权益，促进保险业平稳持续健康发展
2012.2	《关于人身保险业综合治理销售误导有关工作的通知》	保监发〔2012〕14 号	保险销售和理赔给付问题	加大销售误导的查处力度
2012.3	《保监局局长接待日工作办法》	保监消保〔2012〕316 号	投诉纠纷	拓宽保险消费者的诉求渠道
2012.4	《12378 保险消费者投诉维权热线管理办法（试行）》	—	投诉维权热线的管理工作	畅通保险消费者投诉维权渠道
2012.8	《关于加强反保险欺诈工作的指导意见》	保监发〔2012〕69 号	保险欺诈	防范化解保险欺诈风险
2012.8	《关于健康保险产品提供健康管理服务有关事项的通知》	保监发〔2012〕73 号	健康保险产品	促进健康保险领域产品创新
2012.9	《人身保险销售误导行为认定指引》	保监发〔2012〕87 号	保险销售行为	有效惩处销售误导行为
2012.11	《人身保险业综合治理销售误导评价办法（试行）》	保监发〔2012〕105 号	保险销售行为	防范和治理人身保险销售误导问题
2012.11	《中国保监会关于报送年度信息披露报告的通知》	保监厅发〔2012〕65 号	保险交易中存在的消费者获得信息不充分问题	方便保险消费者查询保险公司相关信息

续表

时间	制度名称	相关文号	针对的主要问题	意义
2012.12	《关于在全国部分地区开展建立保险纠纷诉讼与调解对接机制试点工作的通知》	法〔2012〕307号	投诉纠纷	预防和化解社会矛盾纠纷
2012.12	《关于尽快遏制电销扰民有关事项的通知》	保监消保〔2012〕1436号	保险电销扰民问题	尽快遏制电销扰民问题发生
2013.4	《人身保险电话销售业务管理办法》	保监发〔2013〕40号	电话销售业务	规范人身保险电话销售业务
2013.7	《保险消费投诉处理管理办法》	保监会令2013年第8号	保险消费者投诉和争议解决问题	规范保险消费投诉处理工作
2014.1	《人身保险伤残评定标准及代码》	保监发〔2014〕6号	针对标准模糊、不统一问题	提高行业理赔管理的规范化水平
2014.11	《中国保监会关于加强保险消费者权益保护工作的意见》	保监发〔2014〕89号	推进依法监管、严格依法保护、倡导依法维权	进一步做好新形势下保险消费者权益保护工作
2015.8	《保险公司服务评价管理办法（试行）》	保监发〔2015〕75号	服务评价	促进保险公司改进服务，增强保险消费者信心
2016.7	《中国保监会关于进一步规范保险理赔服务有关事项的通知》	保监寿险〔2016〕131号	理赔	避免出现不合理理赔问题
2016.11	《关于全面推进保险纠纷诉讼与调解对接机制建设的意见》	法〔2016〕374号	投诉纠纷	预防和化解社会矛盾纠纷
2017.5	《中国保监会关于进一步加强人身保险公司销售管理工作的通知》	保监人身险〔2017〕136号	保险销售行为	加强人身保险公司销售管理工作
2017.7	《保险销售行为可回溯管理暂行办法》	保监发〔2017〕54号	保险销售行为	进一步规范保险销售行为
2017.9	《中国保监会关于加强保险消费风险提示工作的意见》	保监发〔2017〕66号	风险提示和教育引导	提高保险消费者风险识别和自我保护能力

资料来源：根据中国保监会网站发布信息整理。

(三)《健康保险管理办法（征求意见稿）》中相关规定

为进一步推动和规范健康保险发展，原监管机关对 2006 年颁布的《健康保险管理办法》进行修改并形成征求意见稿。2017 年的《征求意见稿》，从健康保险产品设计到销售管理、健康服务等都进行了大幅调整，调整内容充分体现对健康保险消费者权益的保护，健康保险公司提供服务的品质提升。

1. 扩展健康保险内涵，保障更加全面

在征求意见稿中，关于健康险的定义，在原来"疾病保险、医疗保险、失能收入损失保险和护理保险"四大险种的基础上，增加了"医疗意外险"这一险种。根据征求意见稿的定义，所谓医疗意外险，是指按照保险合同约定，发生不能归责于医疗机构或者医护人员责任、无法预料和无法防范的医疗损害时，为被保险人提供保障的保险。医疗保险、疾病保险、失能收入损失保险、护理保险四大传统意义上的健康保险都是因被保险人健康原因发生给付保险金的保险产品，加上医疗意外险之后就将部分医疗行为导致的意外事故也纳入了保障范围，保障更加全面。

2. 强调健康保险保障属性，回归保险本质

强调健康险产品的保障属性，无疑是对当下"保险姓保"这一行业主题的呼应。其中，长期护理保险被重点提及，规定其保险期间不得低于 5 年，且"不得以日常生活能力障碍引发护理需要之外的情况作为给付条件"，从根本上防范其异化为中短存续期产品，突出其保障属性。

3. 保护消费者隐私，注重信息安全

征求意见稿中第十一条由原来对被保险人的隐私保护，扩展至对投保人、被保险人、受益人即所有保险消费者的隐私保护；第三十六条还规定保险公司销售健康保险产品，不得非法搜集、获取被保险人除家族病史之外的遗传信息、基因检测资料；也不得要求投保人提供。保险公司不得以被保险人家族病史之外的遗传信息、基因检测资料作为核保条件。

4. 防范销售误导，简化理赔流程

第十五条规定长期健康险犹豫期从原来 10 天，提升至 15 天；第二十五条被保险人自主决定理赔申请顺序，第二十七条疾病保险、医疗保险、护理保险产品的等待期不超半年；同时适应健康险发展的新形势，第三十条、第三十一条规定鼓励保险产品把新药品、新医疗器械、新诊疗方法纳入保障范畴，充分利用互联网手段简化理赔流程。这符合强化消费者合法权益保护的大趋势。

5. 增加健康管理服务有关内容，推进管理式医疗

健康管理服务越来越被视为健康险经营中不可或缺的重要业务领域，2006 版《健康保险管理办法》限于当时的市场发展水平，并未对此作出规定，在征求意见稿

中，新增第六章《健康管理服务与医保合作》对相关服务行为进行规定。第五十二条至第五十四条，分别从服务方式、服务合同、条款、服务价格三方面对健康管理服务做了规范；第五十五条、第五十六条鼓励保险公司与医疗机构等进行合作，并介入费用管控环节。第五十九条鼓励保险公司与医疗机构实现数据共享，破除数据壁垒，促进医保和商保合作，为消费者带来更多便捷服务。

专栏 7.3

《健康保险管理办法（征求意见稿）》——第六章健康管理服务与医保合作

第五十二条 保险公司可以将健康保险产品与健康管理服务相结合，提供健康风险评估和干预，提供疾病预防、健康体检、健康咨询、健康维护、慢性病管理、养生保健等服务，降低健康风险，减少疾病损失。

第五十三条 保险公司开展健康管理服务的，有关健康管理服务内容可以在保险合同条款中列明，也可以另行签订健康管理服务合同。

第五十四条 健康保险产品提供健康管理服务，其分摊的成本不得超过净保险费的20%。超出以上限额的服务，应当单独定价，不计入保险费，并在合同中明示健康管理服务价格。

第五十五条 保险公司经营医疗保险，应当加强与医疗机构、健康管理机构、康复服务机构等合作，为被保险人提供优质、方便的医疗服务。

保险公司经营医疗保险，应当按照有关政策文件规定，积极介入医疗服务行为，监督医疗行为的真实性和合法性，加强医疗费用支出合理性和必要性管理。

第五十六条 保险公司应当积极发挥健康保险费率调节机制对医疗费用和风险管控的作用，降低不合理的医疗费用支出。

第五十七条 保险公司应当积极发挥作为医患关系的第三方作用，帮助缓解医患信息不对称和医患矛盾纠纷问题。

第五十八条 保险公司与医疗服务机构和健康管理服务机构之间的合作，不得损害被保险人的合法权益。

第五十九条 在充分保障客户隐私和数据安全的前提下，鼓励保险公司与医疗机构、基本医保部门等实现信息互联和数据共享。

资料来源：《健康保险管理办法（征求意见稿）》，2017年11月15日。

三、健康保险公司客户服务管理的评价

为缓解保险消费者需求与保险业服务质量不佳的矛盾冲突,引导保险公司树立客户至上的经营理念,科学评价保险公司服务质量,促进保险公司改进服务,中国保监会于 2015 年 8 月发布了《保险公司服务评价管理办法(试行)》(以下简称《办法》)。《办法》依照财产险和人身险设立了两套不同但是定量指标,分别对我国财产险和人身险保险公司的服务进行量化考核与评价,并在此基础上对重要服务创新和重大负面事件分别进行加减分。健康保险公司适用人身险定量指标,相关考核指标及权重占比如图 7.5 所示。

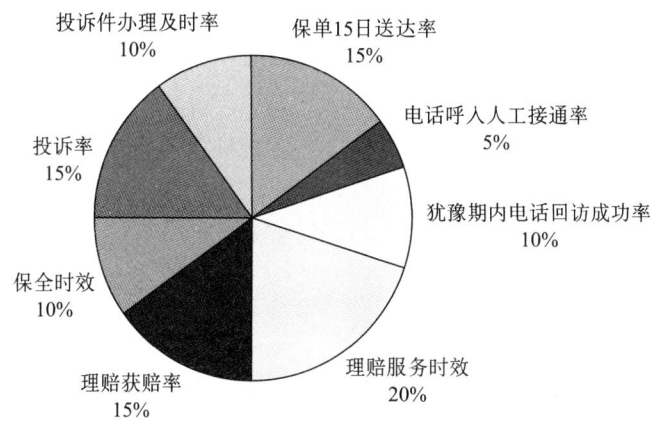

图 7.5 人身保险公司服务评价体系各指标权重占比

不难看出,保险机构应从改善客户服务体系、提升理赔服务效率与质量以及严格监控投诉率与投诉件办理及时率来加强保险服务,树立"以消费者为中心"的服务意识,使保险服务更好地服务社会大众,减轻政府的社会管理压力,提升社会管理效率,充分发挥保险社会管理功能。此外,该《办法》在定量指标的基础上,对重要服务创新进行加分,鼓励保险公司在改进服务质量、提高服务效率、提升消费者满意度等方面推出服务创新举措,以提升保险业社会信誉,增强保险消费者信心,推动保险行业持续健康发展。

健康保险公司为了进一步提高公司服务品质和服务效率,切实维护客户合法权益,促进业务持续健康发展,按照保监会《保险公司服务评价管理办法(试行)》相关要求,结合健康保险业务的经营实际,应制定适用于健康保险服务的评价体系。

(一) 健康保险公司保险业务服务评价工作原则

1. 客户体验导向。服务评价以客户体验与感受为核心,倡导"以客户为中心,

以客户价值为追求，以每一次服务接触让客户都满意为目标"的服务理念。

2. 对标市场导向。服务评价的对象、范围、基准等要素在遵循中国保监会相关要求的基础上，紧密追踪市场同业公司，逐步达到行业领先。

3. 全面覆盖导向。服务评价覆盖健康保险服务的各个环节，全方位、多角度评价健康保险公司服务水平。

4. 效能提升导向。服务评价作为服务管理工作的环节之一，通过考评发现服务中的问题和不足，继而推动公司整体服务效能的不断提升。

（二）健康保险公司保险业务基本服务标准

根据中国保监会《人身保险业务基本服务规定》和行业服务评价有关要求，健康保险公司应当制定客户服务标准，对销售、承保、回访、保全、理赔、信息披露等业务活动中的服务内容进行明确规定，并定期进行跟踪监测。

基本服务标准根据服务内容可分为柜面和人员服务标准、承保服务标准、保全服务标准、理赔服务标准、续期服务标准、咨询服务标准、投诉服务标准、回访服务标准、结算服务标准、健康管理服务标准等；根据健康保险业务板块可以分为商业险业务服务标准、社会保险业务服务标准、健康管理业务服务标准等。

健康保险公司通过对基本服务进行跟踪监测，基本服务达标后，通过服务评价指标考评服务质量，以促进服务品质的改善，提升客户满意度。

（三）健康保险公司保险业务服务评价指标设定

健康保险公司对服务品质要进行全面评估，内容涵盖各个业务环节，包括销售管理、承保服务、保全服务、理赔服务、续期服务、电话回访、客户投诉等。服务评价指标体系由服务考评定量指标、重要服务创新指标和重大负面事件指标构成。

定量指标是以健康保险公司核心系统、电话服务系统等系统数据为基础，根据统计标准和计算公式，对公司与消费者各环节接触点的服务质量和效率进行量化评价的客观数值。定量指标评价采用百分制。

重要服务创新，是指健康保险公司在改进服务质量、提高服务效率、提升消费者满意度等方面取得实际应用效果的保险服务重大创新项目。根据实际应用效果加分。

重大负面事件，是指因保险服务存在严重问题而导致重要媒体负面报道、重大群体性事件或其他保险服务突出问题。如果分公司出现漏报，且未在当次考评中体现的，则按上述标准在下次考评总分中扣减。根据问题严重程度扣分。

其中，定量指标的设定包括且不限于中国保监会规定的8个指标。对个险业务、商团业务、社保业务、健康管理业务等业务板块的服务进行评价管理。同时，定期发布服务质量考评结果，认真梳理业务流程，找出存在问题并制定切实可行的改进方案，提升健康保险公司整体服务质量。

专栏7.4

某健康保险公司服务评价定量指标

项目	指标
个人业务	个险保单15日送达率
	非银保通保单15日送达率
	个人业务保单回执5日核销完成率
	犹豫期内电话回访成功率
	个人业务保全时效
	个人业务理赔服务时效
	个人业务理赔获赔率
	个人业务理赔金10日内给付完成率
商团业务	商团保单10日承保率
	商团业务保全5日完成率
	商团业务一般理赔案件15日完成率
	商团业务理赔金10日内给付完成率
社保业务	就医即时结算率
	零星赔案15日完成率
	后台结算10日完成率
投诉管理	亿元保费投诉量
	千张保单投诉量
	10日结案率
健管服务	健康咨询在线答复率
	体检预约10日完成率
	就医预约10日完成率
满意度	投保人满意度
	服务对象满意度

资料来源：根据相关信息整理。

第四节 健康保险公司客户服务实施与管理

商业健康保险公司的短期险所占比例较高,客户回访、保全、咨询等服务的频次很高,要求提供及时、准确、便捷的服务。在具体的客户服务实施过程中,健康保险公司为降低被保险人疾病发生率,降低医疗赔付水平,需要向客户提供预防保健、健康教育、诊疗管理等种类多样的附加值服务。商业健康保险客户服务还应注意政府委托业务领域客户服务的差别,以提供相应服务。为此,健康保险公司应当搭建服务管理平台,以整合服务资源、收集整理客户数据、分级分类管理客户、分析客户服务需求,从而为客户提供更精准的服务。健康保险客户服务的具体实施及管理,要形成客户服务实施和管理的动态闭环,相辅相成、相互促进,以提升服务质量,保护消费者权益,提高客户满意度(见图7.6)。

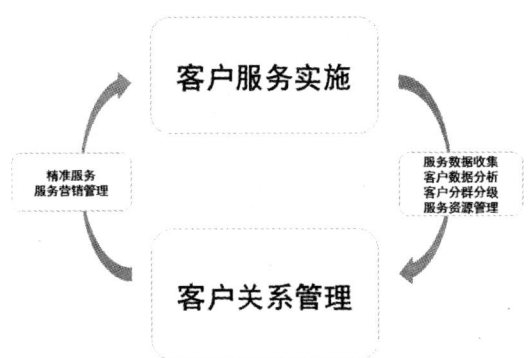

图 7.6 客户服务实施与资源管理

一、回访服务

回访服务,是指保险公司按照规定,对保险合同中的重要事项进行再次确认,避免歧义和误导,以保证保险合同真实、有效。保险客户回访,将事后监管转化为事前预防,是防范销售误导和经营风险的有力手段。《人身保险业务基本服务规定》第十四条规定,保险公司应当建立回访制度,指定专门部门负责回访工作,并配备必要的人员和设备。

（一）回访服务的适用范围

《人身保险业务基本服务规定》第十五条规定，保险公司应当在犹豫期内对合同期限超过一年的人身保险新单业务进行回访，并及时记录回访情况。也就是说，回访时间为犹豫期内，即客户收到保险合同的 10 个工作日内，回访对象为保险合同超过 1 年的健康保险投保人。

（二）回访服务的基本内容

《人身保险业务基本服务规定》第十五条规定，回访应当包括以下内容：
1. 确认受访人是否为投保人本人；
2. 确认投保人是否购买了该保险产品以及投保人和被保险人是否按照要求亲笔签名；
3. 确认投保人是否已经阅读并理解产品说明书和投保提示的内容；
4. 确认投保人是否知悉保险责任、责任免除和保险期间；
5. 确认投保人是否知悉退保可能受到的损失；
6. 确认投保人是否知悉犹豫期的起算时间、期间以及享有的权利；
7. 采用期缴方式的，确认投保人是否了解缴费期间和缴费频率。

人身保险新型产品的回访，中国保监会另有规定的，从其规定。

（三）回访服务中的问题处理

《人身保险业务基本服务规定》第十八条规定，保险公司在回访中发现存在销售误导等问题的，应当自发现问题之日起 15 个工作日内由销售人员以外的人员予以解决。问题处理通常有两种方式：一是纠正错误，尽最大可能保持保险合同继续有效，这是最常见的方式。二是解除合同，按照犹豫期退保处理。

专栏 7.5

犹豫期退保服务

犹豫期，也成冷静期，是指投保人收到保险合同并书面签收后的一段时间内，投保人可以反悔"退货"，要求解除保险合同和退换所缴纳的保险费。这一时期成为保险合同的犹豫期，一般为保险合同送达之日起的 10 个工作日。这也是为了最大程度保护客户的合法权益。

犹豫期退保服务，是指为客户提供犹豫期解除保险合同、退还所交保险费的服务项目。根据中国保监会规定，在犹豫期内退保，保险公司扣除不超过 10

元的成本费以外，应退还投保人缴纳的所有保费，并不得收取其他任何费用，如果在投保时，被保险人已经在保险公司进行了免费的体检，则可以扣除相应的体检费。

犹豫期内退保，需要注意以下几点：首先，如果因为特殊情况无法及时接受保单，应提前通知保险公司。其次，收到保险单后，投保人应亲自填写保单回执，并注明日期。因为对犹豫期的认定，是以回执日期为起始日进行计算的。再次，投保人必须认真阅读保险条款，对自己还不够了解或理解有偏差的内容，要及时向代理人询问，以免误保。并通过电话回访，合适保证合同的权利、义务。最后，万一要退保，投保人无须任何理由，但必须以书面形式向保险公司提出申请。

资料来源：健康保险原理及经营运作［M］.中国人身保险从业人员资格考试教材（第二版），2009.

（四）回访服务的作用和意义

通过客户回访活动，能够有效维护保险客户利益，化解公司经营风险，保证保险业持续快速协调健康发展，促进了保险公司诚信和规范经营，提高经营效益。主要表现在以下几个方面：

一是有利于维护客户利益，降低投诉率、避免群体性事件的发生。新单客户回访，为客户及时解决了承保过程中的各种问题，避免了客户损失，维护了客户权益。通过客户回访，公司可以及时发现并主动解决误导客户等问题，降低客户投诉率，有效避免群体性事件的发生。

二是有利于提高保险业的服务质量，改善经营效益。通过客户回访可以确保客户资料准确完整，及时得到客户的反馈信息，便于为客户提供更优质的服务。同时，客户回访还为公司提供了一个宣传保险服务、解答客户问题的窗口。通过保单犹豫期内的客户回访，能够及时发现并妥善处理误导客户等问题，避免公司将来承担赔偿责任，减少公司处理纠纷成本，从而改善公司的效益状况。

三是有利于增强保险业的诚信水平，促进健康保险业的规范经营。根据客户回访反映出的问题，各公司建立营销员不良行为记录，采取相应的处罚措施，使营销员误导客户的行为明显减少、展业行为明显规范、业务技能和业务品质明显提高，营销员的总体诚信水平明显增强，健康保险业的诚信水平自然也随之增强。通过对客户回访资料的总结分析，还可以发现健康保险业的倾向性问题，有利于采取针对性措施，规范经营管理。

二、保全服务

保全服务,指售后的保单保全及与保单相关的附加服务。从风险控制的角度看,保全是对保险标的承保后、理赔前的风险进行管理的过程。在保险期内,投保人由于身体、经济状况等因素的变化导致其投保意愿的改变,或需要更改保单内容,健康险公司为了满足客户不断变化的需求,以及保障投保人应享有的权益,就需要提供各种配套服务。

(一) 保全作业规则

保全作业规则是对保险公司开展保全业务的原则性、纲领性要求,是每一项保全业务的出发点和落脚点。保险公司的保全规则都是根据《保险法》和保险公司所售产品及相关业务管理规定制定的,是保全工作人员对保全申请审核及进行保全业务操作时应遵守的基本制度。保全业务流程是保险公司针对客户申请展开保全业务的步骤(见表7.3)。

表7.3　　　　　　　　　　保全作业的一般规则

规则	内容
1. 保全申请资格人	保全申请资格人一般为投保人,但具体保全项目的申请资格人需根据合同条款及相关法律法规确定:受益人资料变更的申请资格人为被保险人;投保人变更的申请资格人为原投保人,但须征得被保险人及新投保人的同意;保单借款、新增附加险、补充告知的申请资格人为投保人,但须征得被保险人的同意;生存给付柜面领取的申请资格人为对应的保险金受益人;年金领取方式变更的申请资格人为年金受益人;保险合同效力确认及签名变更的申请资格人为发生签名变化的投保人或被保险人;若申请资格人为未成年人或无民事行为能力人,则由其监护人代为申请,并须提供监护人有效身份证明原件及监护关系证明
2. 保全服务申请途径	保全申请途径主要包括: (1) 客户直接到保险公司的运营柜面申请办理; (2) 委托营销人员、服务人员或其他人员到保险公司申请办理; (3) 客户通过客户服务电话或信函提出申请。此类申请目前限于客户联系方式变更等公司认可的保全项目
3. 保全申请一般应备文件	保全申请所提交的资料根据申请项目不同而有所差异,一般情况下客户需提供下列资料: (1) 保全业务申请书; (2) 申请资格人及相关人员的有效身份证明原件; (3) 以投保人为户名的银行卡或存折复印件; (4) 对于须由申请资格人及相关联系人同时确认的保全申请,须由申请资格人及相关联系人在保全业务申请书或委托书上签名确认

续表

规则	内容
4. 委托代办规定	委托代办保全业务时，除保全申请所需应备文件外，还需提供申请资格人亲笔签名的《授权委托书》和受托人的有效身份证明原件。此外，许多保险公司还要下列规定： (1) 保险代理机构、保险代理业务人员和保险营销员不得接受投保人委托代领退保金，不得接受被保险人或受益人委托代领保险金。 (2) 退保、减保、犹豫期退保、部分领取、协议退保、协议减保、红利领取等给付类保全作业及保单借款项目，代办不得采用现金方式。 (3) 保险公司一般会给出委托代办的限额规定。 (4) 若保单丢失，办理退保、犹豫期退保时需要申请资格人亲办，并同时声明原保单作废，实务中不需进行补发操作。 (5) 不允许代办的项目包括：保险合同效力确认（原签名非本人签字的情况）、保险合同丢失情况下的退保和犹豫期退保、保单挂失及解除等
5. 批单规则	保全项目批单的基本规则有： (1) 保单应正确批注，严禁手工填写或涂改； (2) 保单批注之后，批单客户联应交予客户，申请书和批单业务联归档存放； (3) 有关保全批单生效日期的规定：需要退补费的保全作业项目批单的生效时间为保全确认次日零时。除以上情况外，其他保全作业项目批单的生效时间为保全确认当日
6. 受理限制	保全业务的办理需要一定的条件，当出现下列情况时，保全业务会被限制： (1) 当保单处在回执未回销、续期转账在途、其他业务挂起、退保终止、理赔终止时，不允许操作任何保全项目； (2) 当保单处在挂失状态时，只允许操作挂失解除及保单补发； (3) 当保单处于失效后终止状态时，只允许操作生存给付柜面领取、红利领取、退保、协议退保、保单挂失与解除、保单补发； (4) 当保单处于失效状态时，只允许操作客户基本资料变更、客户联系方式变更、交费方式及交费账号变更、签名变更及合同效力确认、交费间隔变更、红利领取、退保、减保、协议退保、协议减保、保单复效、保单挂失与解除、保单补发等； (5) 当保单处于垫交时，只允许操作客户基本资料变更、客户联系方式变更、受益人及受益人资料变更、交费方式及交费账号变更、特别约定、签名变更及合同效力确认、红利领取方式变更、补充告知、退保、协议退保、协议减保、保单挂失与解除、保单补发、还垫交保费、借款清偿等
7. 客户资料保密要求	保险公司的保密要求： (1) 保全人员不得私自将客户姓名、联系电话、联系地址等客户信息透露给除客户及公司内部的第三方； (2) 客户或业务人员要求查询客户资料时，保全人员须核实客户及业务人员身份

（二）保全业务办理流程

1. 变更类保全流程

变更类保全项目主要包括：客户联系方式变更、客户基本资料变更、交费方式及交费账号变更、续保方式变更、保单补发、保单挂失与解除、保单迁移、保费自垫清偿、保险合同效力确认及签名变更等。

第一步，保全资料审核。主要包括：核对申请资格人是否正确；核对申请资格人及代办人的身份证件是否有效、正确、真实；核实授权委托书内容是否完整，申请资格人签字是否与投保书或系统中留存的签字一致，委托事项是否正确，被委托人与代办人是否为同一人；核对申请书的填写是否完整、正确，有涂改处要求客户在涂改处签字；对于已核对原件需留存复印件的申请资料，须在复印件上加盖"原件已核"章，由核对人签名并注明日期。核对人必须为保全受理岗，或经公司授权同意的相关工作人员。

第二步，保全受理录入。主要包括：查询该保单有无补发记录等特殊状况；根据客户申请内容进行相应操作；通过系统规则校验的处理：申请确认；未通过系统规则校验的处理：下发、打印保全审核通知书，申请撤销或录入修改；超过经办人权限的处理：提交下一步操作。

第三步，保全审批。包括：保全资料审核；审批退回、审批拒绝不合格件，对于审批拒绝的情况须下发、打印保全拒绝通知书；审批通过合格件。

第四步，保全收费。打印《保全交费通知书》，交费成功后进行下一步操作。

第五步，保全确认。需要打印批单（三联）或（两联），审核批单内容是否和客户申请一致，若操作错误须申请保全回退，还需要在财务联和客户联批单上加盖"业务专用章"，最后业务归档。

团体健康保险保单保全变更服务，包括被保险人变更和保障档次变更。随着团体单位自身的发展变化，人员也在不断流动。为了新进员工获得被保险人变更保障，避免为离职员工继续提供保障，被保险人变更成为最为常见的团体保单变更项目。团体单位通常按照职务、职等、薪酬等不同提供不同的保险计划或者保障档次，在保险期间内，被保险人因为职务、职等、薪酬等因素变化而引起保障档次变更，其流程和要点大致与上述被保险人变更类似。[①]

2. 给付类保全流程

给付类保全项目主要包括：犹豫期退保、退保、减保、红利领取、部分领取、协议退保、协议减保等。

给付类保全业务的流程与变更类保全业务基本一致，主要包括：第一步，保全资料审核；第二步，保全受理录入；第三步，保全审批；第四步，保全收费，打印《保全交费通知书》，交费成功后进行下一步操作；第五步，保全确认。最后业务归档（流程图见图7.7）。

---

① 健康保险原理及经营运作［M］.中国人身保险从业人员资格考试教材（第二版），2009.

3. 核保类的保全流程

核保类保全项目，是指需要核保后才能开展相关服务的项目。主要包括：客户重要资料变更、受益人及受益人资料变更、红利领取方式变更、投保人变更、补充告知、新增附加险、保单复效、交费期间变更、提前交清等。

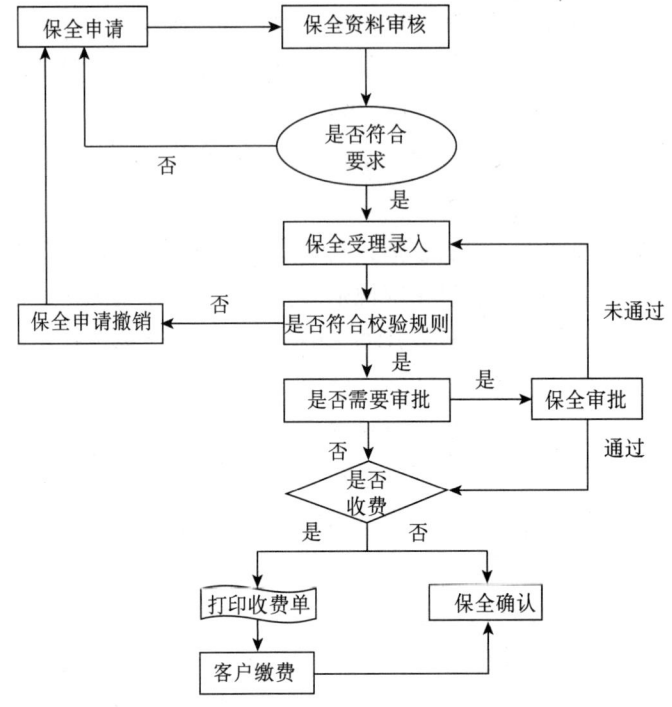

图7.7　变更类保全业务的办理流程

需要核保的保全业务流程（见图7.8）：

第一步，保全资料审核：核对申请资格人是否正确；核对申请资格人及代办人的身份证件是否有效、正确、真实；核实授权委托书内容是否完整，申请资格人签字是否与投保书或系统中留存的签字一致，委托事项是否正确，被委托人与代办人是否为同一人；核对申请书的填写是否完整、正确，有涂改处要求客户在涂改处签字；核对申请书上所填写的账号是否与存折复印件一致；对于已核对原件需留存复印件的申请资料，须在复印件上加盖"原件已核"章，由核对人签名并注明日期，核对人必须为保全受理岗，或经公司授权同意的相关工作人员。

第二步，保全受理录入：查询该保单有无补发记录等特殊状况；根据客户申请内容进行相应操作。通过系统规则校验的处理：申请确认；未通过系统规则校验的处理：下发、打印保全通知书，申请撤销或录入修改；超过经办人权限的处理：提交下一步操作。

第三步，保全审批：根据保全资料审核。不合格件的处理：审批退回、审批拒绝,对于审批拒绝的情况须下发、打印保全拒绝通知书;合格件的处理:审批通过;须核保项目:提交下一步操作。

第四步,保全二次核保:资料审核。资料不完备的处理:打印核保通知书(若为机构问题件无须打印,直接在系统中进行回复),补充相关资料;资料完备的处理:出具核保意见(标准体、次标准体、维持原条件承保、拒保);须客户确认件的处理:打印核保通知书交客户签字确认,若在规定日期内(发送通知书第10天和下一保单周年对应日相比的最早日期)未做回复,视为客户不同意该核保结论;须补费项目:提交下一步操作。

第五步,保全收费:打印《保全交费通知书》;交费成功后进行下一步操作。

第六步,保全确认:打印批单(三联)(两联);审核批单内容是否和客户申请一致,若操作错误须申请保全回退;须在财务联和客户联批单上加盖"业务专用章";档案归档。

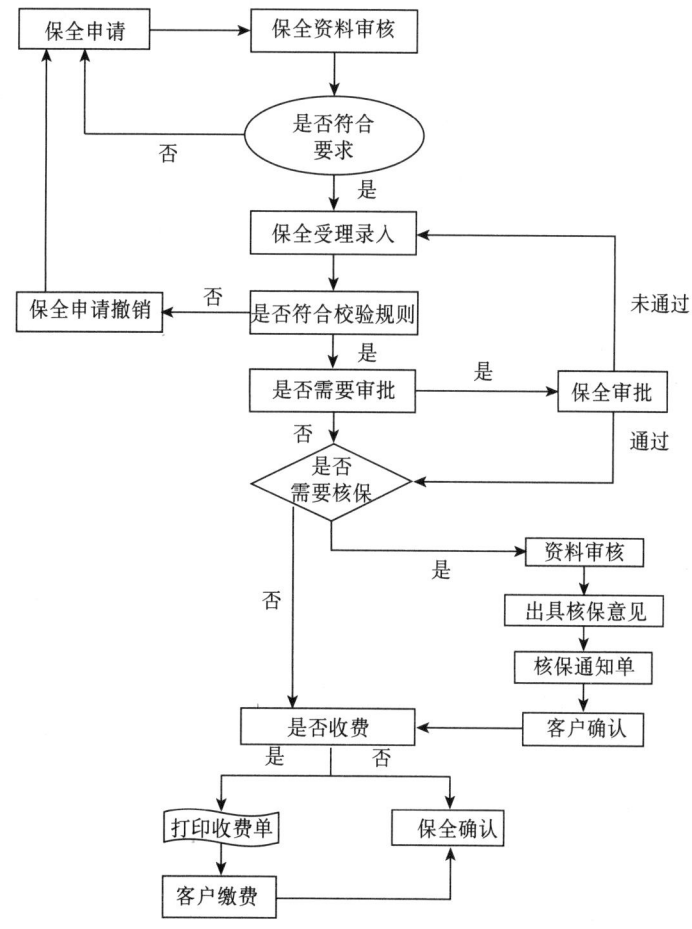

图 7.8 核保类保全业务的办理流程

三、续期续保服务

(一) 续保服务

续保服务，主要是保险公司在合同生效对应日的时候，由保险公司的客户服务人员提醒客户及时办理续保手续。《健康保险管理办法》规定，健康保险按照保险期限分为长期健康保险和短期健康保险。长期健康保险，是指保险期间超过一年或者保险期间虽不超过一年但含有保证续保条款[①]的健康保险。短期健康保险，是指保险期间在一年及一年以下且不含有保证续保条款的健康保险。

1. 短期健康保险非保证续保服务[②]

由于健康保险所面临的风险发生率较高且损失不确定，所以健康保险的经营风险很难控制。商业健康保险的短期险所占比例较高，当保险期限期满的时候，往往需要保险公司提供相应的续保服务。

(1) 个人健康保险合同续保流程。

第一步：审核续保条件对于非保证续保保单，保险人需要进行续保条件审核。具体条件依据各保险公司续保的规则而定。续保规则的原则应尽量维持保险合同的连续性，最大程度保护被保险人的合法权益。

第二步：根据每一个被保险人的情况和续保核保结果寄发。续保通知书的专业性要求很高，由于不同被保险人的具体核保结果不同，需要认真处理，以免引起客户的误解。

第三步：回执回销。重点在于检查有无投保人和被保险人的签名认可，确认续保出自客户的真实意愿。对续保同时申请加保的，还需要检查被保险人的财务和健康告知是否齐全，并转交核保评估。

第四步：转账收费。收费的方式有人工收费、客户自缴和银行转账几种方式。

第五步：寄发续保保单或批单。续保及转账收费成功后，一定要及时将续保保单或者批单寄发给投保人。尽管在续保的各个环节保险公司都尽量考虑了客户的需要和方便，但毕竟续保过程有别于客户熟悉的一般投保过程，难免还会有这样那样的疑问，如果保险公司设立专门的热线电话专业的解答续保方面的问题将大有帮助。[③]

---

① 保证续保条款，是指在前一保险期间届满后，投保人提出续保申请，保险公司必须按照约定费率和条款继续承保的合同约定。

② 非保证续保是在某些短期或定期的保险产品保险期间届满时，经投保人申请、保险公司审核同意，投保人将保险合同的有效期延续一段时间的做法。

③ 健康保险原理及经营运作［M］. 中国人身保险从业人员资格考试教材（第二版），2009.

(2) 团体健康保险合同续保流程。团体健康保险合同一般为非保证续保的一年期合同。团体健康保险的服务对象是法人，所以续保服务除上述内容还应包括：续保通知和建议、续保沟通洽谈两个步骤。

专栏 7.6

团体健康保险合同续保流程

1. 续保通知和建议

团险健康保险保单需要具有较好的连续性，在保险合同到期前，就应该考虑续保服务。一般在保单到期日前 1~2 月，就应该安排团体健康保险的续保服务，发出续保通知。续保通知应包含三个方面的内容。

（1）续保通知书，说明现有保险合同到期时间、保险公司续保服务安排和建议；

（2）附上本保单年度服务报告，包括本年度的理赔情况、保单服务情况和健康服务情况等，以及全年度理赔服务结果预测；

（3）本公司续保建议，包括现有保险计划和内容、档次区分及其分项保险费、附加值服务项目建议等。如在前期沟通中需要改变保障计划的，说明理由附上改变建议供投保单位参考。

2. 续保沟通洽谈

由业务部门人员对续保通知的有关内容进行解释说明，听取客户的意见，并对保障计划、服务计划和保险费等要素进行调整，最终形成保险费与被保险人数、保障水平相匹配的、双方达成一致的续保方案。这既能够准确反映投保单位的续保需求，又能让保险公司可以接受。

3. 续保

续保包括续保投保、续保核保、出单几个环节。

资料来源：健康保险原理及经营运作［M］. 中国人身保险从业人员资格考试教材（第二版），2009.

---

2. 长期健康保险保证续保服务

保险合同成立以后，投保人应在合同约定的缴费期内在相应的缴费日及时交纳保险费。按照保险惯例，对于长期健康保险条款会约定一定的缴费宽限期，即如果投保人在缴费到期日次日起若干天内缴纳相应保险费，保险合同仍可维持有效；如果宽限期满而保费尚未缴纳，保单失效。保单失效对于保证续保的长期健康险，即为合同终止。对于超过一年期的长期健康险而言意味着合同中止，投保人可以选择保费垫交、退还保单现金价值，也可以在两年之内进行复效处理对于保证续保保单，保险人无须进行续保条件审核。因此，长期险的保证续保服务和续期收费服务大体一致。

（二）续期服务

续期收费，是保险公司为了维持保险合同的持续有效，按照保险合同约定向投保人收取第二期及以后各期保险费的业务活动。适用于长期健康保险合同。

收取保险费的方式主要包括保险公司服务代表上门收费、银行自动转账收费、客户自缴等，客户可以根据自身的情况自由选择。目前，续期保费的收取绝大部分采用银行转账这种方式。其收费流程包括：

1. 收费通知

通常在转账收费日前15～30天寄发收费通知单，主要内容为提醒客户在转账日前确认转账账户中有足够的金额以保证转账收费成功。对于保证续保的长期健康险合同，如涉及保费随着年龄变化或者是统一调整保险费时，应该给予客户明确说明理由。

2. 银行转账收费

保险公司将到期保单的资料（包括账户户主姓名、银行账号、划款金额）通知银行，在指定日期转账划款。

3. 到账确认

根据银行反馈的转账信息对账，并按照转账成功与否修改收费状态。收费不成功的保单一般会安排再次通知客户收费，办理再次转账。具体再次转账的次数因保险公司而有所不同。

4. 寄发保费发票

对于转账成功的保单，要及时寄发保费发票，供客户对账。对于在宽限期内未能成功收取保费的，保险公司应该书面通知客户保单失效，并对投保人的权益进行提示。《人身保险业务基本服务规定》第二十一条规定：保险合同效力中止的，保险公司应当自中止之日起10个工作日内向投保人发出效力中止通知，并告知合同效力中止的后果以及合同效力恢复的方式。①

四、咨询服务

咨询服务，是一种顾问及相应的客户服务活动。当客户通过各种方式向保险公司咨询时，受理人员要尽快做出答复，使客户的问题得到有效解决。咨询服务的内容包括提供对公司及产品的详细介绍、业务办理规则与要求介绍、客户保单的信息查询服

---

① 健康保险原理及经营运作［M］. 中国人身保险从业人员资格考试教材（第二版），2009.

务等。

（一）咨询服务管理

1. 人员管理

提供客户咨询服务的人员需要对保险业务的各方面内容了如指掌，做到对自己业务内的问题应对自如，同时对于业务外的问题应及时转给相关部门，并告知客户咨询途径，避免给客户造成不专业的印象。咨询服务人员还应具备高超的人际沟通交流技巧，有敏锐的洞察力，可以把握客户的心理变化，随机应变控制局面。

2. 流程及制度管理

需科学合理设计咨询服务的工作流程，减少中间环节，力求在较短时间内给客户提供所需要的信息和解答；对于咨询服务管理制度的设立，以激发服务人员的责任心和工作热情为目的，做到奖惩分明，管理有效。

3. 培训管理

随着健康保险产品的研发及更新、公司管理制度的变化，要及时对咨询服务人员进行培训，更新其所掌握的信息，为客户提供及时有效的咨询服务。

（二）咨询服务要求

1. 良好的工作态度

我国健康保险知识的普及程度较低，复杂的保险产品条款更是让很多客户难以理解。这就使得在答疑释惑的过程中，服务人员要给予更多的耐心与热情，用简单易懂的解释和良好的态度来提供咨询服务。

2. 专业的咨询回答

在回答客户咨询的过程中，要使用格式化的回答用语，避免"可能""大概"等模棱两可的词语，给予客户明确的答复。如遇到无法回答或不确定的问题，应及时转给其他专业人员或委婉表达歉意，并承诺在约定期限内给予客户答复。

3. 及时咨询登记

对于客户的咨询应及时将问题进行记录，对经常性的咨询进行归纳总结，通过细化保险条款、编制客户服务手册等方式主动解决问题，使服务层次更上一层楼，从而大大提高客户满意度。[①]

五、投诉处理服务

投诉处理服务，指健康险公司接受客户的投诉建议、处理客户纠纷等服务工作。

---

① 健康保险原理及经营运作［M］．中国人身保险从业人员资格考试教材（第二版），2009．

投诉是指客户在保险消费活动中，因保险合同条款、保险销售、承保、退保、保全、赔付等业务或与保险消费活动相关的其他原因，与公司相关机构、中介代理机构、保险从业人员发生争议，向公司有关机构反映情况，要求解决争议的行为。有效处理客户投诉可以把投诉造成的不良影响降到最低，从而维护公司形象。《人身保险业务基本服务规定》第二十九条规定，保险公司应当建立完善的投诉处理机制。保险公司应当自受理投诉之日起10个工作日内向投诉人做出明确答复。由于特殊原因无法按时答复的，保险公司应当向投诉人反馈进展情况。受理人员接到客户来电、来函、来访等投诉时，应本着积极、负责的态度向投诉人做好解释、安慰工作，在规定时限内解决问题。

（一）投诉案件处理流程

客户提出投诉并提供投诉材料：客户可通过电话、网站、传真、电子邮件、面访或信函等多种方式提出投诉。

投诉受理：投诉受理部门审核投诉材料；材料不完整的，自收到材料之日起5个工作日内通知客户补充。

受理决定告知：自收到完整的投诉材料之日起10个工作日内告知客户是否受理；不予受理的向客户说明理由。

投诉处理：调查应全面、细致、充分取证；调查过程中应视情况与客户保持联系；调查结束后形成书面报告，其中注明调查时间、对象、内容与结果，并着重分析，确定投诉原因，得出调查结论。事实清楚、争议情况简单的案件，自受理之日起10个工作日；其他复杂案件，自受理之日起最长60日内作出处理决定。

结果反馈：处理决定作出之日起5个工作日内告知客户；若客户对处理结果有异议，可在30日内向上级机构提出书面核查申请，也可以通过保险纠纷调处机制或者诉讼、仲裁等方式解决。

结案归档：对于最终处理结果中涉及保单内容的变更或理赔、核保决定的变动的，需按照相关手续请客户填写相关申请书，并签名。对于案件事实清楚，已出具最终处理结果并经审批完成的案件，可做结案处理。

投诉分析：对每个投诉案件进行投诉客户、投诉原因和投诉心理与需求分析，有助于圆满解决客户投诉问题，可以改进服务、避免同样问题的发生。

（二）投诉处理原则

合法合规原则：处理投诉时，须符合国家法律法规、监管部门以及公司内部的有关规定。

公平公正原则：处理业务投诉应以事实为依据，客观、公正地维护客户的合法权益。

时效性原则：投诉案件应按有关规定高效处理。

保密原则：客户信息、投诉事项、处理结果等信息须严格保密。

归口管理原则：处理业务投诉应遵循"分级负责、归口处理"的原则。

客户评价原则：以客户满意度作为检验投诉处理工作质量的指标之一。

（三）客户投诉管理

建立客户投诉管理制度：应建立一套能够满足客户投诉管理需要的规章制度，并根据客户投诉的变化和发展，对制度及时修订，使投诉处理服务有章可循。

建立客户投诉管理系统：通过投诉系统对投诉案件进行转办、处理、反馈、结案等操作，全流程记录投诉案件信息，便于备查和统计分析。

及时处理投诉案件：对于客户的投诉要尽快采取措施予以解决，对于暂时无法解决的问题要及时跟进，约定时限解决问题，力争在最短时间内解决客户投诉的问题，并给予及时和圆满的答复，避免问题复杂化和严重化。

六、健康管理服务

健康管理服务，是健康险公司保险产品服务外的特色服务。健康管理服务通过健康教育、健康咨询、预防保健、就医指南、康复指导等手段，帮助客户做到"治未病"。通过为客户提供涵盖生活方式管理、需求管理、慢性病管理、重大疾病管理、伤残管理等方面的健康管理服务计划，改善和提高客户的身体健康状况，健康管理服务是事前预防、事中抑制、事后补偿等贯穿全过程的有效风险管控手段，有效控制赔付率，同时有助于提高客户满意度。

（一）个人客户健康管理服务

健康咨询服务：通过医学、营业学等学科专业人员以电话、信函或网络等方式，解答客户关于健康、疾病、治疗等方面问题，并提出指导性意见。

健康检查与评估：通过健康检查和评估，帮助客户对于潜在的疾病威胁尽早预防和治疗，更好地掌握自身的健康状况，提供健康管理建议，提高身体素质，降低医疗成本。

健康干预管理：通过对客户健康状况信息收集、分析、评估，针对客户健康问题和隐患，设计和制定专业有效的健康管理、健康维护、健康改善计划，降低健康危险因素，改善客户健康状况，控制医疗费用。

就医服务：为客户提供各地区医院门诊、停诊、就医等方面指南，提供预约挂号、陪诊、二次诊疗、海外诊疗等医疗服务。

健康教育：为客户普及和传播健康知识和疾病预防知识，宣传正确的健康理念和健康管理方法。

(二) 团体客户健康管理服务

1. 现场医疗服务

现场医疗服务即保险公司为投保单位提供常见紧急疾病的 OTC 药品服务。有的保险公司针对较大的投保团体，还会派出有一定临床经验的医生提供基本医疗服务，发挥类似企业医务室的作用。现场医疗服务的配置主要针对常见疾病的非处方药，要求使用简单，副作用小。药品的数量和种类主要取决于服务费用和是否有医务人员指导。

2. 健康体检

健康体检已经成为为企业员工福利的一部分。保险公司一般提供健康体检安排、体检套餐设计、健康体检报告解读等服务，有的还会提供一些健康管理方面的咨询指导等。

3. 企业健康管理服务

企业健康管理服务又称"私人医生"服务，保险公司为企业员工提供健康管理评估和干预一系列服务，通常包括电子健康档案服务、健康体检与专家咨询、健康风险性评估、提供员工疾病预测、提供配套疫苗注射、健康教育、健康讲座、慢性疾病跟踪干预方案、绿色就医通道、第二专家意见、私人保健医生服务等内容进行组合，以提高健康意识，提升健康水平。[①]

七、政府委托业务领域客户服务

商业健康保险公司已成为国家医疗保障体系建设的重要参与力量，在社会医疗体系中越来越多地承担社会保险经办服务。商业健康保险公司在承办大病保险、参与基本医疗保险经办、参与创新型医疗保障建设等政府委托业务领域，更要注重客户服务的特殊性，在服务能力建设、理赔回访服务、投诉处理服务等方面加强管理，以改善服务质量，提升客户满意度，增强政府公信力。

(一) 服务能力建设

健康保险公司应完善组织架构，健全各项规章制度，加强大病保险等业务的人员

---

① 健康保险原理及经营运作［M］.中国人身保险从业人员资格考试教材（第二版），2009.

配置，保障其顺利开展。分支机构应本着便民、高效原则，在统筹地区内按政府有关部门要求，根据被保险人居住、就医分布情况等，配合基本医保经办机构设立专门服务网点，做好相关服务工作。服务网点应配备具有明确标示的独立柜台或专职服务人员，应具备政策宣传、业务咨询、"一站式"结算、信息查询、投诉受理等服务能力，为投保人和被保险人提供便捷服务。

通过服务网点、网络、定点医疗机构等渠道协同政府相关部门做好大病保险等业务政策宣传工作，向社会公众公布保险保障责任、服务内容、服务承诺、咨询投诉方式、理赔流程及联系方式，切实维护好参保人的合法权益，接受社会监督。不断提升专业服务水平，探索为被保险人提供健康档案管理、风险评估、健康干预等服务，努力提高大病保险参保人的健康水平，降低疾病发生率。

（二）理赔回访服务

健康保险公司探索建立大病保险等业务理赔回访制度。在赔付义务履行后15日内，可通过电话、短信等多种形式对参保人进行回访，并记录回访情况。公司应当在参保人或者其近亲属获得赔款时向其告知公司可能进行电话回访。

回访应包括以下内容：

（1）确认参保人身份（确认参保人的姓名，有效的基本医保参保证件或身份证件号码）；

（2）确认参保人所住医院以及住院期间实际住院花费及自付部分金额，是否收到大病保险赔付资金；

（3）询问参保人对公司服务满意程度及对保险服务的意见和建议。

（三）投诉处理

健康保险公司应建立完善的大病保险等业务投诉处理机制。对于事实清楚、争议情况简单的投诉，保险公司应自受理之日起7个工作日内做出处理决定，对于情况复杂的投诉，应当自受理之日起30日内做出处理决定。

公司对投诉人的答复应在客观详尽调查后以书面方式做出。经投诉人同意，也可采取电话、电子邮件等方式答复，并应向投诉人确认其收到答复。采用电话答复方式的应当录音，书面及电子邮件答复的需打印纸质档案。

思考题

1. 请简述健康保险公司客户服务管理的特点。

2. 请简述客户满意度与公司获利之间的内在关系。
3. 请简述客户关系管理的原则。
4. 健康管理服务主要有哪些内容?
5. 请简述健康保险公司客户服务管理的作用。

参考文献

[1] Kenneth Black、Harold D. Skipper 著,张祁祥、郑伟 等译. 人寿与健康保险(第十三版)[M]. 经济科学出版社,2003.

[2] Jay Kandampully 著,刘侠 译. 服务管理 零售业中的新范式[M]. 格致出版社、上海人民出版社,2015.

[3] 安实,赵泽斌,鞠晓峰. 客户关系管理机理分析[J]. 企业经济,2001(9):61-62.

[4] 蔡淑琴,王庆国,汤云飞. 客户关系管理与客户服务研究综述[J]. 预测,2004(05):10-14.

[5] 崔航斌. 我国保险消费者权益保护制度研究[D]. 延边大学,2016.

[6] 郑伟. 保险消费者权益保护:机制框架、国际经验与政策建议[J]. 保险研究,2012(03):3-11.

[7] 健康保险原理及经营运作[M]. 中国人身保险从业人员资格考试教材(第二版),2009.

[8] 李先国,曹献存. 客户服务管理(第二版)[M]. 清华大学出版社,2011.

[9] 刘超,王婧. 客户满意度分析及其在保险公司的应用[J]. 统计与决策,2005(05):23-24.

[10] 马刚,李洪心,杨兴凯. 客户关系管理[M]. 东北财经大学出版社,2008.

[11] 彭献民. 保险业服务品质满意度研究[A]. 山东省保险学会. "竞争、合作与发展"保险理论研讨会获奖论文集[C]. 山东省保险学会,2005:10.

[12] 人身保险市场与营销[M]. 中国财政经济出版社,2004年.

[13] 王国玲. 客户服务与管理[M]. 中国人民大学出版社,2015.

[14] 杨海英. 服务管理实务[M]. 中国人民大学出版社,2017.

[15] 杨珮. 服务营销[M]. 南开大学出版社,2015.

[16] 杨永恒,王永贵,钟旭东. 客户关系管理的内涵、驱动因素及成长维度

［J］. 南开管理评论，2002，2（5）：48-52.

［17］叶映兰. 基于价值的客户关系管理及其应用［J］. 科研管理，2009，30（06）：172-177.

［18］于建民，赵冰，李琴英，牛新中. 保险经营过程中消费者权益保护研究［J］. 金融理论与实践，2015（07）：73-78.

［19］余勃. 我国寿险公司客户满意度测评研究［D］. 湖南大学，2009.

［20］中国保监会保险消费者权益保护局课题组. 保险消费者权益问题的思考［J］. 保险研究，2012（9）.

［21］周卫东. 认清客户服务特性 提高服务质量［J］. 保险研究，2001（11）：31-33.

［22］Cardozo, Richard N.. An Experimental Study of Consumer Effort, Expectation and Satisfaction［J］. Journal of Marketing Research, 1965 2, 8：244-249.

［23］Iacobucci Dawn, Kent Grayson, Amy L Ostrom. Customer Satisfaction Fables. Sloan Management Review, 1994（4）：93-97.

［24］Kotler P.. Marketing Management: Analysis, Planning, Implementation and Control, Prentice-Hall. Academy of Marketing Science, 1997（8）.

［25］Group G.. Strategic Planning［R］. Research Note, 2001：1-3.

［26］Oliver R L., Linda G.. Effect of Satisfaction and Its Antecedents on Consumer Preference and Intention. Advances in Consumer Research, 1981（8）：88-93.

［27］Westbrook Robert A., Oliver Richard L.. The Dimensions of Consumption Emotion Patterns and Consumer Satisfaction. Journal of Consumer Research, 1991（1）：84-92.

第八章

健康保险公司财务管理

健康保险公司作为保险市场中独立核算、自主经营、自负盈亏的竞争主体,财务管理是公司经营管理中的重要环节。健康保险公司财务管理的核心是现金流和价值流的管理,通过对健康险公司财务情况和经营效益的分析,可以较为全面地反映健康保险公司经营过程的主要特征,为公司的经营决策提供有价值的财务信息。由于现代企业经营管理的综合化、一体化和整体化的发展趋势,健康保险公司的财务管理,不再是简单的会计控制活动,更多地体现为资产管理、负债管理、偿付能力管理,乃至内部控制和风险管理等广泛的企业经营管理内容。因此,随着经营环境日趋复杂,面临的不确定性日益增多,健康保险公司财务管理的功能正在从简单、狭隘的记账功能转变为核心的决策功能,这一转变对保险公司的财务管理提出了新的挑战。

第一节 健康保险公司财务管理概述

健康保险公司的财务管理,是在实现公司利益相关者价值最大化的目标下,对公司经营中的资产、负债、成本费用和利润进行管理,并符合监管机构偿付能力指标要求的系列财务活动。由于健康保险公司的经营有其自身特点,因此,健康保险公司的财务管理与其他保险公司存在许多不同的特征。

一、健康保险公司财务管理的内容

财务管理是企业管理的一个组成部分,它是根据财经法规制度,按照财务管理的原则，组织企业财务活动，处理财务关系的一项经营管理工作。① 财务管理关注的是公司资本资源的配置与使用效率，不同企业可从资本经营内容和资本经营方式两方面进行财务管理比较。② 健康保险公司的财务管理，是在实现公司利益相关者价值最大化的目标下，对公司经营中的资产、负债、成本费用和利润进行管理，并符合监管机构偿付能力指标要求的系列财务活动。

（一）健康保险公司的负债管理

在我国现行的会计制度下，健康保险公司的负债分为流动负债（Current Liabilities）、长期负债（Long – term Liability）和所有者权益（Owners' Equity）。本章着重讨论流动负债和长期负债。健康保险公司负债管理主要指准备金的管理，首先是选择合适的方法，准确计提各种准备金；其次，符合政府对责任准备金计提的监管要求。

（二）健康保险公司的资产管理

健康保险公司的资产，是其所拥有的或所控制的能以货币计量的全部经济资源。在我国现行的保险会计制度中，健康保险公司的资产按流动性分为流动资产（Current Assets）、长期投资（Long – term Investments）、固定资产（Fixed Assets）和递延资产（Deferred Assets）四大类，相应的健康保险公司的资产管理主要包括固定资产管理、流动资产管理和无形资产管理。

保险公司进行固定资产管理时，首先必须对固定资产进行科学、合理的分类，其次规定固定资产的计价标准，最后是科学地计提固定资产的折旧费用。

流动资产管理，首先要根据保险公司经营条件和业务量以及库存现金，运用余额分析法和回归分析法等统计方法预测保险公司的资金需求，制定每一种流动资金的需用量和整体流动资金计划合理安排暂时闲置的资金；其次，保险公司要建立健全现金的内部控制制度，合理划分各项资金的记账科目，并加强现金资产的监控管理，做到库存现金的账面余额与库存金额相等。

（三）健康保险公司的成本费用管理

健康保险公司的成本费用，是其在业务经营过程中发生的与业务经营有关的支出，包括保险公司的业务成本和营业费用两部分。业务成本是健康保险公司的主营业务成本，是其在日常经营中发生的与保险业务有关的支出。营业费用是健康保险公司在业务经营和管理过程中发生的各项费用，但不包括手续费支出、佣金支出。由于成

---

① 陈昌龙. 财务管理. 第2版 [M]. 清华大学出版社, 2010.
② 李心合. 制度财务学研究 [M]. 大连出版社, 2012.

本费用的高低直接影响保险公司的利润，因此，健康保险公司必须在保证保险业务经营和管理的正常费用开支的基础上，加强对费用成本的管理，努力降低经营费用水平，增加保险公司的盈利。

（四）健康保险公司的利润管理

健康保险公司的利润，是其在一定时期（通常为一年）的经营活动过程中，以各项收入抵补各项支出后取得的最终成果，它是衡量一家保险公司经营管理水平高低和市场竞争能力强弱的综合效益标准。健康保险公司在一定时期内实现的利润总额扣除应缴所得税后的差额就是保险公司的净利润。净利润分配的次序为：（1）提取法定盈余公积；（2）提取任意盈余公积金；（3）向投资者分配利润。

（五）健康保险公司的偿付能力管理

偿付能力管理，是健康保险公司财务管理的重要组成部分。偿付能力，是指保险公司履行其现时和未来业务保险合同相关负债的能力，通俗地讲就是保险公司到期偿还债务的能力。偿付能力管理，就是保险机构内部对自身偿还债务能力的一系列管理行为，本质上是对资本的管理。由于健康风险发生的随机性、健康受损时间和持续时间的不确定性以及健康风险计算方面的误差都可能导致实际损失额较预计损失恶化，使经营健康保险业务的保险人出现偿付能力不足的情况，因此偿付能力监管还要求保险公司必须留有一定的偿付能力额度，而额度本身只能由保险公司的自有资本做出抵补和准备。

二、健康保险公司财务管理的特征

健康保险公司财务管理具有一般保险公司的特征，但是，由于保险标的、产品定价基础、产品结构、盈利来源等方面的不同，健康保险公司的财务管理呈现出与其他保险公司不同的特征，这对于正确理解健康保险公司的财务管理活动、正确分析其财务指标具有重要意义。

（一）保险标的不同

保险标的，是作为保险对象的财产及其有关利益或人的生命和身体，是保险利益的载体。人寿保险以人的寿命为保险标的，以被保险人生存、死亡为给付条件，主要风险因素是死亡率。健康保险是以人的身体健康为保险对象，保证被保险人由于疾病或意外伤害事故所致的医疗费用和收入损失获得补偿，其风险是发病率而不是死亡率。发病率有多发性（人一生可以多次罹患各种疾病）、不确定性（疾病发生的不确定性、医疗服务提供和医疗费用发生的不确定性、疾病治疗转归的不确定性)、易变性(疾病谱改变)以及长期性(不像寿险一次保险事故也许就意味着保险责任的结束,而健康保险的风险是伴随人终生存在)。因此,健康保险经营管理的专业性更强,风险控制环节更多,管理成本更高,也因此使得健康保险公司的财务管理较寿险公司要复杂和困难得多。

(二)产品定价基础不同

健康保险产品与人寿保险产品的定价原理和原则大致相同,但是由于健康险公司保险标的的特殊性,影响健康保险定价的因素,既包括死亡率、利息率等保费计算中常见的基本要素,也包括伤病发生率和持续时间、医疗服务价格、健康因子、医疗机构级别、地区差异等保险精算中不常涉及的因素,而且这些因素对保费的影响不易被完整、准确地测量出来。具体说来,差别主要体现在以下方面:

1. 保险成本的测算依据较多。与寿险定价用死亡率来测算保险成本不同,健康保险是根据伤病发生率(门诊利用率、住院率和残疾率)和伤病发生后的平均给付额度(年人均门诊次数、年人均住院次数、次均住院天数、次均门诊费用和次均住院费用以及失能后收入的平均损失额度等)来测算保险成本,定价因素更多,定价难度更高。[①]

2. 预期给付额的估计较困难。预期给付额的估计在健康保险定价中有非常重要的意义,而且这一预期给付额的估计也较寿险业务更加困难。人寿保险的给付额是确定的,通常只有一次。但健康保险的给付额是经常变动的,给付可能有很多次。为了估计预期给付额,健康保险公司必须用伤病发生的有关数据来预测给付频率和每一给付数额,即不仅要预测可能会生病或残疾的被保险人数,还要预测每个人生病或残疾持续的时间长短,包括住院费用和其他医疗服务成本,以及不同地区这些费用的差异等。

3. 利率对产品定价的影响越来越明显。多数健康保险产品的保险期限较短,利率在产品精算中的影响不如寿险更明显,但由于医疗卫生费用的不断上涨,利率在产品费率中的影响也越来越大。

(三)产品结构不同

健康险公司的产品结构,相较财产险和寿险公司更为复杂(见表8.1),主要由于不同人群对于健康险的需求不同,既包括最低保障性质的健康险产品,又包括高端定制的健康管理服务产品;既包括短期的补充医疗保险,又包括长期保障型的失能、

---

① 陈滔. 健康保险 [M]. 西南财经大学出版社,2002.

护理保险。在实际经营中,健康险公司需要根据地区、职业、生活习惯、年龄、性别等将客户群进行细分,并设计销售针对性的保险产品。这些复杂的产品体系增加了健康保险公司财务管理的难度。

(四) 盈利来源不同

财险公司业务结构以短期险为主,可用于投资的资金规模相对较少,盈利来源主要为短期险承保利润,体现在综合成本率上。寿险公司业务结构以长期险为主,可用于投资的资金规模相对较高,盈利来源主要为利差益和费差益两项,体现在投资收益率和费用控制率指标,死差因素影响较小。而健康险公司,长期险业务和短期险业务并重,复杂多样的业务结构使得健康险公司盈利来源更加分散化、多元化。目前,健康保险的业务板块主要包括政府委托保险业务、商业性健康保险业务、健康管理业务,不同类型的业务带来的盈利能力各有不同,从而使得健康保险公司的盈利来源呈现更为复杂的特征(见表 8.1)。

表 8.1　　　　　　　　　不同类型保险公司产品结构对比

保险公司类型	财险公司	寿险公司	健康险公司
产品类型	短期险	长期险	短期险 + 长期险 + 健康管理
具体产品	财产损失保险 责任保险 信用保险 保证保险 短期健康保险 意外伤害保险	个人及团体的人寿保险 年金保险 健康和意外伤害保险	医疗保险 疾病保险 意外保险 失能保险 护理保险 健康管理保险

三、健康保险公司财务管理的原则

健康保险财务管理原则,是健康保险公司财务管理工作必须遵守的准则。基于健康保险行业的特性,财务管理基本原则主要有以下三个方面:

(一) 系统性原则

系统是由若干相互作用、相互依赖的部分组成的有机整体。健康保险公司的财务管理包括负债管理、投资管理、准备金管理、税务筹划、成本费用管理、利润管理、预算管理、偿付能力管理、内控管理和现金流管理等若干过程和阶段,这些阶段相互联系、相互作用,构成健康保险财务管理的整体体系。健康保险财务管理的目标是保持保险公司具有较强的偿付能力,保证被保险人或受益人的合法利益,保证保险市场公平合理地竞争，实现保险公司自身价值大化。因此，健康保险公司必须对财务管理构成体系各个部分进行分别管理与控制，注重健康保险财务管理工作的整体性和层次性。

（二）结构优化原则

健康保险财务管理过程是一个不断分析、比较与选择，以实现最优化的过程，此即结构优化原则。健康保险公司在筹集资金时要适当安排自有资金与借入资金的比例，在运用资金时要合理配置长期资金与短期资金。投保人交纳保险费给保险公司后，被保险人或受益人实际上变成了保险公司的债权人，保险公司变成了债务人，因此，健康保险公司需要充分考虑保险资金的特性，要加强负债管理，特别是保险公司在借入资金方面。此外，健康保险公司纯保险费率的计算依据是经验生命表规定的死亡率以及预定的利率。从总体来看，纯保险费收入的现值等于未来支付保险金的现值，所以，健康保险公司在资金运用时需特别注意投资结构，以避免发生资金给付头寸不足。如果不重视资金结构及其比例优化工作，就可能使健康保险公司财务管理工作陷入恶性循环。

（三）时间价值原则

资金时间价值，是指资金在运动中由于时间因素所产生的价值。如果离开时间因素，就无法正确地计算不同时期的财务收支，当然也就无法进行正确的财务决策。健康保险期限较长，更需要重视资金的时间价值。在资金时间价值基础上建立起来的终值和现值计算方法，在健康保险财务管理活动中有着重要的作用。

实际上，坚持健康保险资金的时间价值原则，就是坚持资金的最大效益原则，即健康保险公司充分利用保险资金、充分挖掘资金潜力，使保险资金产生最大效益。健康保险公司经济效益的货币表现，就是保险公司资金效益的高低，最终取决于公司经营管理活动的数量与质量。因此，健康保险公司要实现保险资金的经济效益：首先，要扩大承保面，增加保费的来源渠道；其次，努力搞好售后服务，提高保险的续保率，降低退保比率；最后，加强保险资金运用研究，以产生投资的最佳效益。

四、传统财务管理理论在健康保险公司财务管理中的应用

传统的公司财务管理理论，包括公司价值最大化理论、资产定价理论（APT）、资本结构理论（包括 MM 定理、WACC 理论）和股利理论等。这些理论对于企业的财务管理具有重要的价值，成为企业管理不可忽视的理论基础。

但是，健康保险公司的经营有其自身的特点，特别是在资产负债方面与一般的实

业公司有着明显的差异，从而使得这些传统财务管理理论不能直接应用于健康保险公司的财务管理，原因如下：

（1）健康保险公司的负债很大程度上不能由公司自己决定。公司财务理论中的MM定理隐含的一个很重要的前提条件，即公司可以自行决定其资本结构（负债/权益）。而对于健康保险公司来说，其承保业务本身就会给公司带来相应的负债（寿险准备金），因此其资本结构很大程度上并不受公司控制，而是由其业务特性所决定，或者说健康保险业务本质上是由负债驱动的。实际上，没有任何一家健康保险公司可以无负债经营。

（2）健康保险公司的价值与资本结构的关系不明显。对于一般公司来说，讨论资本结构的出发点是希望寻找最合理的资本结构，从而最大化公司的价值。而对健康保险公司来说，由于其负债的特殊性，公司的资本结构和公司价值之间的关系并不明显。当然，这并不是说健康保险公司的资本结构和公司价值之间没有关系。实际上这种关系更多地取决于其产品结构，而不是资本结构。

（3）资本结构理论中重要的负债比率指标对健康保险公司没有意义。资本结构理论中最基本的指标是负债率指标。传统的财务理论认为，负债率越高，公司的风险就越大。但是，根据健康保险公司的特性，其绝大部分负债来自业务拓展，负债主要由准备金构成，与一般公司的负债性质完全不同。健康保险公司的负债率可以很高，但这并不代表它面临较大的财务风险。因此，负债比率这一指标对健康保险公司来说并没有指导意义，基于这一指标进行的健康保险公司资本结构分析也是不适用的。

专栏8.1

我国商业健康险公司财务管理的政策环境

在党的十九大报告中，习近平总书记强调，没有全民健康，就没有全面小康，要把人民健康放在优先发展的战略地位，加快推进健康中国建设，努力全方位、全周期保障人民健康。

《"健康中国2030"规划纲要》为今后15年推进健康中国建设明确了行动纲领，在健康中国建设总体框架下，《"十三五"卫生与健康规划》《"十三五"深化医药卫生体制改革规划》相继出台，明确提出了"大力发展消费型健康保险""鼓励开发与健康管理服务相关的健康保险产品"等支持措施。健康扶贫工程加快实施，医改步入深水区，政府更加重视发挥商业健康保险的作用，政策支持力度不断加大，公司发展面临良好的机遇。

2017年5月25日，保监会发布《关于规范人身保险公司产品开发设计行为的通知》（保监人身险〔2017〕134号）强调保险公司回归保险本源，明确了支

> 持并鼓励发展的四类产品方向引导行业回归保险保障。
>
> 2017年5月2日，财政部、国家税务总局和中国保监会发布通知，决定自2017年7月1日起，将商业健康保险个人所得税试点政策推广到全国范围实施，旨在以激励的方式唤起人们的健康保险意识，降低投保人的个人所得税。
>
> 2017年6月19日，财政部、国家发改委发布《关于暂免征银行业监管费和保险业监管费的通知》（财税〔2017〕52号），规定自2017年7月1日至2020年12月31日，暂免征保险业监管费。进一步降低保险公司的税费压力。
>
> 资料来源：根据保监会和国家发改委相关通知整理。

第二节 健康保险公司的负债管理

根据我国的保险会计制度，健康保险公司的负债按照流动性的差别主要分为短期负债和长期负债两大类。健康保险公司的负债管理主要是准备金管理，这是健康保险公司负债管理与一般实业企业负债管理的最大区别。而对健康保险公司负债管理中面临的风险进行分析，对于提升其财务管理的整体水平和效益具有积极意义。

一、健康保险公司负债的分类

健康保险公司的负债，主要来源于投保人缴纳的保费、保险公司的借款以及其他负债等。从不同的角度可以将其分为以下类别：

（一）按偿还期限不同，可分为流动负债和非流动负债

流动负债，是指预计在一个正常营业周期中清偿，或者主要为交易目的而持有，或者自资产负债表日起1年内（含1年）到期应予以清偿，或者公司无权自主地将清偿推迟至资产负债表日后1年以上的负债。健康保险公司流动负债包括短期借款、存入保证金、拆入资金、应付利息、应付股利、应付手续费及佣金、预收保费、应付分保账款、预收赔付款、应付保单红利、未决赔款准备金、未到期责任准备金、卖出回购金融资产款、应付职工薪酬、应交税费等。[①]

非流动负债是指流动负债以外的负债，包括长期借款、长期健康险责任准备金、

---

① 张卓奇. 保险公司会计[M]. 复旦大学出版社，2005.

保户储金及投资款、长期应付款等。上述分类主要是为了反映健康保险公司的短期偿付能力，为短期债权人提供所需的信息资料。

根据会计准则要求，负债应当按照流动负债和非流动负债分别列示，但是对于健康保险公司来说，由于销售产品或提供服务不具有明显可识别营业周期，可以按照流动性顺序列示，但是短于1年即可变现的某些其他应付款等，虽然属于预计在一年内清偿的负债，但在有些健康保险公司，由于其不属于重大项目，因此一并列入了"其他负债"项目，需要通过阅读附注的方式才能识别。

（二）按可确定程度不同，可分为可直接确定金额负债和需采用最佳估计确定金额的负债

可直接确定金额负债，是指已经发生而且金额可以精确计量的债务，即通常意义上所说的债务。

需采用最佳估计确定金额的负债，其本质仍然是负债，但是其金额不能够精确计量。目前健康保险公司需采用最佳估计确定金额的负债主要是保险责任准备金、对外提供担保、商业承兑票据贴现、未决诉讼等。

（三）按属性不同，可分为金融负债和非金融负债

金融负债，根据财政部发布的《企业会计准则第22号——金融工具确认和计量》，包括以公允价值计量且其变动计入当期损益的金融负债和其他金融负债。这种分类能更好地反映金融工具的实质，可以使投资者更清楚地看到各类金融负债所隐含的风险，也可以对公司的金融负债有一个更直观的认识和更恰当的评价，健康保险公司的负债基本上是金融负债。

二、健康保险公司负债的特殊性

与一般的实业企业负债性质不同，健康保险公司的负债具有自身的特殊属性，主要表现为以下几个方面：

（一）负债中占比例最大的是各种责任准备金

对健康保险公司而言，其负债主要表现在保险准备金项目上。健康保险一般采用均衡保费收费方式，在保险期限初始的年份里，其收取的保险费要高于风险的成本，而在后期则低于风险成本。[①] 因此，健康保险公司应将早期多收的保费提存出来，逐

---

① 侯旭华. 保险公司财务报表分析 [M]. 立信会计出版社，2005.

步积累，建立长期责任准备金，以弥补后期少收的保费。目前责任准备金已构成负债的主要项目，一般占负债总额的80%或更多。

（二）保险负债受不确定和风险因素影响较大

首先，健康保险负债的计量不同程度地受各种风险的影响。由于健康保险业务的期限较长，标的种类较多，不确定的风险相对更大，不仅仅要受利率风险的影响，也受到疾病等因素的影响。

其次，保险负债也受到健康保险公司自身经营管理风险的影响，如核保核赔能力、资金运作水平、推销方法、利率信贷政策、销售额、费用控制状况等。

最后，由于保险业通常价格制定在前实际成本（赔付）在后，所以健康保险公司还面临收入不能完全弥补实际成本的风险，这就要求保险公司在谨慎定价的同时，对保险负债有一个保守的估计。

（三）保险负债的计量主要建立在大数法则原理和精算方法的基础之上

在集合大量同质风险的基础上，依据大数定律（Law of Large Numbers）可以测定风险的损失概率、损失期望值，总结出带有规律性的风险评估特征，使负债的合理计量得以实现。由于风险的不确定性和一些保单长期性的特点，负债在评估的过程中需要运用特殊的精算方法和精算假设才能进行。

（四）不同的会计方法对负债的计量可能存在较不同的损益结果

不同利益相关者的要求不同，使得健康保险公司负债的计量要运用不同的会计方法，这主要体现在对责任准备金计量的不同要求上。由于保险准备金是健康保险公司负债的主要组成部分，所以责任准备金计提过高或过低，或数额的剧烈变动，都将对健康保险公司的偿付能力、当期损益产生较大影响。

三、健康保险公司的负债管理

对健康保险公司而言，负债管理的核心是准备金管理，而围绕着准备金管理，从保险公司经营的过程来看，负债管理需要关注以下问题：

（一）公司的产品线组合

健康保险业务经营的基本原理是大数定律。而大数定律的成立，基于某一特定的产品线，对不同的产品线来说，存在着自然对冲关系。如果健康保险公司能够很好地利用这一特点，那么就可以用很低的成本来降低经营风险。

(二) 公司的负债资金成本

健康保险公司的资金成本,主要包括两个部分:负债端的资金成本和资本端的资金成本(其中资本端的资金成本即要求的资本回报率)。在健康保险公司的负债管理中,要准确地了解其资金成本水平,从而更好地指导资产配置工作和资产负债的匹配。

(三) 公司的准备金和现金流评估

除了产品线的组合和资金成本的评估之外,健康保险公司的准备金评估和现金流特征分析也是很重要的工作。准备金是健康保险公司负债分析的重要方面,如果准备金的提取过于保守,那么经营效率将受到影响;如果准备金的提取不足,那么又会导致风险上升。因此,准备金评估的准确度依赖于健康保险公司的资产负债管理水平。现金流的评估和管理亦是如此。

四、健康保险公司负债管理中面临的风险[①]

负债管理不仅仅是一个孤立的财务管理环节,而是与资产管理、销售管理等诸多业务环节有着密切关系的财务活动,因此,要从企业经营和整体财务管理的视角来看待负债管理,这就需要关注以下可能出现的风险:

(一) 死亡率偏差导致的流动性风险

健康保险产品定价中一个非常重要的因素是死亡率,而其盈利很重要的一个来源是死差益(Mortality Margin)。死差益,是指由于实际死亡率低于预定死亡率、按预定死亡率收取的纯保费支付实际死亡成本后有盈余而产生的利益。如果健康保险公司对实际的死亡率评估不够准确,或者出现了其他因素使得实际死亡率高于预定死亡率,就会导致死差损。死差损,是指因预定死亡率同实际死亡率之间存在差异给保险公司经营造成的亏损,是健康保险公司亏损的原因之一。实际死亡率低于预定死亡率,或死亡保险中实际死亡率高于预定死亡率,均会使保险金支出的时间或数额与预期产生偏差,若保险公司没有很好地管理这种偏差,就会带来亏损。

(二) 退保导致的流动性风险

退保(Surrender),是指在保单的有效期内,合同当事人的任何一方中途宣告

---

① 周国端. 保险财务管理:理论、实务、案例 [M]. 中信出版集团, 2015.06.

（或要求）解除保险合同并注销保险单的行为。对于健康保险合同来说，虽然保单持有人退保之后保险公司会惩罚性地征收一大笔退保费，但是由于退保打乱了健康保险公司预定的收入和支出安排，尤其是在大规模退保的情况下，会对公司的资产负债结构产生巨大影响，短期内会造成流动性出现严重问题。

（三）销售误导带来的流动性风险

续期业务是健康保险公司长期经营的生命线，而销售过程的合规性直接关系到保险业务续期乃至整体业绩。目前，中国的健康保险市场还很不规范，存在很多误导消费者的行为。这些误导销售行为给健康保险公司未来的经营、资产负债匹配、现金流管理都来很大的潜在风险。例如，一个缴费期为5年的10年期健康保险产品，如果销售人员为了吸引客户，可能会有意引导消费者在缴费期满的时候将保单现金价值取出。如果大部分保单持有人都采取这样的行为，那么这个产品的整体现金流将会与产品设计的初衷出现背离。在缴费期满的时候，很可能会出现预想不到的现金流支出高峰，从而给资产负债管理带来很大压力。

（四）利率波动给负债端带来的风险

利率波动给健康保险公司负债管理带来的主要风险，是由于内嵌选择权而产生的。健康保险合同实际上隐含了一个看跌期权（投保人可退保而收回保险现金价值的权利）。当市场利率升高时，保单持有人会由于保单的预定利率过低而选择收回保单的现金价值。这些期权的潜在成本在利率波动不大时比较低，而当利率波动比较剧烈时，潜在成本会很高：利率较低时，这些期权将加速资金的流入而增加在不利利率时期的投资额度；利率较高时则正相反，这些期权限制了资金的流入或加速资金的流出，减少了有利利率时期的投资额。

（五）通货膨胀带来的风险

在健康保险公司产品定价及精算评估中，通货膨胀率是一个非常重要的变量，通常采用消费者物价指数（CPI）的变动来衡量，通货膨胀率具有很强的周期性。通货膨胀率的波动会直接影响保险产品价格的合理性和保险公司准备金的充足性，也会对公司资产的定价产生重要影响。由于健康保险公司的很多评估测算都是基于公司未来现金流的折现，因此如何预测以后年度的通货膨胀率是测算过程中面临的一个重要问题。健康保险公司可以通过购买通胀联结债券、通货膨胀互换及利率互换等方式来应对通货膨胀风险。

第三节　健康保险公司的资产管理

根据我国的保险会计制度，健康保险公司的资产按照流动性的差别主要分为流动资产、长期投资、固定资产和递延资产四大类。由于保险资金运用在保险公司经营中是相对独立的一部分，因此从财务角度来看，健康保险公司的资产管理也就包括流动资产管理、固定资产管理和无形资产管理三块主要内容。而对健康保险公司资产管理中面临的风险进行分析并对资产管理的效果进行客观评价，对于提升其资产管理水平和效益具有积极意义。

一、健康保险公司资产的分类

健康保险公司的资产，是其所拥有或控制的能以货币计量的全部经济资源。从不同的角度分析，可以把其分为三大类。

（一）按资产的流动性，可分为流动资产和非流动资产

流动资产，是指预计在一个正常营业周期中变现、出售或耗用，或者主要为交易目的而持有，或者预计在资产负债表日起1年内（含1年）变现的资产，以及自资产负债表日起1年内交换其他资产或清偿负债的能力不受限制的现金或现金等价物。健康保险公司的流动资产主要包括库存现金、活期存款、存出保证金、以公允价值计量且其变动计入当期损益的金融资产、买入返售金融资产、应收保费、应收利息、应收代位追偿款、应收股利、应收分保账款、其他应收款、预付赔付款、拆出资金、保户质押贷款、低值易耗品等。

非流动资产，是指流动资产以外的资产，主要包括长期股权投资、固定资产、无形资产、抵债资产等。

根据会计准则的要求，资产应当分别以流动资产和非流动资产列示。但是对于健康保险公司来说，由于保险公司销售产品或提供服务不具有明显可识别营业周期，可以按照流动性顺序列示，但是短于1年即可变现的某些其他应收款、预付赔付款等虽然属于流动性较强的资产，在保险公司财务报表上有时因相对来讲并不是重大项目，因此一并列入了"其他资产"项目，所以需要通过附注的方式才能识别。

（二）按资产持有的目的，可分为经营性资产和投资性资产

经营性资产，是指公司在持续经营过程中所使用的资产，如库存现金、应收款

项、存货等。投资性资产是指公司以投资为目的而持有的资产,如有价证券、贷款等[1]。

健康保险公司因保险产品是无形的信用承诺,存货较少,而且保险公司收到投保人缴纳的保费后,为了实现在一定期限内滞留在保险公司内的资金的保值增值,绝大部分要运用于投资,故以各种债券和上市股票为主的有价证券、不动产、保单贷款等投资资产占总资产的比重较大。将投资性资产按其性质分为政府债券、金融债、企业债券、资产证券化产品、信托资产、权益投资(不包括保险公司对子公司、合营企业和联营企业的权益投资)、贷款和其他投资资产等。

(三) 按资产的交易目的,可分为金融资产和非金融资产

金融资产(Financial Assets)是一切可以在有组织的金融市场上进行交易、具有现实价格和未来估价的金融工具的总称,包括基本金融工具(如应收款项、权益证券等)、衍生金融工具(如金融期权、期货或远期合约、利率互换以及货币互换等)和其他金融工具。金融资产的最大特征,是能够在市场交易中为其所有者提供即期或远期的货币收入流量,强调形成收取现金或另一金融资产的合同权利,该合同权利使得金融资产区别于诸如投资性房地产和固定资产等有形资产以及专利、商标权等无形资产,因为后者的控制只能创造形成现金或其他资产流入的机会,但并不形成收取现金或其他金融资产的现时权利。

由于中国保险业目前资产中80%或以上的资产都是金融资产,因此,将健康保险公司资产按交易目的区分为金融资产和非金融资产。金融资产,按金融工具的属性分为以公允价值计量且其变动计入当期损益的金融资产、持有至到期投资、贷款和应收款项、可供出售金融资产四大类。

二、健康保险公司的资产管理

根据健康保险公司资产的流动性分类,其资产管理主要包括固定资产管理、流动资产管理和无形资产管理三大类。

(一) 健康保险公司资产管理的内容

1. 固定资产管理

固定资产,是指使用期限超过一年,单位价值在规定标准以上,并在使用中保持原有实物形态的资产,是健康保险公司经营活动不可缺少的物质条件。固定资产种类

---

[1] 侯旭华. 保险公司财务报表分析 [M]. 立信会计出版社, 2005.

繁多，规格不一，为了加强对固定资产的核算和管理，首先必须对固定资产进行科学、合理的分类；其次，规定固定资产的计价标准；最后，科学计提固定资产的折旧费用。

2. 流动资产管理

首先要根据健康保险公司的经营条件、业务量和库存现金，运用余额分析法和回归分析法等统计方法预测公司的资金需求，制定每一种流动资金的需求量和整体流动资金计划，合理安排暂时闲置的资金，以提高公司的经济效益。

其次，健康保险公司要建立健全现金的内部控制制度，合理划分各项资金的记账科目，并加强现金资产的监控管理，做到库存现金的账面现金余额与库存金额相符。

3. 无形资产管理

无形资产，是健康保险公司长期使用而不具备实物形态的部分资产，包括专利权、著作权、租赁权、土地使用权、商业信誉和非专利技术等项目。无形资产财务管理原则按取得时的实际成本计价，具体表现为：公司自创并依法取得的专利权等无形资产的成本，依法取得时发生的注册费、律师费以及其他相关支出确定；投资者作为资本或合作条件投入的无形资产的成本，按评估确认时合同约定的价值计价；保险公司发生同业并购时，要合理确定商誉成本。

（二）资产管理还需要关注的内容

1. 健康保险公司的战略资产配置

健康保险公司通过向保单持有人收取的保费形成其资产，而在资产管理的过程中首先需要确定的是这些资产应该如何配置？在不同的投资类别（股票、债券、另类投资等）上应该分别配置多少资产？健康保险公司在决定其资产配置的时候，需要考虑的因素或者限制条件主要包括以下两个方面：

一是资产价值的稳健性。其资产配置应该保证资产的安全性，避免出现大额的贬值，导致偿付能力不足甚至破产。

二是资产配置应该获得足够的收益以满足其负债成本的要求，虽然健康保险公司不像基金公司一样追求绝对的收益，但是也要通过资产配置收益以满足负债成本的要求。

2. 健康保险公司的风险容忍度

由于偿付能力监管的要求限制，健康保险公司必须从公司整体的角度了解自己的风险水平以及风险容忍度，从而更好地了解自己的经营风险状况，并指导未来的承保、投资等工作。

因此，衡量健康保险公司的风险容忍度也是资产负债管理的一个重要任务。衡量风险容忍度的主要工具包括风险价值（Value at Risk）、在险盈余度量（Earning at

Risk)等。

3. 资产端的利率风险管理

资产端的利率风险管理,主要是通过久期、凸性等工具来度量风险,并以此为工具指导资产配置过程中不同资产的选择。

4. 管理资产负债匹配

仅仅管理利率风险还不够,健康保险公司资产负债管理的另一项重要工作是资产负债的现金流匹配。这其中用到的主要工具和技术包括现金流分析、免疫技术、动态财务分析等。

三、健康保险公司资产管理中面临的主要风险

健康保险公司的资产,特别是流动资金,具有收益性、流动性、安全性等特点,在不断变化的市场上,需要关注各类不同风险:

(一) 资产的贬值和投资收益风险

对健康保险公司来说,其资产面临的首要风险是市场波动导致的贬值。如果因为资产标的出现价值波动导致资产减值,那么可能会使公司资不抵债以致破产。健康保险产品是先收费后提供服务的产品,因此保单持有人缴纳的保费成为寿险公司的负债,而健康保险公司需要通过资产管理(投资)来实现资产的收益。健康保险产品责任准备金的评估利率,是健康保险公司的最低资金成本,其资产管理的收益至少要达到这个资金成本,否则会给健康保险公司造成利差损(Loss from Difference of Interest Rate)。

(二) 交易对手的信用风险

随着金融产品市场的发展,信用风险(Credit Risk)也逐渐受到健康保险公司资产管理部门的关注。信用风险主要有以下几种表现形式:交易对手的违约风险,回收率风险(一般随着违约风险的增加而增加),信用评级下降的风险(评级机构增加或降低交易对方的信用评级,将会影响保险公司该类信用资产的配置额度,并通过偿付能力要求等进一步影响公司的投资活动。若信用评级下降到投资级以下,保险公司则可能通过变现以满足监管对保险公司投资资产的信用评级要求)。健康保险公司所面临的信用风险主要体现在以下几个方面:保险资金投资运用过程中投资证券、基金等金融证券时所面临的交易对手违约风险,与再保险公司进行再保险交易时所面临的再保险人违约风险等。

(三) 汇率波动带来的风险

汇率风险（Currency Risk）又称"外汇风险"，是指经济主体在持有或运用外汇的经济活动中，因汇率变动而遭受损失的可能性。主要包括以下几种类型：交易账户的汇率风险、资产负债表中未平仓货币头寸面临的汇率风险、公司投资过程中的结构性汇率风险、盈余或收入的汇率风险。保险资金的海外投资意味着保险公司将会存在一定的汇率风险。对汇率风险的监控可以通过计算与汇率风险相关的经济资本来进行。因此，健康保险公司在境外进行投资活动的时候，必须考虑相应的外汇风险。

(四) 流动性风险

流动性风险，是指保险公司资产在不发生损失的情况下迅速变现，进行支付的能力。资产的流动性风险与资本市场的买卖价差有关，在极端的情况下，买卖价差会大幅扩大，降低资产的变现能力，或降低资产变现所实现的价值。由于健康保险公司的资产配置具有很高的同质性，所以市场的变化经常会引起公司类似的投资行为。例如，在同一时间抛售评级被下调的同一债券，导数债券价格在短时间内急剧下降，甚至失去流动性，给保险公司带来损失。

四、健康保险公司资产管理的评价指标

财务比率指标是评价公司经营状况和资产质量的重要标准。利用指标评价公司的财务经营状况最早由 Fitzpatrick 在 1932 年提出[①]。Shimerdal and Chen（1981）通过对比财务比率和财务报表发现，财务比率能更加准确地反映企业的经营绩效。在财务分析过程中，能够反映健康保险公司资产质量的财务比率指标主要有以下几种：

(一) 资产负债率、认可资产负债率

资产负债率 = 负债总额 ÷ 资产总额 × 100%

资产负债率是负债总额占资产总额的比率，反映资产对负债的保障程度。与一般企业不同，保险公司具有高负债经营的特点，其资产负债率较高，因此在考察该指标时应当结合保险行业的平均水平进行分析。

认可资产负债率 = 认可负债 ÷ 认可资产 × 100%

保险公司的负债规模较大，且具有很强的不确定性，保险公司资产和负债的账面

---

① Fitzpatrick 在 1932 年用单个财务比率来预测 19 家企业样本的财务风险，并最终确定了股东权益/负债、净利润/股东权益这两个财务比率指标来预测企业是否会破产。

价值难以反映出公司所面临的各类风险。认可资产和认可负债是对保险公司账面资产和负债进行适当调整后得出的财务指标，使用认可资产和认可负债计算得到的认可资产负债率，相比于传统的资产负债率指标，更有助于对保险公司的风险管控。

（二）速动比率

速动比率＝速动资产÷认可负债×100%

其中，速动资产为认可资产中现金和投资类资产之和。对保险公司而言，现金和投资类资产的流动性较高，是偿还保险责任债务的首要保障。速动资产比率是指现金和投资资产之和与认可负债的比率，反映了保险公司对短期流动性需求的保障能力，常用于短期偿债能力的分析。在考察该指标时，可对保险公司不同年份的速动比率进行纵向比较，观察期变化趋势，也可与同业企业进行横向比较，以评估本公司在行业中的相对水平。

（三）高流动性资产比率

高流动性资产比率＝高流动性资产÷短期准备金负债×100%

其中，高流动性资产是指保险公司持有的部分可快速变现资产如货币资金、交易性金融资产、买入返售金融资产、可供出售金融资产以及一年内到期的定期存款等。短期准备金负债包括未到期责任准备金和未决赔款准备金。

高流动性资产比率是流动性最强的部分资产与短期准备金负债的比率。该指标体现了保险公司所持有的即期变现资产对短期保险责任的覆盖程度，也是评估保险公司短期偿付能力的参考指标。

第四节　健康保险公司的成本费用和利润管理

相对于其他险种，健康保险产品有其独有的特征，这些特征都将影响各类健康保险产品的定价或影响各类健康保险产品准备金的计提，从而直接影响健康保险公司的利润和未来获利能力。因此，健康保险公司的成本、利润管理有其自己的行业特征，通过对其盈利能力的分析评价，可以更好地为健康保险公司的经营决策提供参考。

一、健康保险公司的收入、费用与成本

相对于其他人身保险而言，健康保险不仅损失发生的频率高、损失难以有效地估

计、无法有效地控制给付额,而且其影响因素也较其他保险复杂,所面临的逆向选择和道德风险都很严重。除此之外,由于服务或药品的价格主要是由服务或药品的提供者所决定,保险公司难以对其成本进行控制,因此,健康保险所面临的来自于健康服务或药品提供者的风险较大,难以准确预计其未来现金流量。

(一) 健康保险公司的收入

1. 健康保险公司收入的组成

健康保险公司的收入构成与普通人寿保险公司基本一致,是指健康保险公司在一定期间内因对外提供劳务而获得的新流入保险公司的资产,或得以抵销保险公司原有的债务的资产。营业收入与健康保险公司的业务经营活动密切相关,直接来源于保险公司对外提供的劳务。另外,营业收入也是构成健康保险公司收益的主要来源,使保险公司的资产增加,同时也增加了保险公司的所有者权益。所以,从另一方面来看,增加健康保险公司收入的资产,如果是由业主投入的资本,或是债权人贷给的资本,就不得看作是保险公司的营业收入。具体来说,健康保险公司的营业收入是指保险公司办理各类保险业务而收取的保费收入等的总和,具体包括:

(1) 保费收入。保费收入是保险公司的特定收入项目,是指保险公司在办理各项保险业务的过程中,依照保险合同的有关规定向投保人收取的保险费收入及储金折算利息。储金折算利息,是指在会计期末规定的运用利率计算的利息。

(2) 分保费收入。分保费收入是指健康保险公司在再保险业务中作为分入分保公司(再保险人)接受分入分保业务时,按分入分保合同条款规定向分出分保公司(再保险被保人)收取的保险费收入。

(3) 追偿款收入。追偿款收入是指健康保险公司对因第三者的过错造成保险标的的损失,在按照保险合同、协议的规定进行赔偿后,取得代位求偿权,依法向第三者(责任人)索回赔偿而取得的收入。这主要在医疗费用保险中有所体现。

在以上三种营业收入来源中,保费收入是保险公司收入的主要来源,也可以称为保险公司的主营业务收入。

2. 健康保险公司收入的特点

(1) 收入从公司的日常活动中产生,而不是从偶然的交易事项中产生。对健康保险公司而言,由于其日常活动是销售保险产品,提供与之相关的代理服务,以及运用保险资金等,因此,保险公司的收入具体可以定义为公司在销售保险产品、提供与之相关的代理服务,以及运用保险资金等日常活动中形成的经济利益的总流入,包括销售保险产品取得的保费收入和分保费收入,提供保险代理、代理勘察取得的手续费、代勘察收入等劳务收入,运用保险资金取得的利息收入。

(2) 收入可能表现为资产的增加,如增加银行存款、应收保费等;也可能表现

第八章
健康保险公司财务管理

为负债的减少,如以销售保单或提供劳务抵偿债务;或者二者兼而有之,例如,销售保单时部分抵偿债务,部分收取现金。

(3) 收入能导致所有者权益的增加。收入是经济利益的总流入,收入使利润增加,因而使所有者权益增加。但是,收入与相关的成本费用配比后,即收入扣除相关成本费用后的净额,则可能增加所有者权益,也可能减少所有者权益。这里仅指收入本身导致的所有者权益的增加,而不是指收入扣除相关成本费用后的净额对所有者权益的影响。

(4) 收入只包括本公司经济利益的流入,不包括为第三方或客户代收的款项,如公司代国家收取的税金、代委托贷款企业收取利息等。代收的款项,一方面增加公司的资产,另一方面也增加公司的负债,因此,不增加公司的所有者权益,也不属于本公司的经济利益,不能作为本公司的收入。

(5) 健康保险公司的收入在很大程度上与会计意义上的收入有所不同,其性质介于负债与收入之间。也就是说,保费收入增加的同时也增加了保险负债。对于短期健康保险业务,由于保险期间与会计期间并不一致,造成当期所收取的保险费与保险风险时间上的不匹配,因此,根据权责发生制原则,对于保险风险未发生期间的收入应通过责任准备金进行相应调整;对于长期健康保险业务,通常实行均衡保费方式,但由于保险风险的不均衡性,造成健康保险客户所缴纳的保险费与保险实际需要的保险费在保险初期存在一定的差异,在财务上产生保险费的溢缴情况。溢缴保险费是健康保险公司负债的重要组成部分。因此,收取保险费时保险服务尚未开始,此时为健康保险公司的负债而非收入,承保后继续提供服务,保险费开始由负债转化为收入。

(二) 健康保险公司的成本费用

1. 健康保险公司的费用

健康保险公司的费用,是指公司在日常活动中发生的、会导致所有者权益减少的、与向所有者分配利润无关的经济利益的总流出。在理解费用的概念时,需要分清费用和成本的界限。费用与会计期间相联系,而成本与一定品种和数量的产品相联系。对于健康保险公司而言,成本是指公司为销售某一保险产品而发生的各种耗费;费用是指公司为销售保单、提供服务等日常活动的经济利益的流出。健康保险公司在业务经营过程中发生的与业务经营有关的支出,计入成本,属于当期的直接计入当期费用。健康保险公司的费用具有以下特点:

(1) 费用是健康保险公司在日常活动中发生的经济利益流出,而不是从偶发的交易或事项中产生的经济利益流出,比如支付赔款、支付手续费等。有些交易虽然也能使公司发生经济利益的流出,但由于不属于公司的日常活动,所以这种经济利益的流出不是费用而是损失,如出售固定资产净损失、捐赠支出等。

（2）费用最终会减少公司的所有者权益。通常，收入会增加公司的所有者权益；相反，费用会使利润减少，从而使所有者权益减少。因此，如果不能使所有者权益减少就不能归入费用。例如，公司以银行存款返还保户储金，只是一项资产和一项负债的等额减少，对所有者权益没有影响，因此不构成费用。

2. 健康保险公司的成本

健康保险公司的成本，是对象化了的费用。由于健康保险公司的成本与一般制造业企业或者与银行相比，都具有特殊性，所以需要对保险公司的成本概念有准确的理解。

（1）保险成本结构，即为保险费率结构。对于健康保险公司来说，保险产品定价在前，成本发生在后。因为，保险公司不可能等到将来发生保险事故后才决定保单售价，必须预先设定一个保单价格作为保单销售的依据。由于没有实际成本作为定价的依据，健康保险公司在制定保险费率时，必须考虑"量出为入"的方法和充分体现"收支平衡"的精神，按收支相抵的原则来确定保险费率，即以保费收入的现值与给付利益的现值相等作为原则来确定保单价格。

在这个原则下，一方面，保费收入必须与预期的支付相对称；另一方面，被保险人所负担的保费应与其所获得的保险保障的权利相一致。具体来看保险费率分为两个部分：一是纯保费，它是保险赔款与给付的来源；二是附加保费，它是业务费用的来源。

由此可见，保险费率具有收入与支出一体的两面性。从保险人的角度看，"收"指保险人收取的保费总额；"支"则指保险人的保险金给付，以及支出的各项业务费用。此项收与支应当相等或"平衡"。从投保人或被保险人角度来看，其所付出的保费总额应当与收到的保险金，或安全保障，或获得的服务相等或"等同"。

（2）保险成本分为预计成本和实际成本。由于保险费率的确定是按收支相抵的原则对未来发生保险事故的一种成本预测，定价成本是一种预计成本也即事前成本；而且由于发生保险事故造成的赔款或给付是事后成本也即实际成本。因此，保险会计成本核算存在两套不同的成本体系，即预计成本体系和实际成本体系。预计成本体系建立在经验数据的基础上，以现在对将来的期望值作为计算基础；实际成本体系是以发生保险责任范围内的保险事故所支出的保险赔付为核算基础，是检验保单定价是否合理的重要数据来源。保单预计成本和实际成本的差异形成了保险公司的利润。

二、健康保险公司的成本费用控制

由于信息不对称而产生的逆向选择和道德风险问题一直是保险公司经营面临的一大难题，在团体健康保险市场中其影响尤为严重。市场主体之间的关系越复杂，信息不对称的程度越大，道德风险的问题越严重。不管是从保险人的角度还是从投保人的角度来看，提供团体医疗费用保险的成本都是团体失能收入保险的若干倍。因此，健康保险成本控制，主要是团体医疗保险的成本控制。这不仅仅是因为团体医疗费用保险占有团体健康保险市场的绝对份额，更主要的原因在于团体医疗费用保险中，由于保险方介入医疗服务，改变了医疗服务供需双方的关系，切断了医患双方的直接的经济联系，在很大程度上化解了医患矛盾，但同时也造就了保险人成本控制的难题。基本的成本控制措施包括：自负额、共保、最高给付额、内部给付限制、保险给付的协调。

（一）自负额

自负额，也称扣除额，是团体健康保险中，在任何成本给付以前参加保险者（被保险人）必须支付的某一特定金额。

（二）共保

共保，所指的是团体健康保险中，保险双方共同承担发生的医疗费用，双方共付部分根据共付率来决定，这种形式的保险就称为共付保险。共付率一般指消费者支付的比率。

（三）最高给付额

最高给付额，是指对被保险人医疗费用补偿有最高金额限制，超出这一限额的费用由消费者自付，即通常所说的封顶。在最高给付额条件限制下，可能产生大额医疗费用风险的少数人就被排除在团体健康保险之外，因而能有效控制保险成本，可以避免保险机构费用超支的风险。

（四）内部给付限制

内部给付限制，是指对被保险人可能接受的一些单个医疗服务项目在给付额或给付比例上加以限制。通过被保险人对部分医疗服务成本的分担，主要是为了强调对于这些医疗服务需求的限制使用，增加被保险人对于成本观念的认知。

（五）保险给付的协调

由于团体健康保险可以是雇员及其家属，在家庭成员都投保团体健康保险的情形下，家庭个人受到两种或多种团体健康保险保障的情况日益普遍。这就使得个人存在获得双重或多重保险给付的可能性。

三、健康保险公司的利润管理

利润是健康保险公司生存与发展的必要条件，也是评价其经营状况的一个重要指标。利润管理是健康保险公司财务管理的核心。

（一）利润的定义

健康保险公司的利润，是指保险公司在一定时期（通常为一年）的经营活动过程中，以各项收入抵补各项支出后取得的最终成果。

1. 利润总额

利润总额，包括营业利润和营业外收支净额两部分，用公式表示为：

利润总额＝营业利润＋营业外收入－营业外支出

2. 营业利润

营业利润，是健康保险公司整个经营过程中获得的利润，它主要由承保利润、投资利润、汇总收益和其他业务利润组成。营业利润用公式表示为：

营业利润＝承保利润＋投资利润＋汇总损益＋其他业务利润

其中，承保利润和投资利润是营业利润的主要来源，也是健康保险公司利润的主要来源。承保利润，是指保险公司从事保险业务取得的利润，用公式表示为：

承保利润＝保险业务收入－保险业务支出－准备金提转差

投资利润，是保险公司将保险资金投资债券、股票、基金和不动产等项目取得的收益。

营业外收入，是指健康保险公司发生的与经营业务无直接关系的各项收入，如固定资产盘盈、固定资产清理净收益、债务重组收益、确实无法支付的应付款项、接受捐赠的现金等。营业外支出，是指健康保险公司发生的与经营业务无直接关系的各项支出，如固定资产盘亏、固定资产清理净损失、债务重组损失、捐赠支出、罚款支出、非常损失等。

3. 净利润

净利润，是健康保险公司当期利润总额减去所得税以后的余额，即保险公司的税后利润，用公式表示为：

净利润＝利润总额－所得税

（二）健康保险公司利润的特殊性

1. 保险行业利润有较强的预计性

与一般企业正好相反，健康保险行业收取保费在前支出成本在后，只能估计这些保单的未来变化，因此确认保险业务的真实利润较为困难，需要专门的方法与大量的职业判断进行确认和计量。为了满足管理者、所有者和政府有关部门的要求，健康保险公司必须在报表中报告每一年的利润，这就需要一个独特的方法来逐年确认利润，即通过责任准备金的调整，使各会计期间损益得到合理的分配。责任准备金在某种程度上控制着保险行业利润的实现过程，这也是保险行业的一大特色。因此，健康保险公司的利润总体上还是一个会计概念，在利润表上表现为收入与费用支出的差额。

但是，保险行业利润同时又是一个精算概念，收入与费用支出配比后还要扣除提取保险责任准备金，而责任准备金的计量需要运用大量的假设、经验数据和贴现率。由于估计方法的局限性与保险监管当局谨慎性要求的影响，责任准备金的估计值与实际值常有一定的偏差。因此，健康保险会计中确认利润时，人为色彩更加浓厚。精算师的客观独立性与职业道德备受考验。如何保证保险公司精算结果的准确性和损益不受任意操纵，是一个重要课题。

2. 利润实现有较强的滞后性

对于健康保险业务来说，绝大部分是长期负债，在收入补偿与发生成本之间存在较长的时间差，利润的实现具有较强的滞后性。一般地，在一份健康保险保单终止效力以前，健康保险公司是无法计算这份保单所带来的真实利润的。从严格意义上讲，健康保险公司还必须承担"滞留成本"，即将来赔付产生的成本。作为经营者的责任，不仅要为公司补偿过去和现在的成本，而且要为公司赚得补偿滞留成本的收入，即公司的收入只有全面补偿过去、现在和滞留成本后，才形成真正意义上的利润。可见，对健康保险公司利润的考核仅限于一个会计年度或承保年度，是不能真实充分地评价其经营绩效的。只有在历史时期分析的基础上把握利润变动的周期规律，才能准确分析健康保险公司的承保业绩和利润趋势。

（三）保险公司利润分配的内容和顺序

根据中国保监会发布的《保险公司财会工作规范》的有关规定，保险公司取得的利润应按规定进行分配，可供分配的利润包括本年实现的净利润加上年初未分配利润。利润分配的内容和程序如下：

（1）抵补被没收的财务损失、支付各项税收的滞纳金和罚款、利差支出，以及保险监管部门对公司因少交或迟交保证金的加息。

（2）弥补公司以前年度的亏损。

（3）提取法定盈余公积。根据《公司法》规定，保险公司应按本年净利润的10%提取法定盈余公积。保险公司提取的法定盈余公积累计额超过其注册资本的50%以上的，可以不再提取。

（4）提取任意盈余公积。根据《公司法》的规定，公司从税后利润中提取法定盈余公积后，经股东会或者股东大会决议，还可以从税后利润中提取任意公积金。

（5）分配给投资者。保险公司提取上述内容后，可以按规定向投资者分配利润。其中，有限责任公司股东按照实缴的出资比例分取红利，全体股东约定不按照出资比例分取红利的除外；股份有限公司按照股东持有的股份比例分配，但股份有限公司章程规定不按持股比例分配的除外。

（6）保险公司如果发生亏损，可以用以后年度实现的利润弥补，也可以用以前年度提取的盈余公积弥补。保险公司以前年度亏损未弥补完，不能提取上述内容。在提取上述内容以前，不得向投资者分配利润。

四、健康保险公司的盈利能力评价指标

健康保险公司作为保险公司的一部分，其盈利能力评价与其他保险公司基本类似，总体上主要有以下指标可以参考：

（一）资产收益率

总资产收益率 = 报告期净利润 ÷ [（期初资产总额 + 期末资产总额）÷ 2] × 100%

净资产收益率 = 报告期净利润 ÷ [（期初所有者权益 + 期末所有者权益）÷ 2] × 100%

资产收益率，包括总资产收益率和净资产收益率。总资产收益率是指报告期实现的净利润与平均资产总额的比率，净资产收益率是报告期实现的净利润与平均所有者权益的比率。资产收益率衡量每单位资产创造净利润的能力，反映了企业对资产的利用效率。

（二）投资收益率

投资收益率 = 投资业务收益 ÷ [（期初投资类资产资金占用规模 + 期末投资类资产资金占用规模）÷ 2] × 100%

其中：投资业务收益 = 投资收益 + 公允价值变动损益 + 汇兑损益 - 投资资产减值损失 - 投资业务的营业税金及附加 - 利息支出

投资类资产资金占用规模是指报告期内投资类资产所占用的保险资金。

投资业务收益，是保险公司投资类资产在报告期内产生的财务口径收益，因而投资收益率又称为财务收益率。此外，投资业务收益加上可供出售金融资产公允价值变动净额，即为保险公司报告期内的总投资收益，总投资收益与报告期资金运用平均规模的比率为综合投资收益率，即：

综合投资收益率=(投资业务收益+可供出售金融资产公允价值变动净额)÷[(期初投资类资产资金占用规模+期末投资类资产资金占用规模)÷2]×100%

投资收益率体现了保险公司投资活动的效益。

(三) 综合赔付率、综合费用率、综合成本率

综合赔付率=(赔付支出-摊回赔付支出+未决赔款准备金变动额)÷已赚保费×100%

综合费用率=(业务及管理费+手续费及佣金+分保费用支出-摊回分保费用)÷已赚保费×100%

综合成本率=[(赔付支出-摊回赔付支出+未决赔款准备金变动额)+(业务及管理费+手续费及佣金+分保费用支出-摊回分保费用)]÷已赚保费×100%

其中:已赚保费=原保费收入+分保费收入-分出保费-未到期责任准备金变动额-长期责任准备金变动额

综合赔付率、综合费用率和综合成本率这三个指标,分别反映了保险公司的赔付支出、费用支出以及二者加总得到的综合成本与已赚保费的比率。从指标的计算公式中可以看出,综合赔付率与综合费用率之和即为综合成本率。

已赚保费,是考虑了再保分出业务和准备金提取后的保险公司净自留保费,是保险公司真正可以确定的收入。如果一家保险公司的分出业务增多,已赚保费占整体保费的比例就会缩减。已赚保费将再保分出业务从保费收入中剔除,以此为分母计算得到的综合赔付率,对保险公司原保险业务赔付支出的变动将变得十分敏感,从而能够充分反映出保险公司的经营风险。

赔付支出和费用支出之和为保险公司的综合成本,其中包含了保险公司运营所实际产生的各项支出。以综合成本为分子计算得到的综合成本率是用于测算保险公司经营成本的核心指标,亦是衡量其成本控制能力和经营效益的参考依据。

(四) 退保率

退保率=报告期退保金÷(期初保险责任准备金+报告期保费收入)×100%

退保率是指报告期退保总额与保险公司承保总额的比率。退保率可按不同的保险种类进行计算,从而得到某类险种的退保率。如以报告期内原保险业务中长期健康险的退保金为分子,以期初长期健康险责任准备金与报告期长期健康险原保费收入之和为分母,计算得到的退保率即为长期健康险原保险业务的退保率。

退保率可反映出保险公司的业务经营情况,退保率上升可能意味着保险公司的业务质量出现了问题。退保金属于保险公司的营业支出,退保率过高将影响保险公司的业务稳定性,从而对盈利能力产生不利影响。

第五节　健康保险公司的偿付能力管理

相比于其他金融行业，保险业面临的风险更加多样、复杂，对于风险的评估计量难度更大，因此需要更加严格的资本监管，其中很重要的一个监管制度就是偿付能力监管。从狭义角度理解，偿付能力监管是指保险监管部门对保险机构偿还债务能力所实施的一系列监管行为，包括制度标准的建立、现场与非现场的检查分析以及采取的各种监管措施等；从广义理解，偿付能力监管还包括在监管指引下，健康保险公司基于自身风险管理与资本管理的需要，建立基于风险导向的偿付能力管理体系的管理活动。

一、健康保险公司偿付能力的概念与内涵

健康保险公司偿付能力管理体系，主要是指在监管指引下，健康保险公司基于自身风险管理与资本管理的需要，建立基于风险导向的偿付能力管理体系的管理活动。

（一）健康保险公司偿付能力的概念

偿付能力（Claims - paying Ability），是指公司偿还债务的能力，具体表现为公司是否有足够的资产来抵偿负债。一般来说，公司只要资产能够完全偿还债务，即具有了偿付能力。但是，保险公司的资产即使能够完全偿还债务，也不说明保险公司具备了偿付能力。保险公司的偿付能力，是指保险公司能够承担的在发生超出正常年景的赔偿和给付数额时的经济补偿能力。对保险公司来说，不仅要求资产能够完全偿还债务，而且资产必须超过负债达到规定额度，也就是通常所说的最低偿付能力。

保险公司的业务经营过程实际上是风险集中和风险分散的过程。保险公司为了承担赔偿和给付的义务，就必须建立保险基金。保险基金的主要来源是投保人所缴纳的保险费。健康保险的纯费率制定时，假设所有的保险费都是期初缴付的，所有死亡给付都是年末给付的，然后保险公司根据预定的死亡率和预定的利息率来厘定。从理论上讲，纯保险费应该正好满足赔偿与给付的需要，但事实上，由于风险发生的不确定性、损失程度的不确定性、费率厘定前基本假设的局限性以及统计资料的误差，导致保险标的发生保险事故的实际损失率与期望值并不完全一致，当保费收入不足以赔偿或给付时，保险公司只能以保费收入以外的资金即自由资金支付赔款。因此，对一家健康保险公司来说，保持一定的偿付能力是公司生存与发展的前提条件。

(二) 健康保险公司偿付能力的经济内涵

保险公司的偿付能力体现了保险公司资产与负债之间的关系。从保险公司的资产负债表上看，保险公司的负债主要由保费准备金、赔款准备金、资本金、总准备金及未分配盈余构成。保费准备金和赔款准备金合称保险准备金或技术准备金，这是保险公司对被保险人的负债。在保险期限内，以保险事故发生为契机，以保险赔偿或给付的方式返还给被保险人。资本金、总准备金和未分配盈余构成了股份制保险公司的股东权益，属于保险公司的自有资金。

保险公司要持续稳定发展，必须有两种充足的准备金：一种是用以应付常规损失赔付的技术准备金；另一种是用以应付非常规损失赔付的偿付准备金。技术准备金建立的基础是保险期间的损失期望。如果在保险期内损失总是与技术准备金相等，那么保险公司只要将总资产维持在与技术准备金相等的规模，就足以偿付全部责任了。但是，由于保险经营的风险性，实际损失与期望损失之间往往存在偏差。如果保险公司技术准备金不足以赔付，就要动用自有资金来履行赔付义务。因此，保险公司在任何时候都必须在总资产与技术准备金构成的对被保险人的负债之间保持一个足够大的量，以应付可能发生的实际损失大于期望损失时的赔付责任，这个量就是保险公司的偿付能力额度，即偿付准备金。

保险公司的技术准备金是经过严密计算建立起来的，与保险公司预期的赔付责任相匹配，属于保险公司正常的财务收支。而影响保险公司财务稳定性的真正风险来自超过预期损失的赔付，这一超出部分由偿付准备金来负担。很显然，保险公司的偿付准备金对应于其股东权益，即保险公司的资本金、总准备金和未分配盈余构成了保险公司偿付能力的经济内涵。偿付准备金的增减，体现了保险公司偿付能力的消长。

二、健康保险公司偿付能力的影响因素

保险公司为了履行其赔偿和给付的义务，必须具备充足的偿付能力。在保险公司经营过程中，影响保险公司偿付能力的因素有保险公司的偿付准备金、承保能力的控制以及保险赔偿基金损失概率计算的准确性和可靠程度。

(一) 保险公司的偿付准备金

健康保险公司是一个高风险的行业，其业务经营具有极大的不稳定性，当保险公司的保费收入不足以赔款支出时，为保证保险经营的持续进行，就必须有充足的偿付准备金。偿付准备金以资本金、总准备金和未分配盈余三者之和为代表，构成了保险公司偿付能力的经济内涵。偿付准备金的增减，体现了保险公司偿付能力的消长。也

就是说，保险公司的偿付准备金越大，应付超常损失的能力就越强，保险公司的偿付能力也就越强；反之，保险公司的偿付能力就越弱。因此，要分析影响健康保险公司偿付能力的因素，首先要分析影响偿付准备金的因素。

1. 赔付率的波动

健康保险公司的赔付率，是指其赔款支出与保费收入的比率，这是衡量保险公司经营状态好坏的重要标准。如果保险公司赔付率相对较低，那么这一年度的利润就会增加，即以资本金、总准备金、未分配盈余构成的偿付准备金也将增加，偿付能力就会增强。反之，赔付率相对较高时，偿付准备金将减少，偿付能力也将削弱。因此，在其他因素不变的情况下，赔付率的高低直接影响保险公司偿付能力的大小。对保险公司来说，不同险种的保险业务，由于承保的风险责任的性质、特点不同，赔款波动的趋势也不同。随着保险市场竞争的加剧，保险公司承保范围越来越广，承保风险变化也越来越大，赔款的波动也就更大。如果健康保险公司直接承保一些巨灾风险，如重大疫情、流行性疾病等，一旦发生承保风险，造成赔款的波动肯定是剧烈的，这不仅影响保险公司的偿付能力，严重的还会导致保险公司破产。

2. 投资收益

投资收益的高低直接影响保险公司的经营成果，从而影响偿付准备金的提存数额和偿付能力的大小。保险公司的利润来源于承保利润和投资收益，由于保险业竞争不断加剧，保险承保范围和承保责任也不断扩大，而保险费率往往在成本线以下，导致保险公司承保业务盈利甚少，甚至出现业务亏损，投资收益成为保险公司的主要利润来源。高投资收益不仅可以弥补承保业务的亏损，维持保险公司的继续生存，还可以扩大保险公司的利润，增加保险公司的偿付能力和经营的稳定性。因此，科学合理的投资组合有利于减少投资风险，增加投资收益，增强保险公司的偿付能力。由于风险与收益成正比，高风险投资往往伴随着高收益，因此保险公司在制定投资策略时必须将偿付能力放在优先位置加以考虑，在此基础上实现收益和风险的最佳组合。

3. 费用水平

费用是控制业务流量和盈利水平的重要杠杆。保险公司费用水平的高低，直接影响保险公司利润的高低，进而影响保险公司偿付能力的大小和经营的稳定。因为保险费由纯保费和附加保费构成，附加保费由费用附加和安全附加两部分构成，其中安全附加中包含了风险附加和预期盈利部分，它们都是偿付准备金的来源。因此，提高经营管理水平、降低费用，是改善健康保险公司经营成果的良好途径。

4. 业务增长率

评估一个健康保险公司偿付能力是否充足，不能单纯考察偿付准备金的多少，还必须同保险公司的业务量相联系，按照偿付准备金与净保费收入的比率来衡量保险公司偿付能力的大小。因为对一般公司来说，业务的增长可以使公司的资本净值增加，但是对保险公司来说,业务的稳定增长也能促使利润的增加,但业务的过快增长必然导致未到期责任准备金的迅速扩大,往往造成利润的外流,从而影响健康保险公司的偿付能力和公司财务的稳定。

5. 红利分配

分红保单的开发是世界各国寿险公司规避利率风险、保证自身稳健经营的有效途径。按照分红保单的要求,健康保险公司在保险年度末将盈利的一部分以红利的方式返还给保单持有人。显然,红利分配影响了保险公司偿付准备金的提存和偿付能力的大小。

(二) 承保能力的控制

控制健康保险公司承保能力的最常用手段是再保险机制。通过再保险的安排,使保险公司的承保能力与自身的偿付能力相适应。因此,再保险安排合理与否,会直接影响保险公司的偿付能力。

为保证保险公司履行赔偿和给付义务,保险监管机关规定的最低偿付能力额度限制了保险公司在一定净资产条件下只能经营一定额度的自留保险费。这就要求保险公司要合理、谨慎地安排再保险,把自己的承保责任控制在适度的范围内。如果保险公司不经过科学计算,盲目、随意地确定自留额,对分保接受人的资信、经济实力不了解就办理分保都将直接或间接地影响保险公司的偿付能力。

(三) 保险赔偿基金损失概率计算的准确性和可靠程度

损失概率是计算保险费、建立保险基金的基础。损失概率的准确性和可靠程度越高,保险赔偿基金与实际支付赔款的偏差越小,保险公司的赔偿能力就越稳定,应付这种偏差需要的偿付准备金也就越少,对偿付能力额度的要求相对较低;反之,损失概率的准确性和可靠程度越低,对保险公司偿付能力额度的要求相对就高。因此,保险赔偿基金损失概率计算的准确性和可靠程度,是影响健康保险公司偿付能力和财务稳定性的重要因素。

决定健康保险公司是否具有足够的偿付能力,除了保险公司的偿付准备金有多少、承保因素、能力是否适度、保险赔偿基金损失概率计算的准确性和可靠程度外,健康保险公司在经营过程中面临的系统性风险和非系统性风险同样会威胁保险公司的偿付能力。另外,不合理的监管制度也是影响偿付能力额度的一种潜在的风险因素。

三、我国"偿二代"体系的建设

为适应时代的发展要求,2016年1月中国保监会正式颁布《中国保监会关于正式实施中国风险导向的偿付能力体系有关事项的通知》,标志我国保险监管从"偿一代"过渡为"偿二代",监管由"规模导向"升级为"风险导向",从"管前端、管业务"转变为"管后端、管风险"(见表8.2)。

"偿二代"全称"中国风险导向的偿付能力体系"(China Risk Oriented Solvency System, C-ROSS)。"偿二代"建设的目标是要科学准确地计量风险并提高对风险的敏感度,推动行业不断提升风险管理能力,也为其他新兴市场提供改革经验。"偿二代"将保险公司面临的各种风险类型都反映到资本要求中,包括保险风险、市场风险、信用风险、操作风险等,增强防范风险的全面性。特别是,"偿二代"更加注重定性监管,通过监管分析、检查、综合评价等手段,对保险公司风险进行全面评估,从整体上把握行业风险底线,保证保险市场的平稳健康运行。

"偿二代"的具体内容包括三大支柱共17项具体内容:

(一) 第一支柱:定量监管要求,共9项监管规则

具体内容包括:

第1号:实际资本规则,规范保险公司认可资产、认可负债和实际资本的评估原则,明确资本分级的标准。

第2号:最低资本规则,规范保险公司最低资本的构成和计量原则。

第3号:寿险合同负债评估规则,规范人身保险公司和再保险公司基于偿付于能力监管目的的寿险合同准备金的评估标准。

第4号:保险风险最低资本(非寿险业务)。

第5号:保险风险最低资本(寿险业务)。

第6号:保险风险最低资本(再保险公司)规则,分别规范保险公司寿险业务、非寿险业务和再保险公司的最低资本的计量。

第7号:市场风险最低资本规则,规范保险公司市场风险最低资本的计量。

第8号:信用风险最低资本规则,规范保险公司信用风险最低资本的计量。

第9号:压力测试规则,建立了保险公司偿付能力压力测试制度,明确了压力测试的方法和要求。

(二) 第二支柱:定性监管要求共3项监管规则

具体内容包括:

第10号:风险综合评级(分类监管)规则,通过对保险公司总体的偿付能力风险进行全面评价,建立定量监管与定性监管相结合的监管机制,提高监管的有效性。

第11号:偿付能力风险管理要求与评估规则,建立了保险公司偿付能力风险管理能力的监管评估制度,并将风险管理水平与资本要求相挂钩,风险管理能力强的公

司,可降低资本要求;反之,则提高资本要求,促使保险公司持续提高风险管理能力。

第12号:流动性风险规则,建立了财产保险公司和人身保险公司统一的流动性风险监管要求、流动性风险监管指标和现金流压力测试制度,构建了完整的流动性风险防范网。

(三) 第三支柱:市场约束机制共3项监管规则

具体内容包括:

第13号:偿付能力信息公开披露规则,建立了偿付能力信息公开披露制度,要求保险公司每季度披露有关偿付能力信息,提升偿付能力信息的透明度,增强市场约束力。

第14号:偿付能力信息交流规则,建立健全了监管部门与保险消费者、投资者、信用评级机构、媒体等市场相关方之间的交流机制,以充分发挥市场相关方对保险公司的监督约束作用。

第15号:保险公司信用评级规则,规范了保险公司的信用评级制度,以更好地发挥评级机构在风险防范中的作用。

(四) 其他要求

第16号偿付能力报告和第17号保险集团两项监管规则,涉及三个支柱的所有内容。

第16号偿付能力报告规则,将现行以年报为核心的报告体系,改为以季报为核心的报告体系,有利于保监会对行业风险早发现、早预警、早处置。

第17号保险集团监管规则,拓展了集团监管的内涵,将保险(控股)集团以及各种公司偿付能力的管理型的隐性或混合保险集团都纳入监管范围,对保险集团的定量监管要求,定性监管要求和市场约束机制进行了规范,迈出了保险集团偿付能力监管的实质性步伐。

"偿一代"向"偿二代"的转化路径见表8.2。

四、健康保险公司偿付能力指标体系

健康保险公司的偿付能力指标体系,主要包括充足率指标和流动性指标两个方面。具体内容如下:

(一) 偿付能力充足率指标

偿付能力充足率指标,包括以下组成部分:

表 8.2　"偿一代"向"偿二代"的转化

偿一代 ⇩ 偿二代	从规模导向转变为风险导向	增加监管模式的风险敏感度和风险覆盖度； 为更复杂的风险承担及风险管理提供激励机制； 促进经营者从关注规模转变为关注风险和价值
	从单一监管体系转变为监管体系与管理体系相融合	采用统一的财务报告估计框架、价值计量及资本管理，以极可能减小与决策相关的指标不一致性； 资产负债表、资本分配、风险管理和绩效评估统一管理
	从国家适用转变为市场适用	中国是最大的新兴保险市场； 新兴市场具有许多共同特征； 作为可兼容系统，"偿二代"可为其他新兴市场提供可借鉴的经验

1. 认可资产、认可负债、实际资本

(1) 认可资产。健康保险公司的资产，是指过去的交易或事项形成并由公司控制或拥有的未来经济利益。在所有的资产中，只有那些可以被保险公司任意处置的可用于履行对保单持有人义务的资产，才能被确认为认可资产。不符合前述条件的资产，为非认可资产。根据中国保监会 2015 年发布的《保险公司偿付能力监管规则》，认可资产所包括的资产类别如表 8.3 所示。

表 8.3　认可资产所包含的资产类别

资产类别	含义
现金	库存现金、活期存款等
流动性管理工具	货币市场基金、短期融资券、买入返售证券、央行票据、商业银行票据和拆出资金等
投资资产	定期存款、协议存款、政府债券、金融债券、企业债券、资产证券化产品、信托资产、基础设施投资、权益投资、投资性房地产、衍生金融资产、其他投资资产等
长期股权投资	保险公司对被投资单位实施控制、重大影响的权益性投资，以及对其合营企业的权益性投资
再保险资产	应收分保准备金、应收分保账款和存出分保保证金等
应收及预付款项	应收保费、应收利息、保单质押贷款、应收股利、预付赔款、存出保证金、其他应收和暂付款项等
固定资产	自用房屋、机器设备、交通运输设备、在建工程、办公家具等
独立账户资产	投资连结保险等各投资账户中的投资资产
其他认可资产	递延所得税资产（由经营性亏损引起的递延所得税资产除外）、应急资本等

资料来源：中国保险监督管理委员会. 中国保监会关于印发《保险公司偿付能力监管规则（1—17 号）》的通知（保监发〔2015〕22 号）.

(2) 认可负债。保险公司的认可负债，是指保险公司无论在持续经营状态还是破产清算状态下均需要偿还的债务，以及超过监管限额的资本工具。不符合前述条件的负债,为非认可负债。认可负债所包括的负债类别如表 8.4 所示。

表 8.4　　　　　　　　　　认可负债所包含的负债类别

负债类别	含义
保险合同负债	未到期责任准备金和未决赔款责任准备金
金融负债	卖出回购证券、应付返售证券、保户储金及投资款、衍生金融负债等
应付及预收款项	应付保单红利、应付赔付款、预收保费、应付分保账款、应付手续费及佣金、应付职工薪酬、应交税费、存入分保保证金等
预计负债	按照企业会计准则确认、计量的或有事项的有关负债
独立账户负债	保险公司对投资连结保险等提取的投资账户负债
资本性负债	保险公司发行的资本工具按照保监会有关规定不能计入资本的部分
其他认可负债	递延所得税负债、现金价值保证、所得税准备等

资料来源:中国保险监督管理委员会. 中国保监会关于印发《保险公司偿付能力监管规则(1—17号)》的通知:保监发〔2015〕22号.

(3) 实际资本。健康保险公司的实际资本,是指保险公司在持续经营或破产清算状态下可以吸收损失的财务资源。实际资本等于认可资产减去认可负债后的余额。保险公司的实际资本具有存在性、永续性、次级性和非强制性。

存在性,实际资本,即实缴资本,实际资本属于保险公司实际收到的股东出资额,是公司现实拥有的资本。

永续性,是指实际资本应当没有到期日,或根据保监会规定具有较长的期限。

次级性,是指破产清算时,实际资本的受偿顺序位于保险合同负债和一般债务之后。

非强制性,是指实际资本的本金返还和利息(股息)支付不属于保险公司的强制义务,或者在特定条件下可以返还或支付。

2. 核心一级资本、核心二级资本、附属一级资本、附属二级资本

根据资本吸收损失的性质和能力,保险公司的实际资本分为核心资本和附属资本。其中,核心资本是指在持续经营状态下和破产清算状态下均可以吸收损失的资本。核心资本分为核心一级资本和核心二级资本,其特点如表 8.5 所示。

表 8.5　　　　　　　　核心一级资本与核心二级资本的特点

	核心一级资本	核心二级资本
存在性	实缴资本	实缴资本
永续性	没有到期日;发行时不应产生该工具将被回购、赎回或取消的预期	没有到期日或者期限不低于 10 年;发行 5 年后方可赎回并且不得含有利率跳升机制及其他赎回激励

续表

	核心一级资本	核心二级资本
次级性	能吸收经营损失和破产损失；破产清算时的受偿顺序排在最后；发行人或其关联方不得提供抵押或保证，也不得通过其他安排使其在法律或经济上享有优先受偿权	能吸收经营损失和破产损失；破产清算时的受偿顺序列于保单持有人和一般债权人之后，先于核心一级资本；发行人或其关联方不得提供抵押或保证，也不得通过其他安排使其在法律或经济上享有优先受偿权；有到期日的，应当含有减记或转股条款，当触发事件发生时，该资本工具能立即减记或者转为普通股
非强制性	任何情况下本金返还和收益分配都不是保险公司的强制义务，且不分配收益不被视为违约	有到期日的，支付本金或利息后偿付能力充足率不达标时，不能支付本金或利息；可以设定递延支付条款或取消支付条款

资料来源：中国保险监督管理委员会．中国保监会关于印发《保险公司偿付能力监管规则（1—17号）》的通知：保监发〔2015〕22号［Z］．（2015-02-17）．

附属资本，是指在破产清算状态下可以吸收损失的资本。附属资本分为附属一级资本和附属二级资本。附属资本的特点如表8.6所示。

表8.6　　　　　　　附属一级资本与附属二级资本的特点

	附属一级资本	附属二级资本
存在性	实缴资本	实缴资本
永续性	期限不低于5年	期限可以低于5年
次级性	能吸收破产损失；破产清算时的受偿顺序列于保单持有人和一般债权人之后，先于核心资本	能吸收破产损失；破产清算的受偿顺序列于保单持有人和一般债权人之后，先于附属一级资本
非强制性	可以设定本息递延条款；发行人无法如约支付本息时，该资本工具的权益人无权向法院申请对保险公司实施破产	可以不设定本息支付的约束条件

资料来源：中国保险监督管理委员会．中国保监会关于印发《保险公司偿付能力监管规则（1—17号）》的通知（保监发〔2015〕22号）．

3. 综合偿付能力溢额、核心偿付能力溢额

综合偿付能力溢额和核心偿付能力溢额，分别是指实际资本与核心资本超过最低资本的部分，计算公式如下：

综合偿付能力溢额＝实际资本－最低资本

核心偿付能力溢额＝核心资本－最低资本

4. 综合偿付能力充足率、核心偿付能力充足率

与偿付能力溢额相对应，综合偿付能力充足率与核心偿付能力充足率，分别是指

保险公司的实际资本和核心资本与最低资本的比率。偿付能力充足率的计算公式如下：

综合偿付能力充足率＝实际资本÷最低资本×100%

核心偿付能力充足率＝核心资本÷最低资本×100%

偿付能力充足率能够反映出保险公司的资本规模是否与其业务和风险规模相匹配。充足的资本是保险公司履行赔付责任、维持稳定运营的保障，保险公司应当规范经营，保证综合偿付能力充足率在100%以上。

（二）流动性风险监管指标

1. 保险公司的流动性风险及现金流压力测试

流动性风险，是指保险公司无法及时获得充足资金或无法及时以合理成本获得充足资金，以支付到期债务或履行其他支付义务的风险。

现金流压力测试，是指保险公司在基本情景和压力情景下，对未来一段时间内的流动性风险进行预测和评价。

所谓基本情景，是指保险公司合理估计的未来发生的情景；压力情景则是指保险公司未来有可能发生并且会对偿付能力充足率产生重大不利影响的情景。

2. 流动性风险指标

流动性风险监管指标，包括净现金流、综合流动比率和流动性覆盖率。

（1）净现金流：包括三项指标：一是报告期的实际净现金流；二是在基本情景下未来预计净现金流；三是在压力情景下未来预计净现金流。

（2）综合流动比率：

综合流动比率＝现有负债的预期现金流出合计÷现有资产的预期现金流入合计×100%

综合流动比率反映保险公司在报告日所持有的资产和负债在未来期间内，预期的现金流入和现金流出的分布情况和匹配情况。综合流动比率是建立在一定假设之上的预测指标。

（3）流动性覆盖率：

流动性覆盖率＝优质流动资产的期末账面价值÷未来一个季度的净现金流×100%

流动性覆盖率反映保险公司在压力情景下未来一个季度的流动性水平，也是基于一定假设的预测指标。

思考题

1. 健康保险公司财务管理具有哪些特点？

2. 健康保险公司负债管理中会面临哪些风险？

3. 健康保险公司资产管理的财务评价指标包括哪几方面的内容？

4. 健康保险公司的费用与成本有什么区别？

5. 偿付能力的影响因素有哪些？

参考文献

［1］陈滔. 健康保险［M］. 西南财经大学出版社，2002.

［2］郭复初. 财务通论［M］. 立信会计出版社，1997.

［3］侯旭华. 保险公司财务报表分析［M］. 立信会计出版社，2005.

［4］何兴强，史卫. 健康风险与城镇居民家庭消费［J］. 经济研究，2014.

［5］肯尼斯. 布莱克、哈罗德. 斯基博 著，孙祁祥、郑伟 译. 人寿与健康保险［M］. 经济科学出版社，2003：653 - 721.

［6］缪里尔. L. 克劳福特 著. 周国平、金海军 等译. 人寿与健康保险（第八版）［M］. 经济科学出版社，2000：79.

［7］宋明哲. 现代风险管理［M］. 中国纺织出版社，2003.

［8］陶存文. 人寿保险理论与实务［M］. 高等教育出版社，2011.

［9］魏华林，林宝清. 保险学［M］. 高等教育出版社，2006.

［10］魏巧琴. 保险公司经营管理［M］. 上海财经大学出版社，2016.

［11］翁小丹. 人身意外伤害和健康保险［M］. 中国财政经济出版社，2007：199 - 207.

［12］周国端. 保险财务管理：理论、实务、案例［M］. 中信出版集团，2015.

［13］张晓. 商业健康保险［M］. 中国劳动社会保障出版社，2004：251 - 258.

［14］Atkinson G.. Measuring Corporate Sustainability［J］. Journal of Environmental Planning and Management，2009.

［15］Baron D.. Private Politics，Corporate Social Responsibility and Integrated Strategy［J］. Journal of Economics and Management Strategy，2001.

［16］Bhamra H S.，Kuehn L A.，Strebulaev I A.. The Aggregate Dynamics of Capital Structure and Macroeconomic Risk［J］. The Review of Financial Studies，2010，23（12）：4187 - 4241.

［17］Bruch H.. The Key Store Thinking Corporate Philanthropy［J］. MIT Sloan Management Review，2005.

[18] Hoyland K.. Asset Liability Management for a Life Insurance Company: A Stochastic Programming Approach [J]. Norwegian University of Science and Technology, Trondheim, Norway, 1998.

[19] Jesen, M. C. and Meckling. W. H.. Theory of the Firm: Managerial Behavior, Agency Costs and Ownership Structure [J]. Journal of Financial Economics, 1976 (3): 305 – 360.

[20] Marchica M T., Mura R.. Financial Flexibility, Investment Ability, and Firm Value: Evidence from Firms with Spare Debt Capacity [J]. Financial Management, 2010, 39 (4): 1339 – 1365.

[21] Megginson W L.. Corporate Finance Theory [J]. Handbook of Key Global Financial Markets Institutions & Infrastructure, 1997, 21 (1): 73 – 83.

[22] Skipper, Jr. H. D.. International Risk and Insurance – an Environmental Managerial Approach [M]. New York: Irwin/McGraw – Hill, 1998.

[23] Smithson, C. W. et al.. Managing Financial Risk – a Guide to Derivative Products, Financial Engineering, and Value Maximization [M]. London: Irwin, 1995.

[24] Zenios S A.. Asset/Liability Management under Uncertainty for Fixed – income Securities [J]. Annals of Operations Research, 1995, 59 (1): 77 – 97.

[25] Zweifel P., Breyer F., Kifmann M.. Health Economics [J]. Journal of Risk & Insurance, 1997, 18 (4): 1356 – 1.

第九章

健康保险公司信息管理

健康保险公司信息管理,是指健康保险公司管理者运用管理信息系统,通过对健康风险信息的收集、传递、加工、使用,使企业各类资源实现合理配置,并获得最佳的信息资源利用效率,从而实现公司价值和经济效益最大化的过程。大数据时代的到来从根本上改变了社会结构和企业管理,信息资源和资本、劳动等其他资源一样,已经成为保险公司经营最重要的战略资源。本章基于信息管理技术基础,分析了健康保险公司信息管理技术的主要架构,探索了健康保险公司信息系统主要核心系统,研究了健康保险公司新技术的使用,为健康保险公司利用大数据、区块链等新技术发展信息系统奠定了基础。

第一节 健康保险公司信息管理概述

文献研究和国内近年来健康保险公司经营实践证明,信息资源已经成为生产、经营、管理的必要资源,保险公司战略目标的制定、产品的研制和更新、生产的控制与调整、市场的进入与退出等,所有的经营活动都与信息息息相关。健康保险公司的信息管理与经营管理是相互依存的,信息管理系统是经营管理发展的技术基础,是实现健康保险专业化运作的基础平台,对健康保险的风险控制和长期发展至关重要。

一、健康保险公司信息管理的内涵

信息资源和资本、劳动等其他资源一样,是保险公司经营管理不可缺少的重要因

第九章
健康保险公司信息管理

素。所有的经营管理活动都与信息息息相关,在当今社会信息资源已经成为新的生产力,信息网络也成为社会经济生活中最重要的基础设施。美国哈佛大学信息资源政策研究组曾对此有精确论述"没有材料,什么也不存在;没有能源,什么也不会发生;没有信息,任何事物都没有意义。"[①]国外很多知名企业在信息系统和网络建设上都不惜投入重金。

信息管理是企业管理者运用管理信息系统,通过对信息的收集、传递、加工、使用,使企业信息资源实现合理配置,并取得最好的信息资源利用效率和经济效益,从而实现企业管理职能的过程。从保险公司经营业务的特点来说,健康保险公司信息管理是保险公司管理者运用管理信息系统,通过对信息的收集、传递、加工、使用,合理配置企业信息资源,从而实现保险企业经营管理职能的过程。更为重要的是,健康保险信息管理不仅是业务管理的内容,而且也是重要的风险管理工具,是保险公司降低自身风险的一种重要途径。保险公司的风险管理实际上是一种决策过程,需要对决策所涉及的信息进行分析,评价影响风险决策的因素,减少不确定性和盲目性。风险管理工作在信息技术系统的表现可分为两个阶段:一是将数据转化为信息和知识,在此基础上做正确的决策;二是将决策和知识融入系统中,进行正确的运作。

健康保险的信息管理包括对系统定义所需要的数据类型,录入所需要的标准数据,挖掘有用的数据,最后由信息系统生成流程模型等。图9.1 为健康保险公司信息系统流程模型。

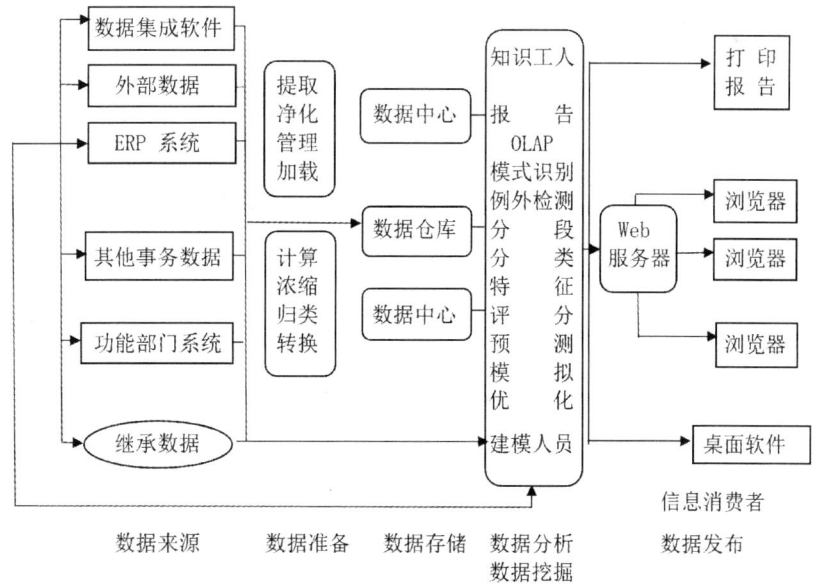

图9.1 健康保险公司信息系统流程模型

---

① 江生忠. 保险经营管理学[M]. 中国金融出版社, 2001.

二、健康保险公司信息管理的目标

健康保险公司信息管理的目标,必须与公司经营管理的战略、运营和合规目标相适应,提高企业经营管理效率是信息管理工作的目的和归宿。信息管理作为保险公司经营管理中的一项具体内容,必须在技术、设备和专业人才等方面为公司经营管理工作提供支持。也就是说,保险公司的经营管理活动必须建立在先进的信息技术管理基础之上。信息管理的目的是辅助保险公司进行事务处理,为管理者提供信息支持,因此必须同保险公司的管理体制、管理方法、管理风格相结合,遵循管理与决策的行为理论的一般规律。信息管理的内容和形式必须符合保险公司管理的需要,也就是说,在对具体的公司进行信息管理的时候,必须考虑到该保险公司的现实状况和保险公司的未来发展目标,既不能仅仅满足于解决当前信息处理的要求,采用难以升级换代的落后产品,不具有一定的前瞻性;又不能好高骛远,一味使用购置成本过高的硬件设备,给保险公司经营造成资金紧张,同时操作人员的素质难以一时提高,使设备无谓闲置。

从健康保险公司信息系统的建设角度看,信息系统在完成管理职能的同时要与其保险公司自身的管理风格保持一致。此外,管理系统则需要信息系统作为其管理公司具体业务的桥梁。保险公司的管理过程表现为信息流在保险公司中的循环:职能部门将获取的有关资料经过加工,以信息的形式通过信息系统传递到决策者;决策者分析信息并通过信息系统将所做决策形成新的信息,自上而下地传递到各职能部门;各职能部门的执行情况再以报表信息的形式自下而上地反馈决策机构,以便决策者对计划执行情况进行监督。这一过程就是保险公司行使管理职能的过程,也是信息在保险公司传递的过程。信息管理的职能就是要保障信息流转的畅通,而信息在决策者和各职能部门之间传递的速度效率怎样,决定了保险公司管理效率的高低。因此,信息管理系统在很大程度上影响保险公司的经营和发展。

三、健康保险公司信息管理的方法及要求

任何一项管理工作的实施,都需要一定的实施条件和基础设施的建设。下面从机构设置、硬件要求、技术基础和人员配置等四个方面介绍健康保险公司实施信息管理的必要条件。

(一)机构设置

在保险公司内应当设立专门的信息管理机构。从地位上说,信息管理机构是与其

他部门（或处室）并行的独立机构，是与其他职能部门共同行使管理职能的参谋部门，为保险公司的最高管理机构提供辅助决策支持。

1. 信息管理机构的历史沿革

从国内外的历史情况看，信息管理机构的历史沿革具有一定的相似之处。最初，信息机构在保险公司内部大多依附于某个业务部门，工作目标是提高工作效率，减轻劳动强度，工作手段主要是电子数据处理，要员较少，工作多为单调的重复劳动。

随着信息在管理中的作用日益重要和保险公司管理体制的改变，信息机构的业务范围也逐渐扩大，保险公司中的各业务部门有了自己的数据处理岗位，而信息管理部门则相对独立出来从事专门的信息管理系统开发设计、保险公司信息网络搭建及系统维护。从行政上说，信息管理部门变依附于业务部门为与其他业务部门并行，成为保险公司的参谋机构和信息化建设的专门管理部门。

2. 目前健康保险公司中的信息管理机构现状

目前在我国保险公司中，基本都已设立专门负责开发和管理信息及信息系统和网络的机构，虽然名称不一，但基本职能大同小异。以国内某公司为例，（省级）信息管理部门曾用过的名称就有：电脑处、信息技术处和信息处理中心。

目前我国保险公司信息管理机构存在的问题主要有：公司管理层重视不够；研究发展费用投入不足；信息中心一般仅由技术人员组成；对员工培训的重视不够；信息管理的成果没能很好地被决策者所利用等。

3. 信息管理机构的职能

（1）制定信息管理工作目标。以业务部门的工作内容和目标为基础，根据业务部门的具体要求，制定保险公司的信息系统和网络发展的长期计划，然后将长期计划分解为若干个具体的短期实施计划，逐步推行。这是信息管理机构的中心战略任务。

（2）信息处理。信息处理包括进行数据处理、提供系统支持，为各业务部门建设所需要的信息系统及网络，这是信息管理机构的日常工作。

（3）对未来的信息管理技术进行预测。这是信息管理机构研究职能的体现。信息管理工作的特点之一就是技术含量较高，当前计算机及网络技术的发展日新月异，信息管理工作的内容也时常更新，为了使信息管理工作能够适应公司长远发展的需要，信息机构在完成日常工作的同时，必须注意对未来信息管理科学的研究和预测。

（4）职工培训。随着社会的发展，保险公司经营管理中的技术含量逐步增高，对职工素质的要求也越来越高，不论是哪一工作岗位的职工，都需要掌握一定的信息管理知识，以便于利用现代化的信息工具更好地为公司发展服务。因此，信息管理部门要配合人事教育部门完成职工的培训工作，提高广大公司职员运用信息系统的基本技能。

（二）人员配置

1. 保险公司信息管理必须以人为中心

信息社会的发展与传统工业社会不同，对信息系统建设进行资本投入是十分必要的，更重要的则是，以专业技术人才为中心进行信息的积累、知识的创造和利用。专业技术人才是信息的载体，是具有能动性的信息处理者，保险公司应该通过管理来调动人的信息潜能，使其在保险公司实现信息化的过程中发挥人力资源的核心作用。

2. 信息管理机构的人员组成不应过分单一

保险公司的信息管理机构不同于专业的软件开发公司，应用软件的开发工作只占信息中心工作的很小比重，因此，一方面要避免人才高消费，即雇佣工资成本很高的专业编程人士，造成浪费；另一方面，要避免人员结构过分单一。信息管理机构的主要工作是为保险公司的管理和业务工作提供信息支持，当业务部门的信息系统出现问题时，由于一些问题并非是系统硬件原因造成，必须是技术人员和业务人员配合解决。目前我国保险公司在开发软件或解决系统问题时，一般是由信息管理机构和业务部门临时组成攻关小组，但是这种小组往往长期存在，事实上已经独立成为一个部门。所以，信息管理机构的人员构成应该在坚持以专业人士为主的前提下，尽可能地多元化，甚至可以直接采取信息管理机构下辖多个业务小组的组织形式，以便更快地各业务部门的信息处理要求做出反应。

（三）技术基础

保险公司信息管理的四大技术基础是计算机技术、数据通信技术、网络技术和数据库技术。

1. 计算机系统技术。计算机系统是由一整套具有特定功能、相互联系的机器所组成的系统，它由硬件和软件两部分构成。硬件指构成计算机系统的元器件、部件和设备，主要有运算器、控制器、存储器、输入设备和输出设备五大部分。此外还包括总线、接口和数据终端等外围设备。软件指在计算机系统上运行的程序及其文档，主要有系统软件、支撑软件和应用软件三大部分。根据保险公司信息管理的要求，计算机系统的配置应满足以下要求：

（1）数据存储量大。通常设置为若干大容量磁盘，足以存储系统信息并保留一定的余量。

（2）数据共享性高。数据共享是信息管理的主要特征之一，为达到这一要求，软件配置上须有文件管理系统、数据检索系统或数据库管理系统，以提高共享性和系统效率。

（3）可扩展性好。随着技术手段的提高和保险公司业务的发展，信息管理系统

管理系统在使用一定时间之后往往需要扩展性能，所以可扩展性也是对计算机系统的一项基本要求。

（4）较强的汉字处理能力。信息管理系统为各层次的管理者提供信息支持，其软件必须建立在汉字系统基础上。

2. 网络技术。计算机网络是指在计算机间以实现资源共享和传输信息为目的而连接起来的计算机系统的集合。计算机网络按区域可分为广域网和局域网。其中，局域网是指在相对较小的区域内分布的计算机网络，如一个保险公司内部的计算机网络，保险公司信息管理系统所使用的网络就是局域网。计算机网络主要由主计算机、终端、通信处理机和通信设备，网络的结构有星形拓扑、线性总线拓扑、环形拓扑、星/总线结合拓扑和星形/环形结构拓扑。计算机网络的主要功能有：

（1）数据传送。在计算机之间或计算机与终端之间传送信息，这是计算机网络最基本的功能。

（2）资源共享，指任何一个网络用户都能够对同一网络连接的其他计算机上的软件、硬件和数据进行部分或全部的共享，互通有无，分工协作，这是网络最重要的技术功能。

（3）提高计算机的可靠性。网络中的各台计算机互为后备，当某台计算机发生故障时，该机的任务可由其他计算机代为处理，避免由于单机故障造成整个系统瘫痪。

（4）提高经济效益。对较大规模的计算问题可以根据一定的算法，通过网络分配给多台计算机共同完成，实现分布处理，比用大型机或中型机更经济。

3. 数据通信技术。数据通信是指以计算机为中心，用通信线与数据终端设备连接起来执行数据通信的系统。它可以分为数据传输系统和数据处理系统两部分。数据通信系统由终端设备、通信设备、中央计算机和通信控制部件组成。数据传输的实质是将数据加载到通信线路上向对方传送，这一过程主要通过信息代码在传输线中的运动实现。数据传输根据其数据在传输线上是直接传输还是调制后传输，分为基带传输和频带传输两种方式。基带传输适用于传输距离不长的场合，在保险公司的各分公司内部基带传输方式较适用。

4. 数据库系统。数据库是指存储在一起的有组织可共享的数据集合。这些数据满足无害或无冗余的条件，为多种应用服务。数据库的体系结构分为三层：内层是最靠近存储设备的层，表示数据的存储结构和存取方法；外层是最接近用户的层，它们与具体的用户密切相关，表示用户对数据的要求和逻辑结构；概念层是居于内层和外层之间的中间层，表示数据库的整体数据组织和逻辑结构。数据库系统是组织、存取和维护大量数据的人/机管理系统，由四部分组成：

一是计算机硬件。主机是数据系统的基础，外存储器是系统主要设备，通常用磁盘来存储大量数据。二是数据库。数据库是存储在一起的相关数据的集合，这些数据被结构化，为多种应用服务。三是计算机软件。包括数据库管理系统、操作系统、语言和应用程序。四是管理人员。要求具备较高的专业技术水平和组织管理能力，承担数据库的日常维护和管理工作。

四、健康保险公司信息管理的原则和程序

健康保险公司信息管理是健康保险公司经营管理的重要内容，是基于信息技术基础上的先进的管理方法，需要坚持自上而下、经济可行、安全可靠等原则，应严格按照相应的程序和步骤组织信息系统的开发，以充分发挥信息管理在保险公司经营管理中的重要作用。

（一）保险公司信息管理的原则

1. 应采取自上而下的方式设计保险公司信息管理的总目标

以往保险公司信息管理中存在着一个较普遍的问题，即信息管理工作的策划和实施总是从基层、各业务部门开始，"自下而上"地进行，但由于保险公司是一个有机的整体，保险公司内各部门间相互联系非常密切，这种自下而上的开发方法往往到后期才发现各业务部门的信息管理系统各自为政，相互间接口困难，在建立公司总的信息管理系统时，往往找不到一个统一的标准，最终结果是原先各业务部门搞的那一套信息管理系统成为"鸡肋"，不得不全盘推倒重来。因此，保险公司在策划建立信息管理系统时，应当从高层管理入手，首先考虑公司的总体目标、总体管理模式，划分出业务、财务、人事、办公自动化等等子系统，然后进行各子系统的分析设计，保证整套信息管理系统的系统性和逻辑性。

2. 科学地进行成本—效益分析提高信息管理所带来的经济效益

成本—效益分析就是信息管理的经济可行性分析，它包括费用估算和效益估计两个部分。

（1）费用估算。进行费用估算时应当遵循的原则是全面细致，保证预测支出与未来发生的费用大致相符。费用估算主要分为三部分：①设备费，包括计算机及网络的硬件、软件费用，以及与之相关的空调、机房装修及消防器材等费用；②人工费，初期的系统开发费用，人员培训及试运行时需要开支的费用等；③耗材费，信息管理系统在运作中每天必须消耗的打印纸、磁盘、色带及管理人员工资等费用。

（2）效益估算。效益估算可分为直接经济效益估算和间接经济效益估算两部分进行。直接经济效益指信息管理的实施使人工和材料得以节省，从而减少的那部分支出；间接经济效益指由于信息管理公司整体管理水平上升，公司信誉提高，信息流转

环节减少等方面带来的经济效益。

3. 进行客观而严谨的技术可行性分析以保证公司信息的安全性

健康保险公司的业务信息中包括客户的身体资料、家庭地址、既往病历等等依法应当为客户保密的信息，而且各保单的现金价值及保单抵押贷款情况等更是如同客户的银行存款账户般极其重要，一旦发生泄密或丢失，会给保险公司的信誉带来巨大负面影响，如果客户的保单账户被不法分子窃取，则会给公司带来经济损失。因此，保险公司的信息管理，必须建立在客观而严谨的技术可行性分析基础上，不能盲目追赶潮流。技术可行性分析主要通过两个方面进行：

（1）设备条件分析。计算机的内存、外存容量、联网能力、主频速度及可靠性和安全性能否满足要求，网络和数据库的可实现性如何等等。

（2）技术力量分析。主要考虑人事系统开发和维护的技术力量，即是否具有适合的系统分析员、系统设计员、程序员、操作员等等，如果暂时短缺，现有人员能否经过短期培训满足要求。

4. 充分认识信息管理给传统管理模式带来的冲击做好组织管理可行性分析

信息管理是新生事物，在推行过程中除了要考虑技术因素外，人的因素也不可忽略。尤其对我国目前的保险公司来说，实施信息管理的阻力主要来自人的方面而不是成本约束。从组织管理上进行可行性分析主要包括：

（1）公司领导对信息管理的重视程度和支持力度。

（2）信息管理的基础工作如何，现行管理体制是否规范。

（3）信息管理模式一旦构建，所造成的管理模式、数据处理方式有工作习惯的改变是否能被公司员工接受。

（二）信息管理系统开发的基本程序和步骤（见图9.2）

完成一套成功的信息管理系统开发，应该经历的步骤有以下几个阶段。

1. 信息技术现状评估

信息技术现状评估，是指在着手推行信息管理方案前进行的调查研究工作，它一方面包括对该公司的现有业务规模及发展态势、计算机及网络运用现状、员工知识结构及年龄结构（以确定员工操作培训的难易程度）等总体情况的分析；另一方面还包括问题的识别，即信息管理系统开发的目标。

（1）保险公司业务战略理解。保险公司的资金具有负债性质，众多客户资金以保费的形式集中到保险公司，如果保险公司不能及时按条款设计时的预定利率将其有效地配置到具有稳定收益的资产上，将会承担利差损的风险。保险公司业务战略理解，是指通过科学的信息管理方法和计算机及网络技术的运用，实现对历史数据的统

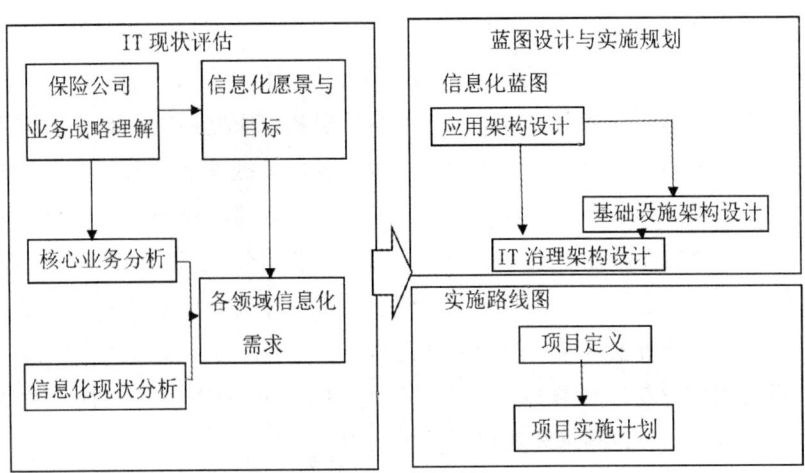

图 9.2 信息系统开发步骤

计分析和对未来趋势的分析，对保险公司的投资决策提供决策参考。同时，运用于投资的结构和规模管理，保持投资规模和现金储备的合理比例，保证保险资金投资期限与保单给付期间相匹配。

（2）信息化的愿景和目标。根本上说是，提高工作效率，为公司决策提供信息依据。传统的公司管理体制存在对外界变化反应迟钝、管理效率低下的缺点，难以适应保险业竞争加剧的挑战，运用信息技术，开发信息管理系统有助于健康保险公司缩短决策时滞，提高经营管理水平。

（3）核心业务分析，又称系统分析，是指在上一步背景调查和可行性分析的资料基础上，建立新系统的逻辑模型，这一步要解决的问题是信息管理系统准备做好哪几件事。

（4）信息化现状分析。其目的在于先建立现行系统的模型，为新系统模型的建立打下基础。其具体内容有：现行系统的系统思想调查、组织机构调查、业务流程调查、信息要素调查、处理方法调查和薄弱环节调查。

（5）各领域信息化需求，指在现行系统调查的结果基础上，用图表的形式直观地表现各领域的信息需求，是整个保险公司信息流动及信息存储的总概括。

2. 蓝图设计和实施规划

系统设计又称物理设计，是根据新系统的逻辑模型来构造物理模型，即根据新系统的逻辑功能要求，结合实际条件，进行总体设计与详细设计，解决"系统该怎么做"的问题。系统设计的具体过程由工程技术人员负责实施。

（1）信息化蓝图。一般地，保险公司基层机构业务的每日现金流量已经相当于一般的中小型生产性企业的规模，而且涉及上下级公司划转、分保支出及赔款摊回、准备金提取等复杂的操作。如此大量的数据处理工作必须通过一套较为完善的信息化蓝图设计来实现自动化,以提高信息利用效率,同时提高保险公司对市场变动的反应灵敏度。

(2)实施路线图。实施路线图是在系统分析、系统设计的基础上,完成程序的编制、测试、数据库的建立、系统的试运行和系统的转换等,将系统的设计付诸实现的过程。路线实施阶段的最主要工作是程序设计。

第二节 健康保险公司信息系统架构

随着科学技术的不断发展,信息化建设在健康保险公司经营发展中所发挥的作用越来越重要。提高保险信息化建设速度,不断提高其市场竞争力,是强化健康保险公司科学决策及管理能力的重要举措,信息化建设也是关系着整个健康保险业的发展和提升竞争力的主要因素。

一、整体架构

健康保险公司逐渐由传统的管理模式走向了现代化的信息管理模式,科学的信息技术架构是保险公司实现高效信息管理的必要条件。图9.3为健康保险公司信息系统的整体架构。

应用功能分为渠道整合层、客户服务层、销售管理与支持层、核心业务处理层、管理分析层、应用集成层与数据集成层。

(一)渠道接入层

健康保险公司打造渠道接入层的方式有两种:一是升级改造现有渠道;二是自建渠道或新建合作渠道。保险公司自有渠道主要包括柜面前置系统、移动行销平台、微信、短信平台、电商平台、客户APP等;合作渠道主要包括银保通、信保通、远程POS出单等。具体如图9.4所示。

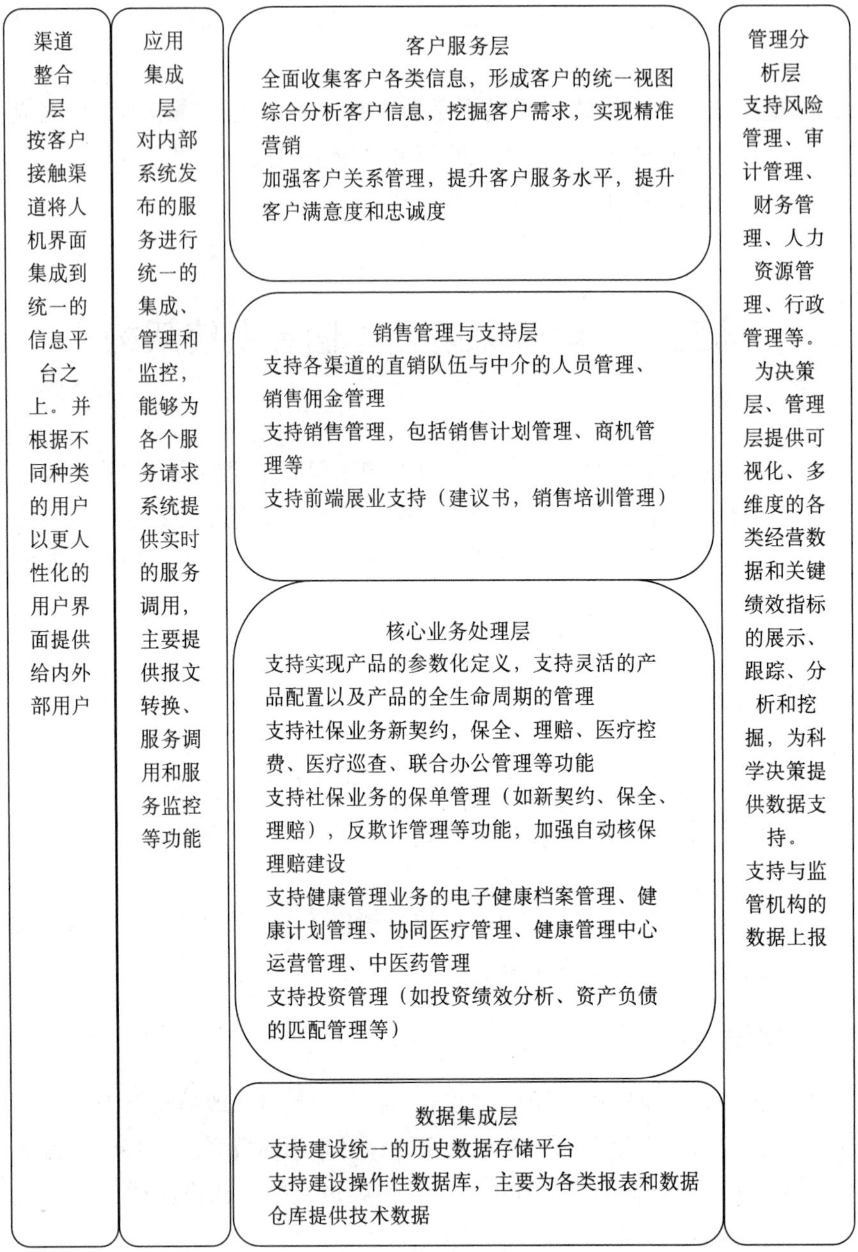

渠道整合层	应用集成层	客户服务层	管理分析层
按客户接触渠道将人机界面集成到统一的信息平台之上。并根据不同种类的用户以更人性化的用户界面提供给内外部用户	对内部系统发布的服务进行统一的集成、管理和监控，能够为各个服务请求系统提供实时的服务调用，主要提供报文转换、服务调用和服务监控等功能	全面收集客户各类信息，形成客户的统一视图 综合分析客户信息，挖掘客户需求，实现精准营销 加强客户关系管理，提升客户服务水平，提升客户满意度和忠诚度 **销售管理与支持层** 支持各渠道的直销队伍与中介的人员管理、销售佣金管理 支持销售管理，包括销售计划管理、商机管理等 支持前端展业支持（建议书，销售培训管理） **核心业务处理层** 支持实现产品的参数化定义，支持灵活的产品配置以及产品的全生命周期的管理 支持社保业务新契约，保全、理赔、医疗控费、医疗巡查、联合办公管理等功能 支持社保业务的保单管理（如新契约、保全、理赔），反欺诈管理等功能，加强自动核保理赔建设 支持健康管理业务的电子健康档案管理、健康计划管理、协同医疗管理、健康管理中心运营管理、中医药管理 支持投资管理（如投资绩效分析、资产负债的匹配管理等） **数据集成层** 支持建设统一的历史数据存储平台 支持建设操作性数据库，主要为各类报表和数据仓库提供技术数据	支持风险管理、审计管理、财务管理、人力资源管理、行政管理等。为决策层、管理层提供可视化、多维度的各类经营数据和关键绩效指标的展示、跟踪、分析和挖掘，为科学决策提供数据支持。支持与监管机构的数据上报

图9.3　健康保险公司信息技术整体架构

第九章 健康保险公司信息管理

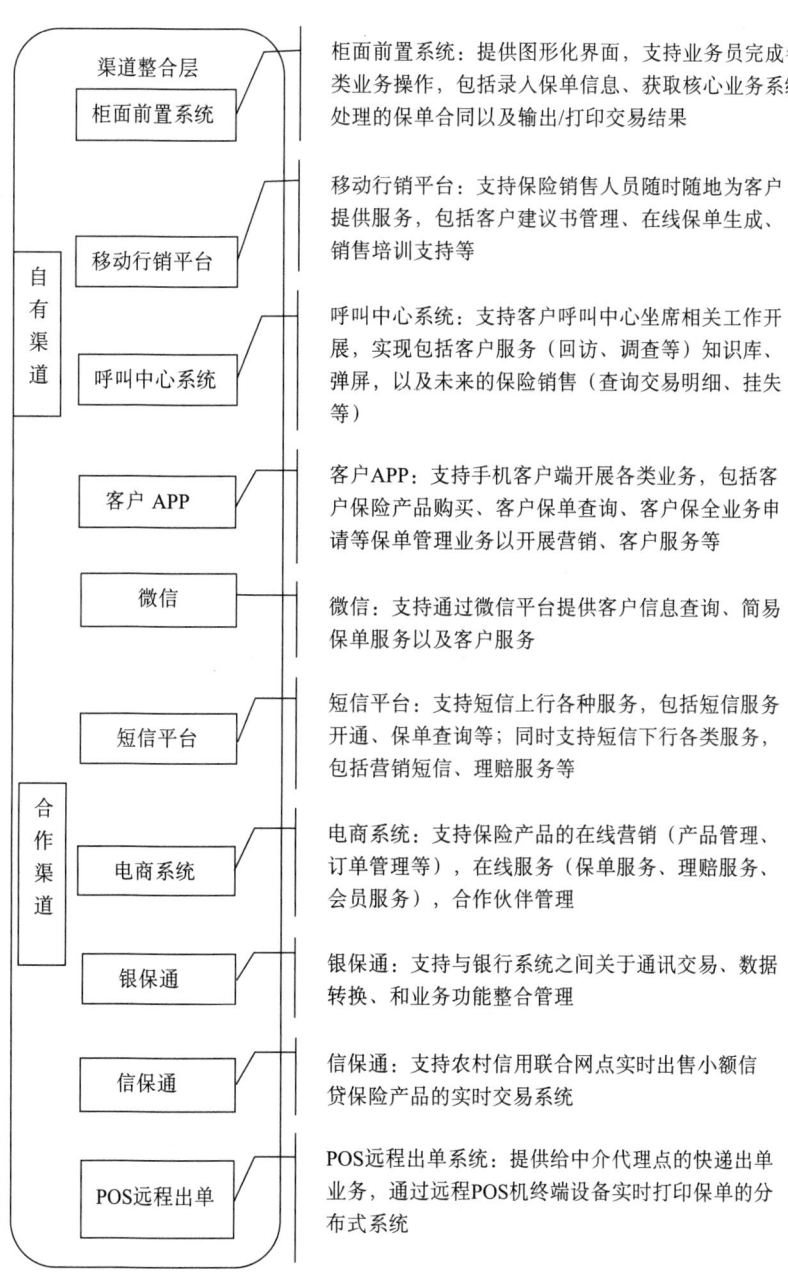

图 9.4　渠道整合层

（二）客户服务层

客户服务层，是近年来健康保险公司新开发的系统，包括建立统一客户视图、客户管理系统两部分。建立统一客户视图可以实现客户基础信息的统一管理，并支持客户基础信息在业务系统间的同步与分享；客户管理系统的建立实现了对营销管理、服务管理等业务运营提供作业平台支持，提高业务流程效率和运作水平，通过挖掘客户及业务各方面的数据，依据分析模型，对客户、营销、销售和服务进行多维度分析，建设基于数据集市和数据仓库的客户相关主题分析，为公司各类人员提供客户相关的洞察信息。

专栏 9.1

数据结构

数据一般分为三种类型：结构化数据、半结构化数据和非结构化数据。

结构化数据（Structured Data）一般是指存储在数据库中，并且具有一定逻辑结构和物理结构的数据，可以用二维表结构来逻辑表达实现的数据，简单来说就是数据库，而其最为常见的是存储在关系数据库中的数据。取得的系统信息一般都会保存在某个指定的关系数据库中，数据按业务分类，并设计相应的表，然后将对应的信息保存到相应的表中。

半结构化数据（Semi-structured Data）是介于完全结构化数据和完全无结构的数据之间的数据。它一般是自描述的，数据的结构和内容混在一起，没有明显的区分。半结构化数据包括网上检索数据、气象信息、水质数据、汽车位置信息、SNS 上的状态和留言、监控影像等等。Web 上的一些数据，比如 HTML 文档就属于半结构化数据。

非结构化数据（Unstructured Data）一般指结构化数据以外的数据，这些数据不存储在数据库中，而是以各种类型的文本形式存放。非结构数据包括所有格式的办公文档、文本、图片、日志、各类报表、图像、音频、视频信息等等。

（三）销售管理与支持层

健康保险公司主要通过改造现有系统和新建系统，来建立信息系统的销售管理与支持层。主要包括销售管理系统、销售中介系统、销售支持系统、人力资源管理系统、集团交叉销售系统（见图 9.5）。

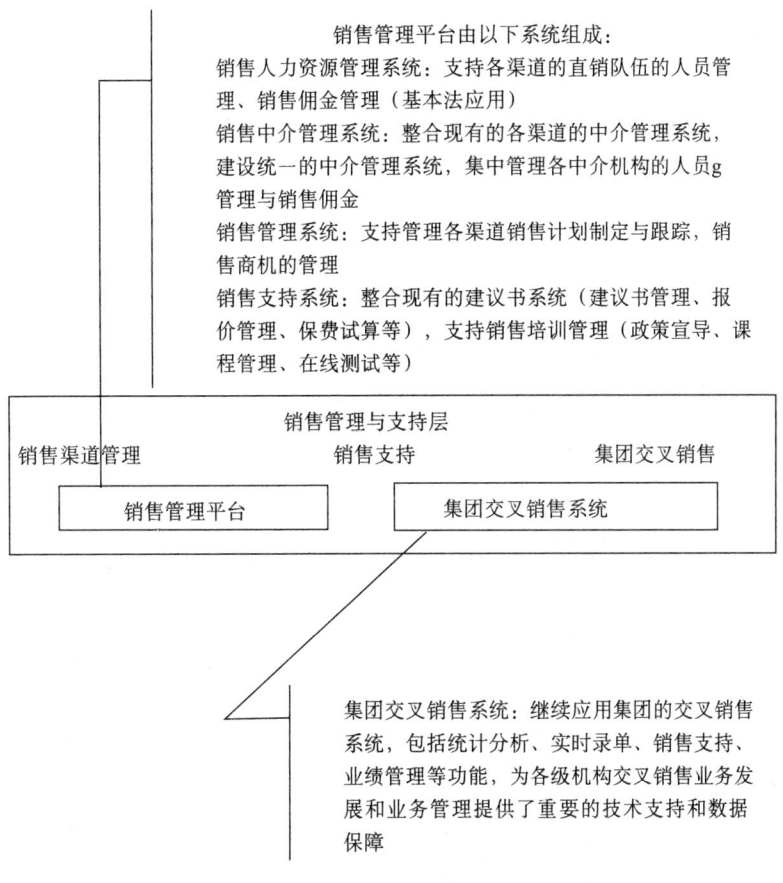

图 9.5 销售管理与支持层

(四) 核心业务处理层

核心业务处理层,是应用系统群的中心。健康保险公司核心业务处理层,主要包括产品管理系统、投资管理系统、社保业务系统、商保核心系统、健管业务系统等(见图 9.6)。

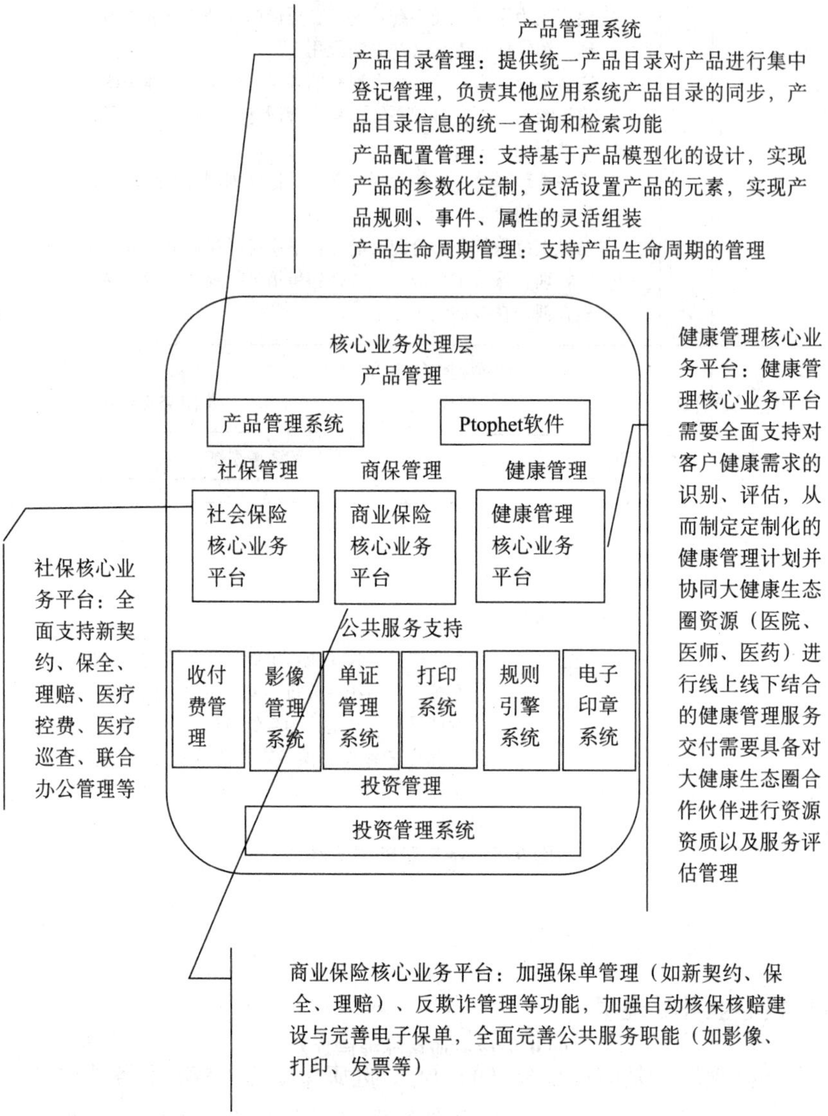

产品管理系统
产品目录管理：提供统一产品目录对产品进行集中登记管理，负责其他应用系统产品目录的同步，产品目录信息的统一查询和检索功能
产品配置管理：支持基于产品模型化的设计，实现产品的参数化定制，灵活设置产品的元素，实现产品规则、事件、属性的灵活组装
产品生命周期管理：支持产品生命周期的管理

核心业务处理层
产品管理
- 产品管理系统
- Ptophet软件

社保管理 / 商保管理 / 健康管理
- 社会保险核心业务平台
- 商业保险核心业务平台
- 健康管理核心业务平台

公共服务支持
- 收付费管理
- 影像管理系统
- 单证管理系统
- 打印系统
- 规则引擎系统
- 电子印章系统

投资管理
- 投资管理系统

健康管理核心业务平台：健康管理核心业务平台需要全面支持对客户健康需求的识别、评估，从而制定定制化的健康管理计划并协同大健康生态圈资源（医院、医师、医药）进行线上线下结合的健康管理服务交付需要具备对大健康生态圈合作伙伴进行资源资质以及服务评估管理

社保核心业务平台：全面支持新契约、保全、理赔、医疗控费、医疗巡查、联合办公管理等

商业保险核心业务平台：加强保单管理（如新契约、保全、理赔）、反欺诈管理等功能，加强自动核保核赔建设与完善电子保单，全面完善公共服务职能（如影像、打印、发票等）

图9.6 核心业务处理层（1）

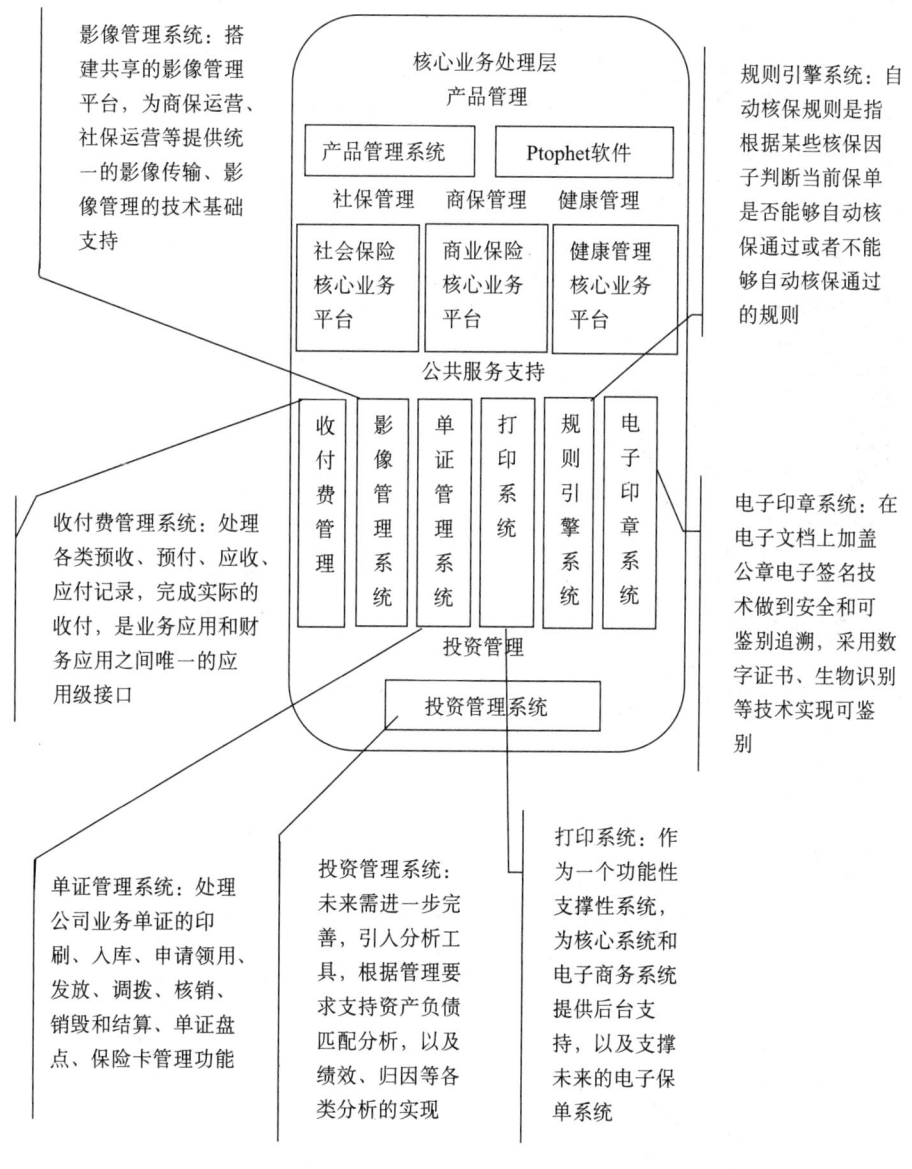

图 9.7 核心业务处理层（2）

（五）管理支持层

管理支持层，作为应用系统群的基础，主要包括风险管理系统、审计系统、反洗钱系统、SAP 财务管理系统、资金管理系统、固定资产管理系统、人力资源管理系统、培训管理系统等（见图 9.8）。

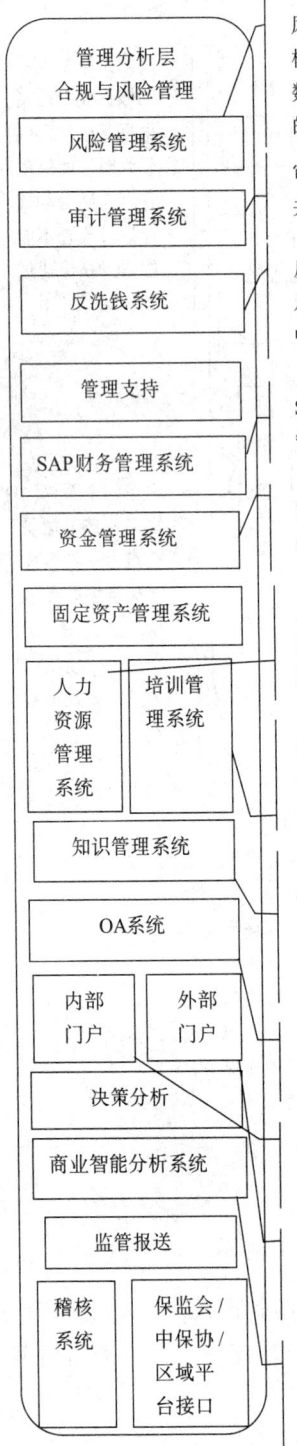

风险管理系统：目前风险管理系统包括前台展示模块和后台功能模块，能够实现风险指标定义、风险评估、风险应对、风险分析、数据管理等功能，初步满足风险管理的需求，但与未来"偿二代"的监管要求仍有一定的差距

审计管理系统：未来完善审计管理系统，增强审计工作流管理，并且加强对核心业务系统的数据集成，加强非现场审计管理

反洗钱系统：根据设定的相关大额及可疑数据提取规则，每天从核心业务系统抽取符合要求的交易数据，在反洗钱报送系统中实现分、总公司两级审批流程及上报报文的生成

SAP财务管理系统：支持会计核算、成本管理、资金管理、预算管理等功能

资金管理系统：支持会计核算、成本管理、资金管理、预算管理等功能

人力资源管理系统：为全公司人力资源管理提供支持，包括员工基础信息管理、招聘、培训、发展薪酬管理等，并通过员工自助服务平台为员工提供自助信息获取渠道

培训管理系统：为全公司人力资源管理提供支持，包括员工基础信息管理、招聘、培训、发展薪酬管理等，并通过员工自助服务平台为员工提供自助信息获取渠道

知识管理系统：支持全公司各类非结构化知识的集中管理和共享，各个业务部门按照预先设计的知识结构提交相关知识，并可在权限范围内对知识进行检索、阅读、下载等操作。知识管理系统可基于统一的内容管理平台进行构建

OA系统：实现办公自动化，提供包括公文管理、流程协同、文档管理、组织文化建设的相关功能，并支持移动办公

内部门户：保险公司内部系统的统一登录门户，实现相关系统的单点登录

外部门户：保险公司品牌宣传、业务介绍、人才招聘以及业务接入，如电商网站等功能的统一展现门户

商业智能分析系统：为管理层提供及时、准确的经营分析数据，并通过仪表盘等工具进行直观展示和预警，经营分析数据应涉及客户、财务、风险、人力资源等不同指标

图 9.8　管理分析层

（六）应用集成与数据处理层

应用集成与数据处理层为整个应用系统群提供技术支持，主要包括保险公司服务总线（ESB）、数据仓库、操作型数据存储三个部分。

二、应用系统

应用系统是健康保险公司信息技术整体架构的核心，信息管理所有的过程和环节都是通过应用系统来完成的。应用系统是指开放、高效、灵活、安全可靠的高内聚、松耦合的应用系统群，覆盖所有业务和管理操作领域。应用系统主要由三大业务板块、统一健康管理平台组成。

（一）三大业务板块平台

健康保险公司主要承保医疗保险（Medical Insurance）、疾病保险（Sickness Insurance）、护理保险（Nursing Insurance）、失能收入损失保险（Disability Income Loss Insurance）等主要险种，而这些险种又分别细分了许多小险种。这其中既有政策性保险又有商业保险，参保人数众多、社会影响大、涉及面广、业务复杂等因素直接决定了健康保险公司的信息系统必然十分复杂、庞大。健康保险公司通过构建社保业务信息系统、商保核心业务系统、统一健康管理平台三大板块业务平台，分别处理各自业务的核心流程。同时，建设统一的公共服务支持系统，共同支撑公司三大业务板块协同发展（见图9.9）。

（二）统一健康管理平台

对于健康保险行业而言，可以获得的数据来源包括：

1. 客户健康档案

通过多渠道动态收集客户健康体检档案、电子病历档案、健康问卷档案、基因检测档案、医学影像档案等影响保险决策的基本信息，全方位掌握客户身体健康状况并规范、科学地记录保存，建立客户健康信息系统。客户健康信息系统的建立对于保险精算、保险公司防范风险都有着重要的意义。

2. 医疗保险公司数据

健康保险费率的制定、保险金的制定及理赔金的确定都基于医疗保险公司的基础数据。全面记录医疗保险公司医疗成本、临床数据、病人行为数据等信息有助于保险公司掌握实时风险成本，便于对健康保险产品进行风险评估。

3. 行业平台信息

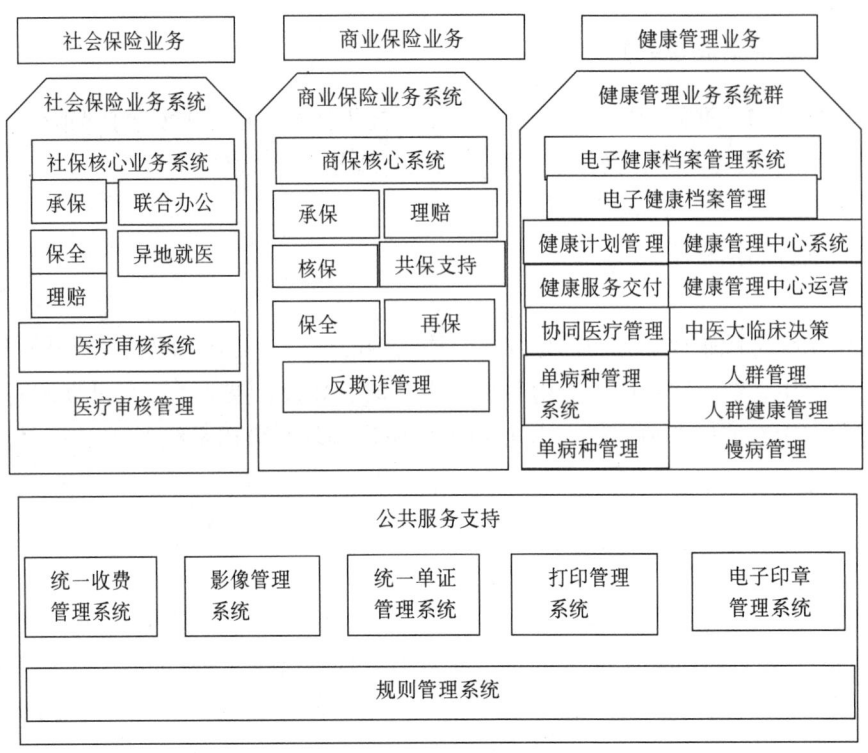

图 9.9 健康保险公司三大业务板块平台

2014 年 1 月 15 日，我国成立了保险行业数据公司——中国保险信息技术管理有限公司，为保险公司之间及保险业与其他行业之间的信息交互提供支持，但是客户数据如何共享、如何输出、利益如何分配、如何兼顾数据不泄密又能串联使用，则需要制定若干标准和长期的探索。

4. 政府信息

通过与政府社保信息系统全面连接，充分实现信息共享，并实现理赔数据的自动流转。系统收集政府公布的社保信息，有效了解各地大病保险运行情况，合理保障保险基金。通过与社会保障部门建立信息交流获取投保人往期理赔信息、疾病信息、社保信息等数据防范风险。

健康保险公司信息来源非常广泛，然而这些数据难以系统化，使得保险公司对客户信息的利用效率不高。在信息管理技术的使用下，来源广泛、繁杂无序的数据通过统一的信息管理转变为更加集中、系统、规范的信息。保险公司通过建设统一的客户视图（见图 9.10），集中管理客户信息，并支持客户基础信息在业务系统间同步与共享，保证客户基础信息的一致性，充分利用已有客户信息对其实现更具个性化的保险服务。

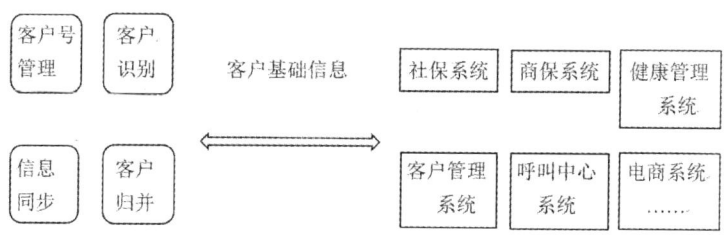

图 9.10 健康保险公司统一客户视图

三、基础设施

广义来说,是指系统软硬件、存储、网络设备等支持信息数据收集、加工、应用等一系列流程的基础工具。主要包括信息系统运行维护、信息系统安全等级保护、信息系统机房建设、信息系统灾备。信息系统运行维护主要保障保险公司信息系统的长期稳定运行,减少发生故障的次数,延长信息系统使用时间。信息系统运行维护是保障其持续有效工作的重要环节。信息系统安全等级保护通过定期测试系统安全系数,及时发现安全隐患并及早采取措施,保障信息系统的安全运行。通过异地建设备份信息系统转移重大灾难的风险,保证保险公司基础数据和重要资料在重大灾难中不被损毁。

(一) 机房建设 (Computer Room Construction)

机房建设,指的是通过建设灵活性强、模块化高的布局网络实现基础数据的连接、控制、管理的设备。同时,为保险公司提供安全、便利的环境,实现低成本、高效率的目标。

(二) 网络建设 (Network Construction)

网络建设,指的是通过使用标识语言,将电子形式的信息进行建模、设计,从而转化为图形、文字、动画、表格等形式供用户查阅。简单来说,网络建设就是按照设计者的想法设计网站、输出信息。

(三) 服务器、储存建设 (Storage Server Construction)

典型服务器会被配置一种功能或同时具备多种功能,具备足够的储存空间以便应对不同的应用需求。而储存服务器是为特定目标而设计的、配置方式不同的服务器。服务器、储存建设是指构建满足特定需求的服务器与储存架。

(四)信息技术(Information Technology)

信息技术是用于获取、管理、处理信息的各种技术的总称。信息技术包括通信技术、计算机技术、电子技术、光纤技术、应用软件开发技术等。广义的信息技术,是指人充分利用信息器官进行信息的收集和处理;狭义的信息技术,是指利用计算机、网络等设备对信息进行加工、存储、传播。

(五)信息安全体系(Information Security System)

信息安全体系建设是指通过互联网、计算机技术建设一系列信息安全体系来保障公司内部信息的安全,包括事前信息泄露防范、事中信息泄露防损、事后信息泄露止损。在互联网时代,信息安全体系的建设是保险公司立足的根本。

(六)灾备建设(Disaster Prevention Construction)

灾备建设,是指为了削弱重大灾难的发生对公司造成的影响,防止客户信息和公司关键资料的损毁,在异地建立的信息备份系统。灾备建设主要包括三种形式:自建灾备中心、共建灾备中心、外包模式。

四、IT 治理

IT 治理是 IBM 最早将此理念引入中国。IT 治理是公司治理在信息时代的重要发展,使得 IT 的应用能够完成组织赋予它的使命,确保实现组织的战略目标。IT 治理是公司治理的一部分(见图 9.11)。所谓公司治理,1999 年出版的《公司治理的基本原则》一书所下的定义为:为确定组织目标和确保目标实现的绩效监控所提供的治理结构。本文主要从 IT 组织结构、团队建设、管理机制三个方面介绍健康保险公司的 IT 治理。

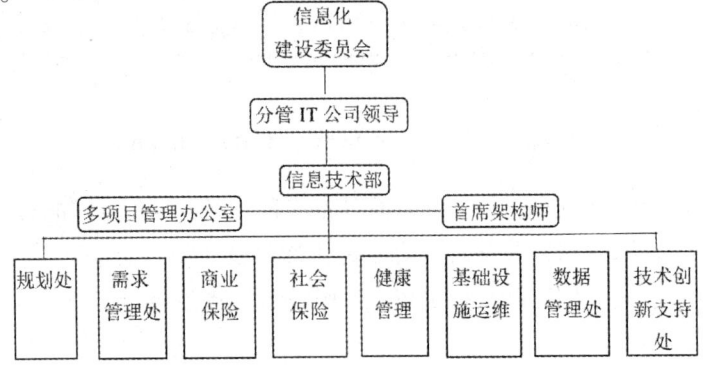

图 9.11 健康保险公司 IT 组织架构

（一）IT 组织结构

IT 组织架构，是界定组织中各相关主体在各自方面的治理范围、权力责任及其相互关系的准则，是 IT 治理的核心。保险公司各机构职权的分配以及各机构间的相互协调的强弱直接影响到治理的效率和效能，对 IT 治理效率起着决定性的作用。确定现代化的 IT 组织架构是建立高效信息管理组织的基本条件，健康保险公司在选择符合公司发展需要的组织架构时，必须对保险行业特点、公司的行业地位、竞争状况、资本结构、产权结构、组织结构、人员结构、发展战略或阶段目标、政策环境和内外部资源条件等方面进行详细调查分析，并系统归纳保险公司的优势与劣势和现有管理体制存在问题。

（二）团队建设

随着现代技术的发展，工作种类日益复杂、多样，知识型工作已经逐渐超越体力工作成为社会的主导工种，其生产率也成为衡量一个国家和地区经济发展的重要指标。同样，对于健康保险公司而言，专业技术人才也是影响公司发展的重要因素。健康保险公司专业性能较强，在医疗健康管理、医疗需求管理、整体架构、项目管理、新技术使用等方面都需要专业人才。保险公司做好团队建设一方面体现在信息化人才、信息技术人才、保险专业人才的引进；另一方面体现在省级分公司配备专业信息技术人才，从而保证信息化建设成果在基层有效落地。同时，总部 IT 骨干作为服务专员，与所有地市结对，提供 IT 支持服务，了解基层真实需求，解决基层实际问题。

（三）管理机制

管理机制，是指管理系统的结构及其运行机理。管理机制本质上是管理系统的内在联系、功能及运行原理，是决定管理功效的核心问题。健康保险公司管理机制主要包括：根据组织架构和保险公司需求管理模式以及 PMI 项目管理框架，制定需求管理、项目管理流程，明确项目各阶段绩效指标；设立项目管理办公室（PMO），成立业务、IT 项目联合管理团队（某些项目根据实际情况由业务部门主导），在项目实施不同阶段明确各角色职责，实现项目整个生命周期的管理；建立 IT 采购流程、制度，加强部门全体人员的责任意识，阳光、透明、有效地执行 IT 预算；持续改进、完善 IT 流程与制度，实现用制度指导工作开展的局面。

第三节 健康保险公司信息系统分类管理

目前,健康保险公司横向上的业务领域主要包括商业健康保险业务、政府经办业务和健康管理业务等,纵向上管理条线可分为风险管理、审计、客户服务等,健康保险公司的信息系统也按照不同业务不同管理板块分为不同的子系统。随着大数据、物联网、区块链等新技术的发展,健康保险公司将"信息技术+""互联网+"等创新思维全面融入公司产品开发和经营管理过程中,与保险公司的产品、销售、客户服务等全方位结合,通过助力"三大业务板块+信息技术"和"信息技术+三大业务板块"并重发展,实现线上线下的无缝衔接,为客户提供全面、便捷的O2O健康保险、政府经办服务、健康管理服务,成为健康保险公司未来的发展方向和制胜法宝。

一、政府经办业务信息系统

社保业务信息系统,既能够支撑健康保险公司对政府委托业务的运营管理,也能够提升健康保险公司承保政府委托业务服务能力,是健康保险公司政府委托业务领域的核心竞争力(见图9.12)。

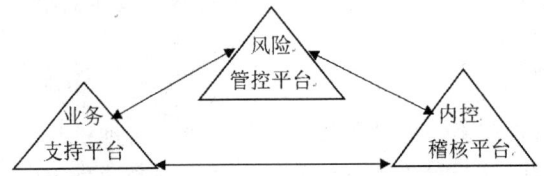

图9.12 健康保险公司社保业务信息系统

健康保险公司社保业务信息系统,主要包括三个部分:风险管控平台(联合办公、智能审核、理赔管理及健康管理)、业务支持平台(销售管理、承保管理和保全管理等模块,负责社保业务的契约、承保管理)、内控稽核平台(绩效考核、查询及风控稽核)。

社保业务信息系统的建设实现了对传统社保业务处理的突破和创新,主要体现在:

(一)系统对接

通过与政府社保系统及医院系统对接,明确流程规则,以客户为中心,实现理赔数据的自动流转，实现医保理赔、大病理赔一体化，解决异地就医难的问题，从而帮助社保部门贯彻客户服务标准，管理与客户交往的业务行为，跟进相关事件的处理过程与进度，提升客户满意度。

（二）智能办公

通过联合办公、智能审核、移动巡查 APP 相结合，形成事前预防、事中控制、事后审核的医疗控费一体化机制，实现诊疗全过程监控，最大程度确保费用支出的合理性。

（三）管理升级

引入 OCR 识别技术和自动化的联合办公平台、智能审核系统，手工操作将大量减少，工作效率大幅提高，实现社保业务的精细化管理。

（四）风险防控

通过社保业务系统进行风险预警数据的获取（如基金筹资总额、基金支出总额、基金年结余率、参保人数增长率等），能够有效了解各地大病保险运行情况，根据风险预警等级提出相应举措，保障基金运行安全。

二、商业健康保险核心业务系统

健康保险公司商保核心业务系统的创新性主要体现在：一是全渠道，支持公司个险、团险、银保、社保、互动、健管、电商七大渠道的个人、商业团体、社保业务运营管理。二是全险种，支持公司包括医疗、重疾、万能、分红、失能、健管等产品销售。三是全流程，功能涵盖产品定义、契约核保、保全、续期续保、理赔等健康险系统的运营支持模块。

商业健康保险核心业务系统，采用大集中模式，即数据统一存储，应用统一部署，分支机构联网访问，需求、管理、运营高度统一，规则、流程的标准化等，为公司业务的快速开展奠定基础。商保核心系统与数十个应用系统对接，提供业务、数据、监管支持（如图 9.13 所示）。

目前，我国健康保险公司商保核心业务系统的建设已经经历了十余年的建设，智能化和专业化水平逐步提升。但是随着技术的发展和竞争的加剧，健康保险公司的信息系统建设还可在以下几个方面继续努力：

（一）开发电子核保专家系统

借鉴国际领先风险管理经验，开发电子核保专家系统，保险公司风险管控能力可

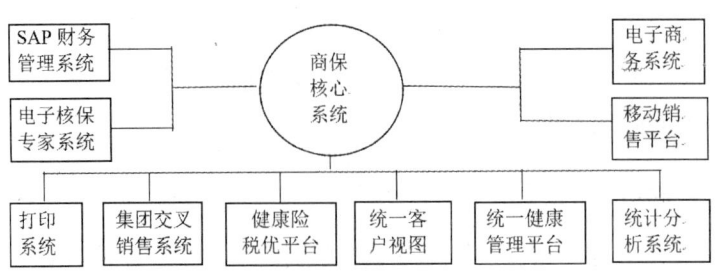

图 9.13 健康保险公司商保核心系统

实现跨越式提升,引领健康险行业智能化核保。通过 Pad 端投保动态收集客户风险信息,专家核保系统完成智能核保,实现对客户风险全面、专业和高效的管控,提升保险公司风险管控领域的核心竞争力。

专栏 9.2

电子核保专家系统

与寿险核保相关的信息技术,主要是指人工智能的一个重要分支——专家系统。"专家系统"是以随机态度无程序化约束地解决问题的计算机程序。这种程序是从人类专家身上获取知识,然后模拟人类的论证推理能力。因此,该系统也被称为知识基础系统或推理系统。他们模拟的智能活动是解决问题,应用的是知识而不仅仅是信息。那么这种区分的本质何在呢?孤立存在的信息没有内涵,知识却具有透视事物本质的属性。例如,一张列有血压的表格提供的是信息,读取这张表格、分析血压的升降进而再把血压升高需要治疗这一思维过程联系在一起,就是对高血压知识的应用。医学专家系统已经在肺功能检验、风湿性疾病的诊断、回顾临床病理学会议、采取适当方式治疗某种特定癌症以及对疑似心肌缺血患者的评估等诸多方面得到广泛应用。一项前瞻性研究结果显示,该程序诊断的准确性要优于病房诊断小组做出的诊断,相当于顾问医生对住院患者的诊断。除此之外,还有更专业化的"专家系统"和"决策辅助系统"。

专家系统的优势在于提高速度和准确性以及提供核保指导。目的是让系统去做常规保单件的处理,让人去处理那些特殊的、需要解决问题的保单件(尤其是以非正常费率投保的保单件)。国外许多公司开发了此类系统并取得了执照,效果十分明显。据统计,15%~50%的保单件可以在核保员不参与的情况下得到处理。正如一位核保员所说:"该系统节省了核保员的时间,使其有精力去处理更复杂、更需要时间的保单件……这是我们安装这一系统的原因之一。"

资料来源:方力,叶跃. 专家系统在寿险核保中的应用[J]. 保险研究,2000.08.

（二）引入移动互联技术

加快引入移动互联技术，实现全程无纸化出单。通过 Pad、电商、微信等多种投保方式，并集成第三方支付、电子签名和电子印章等技术，实现全程无纸化出单，提升出单效率和客户服务水平，降低公司运营成本，确保行业先进水平。

（三）与医院的信息系统互联互通

加速推广实时结算，提升理赔服务能力。通过具备行业领先水平的一站式理赔实时结算系统建设，以及与合作医院的连通，提供客户在医院对商业健康险一站式实时结算服务，提高理赔时效和客户体验，提升客户服务水平。

三、统一健康管理平台

统一健康管理平台，是健康保险公司构建健康生态圈的重要举措之一。统一健康管理平台主要由两部分构成：

（一）客户健康系统管理档案

负责对客户健康档案（包含健康体检档案，电子病历档案，健康问卷档案，基因检测档案，医学影像档案等）进行规范、科学的记录保存。实现多渠道信息动态收集，满足客户自我保健、健康管理、健康决策等相关的信息资源。以客户健康相关指标为核心，提供存储、查询、分析等功能，全面展现客户健康情况和历史变化趋势。

（二）健康管理服务运营系统

负责对公司健康管理产品、服务和资源进行统一管理，规范服务交付流程、服务绩效、供应商等相关业务操作流程，打通公司内外部客户端整合服务流程，提供全渠道、一体化服务。其功能主要包含服务运营管理功能、服务运营定义与服务交付管理功能、慢病管理功能和与公司多个渠道系统和后台系统等外部系统互联互通。

统一健康管理平台的主要特点有：灵活可配置，通过配置产品、服务、队列、流程等，快速支持产品和业务创新。以客户为中心的一体化统一健康管理平台，集成了多种服务渠道，通过多系统协同工作实现了业务流程的整合。通过统一的产品和服务流程定义，实现了全公司健康管理服务的标准化管理。

统一标准的健康档案数据：基于国家标准的电子病历及个人健康档案数据模型及特有数据模型扩展；统一用户基础信息；海量健康档案数据的存储；外部服务机构健

康档案采集：通过数据采集子系统，实现与医疗机构、体检中心和其他合作机构的模型对照和数据采集，并对采集数据的质量进行监控管理。

四、风险管理信息系统

风险管理信息系统，是运用信息技术对风险进行管控的系统，它是管理信息统的重要组成部分，管理人员可借用信息技术工具嵌入业务流程，实时收集相关信息，从而对风险进行识别、分析、评估、预警，识别并制订对应的风险管控策略，处理现实的或者潜在的风险，控制并降低风险所带来的不利影响。

风险管理信息系统，是健康保险公司信息管理与风险控制的核心系统，主要源自于健康保险公司风险具有多样性和复杂性。健康保险公司通过向投保人收取保险费来承保被保险人发生伤病后的损失风险，而实际的医疗费支出和收入损失由于种种原因经常会偏离预期的结果，使得健康保险的经营充满了变数。保险人、投保人和医疗服务提供者三方在追求各自利益最大化时的冲突以及保险人较粗犷的经营管理方式是健康保险风险产生的主要原因。健康保险公司的风险因素主要分为内在风险因素和外在风险因素。内在风险因素主要是指因为保险公司经营管理不规范、不严格所带来的风险，体现在业务流程上，即产品设计、承保以及理赔过程中的一系列风险。外在风险主要是指来自于投保方的风险、开放保险市场带来的竞争风险以及社会经济环境变化所导致的经营风险。主要包括投保方逆选择和道德风险、医疗机构风险、社会环境风险、市场风险等。

从风险管理系统的组织构建来看，我国健康保险公司模式下的风险管理组织主要由三个层级构成，每个层级都建立和完善授权制度，确定从保险公司董事会到各子公司的具有明确风险管理职责的责任制度（如图9.14所示）。

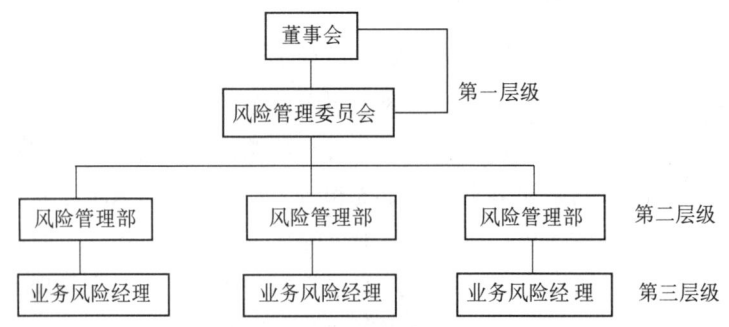

图9.14 健康保险公司风险管理系统组织架构

第一层级——集团董事会以及风险管理委员会。集团董事会是风险管理系统层级最高的机构，对各种风险负最终承担责任。而其风险管理的责任由风险管理委员会来负责行使,风险管理委员会专门负责制定风险管理战略、目标规划和基本方针,对保险公司风险进行全面统一的管理,为公司制定发展战略和日常经营提供重要决策支持与依据。第二层级——子公司风险管理部。风险管理部作为独立部门,接受风险管理委员会的领导,是具体管理保险公司业务风险的牵头部门。其主要根据集团的风险管理战略要求,制定具体的风险管理策略并组织实施,并向各分公司派驻风险管理小组,具体执行风险管理的各个步骤,包括行使风险度量、风险评价、风险报告和风险预警等职能。风险管理部设立首席风险管理官(CRO),作为子公司风险管理的最高执行官。第三层级——子公司业务部门的风险经理。子公司在各业务部门内设立风险管理岗或者风险管理小组,由经风险管理部认可的风险经理担任,对本部门负责人和风险管理部双重负责,由风险管理部进行业务指导。风险经理作为整个系统的基层人员,在实现集团风险管理目标的基础上具有相当大的自主权,主要体现在可以自主制定其分管地区的风险管理细则,对其业务风险和资金风险具有管理权力。以上风险管理组织架构中的所有层级部门在日常风险管理过程中又通过自上而下决策与自下而上的信息反馈线路贯穿为一个整体,并且在风险管理的系统支持下形成风险管理的动态循环。

五、审计信息管理系统

健康保险公司审计信息管理系统,是指保险公司内部专职人员通过信息系统实现对本单位和下属单位会计资料及其所反映的相应业务、财务活动进行的监督和审查核实。总公司实行总经理领导下的总稽核负责制系统。各级保险审计机构同时接受同级国家审计机关和中国人民银行稽核部门的业务指导。

健康保险行业审计系统,主要任务包括审查保险展业、防灾和理赔工作是否做到"合法""合理""真实"和有效。展业、防灾和理赔工作必须认真贯彻执行国家有关方针政策和法律、法规以及保险合同的规定。既要提高保险公司的自身经济效益,也要充分发挥保险促进生产和保障人民生活安定的积极作用。审查财务收支和各项经济活动是否"正确""真实"与"合法",主要有以下几个方面内容:

一是查明各种凭证、账目、报表等资料所反映的经济活动是否存在虚假不实、营私舞弊或铺张浪费。根据实际情况提出建议,改善保险业的经营管理。

二是审查是否管好用好流动资金。保险公司的流动资金是保证其履行补偿职能的保险基金。它必须在保险公司的全部资金中占相当的比重。只有管好、用好流动资金及有价证券,才能保证保险公司经营活动的正常进行。

三是对固定资产管理进行审计监督。通过对固定资产的全面核算与监督,避免国有资产遭受损失,改进管理,提高保险保险公司的经济效益。

四是对专项基金进行审计监督。保险公司专项基金有各种业务准备金、利润留成项目下的专项基金等。管好、用好各项专用基金有利于正确处理保险人与被保险人之间的经济利益关系,稳定保险事业的经营;有利于正确处理国家、保险公司和个人之间的经济利益关系;有利于调动职工的积极性,促进保险事业的健康发展。

五是对保险公司偿付能力的审计监督。保险公司有足够的偿付能力才能承担补偿义务。对内部控制制度的健全、有效及执行情况进行监督检查。

第四节　新技术在健康保险公司信息管理中的应用

随着以信息技术为特征的新科学技术革命的发展,经济和产业结构加速变迁,初具雏形的大数据产业生态对金融和保险行业产生日益深刻的影响。全球范围内,保险行业正处于科技推动变革的时期,以互联网、移动通讯、社交网络、云计算和大数据为代表的数字化技术,正在加速影响着健康保险公司经营管理的日常运作。国务院2015年印发了《促进大数据发展行动纲要》,良好的政策环境为大数据的发展创造了极好的发展条件,同时随着数据资源的爆发式增长、专业化大数据保险公司的崛起,大数据的应用逐渐从理论变成了现实,催生着保险业大数据时代的到来。

一、保险科技的内涵

保险科技（InsurTech）,或称科技保险,是指综合运用互联网、大数据、人工智能、区块链等新的科学技术,通过对保险公司产品创新、营销管理、核保理赔管理、信息管理等保险经营管理活动进行根本性的重构和改造,以提升保险行业相关主体的价值。保险科技已经成为引领整个保险行业创新发展的坚实基础和技术支撑,这不仅对于拓展保险行业价值链、提升保险公司经营效率,而且对于充分发挥保险的风险管理功能、促进国家治理体系的现代化,都具有重要意义。保险科技所包含的一些新技术主要有：

（一）移动互联网

移动互联网,是将移动通信和互联网二者结合起来成为一体。在广义上说,移动互联网,是指用户可以使用手机、笔记本等移动终端通过协议接入互联网。而狭义的移动互联网,则是指用户使用手机终端通过无线通信的方式访问采用 WAP 的网站。移动互联网的优势决定其用户数量庞大,为大数据提供了无数的数据来源端。

（二）物联网

物联网，指的是将无处不在的末端设备和设施，包括具备"内在智能"的传感器、移动终端、楼控系统、家庭智能设施、视频监控系统等，通过各种无线或有线的长距离或短距离通讯网络实现互联互通、应用大集成以及基于云计算的 SaaS 营运等模式，在内网、专网或互联网环境下，采用适当的信息安全保障机制，提供安全可控乃至个性化的实时在线监测、定位追溯、报警联动、调度指挥、预案管理、远程控制、安全防范、远程维保、在线升级、统计报表、决策支持、领导桌面等管理和服务功能，实现对"万物"的"高效、节能、安全、环保"的"管、控、营"一体化。

（三）射频识别

射频识别技术，又称电子标签，是一种自动识别技术，是一项利用射频信号通过空间耦合（交变磁场或电磁场）实现无接触信息传递并通过所传递的信息达到识别目的的技术，英文简称为 RFID。射频识别系统能穿透雪、雾、冰、涂料、尘垢和条形码无法使用的各种恶劣环境并以极快的速度（大多数情况下不到 100 毫秒）阅读标签。

（四）人工神经网络

人工神经网络，是从信息处理角度对人脑神经元网络进行抽象，建立某种简单模型，按不同的连接方式组成不同的网络，是由大量处理单元互联组成的非线性、自适应信息处理系统，通过模拟大脑神经网络处理、记忆信息的方式进行信息处理。

（五）区块链

区块链，是指通过去中心化和去信任的方式集体维护一个可靠数据库的技术方案，是一种类似于 NoSQL（非关系型数据库）的技术解决方案的统称，并非特指某种技术。该技术方案主要让参与系统中的任意多个节点，通过一串使用密码学方法相关联产生的数据块，每个数据块中包含了一定时间内的系统全部信息交流数据，并且生成数据指纹用于验证其信息的有效性和链接下一个数据库块。

专栏 9.3

Jini 技术

Jini 技术是利用 Java 技术建立起来的。它具备了跨平台操作的能力，并可以在以网络为中心的计算模式的基础上开发。其主要内容可以用一个目标、两大特点、三种功能概括。

1. 一个目标

彻底冲破网络复杂连接方式所造成的壁垒，使网络连接极大地简化，要做到"即插即用"。

2. 两大特点

（1）可在任何时间、任何地点将任何智能器具接入 Internet。这里的智能器具是指带有处理器芯片的器具（包括从电视机、录像机、电冰箱、洗衣机、微波炉到打印机、PDA 和可视电话等在内的所有家用电器和办公设备）。

（2）利用智能接口直接连入网络，无须任何操作系统或其他硬件支持，即可实现网络与一切智能器具（也称含有 Jini 技术的器具）的无缝连接。

3. 三种功能

（1）即时上网。某些 Jini 器具一旦把电源接通，在保留该器具原有全部功能的同时，立即成为 Internet 上的一个节点。

（2）即时服务。Jini 器具一旦接入即可向整个网络提供服务，例如，旅游中仍可遥控自己家中的电视机、录像机或电冰箱，还可将家中录下的节目发送到指定地点的电视机去播放。

（3）即时组合。用户可以即时创建由个人拥有的各种 Jini 器具所构成的网上组合，这种组合相当于一个可随身携带的非常个性化的小型子网，能很好地满足个人在学习、工作、生活、娱乐等多方面的特定需求。

资料来源：陈福集. 信息系统技术概论 [M]. 高等教育出版社，2008.

二、未来健康保险市场特征——基于新技术的使用

新技术在健康保险公司信息管理中的应用，表现为保险行业各环节运用不同的科学技术，也就是说产品设计、定价、销售、理赔等在内的几乎所有保险链条都被区块链、人工智能、大数据等科技手段重塑，从而提升健康保险行业质量效率和健康保险公司的经营管理水平。

（一）新型营销渠道

互联网以及移动设备的不断渗透为健康保险公司开发新型营销渠道提供了可能。传统保险营销模式主要以直销、代销等面对面的营销方式为主，手续繁琐费时且消费者主动性不高。近几年，在互联网飞速发展的条件下，几乎所有的保险公司都建立了自己的网页网站，供消费者自主了解和选择保险产品。目前我国互联网保险销售主要

有官方网站、第三方保险平台、网络兼业代理、专业互联网保险公司等模式。对于一些程序简单的保险产品已经实现网上投保、审核、签署保单、理赔等一系列环节，无须线下操作。对于健康保险产品这类比较复杂的保险产品，主要采取O2O线上线下相结合的营销方式，消费者在网上进行保险产品的选择、相关问题的咨询、评价反馈，在线下由专业营销人员对其往期健康数据进行审查和保险单的签署，实现线上咨询服务与线下收费服务的结合，节省了大量的人力物力。

（二）保险产品研发精准化

传统保险精算理论主要基于大数法则和收支平衡法则，以往保险精算师获取数据有限，难以建立精确的数学模型对保险产品进行定价、与对风险进行计算，甚至只能采取估算的形式，导致保险公司对产品风险难以把控，加大保险公司的经营难度和损失。大数据技术冲击了传统保险精算理论，精算师通过互联网可以了解消费者在网上的大量行为数据，进而用于风险评估分析，研制更具个性化的保险产品。与此同时，行业共享数据平台的建立满足了保险公司在产品研发的各个环节对数据的需求，从细分市场到统计用户反馈，无不依赖于强大的数据库。通过收集整理不同类型消费者的健康数据与行为习惯信息，保险公司产品市场的选择更加细化；通过挖掘现有客户的信息，充分了解不同客户需求，进而开展有针对性的交叉销售；通过收集加工客户反馈信息，及时了解保险产品满意度情况和缺陷，从而对现有产品进行调整来保证续保量。对来自于互联网和社交媒体的碎片化信息进行整理分析，保险公司可以发现消费者潜在风险，对保险产品进行及时调整。

专栏9.4

保险经营的数理基础：大数定律

大数定律（Law of Large Numbers），又称大数法则，是概率论与数理统计学的基本定律之一，是关于随机变量序列的算术平均值向常数收敛的一系列极限定理的统称。历史上，雅各布·伯努利（Jacob Bernoulli）最早从数学上论述了这一现象。在保险领域，大数定律指的是，面临同一风险事故（如火灾）的标的数量越多，观察到的实际损失偏离期望损失的程度就越小，风险和不确定性随着风险标的数量的增加而降低。这就是说，在其他条件相同的情况下保险标的的个数越多，整个标的群体的损失状况就变得更加可预测。从某种意义上讲，只有对风险进行了正确识别，而且存在大量相似的保险标的，才有可能准确地估计损失的预期频率和严重性，进而方可准确地估计索赔，而这正是保险经营的基础。无论是原保险还是再保险，从风险衡量到损失预测，从保险费计算、准备金提取到实现经营稳定,都需要大数定律的理论支撑。

资料来源:中国保监会保险教材编写组. 风险管理与保险[M]. 高等教育出版社,2007.

(三) 可保风险池缩小

物联网、实时风险评估技术的使用极大地降低了风险损失,严重冲击了保险行业。尤其是对于车险市场,无人驾驶技术的成熟在很大程度上削弱了事故发生的可能性,消费者对车险的需求将越来越小。在健康保险市场,许多穿戴式健康实时监测装备可以及时监控消费者身体状况,降低了消费者的健康风险,减少了消费者对于疾病保险的需求。基于大数据网络的医疗技术全面发展,对于疾病的防控与治疗手段不断升级,健康保险可保范围急剧缩小。未来,随着科学技术的快速发展,会出现越来越多预测和控制风险的技术,使得可保风险池大幅度缩小,对保险市场将是很大的冲击。

(四) 新型保险产品

大数据技术的发展在降低传统风险的同时也带来了新的风险,例如网络安全风险、客户资料泄露风险等。面对新的风险自然有新的保险需求,健康保险市场更是如此,医学的发展日新月异,而健康保险产品仍然延续过去的模式,产品结构单一,难以满足越来越多样的保险需求。只有嗅觉灵敏、创新力度强、保险产品多元化的保险公司才能适应时代的发展。

(五) 保险公司多方位防范风险

全面记录客户数据及公司内部、外部数据信息有助于保险公司全方位针对客户信息、业务骨干的流动、竞争者的动态、市场风险等数据进行动态管理,密切跟踪公司自身、客户、外部市场的变化情况。

1. 防范客户流失

通过收集大量客户反馈信息,利用专业统计软件和统计模型筛选出客户退保和放弃续保的主要原因,通过建立预测模型对现有客户进行预测,及时发现具有高流失可能性的客户,制定挽留策略减少客户流失率。大数据的发展有利于保险公司挖掘现有客户的消费习惯、购买习惯、个性需求,选择多个保险产品引导客户购买,提高客户粘性,提供个性化保险产品来防范客户流失。

2. 反欺诈

信息不对称是保险市场的主要特征,尤其是健康保险市场,健康保险公司难以比消费者更了解其身体健康状况和保险需求,因此消费者更具有信息的优势,而健康保险公司只能赚概率的钱,风险极大。正因为信息不对称的存在,健康保险市场极易出现欺诈行为,消费者故意隐瞒疾病投保骗取保费的事件时有发生,以往健康保险公司获取信息能力有限,对于欺诈行为的发生很难预防。借助大数据手段,健康保险公司可以提高反欺诈的及时性和准确性。健康保险公司通过获取消费者以往理赔数据、犯罪记录、事故记录、其他保险公司数据、医疗保险数据等数据信息,建立大数据模型对以上信息进行分析挖掘,自动生出欺诈可能性和欺诈可能模式,将保险欺诈行为扼杀在摇篮。

3. 降低索赔率

保险事故的发生是保险公司和投保人都不愿意看到的,尤其是健康保险事故。健康保险公司可以借助大数据手段收集投保人近期健康数据、就医信息、行为信息等,并对其进行统计建模分析,生成保险事故发生的预计可能性。及时、高效地采取干预措施,防止保险事故的发生以降低赔付率,减少保险公司支出。

4. 公司内部风险防范

公司内部数据信息是公司赖以生存的根本,内部信息的损毁破坏将对公司造成毁灭性的打击。云技术的广泛应用给保险公司提供了路径,公司可以将内部信息传输至云网络进行备份,在公司遭遇停电、火灾、黑客攻击时可以及时恢复内部关键信息,保证保险公司的正常运行。

(六) 理赔高效

理赔环节是商业保险公司经营管理过程极为重要的一环。传统保险理赔过程极度依赖人力,保险人员收到理赔案以后根据相关的规则和经验选择是否进入调查环节,调查环节需要大量的人力和精力来确定事故责任和保险金的给付,这一过程仅仅通过人力完成效率太低、不确定因素较多、理赔成本较高。基于大数据时代的发展,健康保险公司完全可以依据以往理赔记录以及相关专业人员的经验建立理赔评分模型,并将这一模型固化在IT系统中,相较于传统理赔模式,互联网理赔模型涉及更多的因子分析,更加客观精确,大大节省了人力资本,提高了理赔效率。

三、未来发展趋势

未来,中国经济将呈现新常态的发展态势,增速放缓与结构调整同步,带动社会可支配收入和保险意识的不断提升,是中国保险行业持续健康发展的经济和社会基础。监管政策的变化,将直接改变保险的行业规则和业务结构,是驱动未来行业发展的政策动力。以大数据、区块链、移动互联网、社交媒体、云计算为基础数字化技术,为保险业务模式和运营模式的改变提供了技术可行性。

(一) 大数据推动技术革命

1. 互联网保险将成为下一个热点

如同互联网对传统银行的冲击,下一个互联网与金融行业的融合可能会发生在保险领域,主要存在三种互联网保险形态:

(1) 互联网健康保险业态。保险公司更加注重互联网、移动互联在营销和服务中的应用,将有更多的保险产品置于互联网渠道进行销售,可以是第三方代销平台,也可以加大自有网络营销平台建设。从狭义的角度来说,保险互联网业态,是指保险营销人员或保险中介机构通过互联网向客户提供多种保险产品及相关服务信息,在互联网上进行投保、承保、核保、再保险、理赔等一系列保险服务,并借助第三方支付平台进行保费网络支付的保险经营活动。从广义的角度来讲,保险互联网业态,不仅仅是指依靠互联网及相关技术进行保险商品的销售,还包括基于互联网技术的保险公司内部经营管理活动,例如保险公司的内部员工和代理人进行相关职业培训、公司内部员工之间的工作体会交流等,以及外部各个保险公司之间以及保险公司与保险监管部门、保险中介机构之间的工作交流。

(2) 互联网化保险产品。消费者在网络上产生的大量行为数据被用于需求与风险分析,进而设计定制化的保险产品与服务,如个性化、定制化、组合化风险。互联网化保险产品实质是将互联网技术应用于保险产品设计中,利用大数据收集潜在客户风险需求信息,针对不同需求不同健康状况的投保人在细节上进行区分,对保险金与保费进行细微的调整,合理平衡消费者个性化需求与风险分散的不平衡。

(3) P2P保险新模式。P2P保险模式,是指每个成员可以通过社交功能自行选择互相分担风险的成员,并缴纳一定的金额。保险公司(承保人)保存这部分费用,如果有人出险需要赔付,赔付的金额首先由与之建立互助联系的成员的缴纳金额中支付,如果这部分不足以支付赔付金额,保险公司(承保人)可能会承担剩下的费用。如果没有人出险,那么小组成员会拿回部分费用或留到下一年。

2. 穿戴式设备在健康险中的应用

受老龄化加速、生活环境恶化、生活质量提升及消费观念转变等因素的推动,未来穿戴式设备与健康险的结合将会盛行。健康保险公司通过发放穿戴式健康设备,收集消费者各项身体数据,监控投保人身体状况,对身体健康者提供低保费激励,鼓励其改善身体健康的活动,帮助降低风险。

南非的Discovery公司曾推出"健行天下"健康促进计划,旨在通过建立科学的健康管理和激励体系,鼓励消费者关注自身健康,并对参与者的健康行为和饮食进行干预,改变其行为(例如:健康的饮食、运动和戒烟等)。该公司提供活力优化系统，客户自身的活力状况在测算后会影响他们实际保费的多少，一个人的活力状态越好，他能享受到的旅游、购物等奖励也就越丰富。在测算客户活力状态的时候，该公司采用了线上线下相结合的方式获取客户数据：线上通过可穿戴装备获取了大量的客户活动和健康数据，线下与健身会所等合作。

（二）区块链推动信息革命

区块链技术诞生于2008年，最早的表现形式是比特币。区块链技术最大的特点是去中心化共识机制，使得所有个体都可以成为资源配置中的重要节点。近年来，区块链技术开始涉足金融领域，其在保险领域的应用也充满了遐想空间。

1. 区块链带来保险交易双方的交互性

区块链在保险行业的应用首先体现在借助新技术的可编程化，保险合同同时实现自动执行，进而极大促进了保险活动双方的交互性。在保险交易中，个体与个体之间的需求不同，交易模式多种多样，所满足的交易条件也千差万别。区块链技术的优势就体现在充分参考经济活动的实际需求，生成智能化保险合同，相较于传统保险合同大大提高了效率，并满足了不同的人对保险条款的不同需求。此外，在保险合同的实际执行阶段，区块链技术支持系统根据合约实施情况进行自动修正与补充，保证模型实时客观地反映实际风险情况，合理调整赔付资金池，确保风险的可控性。

2. 区块链带来保险互助新模式

区块链技术最大的特点就是去中心化，突破传统保险公司强中心的地位，新技术使得保险交易的每位参与者都可能是中心。这种"点对点"的互助保险平台，类似于一个个去中心化的组织，能够在没有外部干预的情况下，安全可靠地在预先设定的业务规则下，以一套固定模式自动运行。在这种模式下，保险公司的角色已不再是传统的风险吸收者和处理者，而是变成了风险资金池的管理者。最终，保险行业可能实现无中心化的自治型行业，各行为双方遵照业务规则进行交易，形成一个透明、高效的保险行业。

3. 区块链带来监管模式的改变

国际金融危机以后，各金融结构开始重视对自身业务的监管。传统保险公司的自我监管成本较高，效率较低，而且内部风险未能得到有效改善，有效监管的形势非常严峻。在区块链技术下，监管模式将发生改变，有望以技术监管取代传统的制度监管。区块链采用的是多方验证的交互式共识平台，能够促进保险平台的自我监管，其信任机制大大降低了弄虚作假的可能性。交易参与者在各个节点都可以对保险业务进行参与和审批，监管将只需要对相关技术和平台进行查漏补缺即可，确保系统中的任何计算机都无法欺瞒系统。

4. 区块链带来保险行业的新突破

传统保险交易模式耗费了很多人力和物力，且投保、核保时间较长，发展速度受到了制约。区块链的分布式数据库则实现了基于全网共识机制的跨区域的信息和价值的交流，模糊了地域限制，保险交易行为不再仅限于同地区、同国家，全球各地都可以进行交流和交易，打破了保险行业信息的不对称性。此外，区块链的"时间戳"功能完整记录了交易过程，扩大了影响范围，缩短了时间周期，使得保险期限得以更加灵活，由此可以开发出更多保险产品，大大促进了保险行业的发展。

5. 区块链带来安全高效的信息管理

区块链技术具有不依赖于第三方信任、不可篡改、可追溯等特点，极大提高了其记录信息的安全性。同时，不同于以往的信息登记模式，区块链其特有的身份、资产的验证方式可实现"自证明"。突破传统保险业务的信息不对称性，保险公司利用区块链技术可以实现对客户个人身份信息、健康医疗记录、资产信息、权属信息、交易记录等交易信息实现全面验证与管理，进一步强化信息识别，确保所得数据的真实性和可靠性，实现保险行业的高度自律与自治，为互联网保险业务开展提供了坚实可靠的安全基础和透明可信的网络环境。

思考题

1. 健康保险公司信息管理整体架构包括什么？
2. 健康保险公司信息管理的主要核心系统包括哪些？
3. 社保业务信息系统基本框架如何？
4. 健康保险公司风险管理系统的作用有哪些？
5. 健康保险公司信息管理包括哪些新技术？
6. 大数据对健康保险公司的影响是什么？
7. 如何理解区块链技术对健康保险公司的影响？

参考文献

［1］曹晓兰．健康保险［M］．中国人民大学出版社，2012．
［2］陈福集．信息系统技术概论［M］．高等教育出版社，2008．
［3］李蕾．健康保险信息系统的应用研究．云南大学，2010．

［4］李兴国．信息管理学［M］．高等教育出版社，2007．

［5］李学森．浅谈大数据时代信息技术的机遇和挑战．信息安全与技术，2013．

［6］刘翔．信息管理与信息系统［M］．清华大学出版社，2013．

［7］卢川英．大数据环境下信息系统安全保障技术．价值工程．

［8］穆绪涛．管理信息系统的作用及应用．理论探讨，2005．

［9］田耀辉．大数据时代计算机信息处理技术分析．电子信息，2017．

［10］王琪．论大数据技术对保险行业的影响．软件，2017年第5期．

［11］徐大维．区块链技术带来保险行业的创新．时代金融，2016．

［12］杨丽彬．大数据环境下的管理信息系统发展研究．大数据研究，2016．

［13］杨延红．大数据时代下信息系统建设研究．信息与电脑，2016年第6期．

［14］章宁．信息系统原理与研究方法［M］．中国人民大学出版社，2012．

［15］张鹏轩．大数据在保险公司的应用研究．山东大学，2016．

［16］Kishigami J.，Fujimura S.，Watanabe H.，et al．．The Blockchain–Based Digital Content Distribution System［C］//Proceedings of the 2015 IEEE Fifth International Conference on Big Data and Cloud Computing. IEEE Computer Society，2015．

［17］R. Dennis，G. Owen．Rep on the block：A Next Generation Reputation System Based on the Blockchain［C］//International Conference for Internet Technology and Secured Transactions. IEEE，2015．

第十章

健康保险公司经营管理的制度环境

《国务院关于加快发展现代保险服务业的若干意见》《关于加快发展商业健康保险的若干意见》等一系列政策，都明确将发展商业健康保险纳入深化医药卫生体制改革的总体部署，商业健康保险已然成为国家社会医疗保障体系中的重要有机组成部分，从国家改革战略的高度，对商业健康保险的发展进行了全新的定位。围绕着服务服务国家治理体系和治理能力现代化的根本要求，我国从法律制度、监管政策等方面，对健康保险公司经营管理进行比较系统的规范和设计，为健康保险市场发展创造了良好的制度环境。

第一节 健康保险公司经营管理的政策定位

20世纪80年代以来，西方发达国家纷纷出社会保障制度和医疗保险制度的改革措施，总的政策基调是，减少政府直接提供公共服务，取而代之，政府只负责制定政策、市场监督，同时发挥市场在医疗健康资源的配置的作用，形成政府与市场分工合作的医疗保障体系。新医改以来，国家制定一系列引导商业健康保险发展的政策文件，明确了商业健康保险的政策定位，推动在商业健康保险领域内的医疗保障体系建设，充分发挥社会医疗保险与商业健康保险两者的协同效应，形成有机结合的政府、市场双方资源综合配置机制，以提高医疗保障体系的运行效率和服务水平。

第十章
健康保险公司经营管理的制度环境

一、商业健康保险政策利好制度出台的背景

2012年12月12日召开的联合国大会，成员国一致通过将"全民健康覆盖"成为联合国决议，敦促各国政府努力向全体国民提供负担得起的高质量卫生保健服务。作为积极参与全球健康治理的主权国家，党的十八大报告就已明确提出，健康是促进人的全面发展的必然要求，要始终坚持为人民健康服务的发展方向。习近平总书记在2016年全国卫生与健康会时着重强调"没有全民健康，就没有全面小康"，要求确保全国公民可以通过显著公平的方式获得全周期、全方位的健康保障，并提高健康水平。《"健康中国2030"规划纲要》中，将实现人民健康上升到国家战略层面。党的十九大报告，着重强调了国家富强和民族昌盛的重要标志是人民健康，明确提出实施健康中国的发展战略，更好地为人民群众提供全方位、全周期的健康服务。

健康是指一个人在身体、精神和社会等方面都处于良好的状态。要维护每个国民较高的健康水平，牵涉甚广，仅靠一国政府之力难以完成。尤其随着医疗技术进步和就医条件的改善，以及人口老龄化和家庭小型化等社会人口结构的变化，由政府举办的基本医疗保险面临保险基金支付压力只增不减，部分国家已经开始出现基金缺口，需要构建一个多方共同参与的、健全的医疗卫生保障体系。当前绝大部分国家已基本形成以政府公共健康保险计划为核心、以商业健康保险为重要补充的多层次医疗保障体系。商业健康保险不再是一种单纯依赖市场机制发展的产业，而是一种保障国民健康的、至关重要的补充手段和举足轻重的支撑力量。

我国在商业健康保险的实践上，自2009年启动新医改后，保险业在发挥市场机制优势上发挥着积极作用。主要体现在医疗保障体系建设的服务多层次、各类医保经办服务的有序参与、城乡居民大病保险的积极承办等方面。通过保险业的改革，有效提升了民众健康保障水平、提高了医保体系的服务质量和运行效率。随着经济社会发展和消费者对健康保险需求的日益增长，我国政府、社会和民众对商业健康保险功能的认知和作用的认识越来越清晰，国家相关部门关于商业保险健康发展的政策定位也越来越明确。

二、我国商业健康保险政策的发展过程

党的十八大后，国家运用市场化的机制优化资源配置，快速推进了政府职能转变，重视调动全社会力量推动健康保险事业的发展。随着党中央、国务院对商业健康保险发展的重视度日益提高，我国于2013年后陆续出台《关于促进健康服务业发展的若干意见》《关于加快推进城乡居民大病保险工作的通知》等重要文件，这是中国

保险业，尤其是中国健康保险发展史上具有里程碑意义的大事件。

2014年8月13日正式发布《国务院关于加快发展现代保险服务业的若干意见》（简称"新国十条"），为保险业带来了重大利好。2014年8月27日，国务院召开常务会议审议《关于加快发展商业健康保险的若干意见》（简称"若干意见"），为中国健康保险业做出顶层设计。

党的十八届五中全会于2015年10月胜利召开，把推进健康中国作为中国建设的重要任务。2016年在新世纪第一次全国卫生与健康大会上，习近平总书记发表重要讲话，指出"要把人民健康放在优先发展的战略地位，坚持以人民为中心的发展思想，卫生与健康事业改革发展的新成效更多地体现在增进人民的健康福祉上"；通过"树立大卫生、大健康的观念，把以治病为中心转变为以人民健康为中心"的战略发展思路中，嵌入"大健康"的创新、协调、绿色、开放和共享的理念中；"以基层为重点，以改革创新为动力，预防为主，中西医并重，把健康融入所有政策，人民共建共享"。

2016年10月，中共中央政治局审议通过并发布《"健康中国2030"规划纲要》，健康纲要针对打造健康中国发展思路勾画出美好蓝图并标志着顶层设计的基本形成。根据统计数据显示，2016年党中央、国务院共部署发布10个方面50项重点医改任务，印发实施健康相关重要政策文件20余个。

"健康中国"战略再升级，政策利好加速释放。在《"健康中国2030"规划纲要》中健康保险被提及多达19次，纲要明确要求商业健康保险的发展应更加积极，在政策上给予税收优惠，鼓励企业和个人通过参加商业健康保险以及相关形式对社会保险体系进行补充。纲要进一步指明现代商业健康保险服务业到2030年的发展规划，通过提高商业健康保险赔付支出在卫生总费用占比的方式，以中医治未病健康工程为目标发挥中医药优势，将健康文化、健康管理和健康保险融合为一体，达成新的中医健康保障模式。同时，规划要求增设更多医疗机构并支持保险业投资。

在健康中国建设总体框架下，《"十三五"卫生与健康规划》《"十三五"深化医药卫生体制改革规划》相继出台，明确提出了"大力发展消费型健康保险""鼓励开发与健康管理服务相关的健康保险产品"等支持措施。国务院2017年印发的《防治慢性病中长期规划》，鼓励有资质的商业保险机构开发与基本医疗保险相衔接的商业健康保险产品，增加各类慢性病相关保险服务的开展。政策利好的不断释放为商业健康保险参与国家多层次医疗保障体系建设，与中医保健等健康管理深度融合、更好地满足广大人民群众健康保障需求提供了前所未有的历史机遇。

党的十九大报告中着重指出"人民健康是民族昌盛和国家富强的重要标志"，提出了"实施健康中国战略"，明确了"要完善国民健康政策，为人民群众提供全方位全周期健康服务"的重大任务。

第十章
健康保险公司经营管理的制度环境

具体资料见表10.1。

表 10.1　　我国新医改以来助推商业健康保险发展的政策文件及要点

出台时间	政策文件名称	发展商业健康保险的政策要点
2009年3月	《中共中央国务院关于深化医药卫生体制改革的意见》	鼓励商业保险机构开发适应不同需要的健康保险产品,简化理赔手续,方便群众,满足多样化的健康需求 鼓励企业和个人通过参加商业保险及多种形式的补充保险解决基本医疗保障之外的需求
2012年3月	《"十二五"期间深化医药卫生体制改革规划暨实施方案》	完善商业健康保险产业政策,鼓励商业保险机构发展基本医保之外的健康保险产品 积极引导商业保险机构开发长期护理保险、特殊大病保险等险种,满足多样化的健康需求 鼓励企业、个人参加商业健康保险及多种形式的补充保险,落实税收等相关优惠政策 简化理赔手续,方便群众结算。加强商业健康保险监管,促进其规范发展
2013年9月	《国务院关于促进健康服务业发展的若干意见》	丰富商业健康保险产品。在完善基本医疗保障制度、稳步提高基本医疗保障水平的基础上,鼓励商业保险公司提供多样化、多层次、规范化的产品和服务 鼓励发展与基本医疗保险相衔接的商业健康保险,推进商业保险公司承办城乡居民大病保险,扩大人群覆盖面 积极开发长期护理商业险以及与健康管理、养老等服务相关的商业健康保险产品 发展多样化健康保险服务。建立商业保险公司与医疗、体检、护理等机构合作的机制,加强对医疗行为的监督和对医疗费用的控制,促进医疗服务行为规范化,为参保人提供健康风险评估、健康风险干预等服务,并在此基础上探索健康管理组织等新型组织形式 借鉴国外经验并结合我国国情,健全完善健康保险有关税收政策
2014年8月	《国务院关于加快发展现代保险服务业的若干意见》	发展多样化健康保险服务。鼓励保险公司大力开发各类医疗、疾病保险和失能收入损失保险等商业健康保险产品,并与基本医疗保险相衔接 发展商业性长期护理保险。提供与商业健康保险产品相结合的疾病预防、健康维护、慢性病管理等健康管理服务 完善健康保险有关税收政策

续表

出台时间	政策文件名称	发展商业健康保险的政策要点
2014年10月	《国务院办公厅关于加快发展商业健康保险的若干意见》	丰富商业健康保险产品。大力发展与基本医疗保险有机衔接的商业健康保险。鼓励企业和个人通过参加商业保险及多种形式的补充保险解决基本医保之外的需求 鼓励商业保险机构积极开发与健康管理服务相关的健康保险产品，加强健康风险评估和干预，提供疾病预防、健康体检、健康咨询、健康维护、慢性病管理、养生保健等服务，降低健康风险，减少疾病损失 支持商业保险机构针对不同的市场设计不同的健康保险产品。根据多元化医疗服务需求，探索开发针对特需医疗、药品、医疗器械和检查检验服务的健康保险产品。开发药品不良反应保险 发展失能收入损失保险，补偿在职人员因疾病或意外伤害导致的收入损失 适应人口老龄化、家庭结构变化、慢性病治疗等需求，大力开展长期护理保险制度试点，加快发展多种形式的长期商业护理保险 开发中医药养生保健、治未病保险产品，满足社会对中医药服务多元化、多层次的需求 积极开发满足老年人保障需求的健康养老产品，实现医疗、护理、康复、养老等保障与服务的有机结合 鼓励开设残疾人康复、托养、照料和心智障碍者家庭财产信托等商业保险
2016年10月	《"健康中国2030"规划纲要》	落实税收等优惠政策，鼓励企业、个人参加商业健康保险及多种形式的补充保险 丰富健康保险产品，鼓励开发与健康管理服务相关的健康保险产品 促进商业保险公司与医疗、体检、护理等机构合作，发展健康管理组织等新型组织形式
2016年12月	《"十三五"深化医药卫生体制改革规划》	探索建立长期护理保险制度 丰富健康保险产品，大力发展消费型健康保险，促进发展各类健康保险，强化健康保险的保障属性 鼓励保险公司开发中医药养生保健等各类商业健康保险产品，提供与其相结合的中医药特色健康管理服务 制定和完善财政税收等相关优惠政策，支持商业健康保险加快发展 鼓励企业和居民通过参加商业健康保险，解决基本医保之外的健康需求

三、商业健康保险发展的政策定位

"新国十条"等一系列政策，从国家改革战略的高度，从服务国家治理体系和治理能力现代化的层面,对商业健康保险的发展进行了全新的定位,将健康保险业建设成为完善金融体系的支柱力量、改善民生保障的有力支撑、创新社会管理的有效机制、促进经济提质增效升级的高效引擎和转变政府职能的重要抓手。把商业健康保险放在构筑民生保障网的高度,建成社会保障体系的重要支柱。商业健康保险要逐步成为个人和家庭商业保障计划的主要承担者、企业发起的养老健康保障计划的重要提供者、社会保险市场化运作的积极参与者。商业健康保险在服务国家医疗保障体系建设、提升国家治理能力现代化等方面被赋予了重大历史使命。

(一) 强调了商业健康保险的功能和作用

强调以改革的方式调动社会力量,加快发展商业健康保险,发挥其"五个有利于"的重要作用:有利于夯实多层次医疗保障体系,满足人民群众非基本多样化的健康保障需求;有利于促进健康服务业发展,增加医疗卫生服务资源供给,推动健全医疗卫生服务体系;有利于处理好政府和市场的关系,提升医疗保障服务效率和质量;有利于创新医疗卫生治理体制,提升医疗卫生治理能力现代化水平;有利于稳增长、调结构、促改革、惠民生。

强调要充分发挥市场机制作用和商业健康保险专业优势,扩大健康保险产品供给,丰富健康保险服务,使商业健康保险在深化医药卫生体制改革、发展健康服务业、促进经济体制增效升级中发挥"生力军"作用。

(二) 明确了商业健康保险的发展目标

"新国十条"明确指出,2020年基本建成与我国经济社会发展需求相适应的现代保险服务业,实现由保险大国向保险强国的转变。以达到保险深度达到5%,保险密度达到人均3 500元标杆,"若干意见"预计到2020年实现建立市场体系完备、产品形态丰富、经营诚信规范的现代商业健康保险服务业。实现商业健康保险运行机制较为完善、服务能力明显提升、服务领域更加广泛、投保人数大幅增加,商业健康保险赔付支出占医疗卫生总费用支出的比重显著提高。

(三) 拓宽了商业健康保险的服务领域

进一步丰富了商业健康保险的服务内涵。一方面,通过扩大商业健康保险供给的方式,体现商业健康保险在民生保障网突出的位置。鼓励商业保险机构积极开发与健康管理服务相关的健康保险产品,加强健康风险评估和干预,提供疾病预防、健康体检、健康咨询、健康维护、慢性病管理、养生保健等服务。大力发展与基本医疗保险相互衔接的商业健康保险,面向老年人、残疾人等人群开展长期护理保险制度试点,积极健康保险产品。以保障医患双方合法权益为目标,加快医疗执业保险发展,分担医疗执业风险。通过提高商业健康保险费用支付比例等方式，支持医药、医疗器械、医疗技术的创新发展，探索建立医药高新技术和创新型健康服务企业的风险分散机制。

另一方面，从推动完善医疗保障服务体系的高度，加大政府购买服务力度，按照管办分开、政事分开的要求，通过招标等方式，鼓励有资质的商业保险机构参与各类医疗保险经办服务，降低运行成本，提升管理效率和服务质量。全面推进商业保险机构承办城乡居民大病保险。鼓励医疗机构与商业保险机构合作，成为商业保险机构的定点医疗机构。发挥商业健康保险费率调节机制对医疗费用和风险管控的正向激励作用，降低不合理的医疗费用支出。在开展大病保险和各类医疗保险经办服务的地区，强化商业保险机构对定点医疗机构医疗费用的监督控制和评价。

（四）指明了商业健康保险专业化经营方向

对商业健康保险的专业化经营提出了更为具体的要求。完善健康保险单独核算、精算、风险管理、核保、理赔和数据管理等制度。加强健康保险管理和专业技术人才队伍建设，提升专业服务能力。简化理赔手续，提供优质经办服务。发挥商业保险机构统一法人管理和机构网络优势，开展异地转诊、就医结算服务。支持信息共享，在数据信息层面实现商业健康保险信息系统与基本医疗保险、医疗机构信息系统互联互通。鼓励商业保险机构开发全国性或区域性的健康保险信息系统，充分运用云计算、大数据等现代互联网信息技术，提高人口健康数据的分析预判能力和业务智能处理能力。

（五）强化了对商业健康保险的政策支持

完善保险公司结构治理，支持设立区域性和专业性保险公司。建立保险监管协调机制，通过鼓励政府多种方式购买保险服务；完善健康保险有关税收政策，加强养老产业和健康服务业用地保障。"若干意见"进一步细化完善了相关支持政策，具体有：完善健康保险有关税收政策，研究完善大病保险业务的保险保障基金政策，落实和完善企业为职工支付的补充医疗保险费有关企业所得税政策。探索利用城镇职工基本医疗保险个人账户结余资金购买长期健康保险。鼓励健康服务产业资本、外资健康保险公司等社会资本投资设立专业健康保险公司，支持各种类型的专业健康保险机构发展。引导投资健康服务产业，发挥保险资金长期投资优势，鼓励商业保险机构以出资新建等方式新办医疗机构、社区养老、健康体检等服务机构。要求各地区以合理成本优先保障具有社会公益性的商业健康保险用地需求。同时，还就加强组织领导和部门协同，营造发展商业健康保险的良好氛围等提出了要求。

第二节 健康保险公司经营管理的制度环境

现代经济学认为,健康保险公司经营管理的制度,是有关的规则和相应的安排,包括正式的制度、非正式的制度和风俗习惯等。我国健康保险经营管理的制度环境,是指随着社会保障制度改革、医疗保险体制改革,以及健康保险市场的深化发展,相关的法律、法规等宏观制度不断建立和完善的过程。《企业法》《保险法》《健康保险管理条例》等法律规章详细规范了健康保险公司经营管理的目的、设立和退出等事项,是我国商业健康保险法律制度建设的重要步骤,对于商业健康保险公司依法合规经营具有重大指导意义。

一、健康保险市场的制度设计目标

《保险法》第一章总则第一条规定,保险法的根本目的是,为了规范保险活动,保护保险活动当事人的合法权益,加强对保险业的监督管理,促进保险事业的健康发展。《健康保险管理办法(征求意见稿)》总则第一条规定,健康保险公司经营管理的制度设计目标是,为了促进健康保险的发展,规范健康保险的经营行为,保护健康保险活动当事人的合法权益,提升人民群众健康保障水平。

(一)维护被保险人的合法权益

我国相关的法律规章明确规定,以被保险人的身体作为保险标的的健康保险,实质上所保障的就是被保险人的利益。但与保险人相比,被保险人在现实中仍明显居于弱势地位,主要原因就是市场中的信息不对称。

首先,健康保险业务具有很强的专业性。被保险人如果没有经过相关知识的学习和培训,对保险合同条款只能是直观和片面的了解,易遭受销售误导等问题。

其次,保险合同具有附和性。保险合同由保险公司单方面拟定,对于保险费率、保险责任等重要事项均已在保险合同中事先约定,作为保险消费者只能被动选择接受或拒绝保险合同。

基于上述原因,被保险人的合法权益需要通过政府法律监督的方式以获得保障。保险监管部门通过规范健康保险公司的销售行为,加强对其在市场准入、条款审核备案、准备金提取等方面的监管,以确保商业健康保险公司的偿付能力,维护被保险人的合法权益。

(二) 维护健康保险市场的公平竞争秩序

适度竞争是健康保险市场繁荣发展的前提，良好的竞争环境是健康保险业能够持续发展的有力保证。健康保险业整体的安全与稳定是维护被保险人合法权益及实现健康保险市场公平竞争的前提和基础。在我国健康保险的发展过程中，要尽量防止出现市场垄断、恶性竞争等扰乱市场正常秩序的行为发生，保险监管部门可以通过整顿和规范市场秩序，营造公平竞争的良好环境，鼓励保险公司在产品创新、服务创新和渠道创新等方面积极探索，促进市场良性竞争，使健康保险逐步进入良性发展模式，更好地为保险消费者服务。

二、健康保险公司经营管理法规制度的具体内容

《企业法》《保险法》《健康保险管理办法》等法律规章对健康保险公司经营管理的消费者权益保护、健康保险市场的准入、退出做出了具体的规定。

(一) 健康保险消费者权益保护

鉴于健康保险产品具备专业性强、保险条款复杂等特点，《健康保险管理办法》在产品设计、销售管理等方面突出了对消费者的保护。具体体现在七个方面：

一是强化对保险公司销售健康保险产品时的保单信息披露义务，要求保险公司书面告知投保条件、保险责任、责任免除、定点医院、费率调整等内容，并用清晰易懂的语言，解释投保人关于保险、医疗和疾病专业术语的询问。

二是规定保险公司应当尊重被保险人接受合理医疗服务的权利，不得在产品条款中设置不合理的或者把违背一般医学标准的要求作为给付保险金的条件。

三是规定保险公司不得诱导被保险人重复购买保障功能相同，或者类似的费用补偿型医疗保险产品。

四是规定保险公司不得在医疗机构场所内销售健康保险产品，也不得委托医疗机构或者医护人员销售健康保险产品，以避免投保人受医疗机构场所或者医护人员的不正当影响，而购买自己并不需要的健康保险产品。

五是规定保险公司指定的医疗服务机构网络应当符合方便被保险人、合理管理医疗成本的原则。

六是规定保险公司以附加险形式销售无保证续保条款的健康保险产品的，附加健康保险的保险期限不得小于主险保险期限。

七是要求保险公司在销售费用补偿型个人医疗保险产品时实行100%回访。该办法规定，保险公司销售费用补偿型个人医疗保险产品，应当在犹豫期内对投保人进行

回访。保险公司发现投保人被误导的,应当做好解释工作,并明确告知投保人在犹豫期内解除保险合同的权利。

(二) 健康保险市场的准入

1. 开业审批制度

遵循世界各国对于保险公司设立许可主义的基本原则,即除具备公司法规定的条件外还需要必须经过监督部门的审核批准并在工商机关注册登记才可成立。

我国《保险法》第六十七条规定:"设立保险公司应当经国务院保险监督管理部门批准。"未经保险监管部门核准,任何人不得经营保险业务。设立保险企业,必须经过筹建批准、筹建和开业批准三个阶段。

(1) 筹建批准,又称保险公司设立的初审,即国务院保险监督管理机构同意申请人筹建保险公司。依照我国《保险法》第70条的规定,申请保险公司的筹建批准,"应当向国务院保险监督管理机构提出书面申请,并提交下列材料:(一)设立申请书[1],申请书应当载明拟设立的保险公司的名称、注册资本、业务范围等;(二)可行性研究报告[2];(三)筹建方案;(四)投资人的营业执照或者其他背景资料,经会计师事务所审计的上一年度财务会计报告;(五)投资人认可的筹备组负责人和拟任董事长、经理名单及本人认可证明;(六)国务院保险监督管理机构规定的其他材料。"申请人向国务院保险监督管理机构申请筹建批准的,还应当提交保险公司章程草案。

(2) 筹建。设立保险公司的初步申请经初步审查合格后,申请人应当依照《保险法》和《公司法》的规定进行保险公司的筹建。筹建工作主要有四项内容:按照公司法的要求拟定和批准公司章程;筹集资本,使其达到保险法规定的注册资本最低限额;聘任具备专业任职知识高级管理人员;建立健全公司的组织结构和管理制度并购置相关设备。

(3) 开业批准。经筹建而符合法定设立条件的保险公司,申请人可向国务院保险监督管理机构申请开业批准。我国《保险法》第73条第1款规定:"筹建工作完成后,申请人具备本法第六十八条规定的设立条件的,可以向国务院保险监督管理机

---

[1] 设立申请书是发起人提请主管部门审查的重要文件之一,其作用在于,表达申请设立公司的意向,说明设立公司的必要性和重要性,表明发起人在设立公司方面的各项准备工作已就绪。申请书应当载明拟设保险公司的名称、注册资本、业务范围等。

[2] 可行性研究报告是对设立公司目的、必要性及对公司未来经营活动进行分析论证的说明,重点回答设立公司是否可行的问题。审批机关依据可行性报告对设立公司的必要性和可行性作出判断。可行性报告应包括的主要内容:公司名称和地址;发起人的资信能力和投资能力;公司总投资、资本总额、股价溢价发行测算、所需借贷资金、净资产占总资产比例;资金投向、规模、建设周期与费用的大致估算;公司的经营范围;经济效益分析。

构提出开业申请。"

申请开业批准的，申请人应当提交开业申请书等各项材料。中国保监会《保险公司管理规定》第13条规定："申请人提出开业申请，应当提交下列材料一式三份：（一）开业申请书；（二）创立大会决议，没有创立大会决议的，应当提交全体股东同意申请开业的文件或者决议；（三）公司章程；（四）股东名称及其所持股份或者出资的比例，资信良好的验资机构出具的验资证明，资本金入账原始凭证复印件；（五）中国保监会规定股东应当提交的有关材料；（六）拟任该公司董事、监事高级管理人员的简历以及相关证明材料；（七）公司部门设置以及人员基本构成；（八）营业场所所有权或者使用权的证明文件；（九）按照拟设地的规定提交有关消防证明；（十）拟经营保险险种的计划书、3年经营规划、再保险计划、中长期资产配置计划，以及业务、财务、合规、风险控制、资产管理、反洗钱等主要制度；（十一）信息化建设情况报告；（十二）公司名称预先核准通知；（十三）中国保监会规定提交的其他材料。"

2. 组织形式管理

适用于各国监管保险制度，根据保险人的组织形式进行区分限制和规定。汇总并分析各国的保险法，组织形式一般分为保险有限公司、相互保险公司、互助保险组织及国有独资保险公司等几种。其中，股份有限公司是各国普遍采用的健康保险组织形式。

3. 资本金要求

保险公司的注册资本是指载于公司章程、在公司成立时已募足并经公司登记机关核准的公司资本。公司资本是公司营业的物质基础，也是公司对债权人的财产担保，同时还是公司出资人或股东承担责任的限额。对公司注册资本最低限额的规定，指在公司设立时能够拥有及法人权利能力和行为能力相适应财产基础，从而保证保险公司的最低偿付能力，以维护被保险人的利益。

由于损失发生的偶然性和不平衡性，再保险人办理保险业务期间就有可能发生赔案，因而需承担赔款相应的义务。此时，开业资本具有双重功能，既要用于支付开业费，又要用于开业初期发生的赔款支出。同时开业初期承保范围有限，分保网络尚未建立，承保的风险不能在地区之间、公司之间、国际不同种类业务间进行分散，风险过于集中，容易造成责任累计，这也要求开业资本金必须达到一定的规模，以使保险公司有能力应付这种可能出现的巨额损失赔偿。当保险公司的资本金盈余低于最低资本限制时，就被认为偿付能力不足；当保险公司的盈余为负，即负债大于资产时，保险公司不具有偿付能力。

健康保险公司的主营业务的性质决定了其资本金的要求高于其他工商企业。健康保险公司的经营是以统计理论为基础，大量集中同质风险，确保保险与预期损失接近。因此,保险人必须有科学的定保方法,正确留储责任准备金并且有足够的资源支持,达到一定的经营规模,承保一定数量的风险单位。另外,实际经营中,保险人在保险合同成立过程中支出费用最多(包括佣金、体检、估价费等),而同一标的在续保时的支出将大大减少,保险公司成立之初面对大量的新合同需要支付大量的费用。确保保险公司有足够资金才能保证其能持续经营。

保险公司资本金要求与其他工商企业的另一区别是其中必须为实缴货币资本。其他类型的公司的股东可以用货币注资;也可以用实物、工农业产品非专业技术或土地使用权注资,其注册资本可以货币资本体现;也可以以实物资本和财产资本体现。而保险公司的出资人或股东虽可以货币、工业产权、非专利技术或土地使用权等和其他工商企业相同的形式出资,但其中的实缴货币资本必须达到一定要求。

我国《保险法》第六十九条规定:"设立保险公司,其注册资本的最低限额为人民币2亿元。"国务院保险监督管理机构根据保险公司的业务范围、经营规模,可以调整其注册资本的最低限额,但不得低于2亿元。

4. 保证金要求

保证金,是在保险公司设立之时存于保险监管机构指定的或其他机构的资金。保险经营的负债性决定了对保险公司保证金要求的必要性。保险经营的负债性是指保险公司通过承保风险、收取保险费而建立起来的保险基金,是对投保人和被保险人的负债,而非保险的盈利。因此,保险公司一旦经营不善,出现亏损或倒闭不仅其自身利益,更主要的是损害广大投保人和被保险人的利益,为了确保保险公司在经营不善或出现其他情况时的赔付能力,有必要设立这一规定。

我国《保险法》第九十七条规定:"保险公司应当按照其注册资本总额的20%提取保证金,存入国务院监督保险机构指定的银行,除保险公司清算时用于清偿债务外,不得动用。"

5. 从业人员要求

我国《健康保险管理条例》第八条第六点规定:"保险公司经营健康保险应配备相应知识的精算人员、核保人员和核赔人员。"

健康保险从业人员,包括健康保险公司的管理人员和业务人员。健康保险经营的专业化程度高,技术性强,因此,对从业人员提出了很高的要求。例如保险费用的厘定、新保险险种的设立、保险资金的运用等都要求管理人员有很强的专业知识和丰富的工作经验,保险合同的签订、核保等要求保险业务人员与代理人员具有较高的专业素质。因此,保险公司在设立时,应有具备专业任职知识和业务工作经验的管理人员和业务人员。

(三) 健康保险市场的退出

健康保险企业的解散,是指已成立的健康保险公司,因公司章程规定或法律直接规定的事由的发生,或公司丧失了经营能力,经批准并经登记注销后,公司组织消灭的法律行为。公司完全解散后,其法人资格消灭。

健康保险公司的解散主要由于三个原因:正常解散、被撤销和破产。除破产和合并的情况外,保险企业的解散,应在规定的期限内,到有关机关办理解散登记并予以公告。

1. 正常解散与清算

健康保险公司"正常解散"有三种情况:一是公司合并或分立,即一家公司吸收另一家公司,后者应该解散,或两家公司合并为一家新公司或一家公司分成两家公司,原公司应当解散;二是公司章程规定的营业期限届满或其他解散事由出现时,公司解散;三是公司的最高权力机构——股东大会根据实际情况,在法规允许下通过决议解散公司。保险公司的"正常解散"必须经主管部门批准。经营有人寿业务的保险公司,除合并与分立外,不得解散。

健康保险公司的解散清算,是指健康保险公司出现法定解散事由以后依法理清公司的债权债务、消灭公司法人公司的行为。其内容包括依法成立清算组、清理解散公司的财产、处理公司未了结的业务、通知并公告债权人申报债权、要求公司的债务人履行债务、理清应缴纳税款事项、清偿公司债务、向股东分配公司剩余财产等。

保险公司依公司章程规定的营业期限届满或其他解散事由出现、股东决议解散的,应当在15日内成立清算组①,国有独资保险公司的清算组由国家授权投资的机构或部门所确定的人选组成;股份有限保险公司的清算组由股东大会确定人选;逾期不成立清算组进行清算的,债权人可以申请人民法院制定有关人员组成清算组进行清算。

一般来说,清算应进行的程序包括:

(1) 清算组自成立之日起10日内通知债权人,并与60日内在报纸上至少公告三次,债权人接到通知书之日起30日内,未接到通知书的自第一次公告之日起90日内,向清算组申请其债权;

(2) 债权人申其债权,说明权的有关事项,并提供证明材料;

(3) 清算组队债权进行登记;

(4) 清算组整理公司财产、编制资产负债表和财务清单后,制定清算方案,并报股东大会或者有关主管机关确认;

(5) 公司财产能够清偿债务,分别支付清偿费用、职工工资和劳动保险费用、缴纳税款、清偿公司债务;

---

① 清算组是保险公司终止时专门负责公司财产品的管理、变价和分配的职能机构。清算组在清算期间行使的职权:清理公司财产,编制资产负债表和财产清单;通知或者公告债权人;处理与清算有关的公司未了解的业务;清缴所欠税款;清理债权、债务;处理公司清偿债务后的剩余财产;代表公司参与民事诉讼活动。

(6) 公司财产按上述规定清偿后的剩余财产，有限责任公司按照股东的出资分配比例。

(7) 清算期间，公司不得开展新的经营活动，公司财产在未按上述规定清偿前，不得分配给股东。因公司解散而清算，清算组在清理公司财产、编制资产负债表和财产清单后，发现公司财产不足以清偿公司债务的，应当立即向人民法院申请宣告破产。公司经人民法院裁定宣告破产后，清算组应当将清算事务交给人民法院。

(8) 公司清算结束后，清算组应当制作清算报告，报到股东会或者有关主管机关确认，并报送公司登记机关，申请注销公司登记，公告公司终止，不申请注销公司登记的，由公司登记机关吊销其公司营业执照，并予以公告。

2. 撤销与撤销清算

健康保险公司依法被撤销，是指健康保险公司依照法律的直接规定或因违反法律、行政法规的规定而被吊销经营保险业务许可证。在我国，保险公司多是依据法律的规定而成立的，撤销这些保险公司也应由法律直接规定，有权撤销保险公司的机关，应该是批准保险公司设立的主管部门。

保险公司的撤销清算内容，包括主管机关依法组织成立清算组，清理被撤销的公司的财产，处理公司未了结的业务，通知并公告债权人申报债权，要求公司的债务人履行债务，理清应缴纳税款事项，清偿公司债务，向股东分配公司的剩余财产等。

3. 破产与破产清算

健康保险公司的破产，是一种纯商业行为，指公司不能偿还定期到期的债务或应付的保险金，经保险公司的法定代表人、主管部门或债权人等提出申请，主管部门同意，由人民法院宣告其破产，从宣告破产之日起，保险公司终止。

破产清算的内容，包括人民法院依法组织清算组，清理破产公司的财产，处理未了结的业务，通知并公告债权人申报债权，要求公司的债务人履行债务，清理应缴纳税款事项，清偿公司债务，向股东分配公司的剩余财产等。

破产公司的破产清算因其组织形式的不同而有区别。国有独资保险公司的破产清算依据《企业破产法》的有关规定进行，股份有限保险公司的破产清算根据《国民事诉讼法》第十九章"企业法人破产还债程序"的有关规定执行。

（四）对中介组织的管理

健康保险中介组织，是健康保险市场的重要组成部分，它的建设和完善可以有效地促进健康保险业的发展。目前，在我国健康保险市场上，保险中介主要包括保险代理人和保险经纪人。我国《保险法》第一百三十一条规定："保险代理人、保险经纪人及其从业人员在办理保险业务活动中不得有下列行为：（一）欺骗保险人、投保人、被保险人或者受益人；（二）隐瞒与保险合同有关的重要情况；（三）阻碍投保人履行本法规定的如实告知义务,或者有道其不履行本法规定的如实告知义务;(四)给予或者承诺给予投保人、被保险人或者受益人保险合同约定以外的利益;(五)利用行政权力、职务或者职业便利以及其他不正当手段强迫、引诱或者限制投保人订立保险合同;(六)伪造、擅自变更保险合同,或者为保险合同当事人提供虚假证明材料;(七)挪用、截留、侵占保险费或者保险金;(八)利用业务便利为其他机构或者个人牟取不正当利益;(九)串通投保人、被保险人或者受益人,骗取保险金;(十)泄露在业务活动中知悉的保险人、投保人、被保险人的商业秘密。"我国《保险法》、中国保监会《保险代理机构管理规定》《保险经纪机构管理规定》《保险公估机构管理规定》《保险营销员管理规定》等法律和规定都是对保险中介实施监管的主要法律依据。

健康保险的专业性特点决定了从事商业健康保险销售管理活动、经纪活动等均是一项技术性非常强的工作,要求从业人员必须具有专业商业健康保险相关的业务能力和素质。《健康保险管理办法》第九条规定:"保险公司应当对从事健康保险的核保、理赔以及销售等工作的从业人员进行健康保险专业培训。"同时《健康保险管理办法》在对保险公司的销售管理中明确规定:"保险公司销售健康保险产品,不得夸大保险保障范围,不得隐瞒责任免除,不得误导投保人和被保险人。投保人和被保险人就保险条款中的保险、医疗和疾病等专业术语提出询问的,保险公司应当用清晰易懂的语言进行解释;保险公司销售费用补偿型医疗保险,应当向投保人询问被保险人是否拥有公费医疗、社会医疗保险和其他费用补充型医疗保险的情况。保险公司不得有道被保险人重复购买保障功能相同或者类似的费用补充型医疗保险。"对于违反销售管理规定的,《健康保险管理办法》第四十七条规定:"保险公司违反本办法有关销售管理规定的,由中国保监会给予警告,处以3万元以下罚款;对负有直接责任的高级管理人员和其他直接责任人员予以警告、处以5 000元以下罚款。"

第三节 健康保险公司经营管理的监管环境

健康保险市场监管,是政府监管部门为保护被保险人的合法利益对健康保险业依法进行监管的行为,是宏观意义上的健康保险经营管理活动。而健康保险公司的经营管理活动,则是保险企业在国家法律和行业规定允许的范围内为维护本企业利益而从事的微观经营行为。近年来,我国保险监管不断改革创新,通过借鉴国际保险监管的成功经验,已初步形成了偿付能力、市场行为和公司治理结构监管三大支柱的现代保险监管框架。在这样的监管框架下,保险监督管理机构对健康保险公司、医疗服务提供者和健康保险投保人的行为进行监督管理，以维护保险行业整体理利益，确保健康保险市场的稳定发展。

一、健康保险公司市场行为监管

在健康保险市场监管的偿付能力、市场行为、公司治理监管三个支柱中，市场行为监管主要是指，监督管理保险公司的市场行为，如亚洲金融危机前的日本，政府对保险费率的控制很严格。具体说来：

（一）经营范围的监管

我国《保险法》规定："保险人不得兼营人身保险业务和财产保险业务。但是，经营财产保险业务的保险公司经国务院保险监督管理机构批准，可以经营短期健康保险业务和意外伤害保险业务。保险公司应当在国务院保险监督管理机构依法批准的业务范围内从事保险经营活动。"

我国《健康管理办法》第七条规定："依法成立的人寿保险公司、健康保险公司，经中国保监会核定，可以经营健康保险业务。前款规定以外的保险公司，经中国保险会核定，可以经营短期健康保险业务。"依据规定目前我国健康保险市场中允许经营健康保险业务的主体包括人寿保险公司、健康保险公司，以及经保险会批准可以经营短期健康保险业务的财产保险公司。这些保险组织的设立必须依据我国《保险法》和《保险公司管理规定》的相关规定，包括组织形式、注册资本、高级管理人员资格，以及应提交的相关文件、材料等。一旦一家公司获得了经营业务的许可，它必须接受监管部门的持续监督，同时对监管部门履行法定义务，如定期提交财务报表、接受监管部门的检查等。

（二）保险条款的监管

保险条款，是健康保险合同的核心内容，是对保险人与投保人各自权利和义务的约定。对于保险条款的监管主要是对保险条款内容的监管，如保险标的、保险责任与责任免除、保险费率、保险期限等。

我国《保险法》第一百一十四条规定："保险公司应当按照国务院保险监督管理机构的规定，公平、合理拟定保险条款和保险费率，不得损害投保人、被保险人和受益人的合法利益。保险公司应当按照合同约定和本法规定，及时履行赔偿或者给付保险金业务。"第一百三十六条规定："关系社会公众利益的保险险种、依法实行强制保险的税种和新开发的人寿保险险种等的保险条款和保险费率，应当报国务院保险监督管理机构批准。国务院保险监督管理机构审批时,应当遵守保护社会公众利益和防止不正当竞争的原则。其他保险险种的保险条款和保险费率,应当报保险监督管理机构备案。"

在对健康保险条款的监管方面,《健康保险管理办法》第十二条规定:"保险公司拟定健康保险的保险条款和保险费率,应当按照中国保监会的有关规定报送审批或者备案。"在《健康保险管理办法》对于产品管理这一章中,对于健康保险条款汇总设计的保险责任、犹豫期条款、产品参数、保证续保条款、医疗保险产品条款等方面的内容进行了明确规定。如果保险公司在实际操作中违反了规定,中国保险会将责令保险公司停止销售该产品,并对保险公司处以3万元以下罚款,对负有责任的精算责任人、法律责任人予以警告。

(三) 保险费率的监管

保险费率,是保险人用以计算保险费的标准,是保险商品的价格。健康保险费率受诸多因素的影响,如疾病的发生率、残疾的发生率、利率等,同时承保、销售、理赔等环节也会间接影响到健康保险产品的费率。

《健康保险管理办法》规定,短期个人健康保险产品可以进行费率浮动,即保险公司在销售产品时,在基准费率基础上,在费率浮动范围内,合理确定具体保险费率,短期个人健康保险产品的费率上下浮动范围不得超过基准费率的30%。短期团体健康保险产品可以对产品的保额、起付金额、给付比例、除外责任、责任等待期等进行调整,同时计算相应的保险费率,要保证费率的计算方法和基础数据不变。《健康保险管理办法》第二十四条规定:"保险公司应当依据健康保险产品实际赔付经验,及时修订新销售的健康保险产品费率,并按照中国保监会有关规定进行审批或者备案";"可能危害保险公司偿付能力的,由中国保监会责令停止销售该产品"。2011年12月30日施行的《人身保险公司保险条款和保险费率管理办法》进一步加强了对保险公司拟定保险费率的监管,要求保险公司在相关精算报告中包括定价方法、定价假设、利润参数及主要参数变化的敏感性分析;同时,对于保险期间超过一年的险种,要求保险公司提交产品利润测试模型的电子文档。强化了保监局的监管职责,明确中国保险会派出机构可以根据当地市场情况要求保险公司分支机构报告保险条款和保险费率的相关信息等。

二、健康保险公司偿付能力监管

保险监督管理部门对健康保险公司的偿付能力实施监管,是健康保险市场监管的核心。根据《保险公司偿付能力管理规定》的定义,偿付能力(Solvency)简单地说就是"保险公司偿还债务的能力"。健康保险偿付能力是指经营健康保险的保险公司能够履行保险合同约定的给付责任的能力，体现了保险公司资产和负债之间的一种关系。偿付能力是保险公司能否稳定发展的重要标志，是保险公司市场竞争力的重要组组成部分。只有确保保险公司具有足够的赔偿和给付能力，才能有效地保护被保险人的合法权益，实现保险业的稳健发展，维护社会至于的正常和稳定。偿付能力监管（Solvency Regulation）是指保险监管部门对各家保险公司偿还债务的能力进行监督和管理，当偿付能力出现不足或具有偿付能力不足趋势时，由保险监管部门发出预警或给予相关处置。

我国监管机构对保险公司偿付能力的监管经历了从无到有、逐步发展的过程，大致可以分为三个时期。

（一）1995年《保险法》实施以前

这一阶段，我国保险业的监管机构是中国人民银行，当时以保险市场行为监管为主，很少涉及偿付能力监管。从新中国成立到1984年期间，没有实际意义上的保险监督。20世纪80年代中期我国恢复保险业务后，开始对保险机构进行监管。1985年3月3日，国务院颁布了《保险企业管理暂行条例》，对保险企业设立、中国人民保险公司的地位、偿付能力、再保险等方面内容作了规定。但由于当时历史条件所限，该条例的规定存在很大的局限性，对保险企业的经营活动准备规定较少，对违规行为也无具体规定，缺乏执行的可操作性，而且混淆了偿付能力和偿付能力额度，只是提及保险公司偿付能力不足时应增加资本金。

（二）1995年《保险法》实行后到2003年新《保险法》实行之前

这一阶段，我国的保险监管以市场行为监管和偿付能力监管并重。1995年通过的《保险法》是中国第一部保险大法，其中对偿付能力作了具体规定："保险公司应当具有与其业务规模相适应的最低偿付能力。保险公司的实际资产减去实际负债的差额不得低于金融监督管理部门规定的数额；低于规定数额的，应当增加资本金，补足差额。"

1996年的《保险管理暂行规定》和2000年的保险公司管理规定都对保险公司的偿付能力制定了具体规定。2001年中国保监会颁布了《保险公司最低偿付能力及监管指标管理规定》，文件中详细制定了两套针对保险公司偿付能力的监管规定，是我国第一份比较系统和全面的关于赔付能力监管的规则。

（三）2003年《保险法（修正案）》实行后

这一阶段，我国的保险监管由市场行为监管和偿付能力监管并重过渡到以偿付能力监管为核心。2003年《保险法》第一百零八条规定："保险监督管理机构应当建立健全保险公司偿付能力监管指标系统,对保险公司的最低偿付能力实行监控。"在2003年全国保险工作会议上,保监会主席吴定富指出,保监会要抓好偿付能力监管的基础性工作,修订保险公司偿付能力额度和监管指标的管理规定,对保险公司实行最低偿付能力监管。2003年3月,保监会颁布实施《保险公司偿付能力额度及监管指标管理规定》,开始具体施行对保险公司的偿付能力进行监管。2008年7月,中国保险会颁布《保险公司偿付能力管理规定》,同时废止《保险公司偿付能力额度及监管指标管理规定》(保监会令〔2003〕1号)。新规定包括偿付能力评估、偿付能力报告、偿付能力监督、偿付能力管理四方面内容。这标志我国进入由传统偿付能力框架向基于风险的偿付能力框架转变的新阶段。

三、健康保险公司治理结构监管

健康保险公司治理结构的核心,就是建立资本充足、内控严密、运营安全、服务和效益良好的现代健康保险企业。完善公司治理结构是促进健康保险业快速发展的重要体制保障,因此要对保险公司治理结构实施监管,以防范和化解保险公司在经营中的风险。健康保险公司治理结构监管,是指监管部门依法加强对保险公司的股权结构、董事会建设、关联交易、问责机制等相关治理问题的监管,推动保险公司逐步完善公司治理结构,重点解决大股东对小股东、管理层对股东的利益损害,即所谓的委托代理问题。

为了加强对保险公司治理结构的监管,2006年,中国保监会颁布了《关于规范保险公司治理结构的指导意见(试行)》;2007年颁布了一系列指引性文件:《保险公司独立董事管理暂行办法》《保险公司风险管理指引》《保险公司关联交易管理暂行办法》《保险公司总精算师管理办法》《保险公司合规管理指引》等;2008年以后,中国保监会又先后颁布了《企业内部控制基本规范》《关于规范保险公司章程的意见》《保险公司董事会运作指引》《保险公司财务责任人任职资格管理规定》等。根据现行的各项规章制度,对于经营健康保险业务的保险公司治理结构监管的内容主要有以下方面。

(一)对健康保险公司内部控制制度的监管要求

2010年,保监会颁发的《保险公司内部控制基本准则》中明确规定了,健康保险公司应当对经营管理和业务活动中可能面临的风险因素进行全面系统的识别分析,发现并确定风险点,同时对重要风险点的发生概率、诱发因素、扩展规律和损失进行定性和定量评估,确定风险应对策略和控制重点。保险公司应当根据风险识别评估结果,科学设计内部控制政策、程序和措施并严格执行,同时根据控制效果不断改进内部控制流程,将风险控制在预定目标或可承受的范围内。保险公司应当加强内部控制基础建设,为有效实施内部控制营造良好的环境。保险公司应当建立多层次、全方位的监控体系，实现对内部控制活动的事前、事中和事后有效监控，为风险内控目标提供保证。

(二) 对保险公司股东资格的严格要求

对保险公司股东资格的要求，设立了严格的市场准入条件。我国《保险法》《保险公司股权管理办法》等对股东的资格都进行了明确的规定，要求对保险公司经营影响较大的股东必须保证有持续的出资能力和良好的财务状况。

(三) 对保险公司人员的任职资格进行监督

我国《保险法》第八十一条规定："保险公司的董事、监事和高级管理人员，应当品性良好，熟悉与保险相关的法律、行政法规，具有履行职责所需的经营管理能力，并在任职前取得保险监督管理机构核准的任职资格。保险公司高级管理人员的范围由国务院保险监督管理机构规定。"

2014年，颁布的《保险公司董事、监事和高级管理人员任职资格管理规定》中对保险公司董事、监事和高级管理人员的任职资格条件、任职资格核准等事宜进行了明确的规定，详细界定了保险公司董事、监事和高级管理人员的监管内容及法律责任。保险公司董事、监事和高级管理人员要求对公司经营负有连带责任，因保险公司董事、监事和高级管理人员的违规的行为造成保险公司经济损失的，应当承担赔偿责任。

(四) 对关联交易和信息披露的管理

我国《保险法》第一百零八条规定："保险公司应当按照国务院保险监督管理机构的规定，建立对关联交易的管理和信息披露制度。"

1. 保险公司关联交易[①]

保险公司的关联交易包括：保险公司资金的投资运用和委托管理；固定资产的买卖、租赁和赠与；保险业务和保险代理业务；再保险的分出或者分入业务；为保险公司提供审计、精算、法律、资产评估、广告、职场装修等服务；担保、债权债务转移、签订许可协议及其他导致公司利益转移的交易活动。

保险公司的重大关联交易[②]应当按照规定及时向中国保监会报告。保险公司的控股股东、实际控制人、董事、监事、高级管理人员不得利用关联交易损害公司的利益。我国《保险法》第一百五十二条规定："保险公司的股东利用关联交易严重损害公司利益，危机公司偿付能力的，由国务院保险监督管理机构责令改正。在按照要求

---

① 保险公司关联交易，是指保险公司与关联方之间发生的交易活动。
② 重大关联交易，是指保险公司与一个关联方之间单笔交易额占保险公司上一年度末净资产的1%以上并超过500万元，或者一个会计年度内保险公司与一个关联方的累计关联交易额占保险公司上一年度末净资产10%以上并超过5 000万元的交易。

改正前，国务院保险监督管理机构可以限制其股东权利；拒不改正的，可以责令其转让所持的保险公司股权。"

2. 信息披露

按照我国《保险法》《保险公司信息披露管理办法》的相关规定，信息披露是指保险公司向社会公众公开其经营管理相关信息的行为。保险公司应当披露的信息：基本信息、财务会计信息、风险管理状况信息、保险产品经营信息、偿付能力信息、重大关联交易信息、重大事项信息。

2010年6月12日开始实施的《保险公司信息披露管理办法》强调，保险公司应当建立信息披露管理制度并报中国保监会。保险公司的信息披露管理制度应当包括的内容：信息披露的内容和基本格式；信息的审核和发布流程；信息披露事务的职责分工、承办部门和评价制度；责任追究制度。保险公司应当在公司互联网站主页的显著位置设置信息披露专栏。保险公司信息披露应当尽可能使用通俗易懂的语言。中国保监会根据法律和国务院授权，对保险公司的信息披露行为进行监管。

第四节　健康保险医疗服务机构的监管

作为健康保险经营环节中的重要参与者，医疗服务机构既面对被保险人，也面对健康保险公司。在医疗服务机构与被保险人之间的关系中，医疗服务机构针对被保险人的健康状况提供相应的医药卫生服务，被保险人直接支付相应服务费用或将费用直接转移给健康保险公司进行支付；在健康保险公司与医疗服务机构之间的关系中，医疗服务机构因提供相应医药卫生服务而获得的收入，最终通过健康保险合同转移给保险公司。在健康保险经营管理监管的过程中，还应关注对医疗服务机构的监管，以确保健康保险市场的有序发展。

一、健康保险医疗服务机构的监管制度变迁

2006年，国务院颁布《关于保险业改革发展若干意见》中提到鼓励保险公司投资医院。2009年5月保监会发布《关于保险业深入贯彻医改意见积极参与多层次医疗保障体系建设的意见》，允许保险机构直接参与医疗机构管理。2010年，卫生部、中央编办、国家发展改革委、财政部、人力资源社会保障部联合颁布《关于公立医院改革试点的指导意见》，支持和引导社会资本进入医疗服务领域。保险公司投资医院与医院形成共同利益体，可以有效提升被保险人的医疗保障服务水平，降低保险公

第十章 健康保险公司经营管理的制度环境

司面临的骗保风险、道德风险等经营管理风险，同时通过这种方式，医疗机构能够更好地帮助保险公司收集保险数据资料，有助于保险公司获得被保险人的完整健康信息档案、为消费者提供更好的服务。

2012年6月，中国保监会颁布的《关于公立医院改革试点的指导意见》，鼓励、支持和引导保险公司投资医疗机构，实现保险业与医疗服务产业优势互补。2012年6月，中国保监会网站发布了《关于贯彻落实〈"十二五"期间深化医药卫生体制改革规划暨实施方案〉的通知》，要求保险业深入学习、贯彻国务院《医改"十二五规划"》，促进、引导商业健康保险积极服务国家医药卫生体制改革。保监会将探索保险公司投资兴办医疗机构、参与公立医院改制重组的可行性的有效途径，延长健康保险产业链。2013年8月，保监会颁布的《中国保监会关于保险业支持经济结构调整和转型升级的指导意见》，鼓励保险资金大力支持医疗健康等产业发展。

具体资料见表10.2。

表10.2　　新医改以来我国政策对医疗服务业改革的指导性文件

文件名称	相关内容及政策精神
《"十二五"期间深化医药卫生体制改革规划暨实施方案》（国发〔2012〕11号）	积极探索利用基本医保基金购买商业大病保险，有效提高重特大疾病保障水平 在确保基金安全和有效监管的前提下，鼓励以政府购买服务的方式，委托具有资质的商业保险机构经办各类医疗保障管理服务 积极发展商业健康保险。完善商业健康保险产业政策，鼓励商业保险机构发展基本医保之外的健康保险产品，积极引导商业保险机构开发长期护理保险、特殊大病保险等险种，满足多样化的健康需求。鼓励企业、个人参加商业健康保险及多种形式的补充保险，落实税收等相关优惠政策。简化理赔手续，方便群众结算。加强商业健康保险监管，促进其规范发展
《关于商业保险机构参与新型农村合作医疗经办服务的指导意见》（卫农卫发〔2012〕27号）	明确商业保险机构参与新农合经办服务的重要意义、基本原则、准入条件、规范经办服务管理、完善运行机制等内容
《关于开展城乡居民大病保险工作的指导意见》（发改社会〔2012〕2605号）	明确城乡居民大病保险的承办采取向商业保险机构购买大病保险的方式
党的十八大报告	提出"要把保障和改善民生放在更加突出的位置，坚持全覆盖、保基本、多层次、可持续的方针，全面建成覆盖城乡居民的社会保障体系"
《关于加快发展养老服务业的若干意见》（国发〔2013〕35号）	提出"鼓励老年人投保健康保险、长期护理保险、意外伤害保险等人身保险产品，鼓励和引导商业保险公司开展相关业务"

续表

文件名称	相关内容及政策精神
《关于促进健康服务业发展的若干意见》（国发〔2013〕40号）	积极发展商业健康保险 丰富商业健康保险产品。在完善基本医疗保障制度、稳步提高基本医疗保障水平的基础上，鼓励商业保险公司提供多样化、多层次、规范化的产品和服务。鼓励发展与基本医疗保险相衔接的商业健康保险，推进商业保险公司承办城乡居民大病保险，扩大人群覆盖面。积极开发长期护理商业险以及与健康管理、养老等服务相关的商业健康保险产品。推行医疗责任保险、医疗意外保险等多种形式医疗执业保险 发展多样化健康保险服务。建立商业保险公司与医疗、体检、护理等机构合作的机制，加强对医疗行为的监督和对医疗费用的控制，促进医疗服务行为规范化，为参保人提供健康风险评估、健康风险干预等服务，并在此基础上探索健康管理组织等新型组织形式。鼓励以政府购买服务的方式委托具有资质的商业保险机构开展各类医疗保险经办服务 鼓励企业、慈善机构、基金会、商业保险机构等以出资新建、参与改制、托管、公办民营等多种形式投资医疗服务业 借鉴国外经验并结合我国国情，健全完善健康保险有关税收政策
《关于政府向社会力量购买服务的指导意见》（国办发〔2013〕96号）	坚持与事业单位改革相衔接，推进政事分开、政社分开，放开市场准入，释放改革红利，凡社会能办好的，尽可能交给社会力量承担 教育、就业、社保、医疗卫生、住房保障、文化体育及残疾人服务等基本公共服务领域，要逐步加大政府向社会力量购买服务的力度。非基本公共服务领域，要更多更好地发挥社会力量的作用，凡适合社会力量承担的，都可以通过委托、承包、采购等方式交给社会力量承担
《保险业发展"十二五"规划纲要》保监发〔2011〕47号	鼓励发展养老、健康等专业保险公司 整合保险产业链，支持保险资金投资养老实体、医疗机构等相关机构股权改革 积极参与国家医药卫生体制改革，探索运用股权投资、战略合作等多种方式，参与公立医院改制和设立医疗机构 配合城镇职工、居民基本医疗保障和新农村合作医疗保障体系建设，大力开发各类补充医疗、疾病保险和失能收入损失保险等产品，设计适应老年人需要的护理保险，积极推进健康保险与健康管理相结合，为广大人民群众提供丰富多样的健康保障服务。积极稳妥参与基本医疗保障经办管理服务 推动研究保险资金投资养老产业、参与医药卫生体制改革等税收支持政策 研究制定支持中小型保险公司、专业保险公司，以及创新型保险业务的政策措施
《关于健康保险产品提供健康管理服务有关事项的通知》（保监发〔2012〕73号）	明确了健康管理服务内涵、定价管理、销售等内容

续表

文件名称	相关内容及政策精神
《关于保险业支持经济结构调整和转型升级的指导意见》（保监发〔2013〕69号）	充分发挥保险长期资金优势，紧紧围绕城镇化和服务民生的国家战略，重点支持基础设施、能源资源、医疗健康、养老服务、绿色环保、现代农业等领域和产业的发展 鼓励保险公司根据新型城镇化过程中进城务工人员、失地农民的特点，积极发展失地农民养老保险、务工人员意外伤害保险、生育保险等保险业务，为其提供意外、养老、医疗、生育等多层次、多类别和长期均衡的保障

二、健康保险医疗服务机构的监管要求

健康保险医疗服务机构监管，涉及卫生部门、计生部门、药品监管部门、保险监管部门等多个政府部门职责。监管的规定和要求，必须要加强对医疗机构、医疗服务行为和质量的监管。深化医保支付方式改革。

（一）强化医保支付和监控作用

1. 深化医保支付方式改革

国务院印发的《关于城市公立医院综合改革试点的指导意见》要求，充分发挥基本医保的基础性作用，强化医保基金收支预算，建立以按病种付费为主，按人头付费、按服务单元付费等复合型付费方式，逐步减少按项目付费。在按病种定额付费方式下，医疗机构不用再追求提供更多服务项目，而只要按临床路径等质量要求提供服务项目，收入并不因此而减少，形成了鼓励医疗机构开展内部成本费用管控的"正向激励"，从外部要求医院减少不必要的服务项目。鼓励推行按疾病诊断相关组（DRGs）付费方式。2015年医保支付方式改革要覆盖所有公立医院，并逐步覆盖所有医疗服务。综合考虑医疗服务质量安全、基本医疗需求等因素，制定临床路径，加快推进临床路径管理。到2015年底，试点城市实施临床路径管理的病例数要达到公立医院出院病例数的30%，同步扩大按病种付费的病种数和住院患者按病种付费的覆盖面，实行按病种付费的病种不少于100个。加快建立各类医疗保险经办机构和定点医疗机构之间公开、平等的谈判协商机制和风险分担机制。充分发挥各类医疗保险对医疗服务行为和费用的调控引导与监督制约作用，有效控制医疗成本，逐步将医保对医疗机构服务监管延伸到对医务人员医疗服务行为的监管。利用商业健康保险公司的专业知识，发挥其第三方购买者的作用，帮助缓解医患信息不对称和医患矛盾问题。

2. 逐步提高保障绩效

逐步提升医保保障水平，逐步缩小政策范围内住院费用支付比例与实际住院费用

支付比例间的差距。在规范日间手术和中医非药物诊疗技术的基础上,逐步扩大纳入医保支付的日间手术和医疗机构中药制剂、针灸、治疗性推拿等中医非药物诊疗技术范围,鼓励提供和使用适宜的中医药服务。建立疾病应急救助制度。全面实施城乡居民大病保险。加强基本医保、城乡居民大病保险、职工补充医疗保险、医疗救助、商业健康保险等多种保障制度的衔接,进一步减轻群众医药费用负担。

(二) 规范医疗服务行为

为了进一步规范医疗服务行为,卫生部门、计生部门应加强对医疗机构的监管。商业保险机构要与人力资源社会保障、卫生计生部门密切配合,协同推进按病种付费等支付方式改革。并制定科学的临床路径和质量标准,有效控制医疗费用。

(三) 完善多方监管机制

国办发〔2015〕38号印发《关于城市公立医院综合改革试点的指导意见》中指出,强化卫生计生行政部门(含中医药管理部门)医疗服务监管职能,统一规划、统一准入、统一监管,建立属地化、全行业管理体制。强化对医院经济运行和财务活动的会计监督,加强审计监督。加强医院信息公开,建立定期公示制度,运用信息系统采集数据,重点公开财务状况、绩效考核、质量安全、价格和医疗费用等信息。二级以上公立医院相关信息每年向社会公布。充分发挥医疗行业协会、学会等社会组织作用,加强行业自律、监督和职业道德建设,引导医疗机构依法经营、严格自律。发挥人大、监察、审计机关以及社会层面的监督作用。探索对公立医院进行第三方专业机构评价,强化社会监督。

(四) 强化对医疗机构和医疗费用的管控

各相关部门和机构要采取多种方式加强监督管理,防控不合理医疗行为和费用,保障医疗服务质量。基本医保经办机构要做好与商业保险机构经办服务的衔接,支持商业保险机构加强对医疗机构和医疗费用的管控。商业保险机构要加强对医疗费用的稽核,对涉及骗取大病保险补偿待遇的行为要及时移交相关部门处理。各定点医疗机构要加强内部管理,保障治疗必需药品的供应。

思考题

1. 试述我国商业健康保险的政策定位。

2. 健康保险公司经营管理制度框架的主要内容有哪些?
3. 为什么要对健康保险公司的偿付能力进行监管?
4. 请简述健康保险公司的治理结构监管。
5. 请简述健康保险医疗服务机构的监管。

参考文献

[1] 罗纪琼. 健康保险制度——日、德、法、荷的经验与启示 [M]. 巨流图书公司. 2006.

[2] 孙祁祥,郑伟等. 商业健康保险与中国医改:理论探讨、国际借鉴与战略构想 [M]. 经济科学出版社, 2010.

[3] 郭清. 中国健康服务业发展报告 [M]. 人民卫生出版社, 2013.

[4] 周绿林,李绍华. 医疗保险学(第2版)[M]. 科学出版社, 2013.

[5] 邓大松. 社会保险比较论 [M]. 中国金融出版社, 1992.

[6] 邓大松. 美国社会保险制度研究 [M]. 武汉大学出版社, 1999.

[7] 赵立新. 德国日本社会保障法研究 [M]. 知识产权出版社, 2008.

[8] 何佳馨. 健康保险法研究——以中美健康保险立法分析为中心 [D]. 复旦大学博士学位论文, 2011.

[9] 顾昕. 中国商业健康保险的现状与发展战略 [J]. 保险研究, 2009 (11): 26–33.

[10] 张晓,刘蓉. 社会医疗保险概论 [M]. 中国劳动社会保障出版社, 2004.

[11] 刘诚. 社会保障法比较研究 [M]. 中国劳动社会保障出版社, 2007.

[12] 谢建华,巴峰. 社会保险法学 [M]. 北京大学出版社, 1999.

[13] 郑云瑞. 社会保险法论 [M]. 北京大学出版社, 2010.

[14] 黎建飞. 社会保障法(第4版)[M]. 中国人民大学出版社, 2011.

[15] Paul. J. Feldstein. Health Care Economics, 3nd ed. [J]. U. S. A. 1988.

术语对照表

［1］保险的工作锁定（Job Lock）功能，又称保险锁定效应（Effect of Job Lock）：是指保险对就业单位变动具有一定的抑制作用。

［2］双因素理论，又称激励保健理论（Hygiene – Motivational Factors）：将工作动机的影响因素分为保健因素和激励因素。不是所有需要得到满足就能激励起人们的积极性，只有那些被称为激励因素的需要得到满足才能调动人们的积极性。

［3］相互保险公司（Mutual Insurance Company）：依法设立，由投保人作为其成员并办理保险业务的合作保险组织。

［4］股份有限保险公司（Joint Stock Limited Insurance Company）：依法设立的、全部资本分为等额股份，股东以其认购股份为限对公司承担责任，公司以其全部资产为限承担公司债务责任的保险公司。

［5］互助社（Fraternal Benefit Societies）：为来自具有相同民族、宗教或职业背景的成员提供社会、保险和其他福利的组织。

［6］专业自保公司（Captive Insurance Company）：是指被保险人将保险费保留下来，作为专业自保基金或开立专业自保公司以自行承担风险。

［7］组织架构（Organizational Structure），亦即组织结构：是一个组织内各构成要素及各要素间确立关系的形式，即组织内部的构成要素及要素间的关系。

［8］人力资源（Human Resource）：是指一定范围内的人口中所具有智力和体力劳动能力的人的总和。它是包含在人体内的一种生产能力，并以劳动者的数量和质量来表示的资源。

［9］寡头垄断（Oligopoly）：在一个行业或市场中，只有少数家厂商，厂商之间存在着相互制约、互相依存的关系，新厂商进入行业比较困难。

［10］垄断竞争（Monopolistic Competition）：即很多厂商出售相近但非同质，而是有差别的商品的市场组织。

［11］控制跨度（Control Span）：管理人员有效地监督、管理其直接下属的人数。

［12］股票期权（Stock Option）：是指买卖双方按照约定的价格在特定的时间买进或卖出一定数量的某种股票的权利。

［13］霍桑效应（Hawthorne Effect）：指由于受到额外的关注而引起努力或绩效上升的情况。

［14］核心产品（Core Product）：是产品能满足消费者欲望或需求的属性，是消费者通过购买商品所获得的效用或利益。健康保险产品的核心产品是对因健康原因导致的损失给付保险金，以提供健康保障，实现经济补偿，这是健康保险产品的核心功能，也是消费者追求的核心利益。

［15］形式产品（Formal Product）：指核心产品借以实现的形式，健康保险产品的形式产品即保险合同，包括保险人、保险标的、保险责任和责任免除、保险责任等待期、保险期限、保险费、保险金赔偿等条款。

［16］外延产品（Extensional Product）：指是消费者在签订合同前及合同生效后，健康保险公司提供的所有服务。除了咨询、顾问等传统服务外，健康保险外延产品还包括体检、健康评估、药品配送等健康管理服务。

［17］保险产品开发（Insurance Product Development），即保险产品的生产制造：是保险公司根据目标市场上消费者转移风险、补偿损失等的需求，依据保险产品的开发流程和设计原理，进行市场调查，并组织各部门研究和设计新产品、改进和更新现有产品的一系列过程。

［18］健康保险产品开发策略（Health Insurance Product Development Strategy）：健康保险公司开发产品的具体方法和途径。

［19］健康保险产品开发技术策略（Technology Strategy）：包括创新策略（Innovation Strategy）、改进策略（Improvement Strategy）和引进策略（Introduction Strategy）三种。创新策略指健康保险公司以市场需求为导向，开发出全新的险种。改进策略指对现有的健康保险产品进行优化，扬长补短，提高产品的吸引力。引进策略是健康保险公司直接从别的公司引入已有险种。

［20］医疗保险（Medical Insurance），又称医疗费用保险：是指被保险人因疾病或意外伤害发生医疗费用支出时，保险公司向被保险人提供经济补偿，承担给付责任。

［21］重大疾病保险（Dread Disease Insurance）：指当被保险人患有保单列明的某类重大疾病时，保险人支付定额保险金。

［22］长期护理保险（Long Term Care Insurance）：主要是为那些因年老、疾病或意外伤害而一个人无法自理，需要在家中或疗养院接受长期照顾的被保险人提供费用补偿。

［23］失能收入保险（Income Protection Insurance），又称伤残收入保险：是指以因保险合同约定的疾病或者意外伤害导致工作能力丧失为给付保险金条件，为被保险人在一定时期内收入减少或者中断提供保障的保险。

术语对照表

[24] 健康管理（Health Management）：是针对健康需求，对健康资源进行计划、组织、指挥、协调和控制的过程，也是针对个体或群体的健康进行全面监测、分析、评估、提供健康咨询和指导以及对健康危险因素进行干预的全过程。

[25] 市场营销（Marketing）：市场营销是在创造、沟通、传播和交换产品中，为顾客、客户、合作伙伴以及整个社会带来价值的一系列活动、过程和体系。

[26] 健康保险营销（Health Insurance Marketing）：健康保险营销是以健康保险产品为客体，以消费者对健康保险产品的需求为导向，以实现保险企业长期经营目标为最终目的而开展的一系列科学的、系统的活动。

[27] 社会等级体系（Social Class System）：它是指对社会进行等级划分，即将社会按照态度、价值观和生活方式等划分为若干个具有独特特征的人口群体。

[28] 健康保险市场定位（Health Insurance Market Positioning）：保险公司根据竞争者现有健康保险产品在市场上所处的位置，针对顾客对该类健康保险产品某些特征或属性的重视程度，为本企业健康保险产品塑造与众不同的、印象鲜明的形象，并将这种形象生动地传递给顾客，从而使该健康保险产品在市场上确定适当的位置。

[29] 公共关系（Public Relations）：公共关系的概念起源于1807年美国总统托马斯·杰斐逊的国会演说。爱德华·伯尼斯（Edward Bernays）定义公共关系是一项管理功能，制定政策及程序来获得公众的谅解和接纳。

[30] 顾客忠诚度（Customer loyalty）：顾客忠诚度是指顾客出于对企业或品牌的偏好而经常性重复购买的程度。

[31] 产品生命周期（Product Life Cycle），简称PLC：是产品的市场寿命，即一种新产品从开始进入市场到被市场淘汰的整个过程。

[32] 参照群体（Reference Group）是指个体在形成其购买或消费决策时，用以作为参照、比较的个人或群体。

[33] 健康保险营销渠道（Health Insurance Marketing Channel）：指健康保险产品从保险人转移到投保人的具体通道或途径，可分为直接营销渠道和间接营销渠道。

[34] 保险专业代理人（Insurance Agent）：指根据保险公司的委托，向保险公司收取佣金，在保险公司授权的范围内专门代为办理保险业务的机构，包括保险专业代理公司及其分支机构。

[35] 保险经纪人（Insurance Broker）：我国《保险法》第一百一十八条规定：保险经纪人是基于投保人的利益，为投保人与保险人订立保险合同提供中介服务，并依法收取佣金的机构，包括保险经纪公司及其分支机构。

[36] 营销道德（Marketing Ethics）：健康保险营销是保险公司的社会行为，对具体的市场营销行为都需要社会以一定的标准评价其是否正确，这些评价标准的总和就是健康保险市场营销道德准则。

[37] 管理式医疗（Managed Care）：是保险机构支付方与医疗服务提供方联合提供服务，即保险机构直接参与医疗服务体系管理。

[38] 标准体（Standard）：是指被保险人健康状况符合《生命表》的基本范畴。对标准体保险公司可不附加任何条件，而依标准保险费率承保。在保险公司承保的被保险人中，标准体应占绝大多数。

[39] 次标准体（Substandard）：保险公司对被保险人进行体检后，结合其职业、居住环境、道德危险等加以审查，认为死亡指数超过一定界限时，倘在某一条件下尚可承保，则该被保险人称为"次标准体"。但次标准体多数要加收保险费。

[40] 核保（Underwrite）：核保一般是指保险核保，保险核保是指保险人对投保申请进行审核，决定是否接受承保这一风险，并在接受承保风险的情况下，确定承保条件的过程。

[41] 核保人（Underwriter）：保险人内部从事核保工作的专业人员。也就是，保险公司里面对受保人作风险评估的专业人员。

[42] 拒保（Rejection）：拒保是指保险人对投保人及被保险人之初次投保或续保，予以拒绝承保之行为。

[43] 生存调查（Survival Survey），又叫作契约调查：是在保险合同订立前后由公司调查人员搜集投保方的各项资料，为何核保提供依据的过程。

[44] 体检（Medical Examination）：体格检查，简称体检，也称作身体检查、理学检查或健康检查，是医生运用自己的感官、检查器具、实验室设备等来直接或间接检查患者身体状况的方法，其目的是收集患者有关健康的客观资料，及早发现、预防疾病隐患。

[45] 体检报告（Medical Report）：对身体进行检查，根据身体反应的数据而生成的具有一定格式的文档。

[46] 业务员（Representative）：指根据保险人的委托，在保险人授权的范围内代为办理保险业务，并依法向保险人收取代理手续费的单位或者个人。

[47] 保险事故（Insured Event）：保险合同约定的保险责任范围内的事故。

[48] 意外事故（Accident）：外来的、突发的、不可预见的、非本意的和非疾病的导致被保险人身体受到伤害或财产遭受损失的客观事件。

[49] 近因（Proximate Cause）：造成损失最根本、可追溯并对损失的发生起主导作用或支配作用的原因，不一定是时间或空间上与损失最接近的原因。

[50] 近因原则（Principle of Proximate Cause）：保险人仅对以保险事故为近因造成的损失承担保险责任的原则。

[51] 全残（Total Disability）：被保险人因疾病或意外伤害直接导致以下项目中的一项或多项：（A）双目永久完全失明的；（B）两上肢腕关节以上或两下肢踝关节

以上缺失的；（C）一上肢腕关节以上及一下肢踝关节以上缺失的；（D）一目永久完全失明及一上肢腕关节以上缺失的；（E）一目永久完全失明及一下肢踝关节以上缺失的；（F）四肢关节机能永久完全丧失的；（G）咀嚼、吞咽机能永久完全丧失的；（H）中枢神经系统机能或胸、腹部脏器机能极度障碍，终身不能从事任何工作，为维持生命必要的日常生活活动，全需他人扶助的。

[52] 部分伤残（Partial Disability）：由于疾病或意外事件导致被保险人维持生命活动的器官功能部分衰竭或缺失，从而使部分器官永久丧失生理功能。

[53] 报案（Claim Notification）：投保人、被保险人或者受益人或其他关系人将保险事故通知保险人的行为。

[54] 立案（Claim Registration）：保险人受理索赔或给付请求并正式开始核赔的行为。

[55] 索赔（Claim）：保险事故发生后，被保险人或受益人依照保险合同约定向保险人请求赔偿保险金的行为。

[56] 快速理赔（Fast-Track Claims）：保险人认为保险事故造成的损失轻微、预计赔付的保险金金额在一定范围内，理赔材料齐全且保险责任认定明确的理赔案件。

[57] 索赔时效（Limitation Period）：自被保险人或受益人知道或者应当知道保险事故的发生之日起的一段时间，在此期间被保险人或受益人具有索赔或给付请求的权利。

[58] 保险欺诈（Insurance Fraud）：投保人、被保险人或受益人故意虚构保险标的、在没有发生保险事故的情况下谎称发生了保险事故，或者故意制造保险事故，或者在保险事故发生后以伪造、编造的有关证明、资料和其他证据来编造虚假的事故原因或者夸大损失程度，被保险人提出索赔或给付请求的行为。

[59] 信息不对称（Asymmetric Information Theory）：是指在市场经济活动中，各类人员对有关信息的了解是有差异的，掌握信息相对充分的一方，往往处于比较有利的地位；而信息相对贫乏的一方，则处于比较不利的地位。

[60] 道德风险（Moral Hazard）：是指从事经济活动的人在最大限度地增进自身效用的同时做出不利于他人的行动。

[61] 理赔（Claims Assessment）：被保险人或受益人提出索赔或给付请求后，保险人对保险事故进行认定、审核、调查，出赔付或拒赔决定的过程。

[62] 理算（Adjustment）：在核赔过程中，保险人确定赔付保险金数额的过程。

[63] 理赔查勘（Claim Investigation）：保险人对保险事故的性质、经过、原因、损失程度和责任认定等方面进行的调查，包括非现场调查和现场查勘。

[64] 通融赔付（Exgratia Payment）：保险人根据保险合同约定本不应承担或完

全承担赔付责任，但仍赔付全部或部分保险金的行为。

[65] 保险金（Insurance Benefit）：保险事故发生后，保险人根据保险合同的约定的方式、数额或标准，向被保险人或受益人赔偿或给付的金额。

[66] 拒赔（Rejection）：保险人对不属于保险责任的索赔或给付请求作出的拒绝赔偿或拒绝给付的决定。

[67] 结案（Closed Claims）：保险人对赔案中应承担的义务和应享有的权利执行完毕的状态。

[68] 健康保险客户服务管理（Health Insurance Customer Service）：指贯穿、运用于健康保险公司经营管理各项工作中，根据客户需求的变化，为其提供相应的服务，不断提高客户的满意度，建立良好客户关系的一系列行为活动。

[69] 健康保险客户（Health Insurance Customer）或保险消费者：是对公司产品和服务具有特定需求的个人或群体，是公司经营活动得以维持的根本保证。健康保险公司的客户可以划分为已有客户和潜在客户，已有客户是指已经购买或使用保险公司产品或服务的个人或企业，主要包括投保人或投保单位；潜在客户是指准备购买或使用保险公司产品或服务的个人或企业，主要包括被保险人和受益人。

[70] 客户关系管理（Customer Relationship Management）：是指通过围绕客户细分来组织企业，鼓励满足客户需要的行为，并实现客户与供应商之间联系等手段，来提高盈利、收入和客户满意度的、遍及整个企业的商业策略。

[71] 客户满意（Customer Satisfaction）：是一种取决于客户对所购买的产品或服务的期望与实际消费经历的比较结果的心理反应，二者的差距程度就是客户的满意程度，即客户满意度由企业所提供的商品或服务水准与客户事前期望的关系所决定。

[72] 客户忠诚（Customer Loyalty），又称客户黏度：是指客户对某一特定产品或服务产生了好感，形成了"依附性"偏好，进而重复购买。

[73] 消费者主权理论（Consumer Paramountcy Theory），又称为消费者主导型经济模式：是与生产者主权或企业主导型运作模式相对的一种经济模式，指在日常经济活动中，对产品数量、种类等基本经济问题起决定性作用的不是经营者一方，而是消费者一方。

[74] 服务利润链模型（Service Profit Chain）：可以形象地理解为一条将盈利能力、客户满意度和忠诚度、员工满意度和忠诚度与生产力之间联系起来的纽带，是一条循环作用的闭合链，其中每一个环节的实施质量都将直接影响其后的环节，最终目标是使企业的盈利。

[75] 不可抗辩条款（Incontestable Clause）：指在被保险人生存期间，自人身保险合同生效满一定时间后（通常为两年），除非投保人停止缴纳保费，保险人将不得以投保人在投保时未履行如实告知义务为由，主张解除保险合同。

［76］弃权与禁止反言（Waiver and Estelle）：弃权制度是指保险人明知投保人故意隐瞒需履行告知义务的重要信息而接受其投保，视为保险人同意承担被保险人的风险，放弃拒绝承保的权利；禁止反言是指保险人放弃了拒绝承保的权利，发生了保险事故后，保险人不得就自己已经放弃的拒绝承保的权利为由要求解除保险合同。

［77］MM股利无关理论（MM theory）：（1）企业的经营风险是可衡量的，有相同经营风险的企业即处于同一风险等级；（2）现在和将来的投资者对企业未来的EBIT估计完全相同，即投资者对企业未来收益和取得这些收益所面临风险的预期是一致的；（3）证券市场是完善的，没有交易成本；（4）投资者可同公司一样以同等利率获得借款；（5）无论借债多少，公司及个人的负债均无风险，故负债利率为无风险利率；（6）投资者预期的EBIT不变，即假设企业的增长率为零，从而所有现金流量都是年；（7）公司的股利政策与公司价值无关，公司发行新债不影响已有债务的市场价值。

［78］流动负债（Current Liabilities）：也称短期负债，指在一年或超过一年的一个营业周期内偿还的债务。

［79］长期负债（Long-term Liability）：偿还期在一年或一个营业周期以上的债务。

［80］所有者权益（Owners' Equity）：资产扣除负债后由所有者享有的剩余权益，即一个会计主体在一定时期所拥有或可控制的具有未来经济利益资源的净额。

［81］流动资产（Current Assets）：公司可以在一年或者超过一年的一个营业周期内变现或者运用的资产。

［82］长期投资（Long-term Investments）：不准备随时变现，公司持有时间超过一年或长于一年的经营周期的投资。

［83］固定资产（Fixed Assets）：企业为生产产品、提供劳务、出租或者经营管理而持有的、使用时间超过一年且价值达到一定标准的非货币性资产。

［84］递延资产（Deferred Assets）：不能全部计入当年损益，应在以后年度内较长时期摊销的除固定资产和无形资产以外的其他费用支出。

［85］大数定律（Law of Large Numbers）：在试验不变的条件下，重复试验多次，随机事件的频率近似于它的概率。

［86］死差益（Mortality Margin）：实际死亡率低于保费计算所用预定死亡率是产生的差额收益，如果是负数，则为死差损。

［87］退保（Surrender）：保险合同没有完全履行时，经投保人向保险人申请，保险人同意，解除双方由合同确定的法律关系，保险人按照《中华人民共和国保险法》及合同的约定退还保险单的现金价值。

［88］金融资产（Financial Assets）：一切可以在有组织的金融市场上进行交易、

具有现实价格和未来估价的金融工具的总称。

［89］风险价值（Value at Risk）：在一定置信水平下，某一金融资产或证券组合价值在未来特定时期内的最大可能损失。

［90］在险盈余度量（Earning at Risk）：处于风险中的收益，是证券组合投资策略的终端财富在一定置信水平下的平均值水平与总体水平之间的距离，用两个资产价值水平的差距来度量风险。

［91］利差损（Loss from Difference of Interest Rate）：保险资金投资运用收益率低于有效保险合同的平均预定利率而造成的亏损。

［92］信用风险（Credit Risk）：由于借款人或市场交易对方违约而导致损失的可能性，以及由于借款人的信用评级的变动和履约能力的变化导致其债务的市场价值变动而引起的损失的可能性。

［93］汇率风险（Currency Risk）：经济主体在持有或运用外汇的经济活动中，因汇率变动而遭受损失的可能性。

［94］健康保险公司信息管理：指健康保险公司管理者运用管理信息系统，通过对健康风险信息的收集、传递、加工、使用，使企业各类资源实现合理配置，并获得最佳的信息资源利用效率，从而实现公司价值和经济效益最大化的过程。

［95］信息系统（Information System）：是由计算机硬件、网络和通讯设备、计算机软件、信息资源、信息用户和规章制度组成的以处理信息流为目的的人机一体化系统。

［96］渠道整合（Channel Integration）：渠道整合指的是将销售过程中的任务进行分解，并分配给能以较低成本或更多销量较好完成该任务的渠道。

［97］信息技术（Information Technology，简称IT）：是指在信息科学的基本原理和方法的指导下扩展人类信息功能的技术。

［98］大数据（Big Data）：或称巨量资料，指的是需要新处理模式才能具有更强的决策力、洞察力和流程优化能力的海量、高增长率和多样化的信息资产。

［99］物联网（Internet of Things，IoT）：利用局部网络或互联网等通信技术把传感器、控制器、机器、人员和物等通过新的方式联在一起，形成人与物、物与物相联，实现信息化、远程管理控制和智能化的网络。

［100］保险科技（InsurTech），或称科技保险：是指综合运用互联网、大数据、人工智能、区块链等新的科学技术，通过对保险公司产品创新、营销管理、核保理赔管理、信息管理等保险经营管理活动进行根本性的重构和改造，以提升保险行业相关主体的价值。

［101］云计算（Cloud Computing）：是基于互联网的相关服务的增加、使用和交付模式，通常涉及通过互联网来提供动态易扩展且经常是虚拟化的资源。

[102] 区块链（Blockchain）：区块链是分布式数据存储、点对点传输、共识机制、加密算法等计算机技术的新型应用模式。所谓共识机制是区块链系统中实现不同节点之间建立信任、获取权益的数学算法。

[103] 保险条款（Insurance Clause）：是保险合同的重要组成部分，对投保人和保险人的权利义务做出具体规定。其内容主要是对各险种的主要事项加以规定，包括保险标的、保险金额和保险价值、保险责任、保险期限、除外责任、保险费的交付、违约责任和争议处理等。

[104] 保险费率（Insurance Rate）：是应缴纳保险费与保险金额的比率。（费率=保险费/保险金额）保险费率是保险人按单位保险金额向投保人收取保险费的标准。保险人承保一笔保险业务，用保险金额乘以保险费率就得出该笔业务应收取的保险费。

[105] 偿付能力（Solvency）：是指保险人履行赔偿或给付责任的能力。保险人应具有与其业务规模相适应的最低偿付能力，对偿付能力的监管也是国家队保险市场监督管理的核心内容。我国《保险法》规定："保险公司应当具有与其业务规模相适应的最低偿付能力。保险公司的实际资产减去实际负债的差额不得低于金融监督管理部门规定的数额，低于规定数额的，应当增加资本金，补足差额。"

[106] 偿付能力监管（Solvency Regulation）：是指保险监管部门对各家保险公司偿还债务的能力进行监督和管理，当偿付能力出现不足或具有偿付能力不足趋势时，由保险监管部门发出预警或给予相关处置。

[107] 关联交易（Connected transaction）：就是企业关联方之间的交易，关联交易是公司运作中经常出现的而又易于发生不公平结果的交易。

[108] 信息披露（Information Disclosure）：主要是指公众公司以招股说明书、上市公告书以及定期报告和临时报告等形式，把公司及与公司相关的信息，向投资者和社会公众公开披露的行为。

[109] 按疾病诊断相关组（Diagnosis Related Groups，DRGs）：它根据病人的年龄、性别、住院天数、临床诊断、病症、手术、疾病严重程度，合并症与并发症及转归等因素把病人分入500~600个诊断相关组，然后决定应该给医院多少补偿。

跋

"完善国民健康政策,为人民群众提供全方位全周期健康服务",这是中国共产党十九大对全国人民作出的深入民心的伟大承诺,是进一步实施健康中国、惠及万民的伟大战略。

中国共产党已经将保障人民健康当作了党和国家的一项重要工作,把为人民健康服务提升到了一个前所未有的高度。健康保险作为国家健康服务产业中的关键一环,在提升国民整体健康水平与健康保障方面,都面临着前所未有的发展机遇与空间,无论是现在还是将来,都会发挥着越来越重要的作用。

人食五谷,焉得无病?人的一生,总是在健康与不健康状态之间徘徊,但福寿安康是人们亘古通今的幸福期许。随着我国迈进上中等收入国家行列,人们对健康生活愈加渴望,对健康保障和健康服务的需求愈加多样,也自然会进一步提高对商业健康保险服务的要求。

已经成立十余年的我国首家专业健康保险公司——中国人民健康保险股份有限公司,以"让每一位中国人的健康更有保障、生活更加美好、生命更有尊严"为其崇高的使命,以"人民保险,服务人民"为其矢志不渝的追求,在"健康中国"建设的征程中,肩负着服务"国家治理体系和治理能力现代化"这一历史角色的重担,在建设"政府信任、人民满意的中国健康保险第一品牌"的道路上走出了成效。在近五年来,人保健康构建了清晰的发展模式;实现了多元化销售渠道建设和业务转型;达到了服务能力的明显提升;成为了国家医疗保障体制改革的积极参与者和重要推动力量。在实现两个一百年奋斗目标和中华民族伟大复兴中国梦的文化大背景下,人保健康将继续把握战略机遇,牢记时代赋予健康保险的重要使命,致力于打造成服务"健康中国"建设的领军企业,成为国际一流的健康保险供应商。

党的十九大报告提出要"加强应用基础研究",要"建立以企业为主体、市场为导向、产学研深度融合的技术创新体系"。人保健康理应责无旁贷地承担起健康保险综合研究这一具有里程碑意义的开创性工作，因此，公司决定协调和组织一批知名专家学者，立足国内实际，借鉴国际经验，编著一套具有中国特色的《健康保险系列丛书》，系统梳理健康保险的基础理论和经营实践，初步构建相对系统、科学、完整的健康保险理论体系，为培养健康保险行业高水平人才奠定坚实的基础。

《健康保险系列丛书》项目由人保健康党委书记、总裁宋福兴同志亲自挂帅，组建了以公司高管为成员的高规格编委会，邀请保险、财税、公共管理、社会保障、医疗卫生领域近40位著名专家，共同编著。

为确保专业性和权威性，丛书编委会多次召开由多位专家学者参加的专题研讨会。整体来看，丛书既考虑了健康保险的既往经验、现实状况和未来发展趋势，体系上比较完善；同时又对健康保险的相关领域作了探索研究，拓宽了研究范围。从功能定位看，丛书体现了理论与实践并重的编写特色：既要有理论高度，具有一定的前瞻性，达到高等教育教材的编写水平；同时要有实效性，能满足专业健康保险公司经营发展中的现实需求。专家们认为，丛书对把握健康保险经营规律以及行业的可持续发展具有重大意义，充分体现了中国人保一贯以社会责任为己任的优良传统，利于当代、功在千秋。

在丛书的编著工作中，专家学者们都全情投入，科学严谨地为编著工作贡献着智慧。马海涛教授、王欢教授、王国军教授、王绪瑾教授、王稳教授、朱铭来教授、孙祁祥教授、李晓林教授、杨燕绥教授、张晓教授、卓志教授、赵尚梅教授、郝演苏教授、辛丹博士等专家学者负责各分册编著工作，李保仁教授、魏华林教授、庹国柱教授、李玲教授、孙洁教授、郑伟教授、于保荣教授、余晖教授、朱恒鹏教授、朱俊生教授、董朝晖博士等专家学者给予丛书编写许多指导和帮助，在此一并表示最衷心的感谢！

本丛书是对健康保险经营实践经验的阶段性总结和思考。但由于编写时间紧，难免有疏漏之处。而且随着健康保险专业化经营不断深化，还会有很多需要改进的地方。我们希望本丛书能构建起健康保险行业的理论体系与研究架构，对引领健康保险规范、良性和可持续发展起到积极作用。我们也希望借助本丛书，能培养出一批高素质的干部员工队伍，为"健康中国"的建设添砖加瓦，为实现两个一百年奋斗目标和中华民族伟大复兴中国梦贡献力量。